中国人民大学劳动法和社会保障法研究所主办

顾问 曾宪义 关 怀 贾俊玲

社会法评论

（第五卷）

主 编 林 嘉
副主编 黎建飞

中国人民大学出版社
·北京·

前　言

庚寅岁末，数九隆冬，整理完本卷的稿件，已是凌晨。回望2010，感慨良多。过去的一年，对于社会法学而言是意义非凡的：以南海本田“罢工”事件为代表的工人集体行动，使得我们不得不再次对我国的集体劳动关系及其法律调整进行深入的反思和探讨；富士康“N跳”事件又将我们的视野聚焦到劳动基准的强行性、劳动者基本人权的保障与代工企业（用人单位）的经营模式的关系及其协调；作为中国特色社会主义法律体系的支架性法律的《社会保险法》出台，以及《工伤保险条例》的修改、完善，使得社会法学的体系更加完善，一定程度上改变了劳动法学和社会保障法学结构失衡的状况。

为因应社会法学过去一年的发展，本卷《社会法评论》共设“劳动法学”、“社会保障法学”和“域外法学”三个栏目，共收录16篇文章。

“劳动法学”部分共收录8篇文章，林佳和教授《劳动契约的管制与自治》一文，首先基于劳动契约的债法契约本质和人格面向之特质，指出“传统民法……已无法适切处理劳动契约当事人截然不平等的社会关系”，因此，为维持和落实劳动法之特质，“国家不同形式与实质的介入，正是不可或缺的充分与必要条件。”其次，该文在全球化的背景下，基于传统社会国的角色与功能所遭受的冲击和挑战，对“劳动契约的管制何去何从”提出设问。再次，佳和教授从立法、司法、行政乃至团体之角度对劳动契约的管制进行了深入的论述。最后，佳和教授从历史和现实的角度指出“管制与自治是劳动法/劳动契约之宿命”，“劳动契约会继续往管制与自治之动态折冲的复杂方向发展”，而我们必须时时检讨，既要防止自治不当地被管制扼杀，也要防止劳动法之特质因不当的自治而消失。

李海明博士的《论劳动者的法律界定》一文，基于比较研究和历史分析，以及对我国法律文本中多元的“劳动者”表述的概括分析和相关案例的评析，理清了劳动者概念的内涵，并对“公司经理等”、“教师以及公务员”、“个人用工”以及“农民工”等多种主体的“劳动者”身份进行了分析。

德国Nils Seibert博士则以法解释学的方法，对《劳动合同法》、《劳动法》等规范性文件关于劳动关系和劳动合同的区分进行了分析，指出我国相关规定的体系性漏洞，尤其是其经分析指出“严格遵守书面形式的要求不仅不能促进权利、义务的明确，反而阻碍了对劳动者的保护和和谐、稳定的劳动关系的建立”，值得重视。

孙国平之《工资集体协商的劳动法考察——兼谈中国当下工资集体协商的魔咒、困境与悖论》以2010年富士康“N跳”事件和南海本田“罢工”事件为切入点，从权利、主体、模式、责任、观念以及技能六大方面对我国工资集体协商的问题进行了较为深入的分析。

青年学者王倩博士从比较法的视角对招聘阶段用人单位知情权的限制进行了分析和介绍，并对我国《劳动合同法》第8条第2款进行了相应的分析。潘峰博士则对劳务给付拒绝权的理论基础、行使范围、条件及效果进行了分析。邓娟博士则对经济全球化背景下我国劳动基准立法的发展趋势进行了探析。唐荣娜法官基于自身的审判实践，对劳动争议案件中小额劳动争议案件“一裁终局”、劳动合同“中止”履行等问题进行了分析。

“社会保障法学”部分共收录了4篇文章。杨飞博士《社会保险权的规范建构》一文，从公、私法两个视角对社会保险权进行了规范分析。袁圣韵乐博士则结合最新的《社会保险法》，对工伤认定一般条款的意义、理解与适用及相应的标准进行了分析，并以此为基础对实践中的疑难案例进行了分析。朱勋克博士所撰写的《社会救助法的立法架构及法律规则选择》一文则对《社会救助法》（草案）的内容架构及缺失进行了深入的分析，并且提出了相应的立法完善建议。范围博士《企业年金法律制度研究》一文则在比较研究的基础上，对我国企业年金法律制度的问题及其完善进行了分析。

“域外法学”部分共收录了4篇文章，可谓名家汇集，内容丰富。这些域外法制的介绍，对于我国相关制度的完善具有极大的借鉴意义。其中《欧盟中的社会福利国家》一文是德国马普外国与国际社会法研究所所长乌尔里奇·贝克尔教授专门为本刊所撰写的，贝克尔教授作为著名的社会法学者，在文中以合宪性解释的方法为我们重点介绍了欧盟一体化过程中欧盟与成员国在社会福利国家方面的相互影响与协调，尽管成员国的社会福利国家原则遭受到威胁，但仍保留独立性，而欧盟社会政策的目标越来越具体和明确。《德国劳工共决制度》是德国哥廷根大学著名的劳动法学者Rüdiger Krause教授应邀在中国人民大学讲座的讲稿，经其认真修改后提供给本刊。该文对德国共决制度的组织、效力、宪法基础、事项等作了较为详细的介绍。《录用的自由及其制约——派遣法修改的慎重论》一文，是南京信息工程大学公共管理学院田思路教授专门为本刊向日本著名的劳动法学者大阪大学法学部小岛典明教授的约稿，并由田教授亲自担任翻译。该文对日本劳务派遣法修订过程中录用的自由及其制约进行了较为详细的介绍。本栏目的最后一篇文章来自我国台湾地区知名劳动法学者谢棋楠教授，谢教授对本刊厚爱有加，先后赐稿数篇，此次《台湾2009年“就业保险法”修正之分析——美国与加拿大法观点》一文对我国台湾地区2009年“就业保险法”修订之最新成果进行了详细的分析，并在与加拿大和美国相关制度的比较基础上，对我国台湾地区“就业保险法”在相关制度的完善方面提出了建议。

梳理完本卷《社会法评论》的所有稿件，掩卷沉思，回首本刊过去5年的历程，从最初的《劳动法评论》到如今的第五卷《社会法评论》，一路走来，得到了诸多领导和学界先进的支持，无以为报，仅能以严谨的学术态度继续前行，还望各位多加支持！

由于水平有限，本卷难免有所不足，还望各位多多指正！

林　嘉

于中国人民大学宜园

2011年1月22日

目　录

Contents

[Science of Labor Law]

[Science of Social Security Law]

劳动契约的管制与自治

林佳和*

1. 问题意识与处理面向

劳动合同的管治与自治——请诸位容许我以下为文皆使用台湾地区较为惯用之“劳动契约的管制与自治”，是一在劳动法领域无所不在、司空见惯的现象，所有的法律适用者无时无刻不处于两者微妙的紧张关系下，法学者亦须臾不忘如此之问题，虽然很少有人直接从本质上去深入思索与挑战、质疑它。立法者就更特别了：无论哪一劳动法令之制定，其实都必须，也都是在对劳资双方契约行为之形成界限，确立一管制与自治的座落点。吾人几乎可以这么说：其实不只是劳动契约，而是所有的劳动法领域，指涉的，都是利益对立之劳资双方行为的管制与自治状态。

也许我们可以观察台湾相关劳动法问题之例：台湾“劳动基准法”第 21 条第 1 项规定：“工资由劳雇双方议定之，但不得低于基本工资”。很明显，

* 我国台湾地区政治大学法学院助理教授。

作为雇主主给付义务之工资，既属契约之必要事项，基本上应为双方当事人之自治范围，但法律却作了一最低标准之限制，也就是立下一管制决定：不得低于性质上属于行政行为之基本工资法规命令所定数额。第二个例子：关于劳资双方所约定之试用期间，大陆《劳动合同法》第21条明文规定最长不得超过6个月，然综观台湾目前有效施行之法律，未对之有任何规定，那么是否当事人不得约定，约定者无效？或是完全得自由约定，没有合法性之疑虑？透过台湾司法实务见解的累积，劳动契约有关试用期间之约定，无论试用必要性、试用期间合理性、当事人相关权利与义务、试用关系的终止、雇主之公正考核义务等，事实上都形成了一定的界限①，显然，当事人不是完全地自治，而是在自治的基础上，存在一显然由司法行为所形成之管制界限。第三个例子：关于雇主之延长劳工工作，亦即台湾地区俗称的加班、大陆《劳动合同法》第41条所言之延长工作时间，2002年12月25日修正实施后，台湾“劳动基准法”第32条第1项明定：“雇主有使劳工在正常工作时间以外工作之必要者，雇主经工会同意，如事业单位无工会者，经劳资会议同意后，得将工作时间延长之”。也就是说，修正前虽同有每日、每周、每月之最高工时限制，然在此范围内之延长劳工工作时间，即属雇主指示权，现法律修改为“须经一定之集体形成程序”，亦即必须取得工会，如无工会者，则应经劳资双方共同组成之劳资会议之议决通过，方得实施之。我们可以看到，延长工作时间，在最高工时这一视界下，基本上属于管制下的自治，某个角度亦可能以自治下的管制视之，但又加入一集体形成的程序设计，成为一特别之再管制。②

如前所述，管制与自治的紧张或和谐关系，充斥着包括劳动契约在内的

---

① 例如台北地方法院（2003年）年度92劳诉字第29号民事判决，即以劳工所从事之工作性质及一般常情来衡酌试用期间的合理性：“查试用期间之约定，乃使被告在此雇佣契约之前阶审查阶段内保有较宽之解雇劳工权，使被告得以观察受雇劳工即原告之工作态度、人格、技术、能力等特性，判断原告是否适合被告公司所需，借以决定是否正式雇用。原告受雇被告系担任工作性质具技术性之客运驾驶员，且被告雇用原告担任驾驶员，复非仅临时性、短期性或季节性之工作，而系以维持永续性劳动关系为目的，自有约定试用期间之必要性，且两造约定三个月之试用期间，衡诸一般常情亦未过长，故两造系争三个月试用期间之约定，自属合法有效，不因‘劳基法’是否有试用期间之规定而受影响”。学者亦认试用期间应于劳动契约、工作规则中明定，试用期间的长短应与判断劳工适格性的需要，具有合理的比例关联，所约定之试用期间过长者，应解为违反公序良俗而无效。相关讨论参见台湾劳动法学会编：《劳动基准法释义——施行二十年之回顾与展望》，2版，94页，台北，新学林出版股份有限公司，2009。台湾学者关于试用期间之整体性论述，请见邱骏彦：《劳动契约订立阶段之相关法律问题》，载《华冈法粹》，第30期，2003，207～238页；刘志鹏：《论试用期间》，载《劳动法理论与判决研究》，35～76页，台北，元照出版有限公司，2002。

② 从集体形成之角度讨论“劳动基准法”关于延长工作时间之问题，亦请参见林佳和：《劳动基准法二十年——过去、现在与未来的十项观察》，载《律师杂志》，第298期，2004，49页以下。

几乎所有劳动法领域，例子不胜枚举，俯拾皆是。本文究竟该选择如何之问题意识与向度来进行呢？着实难题一件。个人倾向从两个部分来进行：首先，或许有必要从抽象理论的层次，深入地爬梳“劳动契约之管制与自治”的抽象问题，先让我们操练一下基础性的思维。作者在此选择的，一是探索劳动契约的本质——这无疑是古典问题了，接下来则是劳动契约乃至劳动法的特殊性，目的在于树立但又批评性地看待“管制显然是劳动领域之命运”主轴，而既然吾人处于经济全球化时代，则断不能自外于此环境与条件之外，也就是说：全球化必然会对“劳动契约之管制与自治”问题，产生一定程度的影响，也因此，在理论论述上，亦应并入思考。以上是本文的第一部分。

在第二部分，作者将跳入下一层次，探索不同形式“劳动契约之管制与自治”，着眼的是：面对如此之艰难问题，吾人有无可能建立一稳定的观察与操作模式？依作者之见，“劳动契约之管制与自治”约莫可分为三类：第一类是管制中的自治，重点在于立法者之决定，当然特别是制定法中的强行规定，例如前述台湾“劳动基准法”第 21 条第 1 项的基本工资；第二类则是自治中的管制，强调的是司法者的角色扮演，作者倾向的观察向度是所谓的“劳动契约衡平性控制”（Billigkeitskontrolle des Arbeitsvertrages），例如前述有关法院见解下的试用期间约定；第三类系管制与自治的交错形式，着眼的是集体形成，比方“劳动基准法”第 32 条第 1 项谈及之延长工作同意权，在这里，劳动契约之管制与自治发展出另一套新颖，但对历史上的社会行动者毫不陌生之形式。

诚然，论者应可清楚地发现，在此“劳动契约之管制与自治”脉络上，其实，“劳动契约之管制”方属真正的重心，这一点很有迷障与吊诡的味道。在今日主流之劳动生活中，劳动契约之自治，或说劳动契约当事人之私法自治与契约自由，prima facie 望之，应属当然之出发点，但却在其行使与运行之同时，永远摆脱不了蒙受一定管制的命运。然而，劳动契约之当事人，不论是个体或集体，都还是努力地在找寻摆脱或变化之道，从未止息。[①] 讨论如此之问题，如果不想跃入某一具体之问题关联，例如前面提到的基本工资、试用期间或延长工作，而试图在抽象层次上有所分析与着墨——这显然是本文之企图与自我设定，那么，作者看来，就无法避免必须为以下之思考，而这些分析工作，无论在何一面向上，不管理论思维之深入，抑或法释义学操

① 德国劳动法近年之发展，类似之例子不一而足，例如雇主之意图摆脱团体协约之拘束，或劳方持续努力限制雇主之使用劳动派遣。较新之讨论，可参考一本纪念 Ulrich Zachert 教授逝世之论文集：Individuelle und kollektiveFreiheitimArbeitsrecht：Gedächtnisschriftfür Ulrich Zachert（Thomas Dieterich u a.，Baden-Baden，2010），其中有多篇论文皆着墨于此。

作上之稳定，甚至未来立法方向之建构，其实都可能有，而且应有一定程度之意义与影响。

1.1 前提一：劳动契约作为债法契约与人格面向

应该没有争论吧！作为雇佣契约下位类型之劳动契约，系一私法上之契约，更准确地说：劳动契约是一双方当事人交换工资与劳务之双务性债法契约。这样的出发点已广为学说所接受。[①] 然而，问题当然没有那么简单，至少从一个观点可以看到劳动契约绝对是不一样的债法契约：试问，有哪一种债法契约之一方当事人，其生存甚至生命风险，是与他方息息相关，进而形成特殊之依赖关系呢？没有错，这里碰到了劳动契约的一古典提问：与其他债法契约最大的不同是，劳动契约有着显著之人格面向与内涵，如同德国联邦劳动法院所说的："吾人在劳动关系中，看到了作为核心原则之人格法结构(personalrechtliche Struktur)的作用"[②]。人格上的紧密关系，进而形成作为劳动契约关系特征之一的人格从属性，已是诸位耳熟能详的劳动法基本概念了。这边想选择一不同的角度，或许让我们从概念之历史发展进程着手，看看劳动契约本质认识上之演变。而为了更具体一点的论述，本文希望从劳工之忠诚义务切入——如果先暂时接受这个概念的话[③]，观察作为债法契约之劳动契约，如何处理最特殊，也是最棘手的人格面向问题。理由很简单：为什么作为债法契约的劳动契约，会有那么独特的某些劳工义务出现，诸如不得

---

① Statt vieler siehe nur MünchArbR/Richardi § 8 Rn. 1.

② BAG Beschluß vom 17.12.1959 AP Nr. 21 zu § 616 BGB, unter B IV der Gründe.

③ 例如有学者即主张应以附随义务之概念来全盘取代忠诚义务，虽然两者其实在指涉上还是有段相当的差距。在劳动契约的主给付义务(Hauptleistungspflichten)之外，无论雇主或劳工，亦均有在"给付工资报酬"或是"提供劳务"以外的契约上义务群，一般即称之为"附随义务"(Nebenpflichten)。相对于雇主的附随义务，劳工之附随义务旨在维护雇主之利益，亦即套用学者 Wolfgang Blomeyer 所引之 1977 年劳动契约法草案第 77 条之定义"考量劳工在厂场中之地位、其本人之利益，以及其他厂场劳工之利益下，依诚实与信用，所得合理要求之义务"。依学说之见，劳工之附随义务大致上包括一系列之维护雇主利益之不作为义务，诸如不得挖角或劝说同仁离职跳槽或其他对雇主有害之影响行为，可期待情形下之使雇主暨其他劳工避免危害之义务，营业与技术秘密之保密义务；所谓厂场上之谨慎义务(betriebliche Rücksichtsphlichten)，不为伤害企业之言论的义务，竞业禁止的义务，一定之兼职限制等；除不作为义务外，亦包括报告、遵守劳工保护法令、工作障碍及危害通知等积极性之作为义务，不一而足。与"从给付义务"(Nebenleistungspflichten)不同的是，此附随义务性质上独立，其目的在于保障契约双方当事人，即维持一相互的保护关系，但其基础却非本于契约，而毋宁是来自"不加害于他人"(Neminemlaedere; Schädigeniemanden)的罗马法基本原则，是以与主给付义务之交换关系无关。相关讨论请见 MünchArbR/Blomeyer § 51 Rn. 1；刘士豪执笔：《劳工的附随义务》，载台湾劳动法学会编：《劳动基准法释义——施行二十年之回顾与展望》，2 版，113 页以下，台北，新学林出版股份有限公司，2009；林佳和：《劳动关系中的公益与私益冲突？——从德国劳工忠诚义务的演变轨迹谈起》，高雄大学政治法律学系主办之公益揭发"揭弊"保护学术与实务研讨会论文，2010-03-05。

任意为有害于雇主之言论或工作外行为，而可能事实上毫不影响其劳务之提供？向来之说法，总是从劳工一定程度之义务说起，而这显然与劳动契约关系之本质定性有关。

时间不要拉得太远，就从德国民法之制定时谈起吧：在19世纪末的德国民法草拟时期，以合作社学（Genossenschaftlehre）之论述闻名的法学者Otto von Gierke①，面对1889年对雇佣契约继续维持一般债法契约基调的第一次德国民法草案，提出严厉的批评，他认为草案的设计根本就忘记了“德意志法的思维”（deutschrechtliche Gedanken），最知名者为他同年于维也纳法学会（Juristische Gesellschaft zu Wien）的演说，其中强调私法之社会任务，主张“我们的私法中，必须滴入社会主义的精油”、“特别在当人格为契约所拘束之客体时，一个健康的私法，就必须以该人格之概念为核心”，而这样的问题，尤其出现在无法一一确定其未来个别劳务内容的雇佣契约。② von Gierke进一步说道，他难以想象，诸如这般沿袭自罗马奴隶法、照搬实物租赁模式之劳务租赁，为何今日得以雇佣契约之形态重现？从第一次德国民法草案中所看到的雇佣契约，在他的眼中，根本否定劳工之人格法上的连接关系，而正因为企业本身即属私法上的统治团体，一个自然人之人格将得整合进入的经济上的有机体，是以只要法律不愿去承认它，甚而否定它，将是严重的错误。von Gierke主张，必须经由“保护人格免被残害、保护弱者不被剥削、承担起保护与照顾之义务”，方得建立起具有伦理内涵之关系的法律形式；就如同他的名言：吾人的私法必须更保护社会弱者，否则它就不配叫作私法。③ 1895年，von Gierke提出私法中应加入所谓“基于统治权力而来的共同体”类别（Kategorie der Gemeinschaft kraft herrschaftlicher Gewalt），亦即在营业主、勤务主，与其雇用之公务员、工人、雇员等之间，应有所谓“人格法上的联系关系”（personenrechtliche Verbundenheit）存在，就此，所有当事人间的相互义务，均可回溯至作为基本义务的“忠诚义务”（Pflicht-zurTreue）之上。④ 这便是德国劳动法学界一般所言人格法上共同体关系（personenrechtliches Gemeinschaftsverhältnis）的起源：虽然von Gierke本人从未建立起此概念，但它确实来自于von Gierke所倡导之理念，而在此雇主

---

① 请参见其重要著作之汇编：dersl.，Das deutsche Genossenschaftsrecht，Berlin，1913。

② Richardi就特别言及此角度，认为“劳工无法事前一一确定之个别给付”即属劳动契约之特征。dazuMünchArbR/Richardi § 8 Rn. 1。

③ von Gierke，Der Entwurf eines bürgerlichen Gesetzbuchs und das deutsche Recht，Leipzig 1889，S. 104f.；siehe auch Wiese，a. a. O.，ZfA 1996，444。

④ von Gierke，Deutsches Privatrecht I，1895，S. 701；zitiert nach MünchArbR/Blomeyer，§ 51 Rn. 6.

与劳工之间成立人格法上的共同体关系中，忠诚义务正是其最具体的呈现。①

von Gierke强力主张私法社会任务、私法社会化之呼声，对后来正式通过施行的德国民法，产生一定程度的影响：相对于第一次民法草案时共仅有8个条文，且充斥着“与租赁契约性质相近”论调的雇佣契约章，后来的德国民法共有20个条文之多，最明显的是纳入个别的雇主照顾义务，包括受雇人给付障碍时雇用人之工资给付义务，受雇人纳入家庭生产组织内之疾病照顾义务，以及雇用人对于受雇人提供劳务时之保护义务等。② 然而，至少就德国民法立法理由书中所载，雇佣契约的纳入许多劳动保护条文，“并非来自于一整体之本质思维”，而仅系“来自社会政策的考虑，同时基于人道”，是以这些条文“只是例外、偏离普遍原则的例外”③。这一点提醒非常重要，从von Gierke暨许多同道中人所表达对于德国民法之严重失望，可见即便有个别的劳动保护条文出现，本质上仍未动摇劳动关系继续被视为财产法上之交换关系的出发点。对此，von Gierke重返战场，改从历史根源的角度去探索，于1914年发表著名的《雇佣契约的起源》（*Die Wurzeln des Dienstvertrages*）一文，认为在日耳曼人不同时代的四个阶段，不论是最早的日耳曼农奴之人格法上的忠诚雇佣契约（personenrechtlicher Treudienstvertrag der germanischenGefolgschaft），经过法兰克人统治时期之仆役奴工关系（Vasallenverhältnis），中世纪的债法上雇佣契约，直到1900年德国民法的雇佣契约，事实上均存在着一致性：勤务主对他方的保护与照顾，以及劳动者之奉献与忠诚，双方维系着人格上的拘束关系，但却未因此而牺牲其人格。④ 准此，von Gierke以为，日耳曼世界最早之忠诚雇佣契约，既是德国法上雇佣契约的前阶段，则其中以相互之忠诚义务所呈现之人格法上的内涵，即当然成为1900年德国民法雇佣契约的本质内容，而与所继受之罗马法上的劳务租赁毫无关联。⑤

von Gierke的另辟蹊径，实不容小觑：他于德国私法（DeutschesPrivatrecht）一书中所主张之“民法雇佣契约建立一人格上的统治关系，由此，在给付义务之外，劳工还应有服从之行为义务，以及个人之忠诚义务”，虽然未全面成为法学界通说，但已迭受注意，逐渐贯穿至法律适用者的意识中，

① Staudinger/Richardi，§ 611 Rn. 752；MünchArbR/Blomeyer，§ 51 Rn. 6.

② Mitglieder des BGH（Hrsg.），KommBGB，12 Aufl.，Heidelberg，1992，§ 618 Rn. 179；Däubler，Das Arbeitsrecht 2，12 Aufl.，Reinbek bei Hamburg，2009，Rn. 448f.，638ff..

③ Vgl. Motive zu dem Entwurfs eines bürgerlichen Gesetzbuches für das Deutsche Reich，Band II. Recht der Schuldverhältnisse，1888，S. 463；dazu Wiese，a. a. O.，ZfA 1996，445.

④ von Gierke，Die Wurzeln des Dienstvertrages，FS Heinrich Brunner，Leipzig 1914，S. 37ff.；zitiert nach Wiese，a. a. O.，ZfA 1996，446；dazu siehe auch MünchArbR/Blomeyer，§ 51 Rn. 7.

⑤ Ebenda.

例如帝国最高法院1915年3月10日的一则判决，即援引von Gierke的理论，而将劳工对于雇主技术创新所应负之保密义务，试图从劳雇间之“忠诚关系”导出。[①] 到了第一次世界大战结束后、人类政治史上的第一个社会民主政权——各种激进思维百家争鸣的魏玛共和时代，情况似乎有了转变。几乎德国的相关论述都言道，魏玛的通说，无疑地将忠诚义务视为一独立的行为义务，肯认劳动契约中的人格面向，同时普遍建立起劳动契约双方当事人的忠诚与照顾义务。[②] 明显的例子如1923年的一般劳动契约法草案（Entwurfeines Allgemeinen Arbeitsvertragsgesetz），其中即有忠诚义务一章，内容包括劳工收受客户利益之禁止、保密义务与竞业禁止义务。[③] 然而，必须提醒的是，接受忠诚义务之概念，并不代表放弃“劳动契约系属债法契约”之本质立场，同时，各方对于忠诚义务之内容与基础，亦少有共识，实难谓人格法上之共同体思维已得贯穿。例如，魏玛时代即多有学者引据著名劳动法前辈Philipp Lotmar于1908年的批评，认为忠诚义务不宜过度扩张，一个可以接受的独立之忠诚义务，应仅限于德国民法第242条诚实信用原则下之所谓契约忠诚（Vertragstreue）的范畴，不应任之泛滥。[④] Günther Wiese甚至指出，魏玛时代劳动法学的通说，仍应维系于劳动契约作为债法契约的基本出发点，纵使有许多得归属于人格法角度的渗入，但并未改变此态度。他更指出一则著名的帝国最高法院判决，有关Kiel市营电车工人，因发电厂罢工而致电车无法开动，工人即客观上无法工作，遂请求雇主继续给付工资之争议，法院虽然提出所谓“社会的劳动与企业共同体思维”（Gedanken der sozialenArbeits-und Betriebsgemeinschaft），进而肯定雇主之工资给付义务的继续存在，但法院认为此所谓之“社会观点”，事实上无须假借人格法上共同体关系而他求，相反，在仍坚持“劳动契约系债法契约”立场的德国民法中，仍可寻获相关的规范基础，也就是说，有着社会角度观点、偏向有利于劳工利益之解释方式，民法中便有，一个奠基于劳动契约作为债法契约的民法。[⑤]

一个更清楚的讲法，或许可参考魏玛时代后期的重要劳动法著作，Alfred Hueck与Hans Carl Nipperdey合著之《劳动法论》（*Lehrbuch des Arbeitsrechts*），其中即清楚地写道：“最近，劳动契约的债法本质经常受到批评，有人主张，劳

① RGZ 86，315.

② Vgl. hierzu nur Kaskel/Dersch，Arbeitsrecht，4 Aufl.，1932，S. 137f.；dazu Wiese，a. a. O.，ZfA 1996，448；MünchArbR/Blomeyer，§ 51 Rn. 7.

③ 相关条文内容请参见Ramm（Hrsg.），Entwürfe zu einem Deutschen Arbeitsvertragsgesetz，Ffm. 1992。

④ MünchArbR/Blomeyer，§ 51 Rn. 6.

⑤ RGZ 106，272（275ff.）；113，87（89）；dazu siehe Wiese，a. a. O.，ZfA 1996，448.

动关系建立起雇主与劳工间之联系，一个显然超越单纯债之关系的联系，而此常被称之为所谓的'社会法上的人格关系'(sozialrechtlichesPersonenverhältnis)，虽然其中亦包含债法关系之成分，但人格法上的关系方是重点，而与诸如婚姻与公务员法极为类似。虽然说，劳动契约的起源之一，系在于德意志法上的忠诚雇佣契约，而它显然是一人格法上的契约关系，此外毫无疑问的，今天的劳动契约亦带有许多明显的人格法上之落实，特别是诸如双方相互的忠诚义务，以及劳工之确实处于雇主之指挥命令权下；然而，人格法上的轨迹，并非当代劳动契约的核心，真正的核心还是在于劳务提供义务。当然，债务必须由其本人去提供劳务，必须服从雇主之指示，但这亦只是债法上的义务，但并不因此而使雇主取得对劳工劳动力的直接处分支配权，这样的情形，只出现在奴隶法，或较弱一点形式之父权式的劳动关系，它毋宁与当代之劳动契约思维，与劳工拥有人格上自我支配权之理念，完全背道而驰。是以，劳动契约仅给予雇主一请求劳工提供劳务之请求权，因此当然是债法之性质，即便劳工处于其同仁关系中，即便雇主与劳工共处一所谓劳动共同体中。[①]”吾人可以发现，身处劳资对立激烈、风雨缥缈而不安、没有共和人之共和国(Republik ohne Republikaner)的魏玛，至少就深受时代氛围、工人运动暨意识形态对峙影响甚深的普遍劳动者意识而言，虽然有着20世纪初，从德国民法雇佣契约章以降所伴随的许多劳动保护法令之出现，亦即所谓雇主照顾义务体系的全面建立，然而，劳工相应的忠诚义务，并未因此而导往人格法关系的彼岸，毋宁是继续停留于一定程度的契约忠诚范畴之中，在其债法本旨的基础上，发生相应的作用。就此，纵将劳工之忠诚义务理解为某种人格法上思维与关系的实践出口，亦恐与“劳动关系之视为宰制统治关系”有着相当的距离，如果不是无甚关联的话。显而易见，魏玛共和的时代背景与条件，更重要的是：魏玛共和普遍的社会意识与世界观，使得劳动关系中虽得寻获忠诚义务之足迹，但未萌生于显然不同酝酿下的人格法关系之土壤，应得确定。

第二次世界大战后，社会主义政权的垮台，并未当然带来纳粹时代“劳动关系作为人格法上共同体关系”，乃至于劳工忠诚义务群的消失，相反，劳工忠诚义务不但继续发挥着规范作用，即便连人格法上共同体关系之思维，至少直至20世纪60年代，仍继续作为德国劳动法学与实务之通

---

① Hueck/Nipperdey, Lehrbuch des Arbeitsrechts, Band 1, 2 Aufl., Mannheim, 1928, S. 87f..

说，别无疑问。[①] 启人疑窦的是，在战后那一去纳粹化的年代，如此紧密联系至社会主义意识形态的劳动共同体思想，为何没有一起没入历史的尘埃灰烬之中呢?

一个有趣的回答：同样是魏玛暨纳粹时代极重要的劳动法学者 Alfred Hueck，在战后伊始的 1946 年，即于一场著名的演说中提道：从劳动契约双方当事人紧密之人格上的关联，自可导出一以双方互负忠诚义务为核心之共同体关系。这不令人意外，令人讶异的是：Hueck 认为得以如此下定论，必须仰赖 Otto von Gierke 的说法，易言之，与纳粹意识形态无关，与劳动秩序法无涉。[②] 类似，但显然较含蓄的说法，例如战前、战后亦均相当重要的另一位学者 Arthur Nikisch 认为："国家劳动秩序法第 2 条第 2 项，明文规定忠诚义务，但是现行法已找不到相应的明文。我听到有人说，一个健康而正确的选择，应该是回到历史的过去，也就是否认有忠诚义务的存在。但事实上，此与纳粹之所谓革新无关：在法学中，很早就听闻忠诚义务之意涵，而立法者也在某些地方有进一步的规范，法院更是经常遵奉忠诚之思维……共同体思想，系来自劳动关系的本质，而非本于一方当事人的自我想象"，"忠诚义务来自于劳工与其雇主或企业之紧密的人格上拘束，到底此拘束应多紧密，而忠诚义务之内容与范围又应如何，只能依企业之型态与劳工个人之地位而定，彼此之差异可能甚大，因此并无一概的定论"[③]。迎接战后初期如此保守思维的，系 20 世纪 60 年代所开始之针对人格法上共同体关系的激烈批评：例如 Peter Schwerdtner 在 1969 年的重要著作《劳动条件法中的照顾理论与工资理论》(*Fürsorgetheorie und Entgelttheorie im Recht der Arbeitsbedingungen*) 中，即曾精辟地指出，要建构劳动契约关系中所需的一些权利、义务，特别是劳工之保障或雇主合法正当利益的维护，事实上仅须透过债法释义学 (Schuldrechtsdogmatik) 的操作，即可达成目的，因为交换关系亦当然得包括特定之附随义务，所以根本无须他求，特别是求之于内容空洞、内涵相互矛盾、指涉不一（例如究竟是与人格有关或系人格法上），又充斥着意识形态

---

① 明确指出此点者，例如 MünchArbR/Blomeyer，§ 51 Rn. 10。战后，无论是德国联邦劳动法院、联邦最高法院、联邦宪法法院，乃至于奥地利与瑞士之最高法院，均多有从人格法上共同体关系之概念出发，道出劳动契约当事人权利、义务之判决出现，较知名者如 BVerfGE 7，342（349）；BAG AP Nr. 2 zu § 611 BGB Beschßftigungspflicht Bl. 2；AP Nr. 1 zu § 615 BGB Betriebsrisiko Bl. 2；BGHZ 10，187（190）；Österr. OGH，DrdA 1960，247（248）；alle siehe auch Wiese，a. a. O.，ZfA 1996，451。

② Hueck，Der Treuegedanke im modernen Privatrecht，1947，S. 13；zitiert nach MünchArbR/Blomeyer，§ 51 Rn. 10.

③ Nikisch，Arbeitsrecht，Band 1，3 Aufl.，Tübingen 1961，S. 446f..

与可能单向夸大雇主利益、劳工义务之人格法上共同体关系。依 Schwerdtner 之见，劳工之忠诚义务，仅须借由德国民法第 242 条的诚实信用原则，而在劳工之社会保护、交易秩序伦理与社会通念、当事人相互之利益对立三者间，找到相应而正确之附随义务内涵即可。[①] Günther Wiese 亦认为，即便人格法上共同体关系早现身于纳粹统治之前，仍无从否认其浓厚之意识形态包袱；再者，它已不再符合当代对于劳动关系之理解，特别是过去封建时代留下之所谓服从义务（Gehorsamspflicht)，无非建立在统治关系之下，早与时代脱节，同时，即便劳动关系有人格上的面向，但此不等于经常听到的所谓“人格上的拘束”甚至“组成共同体关系”；最后，无限夸大共同体之思维，将无疑使所谓共同体的利益独大，也就等于雇主之利益为神圣不可侵犯，那么在劳资双方的利益对立结构中，将产生严重之失衡。是以 Wiese 主张，应以劳动关系中之“人的内涵”（personaler Gehalt)，取代人格法之类的概念，进而理解劳动关系在纯交换关系以外的其他问题，并由此找出诸如忠诚义务之应有面貌。[②]

从以上的理论发展史回顾可发现，“特殊之债法契约”终究是劳动契约难以摆脱的宿命，当然，时至 21 世纪的今日，某些显然不合时宜的劳动或企业共同体思维，所意图建立之全面诸如雇主照顾义务与劳工忠诚义务体系，即便在当代仍能寻其踪迹，但已必须他求不同之规范性基础，例如一般常见之诚实信用原则。不论如何，带有浓厚人之内涵面向，始终是劳动契约之结构特征，这也会在有关劳动契约管制与自治之动态关系中，扮演吃重的制约角色。如果说，诸如 Klaus Adomeit 所主张之“将劳工身份质变为公司股东”、“去除劳工之从属性”、“劳动法之公司法化”（Vergesellschaftsrechtlichung des Arbeitsrechts)[③]，仍然停留于宣传、鼓动与个人期望，而非真正地贯穿劳动领域的话，那么，劳动契约即使作为本质上之债法契约，但人格面向之特殊内涵，仍然使它有着独特和无与伦比的面貌，也就当然在契约管制与自治

---

① Schwerdtner, Fürsorgetheorie und Entgelttheorie im Recht der Arbeitsbedingungen, Heidelberg, 1970, S. 79ff., 85ff..

② Wiese, a. a. O., ZfA 1996, 452ff..

③ Adomeit 认为，吾人应认真思考劳动法自我扬弃（Selbstaufhebung）的可能，先从具体问题开始，例如电传劳动之不适用劳动法，再进而发展至不同于当代面貌的阶段，例如强调合作原则、个人自主与自决、生产组织上真正的自我实现与共同决定，最后复考量朝“劳动者作为合作、合伙关系之主体”、“劳动法成为类似公司法之雇佣关系法制”的方向发展，使劳工同公司之股东一般，有着“更多的机会、更大的风险、随着企业获利而调整的利润参与、财产的形成、契约形成的真正自由”，而“没有或更少的团体协约与劳资争议”。dazu siehe Adomeit, Das Arbeitsverhältnis -alternativ, NJW 1984, 1337ff.. 更完整一点的，亦可参见其著作：Das Arbeitsrecht und unsere wirtschaftliche Zukunft, München, 1985。

的主轴上，呈现与其他典型债法契约迥然不同的局面。

1.2 前提二：劳动契约与劳动法之特殊自我认知

前述劳动契约之作为债法契约，与其非常特别的人格面向，某个程度而言，是一种内生（endogen）的向度问题。在这里的"前提二"，作者想将观察层次拉到不同的地方，一个毋宁较属于外生（exogen）之角度。本文想着墨的是：从劳动法的自我认知出发，能否找出一偏向整体政治经济学式的定位？也就是找出一"劳动契约/劳动法的体系地位"，以探索为何会有外来公共性之介入，例如国家[①]公权力之干预？探索这其中微妙又复杂之公、私相互关系（国家公权力/社会管制力量—私法自治），其实必须追溯至劳动法的本质问题。[②] 在此可以有以下几个不同的角度思维：

首先，劳动法处理的对象是雇佣劳动的法律关系，如前所述，其本质当然系契约关系，然而，劳动关系终究与其他私契约关系有所不同，至以规范它为对象之劳动法，亦与一般之契约法有着相当差距，易言之，劳动法亦同时反映资本与劳动间的社会关系，或者说社会权力关系[③]，所以说，劳动法的政治意义及本质是相当清楚的，它不只是个别当事人间之权利义务关系，而是这些个别的关系必须摆在整体的社会关联下来观察，不论是结构性的，或是行为交互作用的辩证性的，唯有如此，方能理解在劳动法中许多异于其他契约法领域的呈现。

传统的私法特别是民法的规范体系，基本上并不含有符合劳动关系这种社会意涵的内容，尤其是对其特殊情况与价值差异的观照与认知，甚而是法释义学体系中的内化处理，这种民法体系中缺乏"社会思考"（Fehlen des sozialen Gedankens）的问题，正是劳动法之所以形式与实质都要脱离传统民事

---

① 此文中的国家是广义的，包括狭义的国家和地区。

② Vgl. Binkert/Preis, Subjekt und Objekt der Arbeitsgerichtsbarkeit-Historische und politische Determinanten einer eigenständigen Gerichtsbarkeit, AuR 1987, 402.

③ 在政治社会学的讨论中，所谓的社会权力关系分为两者，一是"结构性的权力关系"（Machtverhältnisse），是一种社会结构形成、建构之后所客观存在于该领域内，亦即为社会行动者之社会行动的基本框架；另一则是所谓的"结构与行动辩证影响的权力关系"（Kräfteverhältnisse），是指在前述的结构权力关系下，基于行动者之行动的辩证式影响结构，所交互形成的另一层社会权力关系，两者在细致的分析上必须加以区别。类似之分析请见 Rolshausen, Macht und Herrschaft, Münster, 1997, S. 102ff.；Röttger, Neoliberale Globalisierung und eurokapitalistische Regulation, Münster, 1997, S. 182ff.。

法体系的根源所在。[①]

更具体一点地说，传统民法的以契约为出发点及基本类型，亦即以债之关系及债法的概念及面向去建构整个私法体系的模型，已无法适切处理劳动契约当事人截然不平等的社会关系，换句话说，私法发展史上从身份到契约的趋势及法律化、制度化的基本假设，反而无法处理当代劳动关系中特殊的“人与身份”的根本问题。[②]

于是，劳动法有了它的特殊面貌及性质：它不是一单纯处理静态法律关系，也不是一立基于稳定不变的社会权力结构上的领域，更非与其他契约类型近似的个别权利义务关系。虽然在资本主义的发展体制下，劳动者因雇佣劳动的本质而处于人格及经济上的从属地位，但这种从实际的社会力的关系所反映过来的法律关系呈现，在回过去看的视野中，又呈现出两者交互而辩证作用的复杂状态，这也就是德国学者 Thilo Ramm 所称的“当代的法与当代权力状态之相互关系”(Wechselverhältnis zwischen gegenwärtigem Recht und gegenwärtiger Machtkonstellation)[③]，在劳动生活的领域中，劳资双方当事人不但受法的制约，本身也在形成与创造法，甚至扭转与阻挠法，因为从历史上立法者及劳资当事人就劳动关系的形成过程来看，就不断呈现交互重叠、冲突、回避、漠视的复杂作用关系，如以简单的工资为例，我们就可能想象出不同的历史形式，如：国家制定基本工资、保障工资、劳资签订团体协约、个人自由议定工资等各种随时变化、调整的模式。所以说，基于劳动法之双重本质，一方面，劳动者处于结构性的劣势，另一方面，劳资力量的发展及调整会牵动双方力的对抗关系，使得在劳动法的形成上，一方面要固守保护劳工的基本基调，另一方面要保留劳资双方作为社会自治力量的自主形成空间。而在历史发展的过程中，显然，要忠实地呈现与落实这双重本质，国家不同形式与实质的介入，正是不可或缺的充分与必要条件。在此“劳动与资本之社会权力关系”的动态发展主轴上，劳动法必须一方面防止双方的交换

---

① 其实，19 世纪末的法学家早已看出这个问题，例如有名的社会主义法学家 Anton von Menger，在他 1890 年的著名作品《民法与无产的人民阶级》(*Das bürgerliche Recht und die besitzlosen Volksklassen*)，就已提出“在民法中加入社会成分，在法释义学体系中加入社会要素，将整个民法体系作朝向社会主义的改变、发展与再造”的主张，当然，这种乌托邦式的想象也引起不少批评，最有名的即是恩格斯所写的“法学家的社会主义”。请参阅 MEW Bd. 21，S. 509。

② Binkert-Preis，a. a. O.，S. 403。当然，在今日的特殊情况下，亦有许多主张劳动法应重新走回私法化的说法，例如 Konzen，Vom “Neuen Kurs” zur sozialen Marktwirtschaft- Kontinuität und Wandel in der deutschen Arbeitsrechtsentwicklung，ZfA 1991，379ff.，Reuter，Gibt es eine arbeitsrechtliche Methode? Ein Plädoyer für die Einheit der Rechtsordnung，FS Hilger/Stumpf，München，1983，S. 573ff.。

③ Dersl.，Die Arbeitsverfassung der BRD，JZ 1977，5.

条件过于对结构上弱势的劳工不利，另一方面却也必须兼顾一项功能，就是继续维持现有的政治、经济关系的完整与运行。前者就是一般所谓的劳动法之"（社会）保护功能"（Sozialschutzfunktion des Arbeitsrechts）[①]，后者则是一般理论上较忽略的所谓劳动法之"秩序或稳定功能"（Ordnungs-oder Befriedigungsfunktion）。[②]

由此劳动法所扮演之社会保护暨秩序与稳定功能观之，无疑会导向一重要的问题关联：国家对劳动和资本关系之介入与干预，也就是本文所说的管制。事实上，这样的讨论向度，即使在劳动法学中，亦早屡见不鲜。[③] 早期的劳动法学者 Arthur Nikisch 就说得很清楚：劳动生活中的国家任务，绝不可自限于仅透过立法的方式，只规范当事人的法律地位，然后给予其自我形成所需之法律手段而已。Nikisch 继续说道，不论是基于劳动力的价值、劳工的保护必要性，或是和平地规范劳动条件所将产生之重大经济与社会影响暨效益，都要求国家必须以不同的方式，例如以行政机关介入之方式，去干预劳动生活的过程。[④] Nikisch 所称之"劳动法领域中的公共任务"（Öffentliche Aufgaben auf dem Gebiet des Arbeitsrechts），自有现代意义之劳动法的形成开始，即应存在。[⑤] 从以上的讨论可看到，国家对于劳动契约关系的公法上干预与介入，从劳动法之自我认知，社会保护、秩序与满足/稳定功能的实现，乃至于劳动微妙地处于法与社会权力之交互辩证关系中，无论从何一视界观察之，其足迹总时时存在。或许吾人可以这样说：国家之渗入劳动契约关系领域，不论是以立法、司法或行政之形式，本身就是劳动法的宿命，虽然在不同的时代背景下，确实可能有不同之形式与实质的呈现。如同社会学家 Gunther Teubner 的观察：在一民主形式的政治体制下，基于其立法机关之社会要求，将对于国民私领域采取越来越多的社会国干预、介入，亦即所谓"形式法之实质化"（Materialisierung des Formalrechts），特别是出现在许多原先是自主规制的私领域，例如工业与劳动领域，显然，这两者都是来自于

---

① MünchArbR/Richardi，§ 6 Rn. 15ff..

② Dazu Däubler，Das Arbeitsrecht 1，15 Aufl.，Reinbek bei Hamburg 1998，Rn. 35ff.；Nutzinger（Hrsg.），Die Entstehung des Arbeitsrechts in Deutschland. Aktuelle Probleme in historischer Perspektive，Marburg，1998，特别是其中 Bieber，Häberle，Nautz，Rückert 等人的有关工会、团体协约、劳工个别权利保障之劳动法发展史的论述。

③ 例如林佳和：《劳动关系之公法介入——以大量解雇劳工保护法之限制出境制度为例》，台湾大学法律学院、台湾行政法学会主办"第四届行政法实务与理论暨大量解雇劳工法制学术研讨会"论文，2004-11-13。

④ Nikisch，Arbeitsrecht，Bd. 1，3 Aufl.，Tübingen，1961，S. 70.

⑤ 进一步的探讨亦请参见林佳和：《公私协力在劳动法上之理论与实践》，载《月旦法学》，第176期，2010，197页以下。

19世纪现代工业生产组织及雇佣劳动体制形成的产物。[①] Wolfgang Däubler也同样由此角度看劳动法：社会保护、冲突解决、基于特定目标之社会行为的导引，这些都是此实质法的常见内容，以通往一稳固各该时点之社会关系的和平状态。[②] 在此脉络下，我们清晰地看到了劳动契约管制与自治的既微妙、可能又紧张的关系：管制始终是劳动契约摆脱不了的宿命，却又必须恪守其作为私法自治呈现之债法契约的本质，同时又须时时刻刻地处于辩证式的交互关系中。德国学者 Franz Gamillscheg 曾说：法官法是我们的命运，或许可以改写为：管制是劳动法永远的宿命。

1.3 前提三：劳动契约与经济全球化之时代氛围

下一个提问就不古典，而是很“新潮”而“急切”了：理论上别具重要性的是，如何将此三角关联“劳动、资本、国家”，放入当代的发展脉络与轨迹之中，以试图筛检出国家介入劳动关系管制的可能新面貌，不论吾人将之称为合理性、界限或内涵？这里的提问很简单：处在全球化时代的当代，面对诸如劳动市场、劳动关系与劳动过程管制之作为资本主义国家核心功能之一（英国政治经济学者 Bob Jessop 语）[③]，劳动契约的管制与自治要往何处去？显然，劳动契约之管制与自治，如同它所处之社会权力关系，即属动态的发展、演化，我们断不可能举出昔日的管制形式或自治界限，直接用来合理化或批判目前或未来之劳动契约形成，这无非犯了“非历史”（ahistorisch）之错误。面对巨变之今日，我们必须找寻劳动契约所处之时代氛围与环境条件，以重新定位它应有之坐落。

经济全球化对于国民国家所产生的最重要影响，应是国家对于国民行为的影响力相当程度地减弱，包括国家或其下级地域的政治行动者。套用 Martin Albrow 的用语：国家已丧失或相当地被削弱对国民日常生活的定义能力，包括国家的民主机制，以及保障国民权利、自由与富足的法律制度。[④] 类似的如 Hirst/Thompson 之“国家之政治管制能力的减弱与被质疑”，“政治对经济过程之影响能力的衰退”的分析。[⑤] Samir Amin 亦认为，从国家学的角度

---

① Teubner, Verrechtlichung-Begriffe, Merkmale, Grenzen, Auswege, in: Kübler (Hrsg.), Verrechtlichung von Wirtschaft, Arbeit und sozialer Solidarität, Ffm. 1985, S. 304f..

② Däubler 便以此观点来理解当劳动法领域中之法律化。dersl., Arbeitsrecht und Politik, RdA 1999, 18f..

③ Jessop, *The Future of the Capitalist State*, Polity Press, 2005, p. 45.

④ Albrow, Abschied vom Nationalstaat. Staat und Gesellschaft im Globalen Zeitalter, Ffm. 1998, SS. 261, 284.

⑤ Hirst/Thompson, Globalisierung? Internationale Wirtschaftsbeziehungen, Nationalökonomien und die Formierung von Handelsblöcken, in: Beck (Hrsg.), Politik der Globalisierung, Ffm. 1998, SS. 90, 93.

来看，“作为自我集中式控制机制的国民国家之腐蚀”，也就是从统治与调控的功能面来看，昔日国家集中式的结构关系已渐渐消失，取而代之的是政治领域中的分裂化，换言之，国家不再能扮演国家领域内中心的统治角色。[①] 由此出发，以国家学之概念来说，尤其明显的自然是“国家与社会指涉领域的分裂”，国家不再是社会公共性领域的中心所在，社会将形成新兴的权力与竞争关系，不再停留于过去“得以用国家场域的概念来描述与形容之社会冲突关系”之阶段，整个社会的行动、生活过程乃至观察空间，皆已逐渐呈现脱逸出国家的空间与权限范围之外。[②] 在许多的社会生活领域及范畴中，国家似乎都丧失昔日所拥有的权限及解决问题之能力，特别是攸关企业主经营行为的传统经济行政领域，从组织社会学的角度来看，如同 Jean-Marie Guéhenno 的观察，国家似乎不再是原则、基本理念、意识形态或不同社会秩序观的竞争冲突所在，全球化时代所看到的，均是“公共决定过程”的分散与分裂，至少不再集中于国家机制之上。[③] Roland Roth 将之称为“国家政治的去议题化”（Dethematisierung），多少表达了国家于全球化时代下的尴尬处境：除了依循经济发展、国际竞争的逻辑之外，似再难有处理社会之公共性议题、作出集体理性之决定的权限及可能。[④] 说到这里，应该要让我们联想到：探索劳动契约管制与自治之界限，特别是管制决定时，站在有效性之观点上，经济全球化所带来之国家性的质量变，确实是不能忽视的背景因素。

让吾人进一步探讨可能的结果。相对于国家所受之经济全球化的负面影响，至少就国民国家原所具有之管控能力而言，国家的公共性功能亦无可避免地处于变迁之中。专精福利社会学之 Franz-Xaver Kaufmann 便观察到，国家之高权形式的行为，逐渐仅集中于司法裁判行为或所谓安全秩序的保障上，相对地，在公共领域的给付行为及相关的范围内，国家渐次收回其管制与保障给予之功能，亦同时有将此社会给付委交予准社会之机制或行动者的趋势。[⑤] 这一点在本文的脉络中特别重要，请先注意。Bernd Röttger 亦站在类

---

① Amin, Die Zukunft des Weltsystems. Herausforderung der Globalisierung, Hamburg 1997, S. 43；Amin 进一步分析全球化时代的政治结构变化，认渐形成中心（zentral）、整合中心与边缘（integriert-periphere）、“边缘化边缘”（marginalsiert- periphere）等的不同层级。

② Ulrich Beck 在另一篇论文中，亦将全球化描述为社会之去地域化或去国家化（Entterritoralisierung bzw. Entnationalisierung des Sozialen），同样凸显这个问题；dersl., Wie wird Demokratie im Zeitalter der Globalisierung möglich? in: dersl.（Hrsg.），Politik der Globalisierung, Ffm. 1998, S. 12。

③ Guéhenno, Das Ende der Demokratie, München, 1996, S. 39f..

④ Roth, Postfordistische Politik, in: Görg/Roth（Hrsg.），Kein Staat zu machen. Zur Kritik der Sozialwissenschaften, Münster, 1998, S. 101.

⑤ Kaufmann, Herausforderungen des Sozialstaates, Ffm. 1997, S. 138；类似的看法亦见 Czada, Vereinigungskrise und Standortdebatte, Leviathan, 1998, 26, 28ff.。

似的角度，认为全球化应是新自由主义所推动之一种“社会化过程的贯彻形式”，也就是捣毁传统处理社会与国际关系间之国家化形式（Formen der Verstaatlichung），亦即破坏以国家为核心中介机制所推展开来的规范与管制网络，而试图建立以“经济作为社会关系”作为出发点的新资本主义秩序，在此轨迹下，国家管制社会关系之力量减弱，甚至在某些领域内消失，无疑是一必然，甚至是国家所共同推动的发展结果。[①] 这些所谓全球化对于国家的影响，主要是摆在“国家调控能力”（Steuerungsfähigkeit des Staates）的层次，事实上，国民国家于全球化时代中的最大转变，毋宁在于其国家正当性的内涵上。也就是说，昔日国家对于社会领域，或说国家作为社会之公共性领域，所应负之任务及功能，不论是保障人民自由与安全、实现社会公平正义等，以及以之实践作为国家正当性基础的时代，即便不是宣告结束，亦至少有极大程度的转变。[②] 国家在全球化时代的国家性面貌，有两项最关键的变化：

首先，国家本身成为竞争要素（Wettbewerbsfaktor），成为整体竞争秩序的一部分，正如 Wolfgang Streeck 所观察的，国家机器的运作，与其他的经济行为主体相类似，被跨国企业乃至整体社会中的行动者，同样以效率与效益等经济理性标准来加评估，所谓国家的精瘦化（Verschlankung），例如官僚体系的缩编方式之改造，社会安全体系基于减少国家预算负担及赤字之故的削减等，成为全球化时代下国民国家似乎唯一出路。[③]

其次，全球化所造成之另一项国家性的转变，便是重组国家政策的优先级，“国际竞争政策”（Politik des internationalen Wettbewerbs）或所谓的“生产据点政策”（Standortpolitik），成为国家最优先的政策选择，优于充分就业或其他内国的政策选项，例如社会福利政策、环境保护、城乡发展等，特别是首当其冲的社会福利、社会安全、社会保护体系，以法国阿图塞学派的重要学者 Alain Lipietz 的描述来说，全球化几乎等于宣布“遗忘社会之管制”（Vergessen der Regulation des Sozialen）。[④] 依循新自由主义理论对于社会政策的阐释，社会国制度必然有碍于世界市场的整合，因为一方面，社会政策形成并稳固了所谓“受照顾阶级”（Versorgungsklassen）的出现，另一方面，社会政策亦使劳动力变得昂贵、移动困难，这些因素都将使得劳动力

---

① Röttger, a. a. O. , S. 51.

② Deppe 亦认为民主体系内的正当性压力，以及正当性面貌的转变，是全球化下国家性发展之特征。dersl. , Fin de Siècle. Am übergang ins 21. Jahrhundert, Köln 1997, S. 51.

③ Streeck, Industrielle Beziehungen in einer internationalisierten Wirtschaft, in: Beck (Hrsg.), Politik der Globalisierung, Ffm. 1998, S. 180f. .

④ Lipietz, Nach dem Ende des Goldenen Zeitalters. Regulation und Transformation kapitalistischer Gesellschaften, Berlin-Hamburg 1998, S. 176f. .

无法因应全球化的需求而自我调整。是以尚且不论社会国所造成之国家财政问题，单就劳动力本身的弹性调整能力而言，社会政策都是国家竞争力的负面要素，国家应予相当幅度之修正。①

在此一 Joachim Hirsch 所称之国家发展的新阶段——民族竞争国（nationaler Wettbewerbsstaat）② 时代，内国劳动法秩序所面临之冲击，即变成耳熟能详的话题，让吾人看一段标准的问题描述：当代的重大问题叫作“劳动之去形式化”（Deformalisierung der Arbeit）③：保护劳工的法令越来越遭到质疑，内国或跨国企业全面主张法令的松绑，主张保护劳工越多只会不利地影响企业的竞争力，让越多的劳工失业，因此，强烈主张应让劳工有权自由协商法律最低保障以下的工资及劳动条件；主张劳动关系的形成及内容，法律及政府不应作过多的干预，一切应听任市场的机制来决定，换言之，劳动条件的规制必须要“弹性化”；再者，劳动及劳动关系，必须从现有国家法律、社会及经济的理型中摆脱与释放出来，换言之，去除法律形式上对劳动的保护，劳资关系的形成不再视为国民国家内的阶级妥协，而是回到企业内的控制模式；主张排除工会对劳动关系形成的介入，工会被认为是一不利的制度性要素，资本倾向于由劳方作个别的劳动关系形成，排拒团体协约的规范性拘束力，不愿意采取劳资合作甚至共同决定的经济民主模式，总的来说，劳动关系的形式与内容变为企业经营策略的一部分。同时，劳动关系相当程度的法律化，亦相对地不当限制劳动者本身的自由，以保护劳工为名所正当化之“他决取代自决”，已不符合当代的社会发展形态。易言之，在此新自由主义全球化脉络下的内国劳动法政策④，至少在意识与主张面上，便须如此地去理解。

不论如何，全球化所带来之主流思维与政策的转变和威胁，既如前述，而“公领域之介入与形成”既然作为劳动法之宿命，在全球化时代下，它就当然质变为一新兴且饱受质疑煎熬的议题。究竟，如何在追求更符合公平、正义之社会秩序的目标下，重塑政治与经济之关系，而法律显然作为最重要

---

① 这方面的标准说法，参见 Rieger/Leibfried, Die sozialpolitische Grenzen der Globalisierung, PVS 1997, 789ff.。

② Hirsch, Der nationale Wettbewerbsstaat. Staat, Demokratie und Politik im globalen Kapitalismus, 2 Aufl., Berlin 1996, S. 103ff..

③ Vgl. nur Chomsky/Dieterich, Globalisierung im Cyberspace, Bonn 1996, S. 35; Altvater/Mahnkopf, Grenzen der Globalisierung, Münster 1993, S. 138ff.; diesl., Globalisierung der Unsicherheit. Arbeit im Schatten, Schmutziges Geld und informelle Politik, Münster 2002, S. 28, 86ff., 133ff.

④ 相关讨论亦可见林佳和：《全球化与国际劳动人权保障——国际法事实之观察》，（台湾）《国际法季刊》第 5 卷第 2 期，2008，26 页以下。

治理媒介的工作上，至少就本文所关注的劳动契约范畴而言，公共性何去何从，或许更准确一点地说，劳动契约的管制何去何从？究竟在不同劳动契约相关事项与问题上，应该采取如何之形式与实质的国家介入、干预与形成，不论是国家之实质决定、一定框架下之劳资自治，抑或完全放任之劳资自主形成？这些无疑均属可能。作者的提醒是：必须在理解劳动法之发展历史过程与其本质内涵之前提下，套入全球化之当代框架，再从中找寻管制与自治之适当/不适当坐落，如此方能稳定而清晰地面对已经出现，不论在大陆或台湾地区之不同劳动领域中的劳动契约管制与自治模式，进而提出一定的评价，否则，劳动法学的论述与分析，将自觉性地丧失其整体政治、经济视野，而仅停留于单纯的法学论理工具之操作上，不得不慎。①

2. 中间结论

从前面的讨论，我们可看到探索“劳动契约之管制与自治”的必须思考过程：一方面，本质上作为债法契约之劳动契约，却因毋庸置疑的人格上面向与内在要素，使得它一定程度脱离典型债法契约，进一步形塑它独特的内涵：虽然本文选择从忠诚义务切入，但其实道理很清楚：从劳动契约之内生（endogen）观之，微妙又特殊的自治中之管制，形成了劳资双方私法行为的一定界限。而另一方面，劳动关系作为社会权力关系，它始终处于不断的动态发展与交互影响中，进而产生特别的、目的显然在于稳定秩序与体制的管制形式，以发挥劳动关系之管制效果，这就是吾人所熟悉之立法、司法、行政之国家公权力介入与干预。这里所看到的是一外生（exogen）之向度，处于特定政经社体系下之劳动关系，必须存续于一定的管制之内，形成微妙又特殊之管制中的自治。最后，劳动关系/劳动法不能自外于体系②，是以探讨经济全球化时代下的劳动契约管制与自治，当不能忽略时代氛围与环境，特别是由其所带来之国家性的转变。

更进一步地说，透过前述冗长希望诸位先进还耐得住性子的论述，作者其实要建构自己所支持之命题如下：

首先，劳动契约是一特殊之债法契约，吾人必须时时刻刻面对管制与自

① 作者曾在一文章中，从系统理论的角度，分析劳动法学如此可能之问题。请见林佳和：《德国劳动法制之最新发展趋势：2000—2007》，载林嘉主编：《社会法评论》，第4卷，338～340页，北京，中国人民大学出版社，2009。

② 特别强调于此的例如 Bernd Rüthers：dersl.，Ideologie und Recht im Systemwechsel-Ein Beitrag zur Ideologiefälligkeit geistiger Berufe，München，1992。

治之辩证拉扯，但不应忘记劳动契约特殊之人格面向：必须以符合一自由、民主基本秩序思维之人格观为基础，维系于“保护劳工人格、只在一定程度回复契约忠诚”之基本立场。

其次，劳动契约之管制与自治，在特定问题的形成与决定上，断不可忘记其体系性的意涵，必须着眼于社会权力关系之状态，勿使之任意偏颇或倾斜，任何国家公权力形式的干预与介入，都须有这一层的检验。

最后，身处经济全球化时代，劳动关系面临清楚之冲击与影响：劳动弹性化，国家竞争力，社会权力关系之不利倾斜，乃至于国家调控与形成能力之削弱，都是无从否认的现象。相对地，例如非常特殊之所谓框架性管制、程序化（Prozeduralisierung）发展现象[①]，指引了劳动法一个或许新的方向：正面迎接挑战与改变，找寻一新的、符合时宜的，不坚持已落伍之管制形式，以形成它与劳动契约自治的新关系。

依作者之见，唯有如前述之清晰认知，虽然相对，仍然极其抽象，我们方有可能较为稳定，也较为可信地去观察个别问题上，有关劳动契约管制与自治之方向抉择。接下来，本文将进一步观察三种不同类型之管制与自治关系。

2.1 形式一：管制中的自治——劳动强行立法与行政

谈到劳动契约管制与自治的第一种形式，无非要溯及整个劳动法之发展缘起。以一古典而标准的说法来看[②]：所谓的劳动法，其形成的源始，无疑就是承认最早的工厂工人，乃至后来之所有劳力劳心之劳动者的保护需求，这不但是劳动法在形成初期的主要目的与面貌，直至进展约一个半世纪后的今日，它仍是劳动法的主要内涵与结构特征。换句话说，劳动法的目的与正当性，就是所谓的“社会保护”（Sozialschutz）。本质上，劳动法就是劳工保护法，它保护劳工免受资本主义经济过程及体系的直接剥削，某个程度上来说，劳动法自己形成一独特的社会系统，在其中，透过国家的法律规范或集体力量的介入（例如团体协约），“市场的力量”被排除在外。[③] 劳动法变为一独特的私法法域，甚至可以用一句法国社会学者 Robert Castel 的话来说：劳动法的出现，使劳工再由契约走向身份（vomKontraktzum Status），国家需要一

---

① 关于程序化的讨论请参见 Habermas，Faktizität und Geltung. Beitrage zur Diskurstheorie des Rechts und des demokratischen Rechtsstaats，Ffm. 1994，S. 468ff.；Teubner，Reflexives Recht. Entwicklungsmodell des Rechts in vergleichender Perspektive，ARSP 1982，13ff.。

② Hueck/Nipperdey，Lehrbuch des Arbeitsrechts，Bd. I，7 Aufl.，Ffm. 1963，§ 7 I.

③ 特别强调此“社会保护”面向的，例如 Däubler，Arbeitsbeziehungen und Recht in der BRD，in：Memoriam Otto Kahn-Freund，München，1980，S. 54；Zöllner，Arbeitsrecht und Marktwirtschaft，ZfA 1994，423f.。

个建立在劳动者特殊社会地位之上的劳动法，因为，这是迈向雇佣劳动社会的必要条件。[①]

从公法学、宪法学的角度来说：劳动法在法律规范体系中的上层定位，答案无疑就在所谓的社会国原则：它是一项宪法的基本决定，以德国联邦宪法法院的话来说：它是一项“从宪法的整体内容中，可导出作为宪法基础之原则及基本决定”[②]。社会国原则系一主要针对立法者之形成的委托，以消除社会不平等，保护社会及经济上之弱者，创造国民自由发展所需之最低生存条件等。社会国的典型态样如：给付行政，生存照护，措施法，计划，补助，创造教育机会的均等，以及私法体制之社会化，不论是房屋承租人的保护、诉讼扶助，或是本文所要关注的：劳动法。[③] 劳动法的这种即便连中国台湾地区之法院都经常称呼之“社会化的私法”，正是宪法社会国原则在劳动生活中的规范性之具体呈现，它所标榜的，是一个清晰的宪法价值秩序决定：基于结构上劣势的劳动者之保护，必须限制雇主的指挥、监督与支配、干预权。更进一步地说，站在此直接限制雇主权限之前提上，再间接变化为对于劳动契约双方当事人契约自由之限制，这就是劳动法最古典，也是最重要的规范内涵与形式，用本文的概念来说，即系管制之下、管制之内的劳动契约自治。[④]

当然，国家的介入劳动领域，不只是单纯的“干预”、“限制”，亦即透过实质的价值决定，去取代一切个别当事人的形成，不是的，呈现的结果要复杂得多。观察当代劳动法的面貌，我们可以清晰地看到这项法律演化（Evolution des Rechts）的结果：基于一个社会保护的规范性贯穿主轴，劳动法有着“形式化”（劳资当事人自主形成）、“实质化”（国家法令强制内容）以及“程序化”（必要集体程序要件下的劳资自主形成）的不同形式[⑤]，它们彼此交

① Castel, Metamorphosen der sozialen Frage. Eine Chronik der Lohnarbeit, Konstanz 2000, S. 296.

② BVerfGE 3, 225（232f.）.

③ Schnapp in：v. Münch/Kunig, GGKI, 4 Aufl., München, 1992, Rn. 16ff. zu Art. 20.

④ 例如台湾大法官会议释字第576号解释，亦声明同样的意旨：“契约自由为个人自主发展与实现自我之重要机制，并为私法自治之基础。契约自由，依其具体内容分别受‘宪法’各相关基本权利规定保障，例如涉及财产处分之契约内容，应为‘宪法’第十五条所保障，又涉及人民组织结社之契约内容，则为‘宪法’第十四条所保障；除此之外，契约自由亦属‘宪法’第二十二条所保障其他自由权利之一种。惟‘国家’基于维护公益之必要，尚非不得以法律对之为合理之限制”。

⑤ Brüggemeier, Wirtschaftsordnung und Staatsverfassung-Mischverfassung des demokratischen Interventionskapitalismus-Verfassungstheorie des Sozialstaates. Drei Modelle der Verflechtung von Staat und Wirtschaft? in：Rechtsformen der Verflechtung von Staat und Wirtschaft, 1982, S. 65; Joerges, Politische Rechtstheorie-Impulse und Sachbewegungen, KJ 1989, 186; Assmann, Wirtschaftsrecht als Kritik des Privatrechts, Königsten/TS., 1980, S. 241ff., Habermas, Faktizität und Geltung, Ffm. 1994, S. 468ff..

叉运用，顺应不同条件，面对不同需求，而不是呈现许多法社会学者所说的线性发展，或甚至必然的程序化演进方向。[①] 劳动法被大致区分为三套领域：一是特定框架条件与基础上的劳动契约法：虽然同时维持传统的私法形式（契约），但对之调整、修正与再形成，而同时以法律作为合理的社会利益冲突的均衡媒介，不再秉持契约是唯一正确保证之机制的观念。[②] 而众所皆知的，在此契约法的领域中，包含着相当程度的实质化意涵：现代福利国与社会国的法律形式，无疑就是国家为因应社会的需求，以实质化作为其公权力介入的最主要形式，而劳动法就是最佳的例子。[③] 二是单纯公法性质的劳动保护法，基于公益的强烈要求，国家课以雇主许多的公法义务，特别是站在“保护劳动者身心健康与安全”的思维上，虽然它经常结构性地反映至私法关系中，例如雇主保护义务及损害赔偿责任的产生[④]，但是，基本上其纯粹的公法性质是毋庸置疑的。三是在法律保障劳资双方集体之自主形成框架，甚至是赋予某种程度的损害他人利益的权利（如罢工）之状态下，容让劳资双方进行甚至到法规范同一效力的自主形成，让之排除个人的契约自由，舍弃国家的积极实质介入（例如放弃劳动基准法式的强制最低内容），某个程度上来说，应将之称为实质化后的程序化：因为，国家的实质决定是清楚的：劳动者必须集结集体的力量，尤其应该拥有相当的施压武器，才能进行真正的自主形成。[⑤] 非常清楚，在此法社会学所称之法律演化过程中，这里第一种管制自治形式，无疑得归类为实质化之问题。

如以台湾的“劳动基准法”为例，这种立法所设定之劳动契约自治界限，俯拾皆是，内容繁多，当然，有些是立法直接制定之契约界限或最低标准，有些则是赋予行政权一定程度的干预空间，特别是透过法规命令（Rechtsverordnungen）之制定以满足立法授权之期待与要求。观察“劳动基准法”内

① 特别在行政法学的领域中，可见 Willke，Ironie des Staates，Grundlinien einer Staatstheorie polyzentrischer Gesellschaft，Ffm. 1996，S. 175ff.。

② Assmann，Zur Steuerung gesellschaftlich-konomischer Entwicklung durch Recht，in：ders. u. a.，Wirtschaftsrecht als Kritik des Privatrechts，Königsten/TS. 1980，S. 251.

③ 相同的观察可见 Simitis，Zur Verrechtlichung der Arbeitsbedingungen，in：Kübler（Hrsg.），Verrechtlichung von Wirtschaft，Arbeit und sozialer Solidarität，Ffm. 1985，S. 73ff.；Blanke，Verrechtlichung von Wirtschaft，Arbeit und sozialer Solidarität，KJ 1988，191ff.。

④ 例如近年来台湾“民法”债篇修正后方引入之“民法”第 483 之一、487 之一条，前者条文为：“受雇人服劳务，其生命、身体、健康有受危害之虞者，雇用人应按其情形为必要之预防”，后者则为：“受雇人服劳务，因非可归责于自己之事由，致受损害者，得向雇用人请求赔偿。前项损害之发生，如别有应负责任之人时，雇用人对于该应负责者，有求偿权”。

⑤ Däubler 认为，这是传统学者对劳动法分类上最为语晦不清之处：它忽略了劳动者的自主形成领域；dersl.，Das Arbeitsrecht 1，15 Aufl.，Reinbekbei Hamburg 1998，Rdnr. 72f.。

容，在相关的事项上，例如不适用“劳基法”之特殊行业的公告排除（第3条第3项）、基本工资的拟定（第21条）、变形工时之适用经指定之行业（第30条第4项、第30条之一）、请假标准的订定（第43条）、特殊退休年龄的降低调整（第54条第2项）等，这些都是行政权进一步形成法律管制内容之积极介入明证，即便着眼于单纯之行政个别干预行为，台湾“劳动基准法”亦所在多有，例如雇主因天灾事变等例外地得解雇保护中之劳工的送请核定（第13条但书）、雇主不按期给付工资的限期给付处分（第27条）、特殊延长工时之备查（第32条第3项、第33条、第40条、第41条）、退休金例外得以分期给付之核定（第55条第3项）、工作规则之核定权（第70条）、劳动检查及监督义务（第72条以下）、特殊工作性质劳工工时约定之核备（第84条之一）等。吾人可以看到，这些行政权不同形式之介入，不论是“依立法授权而进一步形成规范内容”，或是以“监督雇主切实履行公法上的劳动保护义务”为范围，亦即行政机关以“营业监督机关”的主体进行管制，抑或可能台湾独有的、以“监督雇主履行劳动关系中之私法义务”为客体，性质上属于行政机关以“行政处分与行政罚手段间接强制私人履行契约义务”者，皆可清晰看到公权力对于劳动契约关系之管制行为，而只有在此范围内，方有当事人自治之可能性与空间。

诚然，对于劳动契约如何之管制，向为相关之社会行动者所关注，吾人几乎可以这么说：没有任何一项劳动契约的管制，不引起一定程度的批评与改革压力，因为它无疑意味着特定之利益分派与行动基础。在此或许可举一立法者所设定之劳动强行法为例以稍加说明：台湾劳动契约法制常见之争点定期契约。[①] 台湾“劳动基准法”第9条第1项规定：“劳动契约，分为定期契约及不定期契约。临时性、短期性、季节性及特定性工作得为定期契约；有继续性工作应为不定期契约”。在这里，我们看到有关不定期/定期契约规范上的两项重要内容，所以彼此间不无一定的落差存在：逻辑上，劳动契约之存续期间，只可能有定期与不定期两种，别无其他，是以，如果尝试立法定义之，则理论上应定义其一即可，因为接下来只会有纳入与排除的工作，就像一简单的逻辑游戏：非A则B。然而，观察前开条文，首先，法条定义了定期契约，虽然文义上不见得毫无瑕疵，但我们可以这么说：只有临时、短期、季节、特定性质之工作，劳雇双方才得缔结定期契约，所以逻辑上只要非属这四种性质之工作，则必然只能签订不定期契约，方属适论，结果第9

① 当然，值得一提的是，亦有学者认台湾“劳动基准法”第9条第1项并非强行规定，例如林更盛：《定期劳动契约实务问题研究》，载林更盛：《劳动法案例研究二》，240～241页，台北，五南图书出版公司，2009。

条第1项又来个后段规定，与前者不同的是，它正面的去定义何谓不定期契约，“继续性”成为焦点与争执所在，但却同时存在前者之反面筛检：只要不是临时、短期、季节、特定性质之工作，就必须是不定期契约，结果造成了“司法少数与学说多数重前段、司法多数与学说少数暨行政机关偏向后段”的不同侧重，形成混乱的法律适用。①

定期契约之适用混乱还不止这一桩，至少还有另一项混淆立法论与解释论的常见争执。为了促进就业，台湾地区政府经常有一种做法，就是学理上所谓补贴性就业或补贴性劳动关系（SubventionierteBeschäftigung，SubB；SubventioniertesArbeitsverhältnis，SubA），亦即第二劳动市场（ZweiterArbeitsmarkt）②，它是政府部门所推动劳动市场工具之一，形式甚多，无论是由政府编列预算，补助劳工之工资支出——不管是补助雇主或劳工、补助定额或比例之工资或社会保险费，抑或直接以公共财源为基础——不论本于税收或社会保险基金，而由公部门直接雇用或间接补助私人雇用等，均属之。③ 此所谓第二劳动市场相关之就业促进措施，虽属补贴性劳动关系，然而，德国劳动法学通说俱认，该补贴性劳动关系当然亦为劳动关系，而有一般劳动法规之适用，并无疑问。④ 而如果是以公法上救助关系形式所为之就业促进，德国理论上则称之为第三劳动市场（DritterArbeitsmarkt），两者虽然外观上都

① 这里仅列举作者较为支持之见解：例如学者黄程贯即认为：“所谓继续性，并非指不定期劳动契约为‘继续性’债之关系，因为只要是劳动契约本即是继续性债之关系，故定期劳动契约亦属之。此处之所谓继续性工作乃是指劳工所担任之工作，就该事业单位之业务性质与经营运作而言，系具有持续性之需要，并非只有临时性、短期性、季节性之一时性需要或基于特定目的始有需要者”。而劳工行政主管机关基本上亦遵循此一思考方式，代表性的行政函释如，“行政院劳工委员会”八十九年(2000年)三月三十一日（八九）台劳资二字第〇〇一一三六二号函：“该法中所称‘非继续性工作’系指雇主非有意持续维持之经济活动，而欲达成此经济活动所衍生之相关职务工作而言”。相关讨论请见黄程贯：《劳动法》，修订再版，381页，空中大学印行，2001。不同见解则参阅刘志鹏：《论劳动契约》台湾劳动法学会学报，第4期，2006，18页；林更盛：《定期劳动契约实务问题研究》，载林更盛：《劳动法案例研究二》，241～244页，台北，五南图书出版公司，2009。

② Kittner-Kittner/Zwanziger，Arbeitsrecht，Ffm. 2001，§ 26 Rn. 1ff.. 更为广泛而详细地介绍此第二劳动市场，法学方面可参见 Ehrlich，Arbeitslosigkeit und zweiter Arbeitsmarkt. Theoretische Grundlage，Probleme und Erfahrungen，Ffm. 1997；劳动政策方面请参阅 Friedrich/Wiedemeyer，Arbeitslosigkeit-ein Dauerproblem. Dimensionen，Ursachen，Strategien，Opladen，1998，S. 311ff.。

③ 德国法下亦有所谓的“创造就业措施”（Arbeitsbeschaffungsmaßnahmen，ABM），以维持失业者之就业工作能力为目标，针对经列为重点之地区性与特定产业工作之部分劳动市场，以协助失业者重返第一劳动市场为目的，透过公立就业服务机关之推介，过渡性地为其创造就业，从事特别是符合公益需求之工作，使之不受经济景气变动之影响。此创造就业措施多属定期性质，因此学理上亦被称为所谓“暂时性替代劳动市场”（temporärer Ersatzarbeitsmarkt）。相关讨论请见 Schaub，Arbeitsrechtshandbuch，11 Aufl.，München，2005，§ 21 Rn. 37；Friedrich/Wiedemeyer，ebenda，S. 316。

④ Dazu siehe nur Kittner-Kittner/Zwanziger，a. a. O.，§ 26 Rn. 7.

有“公权力干预”或“来自公共财源”之共同特征，但第二劳动市场所成立之法律关系，当然为劳动关系，而相对于第三劳动市场之继续存在于公法救助关系中。德国一般被归类为第三劳动市场之措施者，例如重度身心障碍者之职业重建、刑事受刑人之劳动，以及社会救助或失业救助受领人之临时性工作。[①] 于第二劳动市场脉络中所成立之多属暂时性的劳动关系，虽然原则上应一体适用一般的劳动法令，然而，在德国的实践中，事实上亦存在不少所谓“劳动法上一般保护之删减”（AbschlägevomarbeitsrechtlichenNormalschutz，Michael Kittner 语）[②]：例如排除解雇保护之适用，排除团体协约之适用，或是将契约订定为与公部门补助期间同步之定期契约等。

问题来了：性质上得归属为此第二劳动市场措施之补贴性劳动契约，既然不是公法上的救助关系，而即有一般劳动法之适用，那么，它可以缔结定期契约吗？如果是肯定的，那么它究属解释论，还是立法论上的问题呢？基于某种特殊的考虑，台湾的行政机关自行选择了几乎不容挑战的“解释高权”：如果补贴之雇主是自己，那当然是定期契约，而且未违“劳动基准法”相关规定，但如果补贴的是其他第三人，则很多情形当不得为定期契约，因为补贴之进用并不符合定期契约所容许之工作性质。[③] 这不但是解释论，甚至是一半的、恣意的解释论，当然引起许多的批评，特别是台湾受政府补贴以雇用失业者之民间团体。从立法论出发，台湾地区政府终究作了回应：2010年1月，“行政院劳工委员会”对外公布的“劳动基准法”修正草案讨论版，其中第9条第1项，便试图对定期契约的这两项棘手问题：“定期契约之合法内容”暨“补贴性劳动关系之合法性”，指出一可能的改革方向：

劳动契约应为不定期契约，但有下列情形之一者，雇主得与劳工订定定期契约：(1) 于特定期间得完成之工作而需雇用额外劳工时。(2) 在经营上仅为暂时性之需要雇用劳工时。(3) 劳工工资来自于政府促进就业政策预算，而该就业政策相关计划已载明得订定期契约且该预算仅止于一定劳务提供期间时。(4) 替代因法律规定或劳雇双方约定而停止履行之工作需雇用劳工时。

我们可以看到，针对定期契约管制的两大疑难，首先，如果没有针对第2款内容解读错误，行政机关显然企图借着“经营上暂时性需要”，另一种取代“非继续性”、但事实上极为相近之概念，尝试“打破”临时、短期、季节、

① Kittner，ebenda.

② Kittner，ebenda und Rn. 8.

③ 例如“行政院劳工委员会职业训练局九十二年度多元就业开发方案——民间团体就业扩展计画作业手册”之“进用及工作规范”第2点，即清楚规定为定期性质。相关讨论请见林佳和：《公私协力在劳动法上的理论与实践》，载《月旦法学》，第176期，2010，49页以下。

特定性质之拘束（虽然仍有第 1 款有关特定性之妥协），亦即贯彻目前行政机关原本即主张之“以业务性质暨运作需求去充实继续性内涵”的基本立场。其次，透过第 3 款的明文，准备从立法论着手，一次解决现行有问题、有偏颇之解释论下的无尽争议。吾人由此例即可看到，作为管制内容之劳动强行法，基于劳动契约当事人自治所形成之疑惑与冲撞，总是回过头来影响与指引新的管制，或说再管制（Re-Regulierung），作用总不是单向，亦非纯粹国家权力之片面而孤立的决定，其形成毋宁是交互且辩证的，毋庸置疑。

2.2 形式二：自治中的管制——劳动契约衡平性控制

第二种形式就特别了：如前所述，它主要不是来自于立法或行政之主动管制作用，而比较偏向司法之被动性质的后端形成，它当然也是一种管制，某个角度而言，我们可称之为“自治中的管制”：劳动契约当事人原则上存在着形式上无管制存在的自治权限，但却于发生争端时，由法院判定其合法性界限。请别忘了，不是直接抵触、违反劳动强行法，这点很重要。接下来，同样地重复前述之交互辩证过程，再从司法机关的个案形成演变为通案影响，相当制度制约未来的社会行为，质变为事前性质的管制作用，但它始终没有跳入前述之劳动强行法的立法暨行政行为阶段。在如此的理解下，本文将此种管制形式，以所谓“劳动契约衡平性控制”概念加以分析①，它主要的问题意识是：劳动契约当事人对于劳动条件的约定，不论是双方经由协商而合意订定的契约条款，雇主一方订定研拟、经劳方明示同意的契约条款，亦或虽未经明示同意，但一般却拟制其同意或经实际适用者，如果没有违反劳动强行法之问题，法院得否审查其合理性、衡平性，进而作出该劳动契约条款无效的决定？如为肯定，其审查之范围及标准何在？个案的利益审酌衡量，还是有一普遍的运用标准？是否所有类型的契约条款均可为合理与否的审查，亦或只限于某些类型？

由如此的问题意识可看出，这里所要处理的，并非劳动法在法政策上关于管制内容与自治界限的问题，也就是并非分析某一劳动法条文或制度的应

① 之所以将法院的此类实质控制活动，称为“衡平性控制”，主要是因应德国理论及实务中的发展情况。在德国的劳动司法实务中，法院对于劳雇当事人间的契约条款约定，得以审查其合理、适当、公平与否（billig，angemessen，gerecht），学理上很早就通称如此问题脉络下的法院活动为“衡平性控制”（Billigkeitskontrolle）或“法官的衡平性控制”（richterliche Billigkeitskontrolle），而联邦劳动法院自行主编的判决汇编《劳动法院实务》（AP），也将之列为重要的索引归类关键字，台湾法院的实务中，也经常对于类似的问题，用“是否合理”、“应审酌其衡平性”来加以形容。相关德国之实务见解请参见审查雇主所发业绩奖金衡平性之两则判决 BAG 21.12.1970 = AP § 305 BGB Billigkeitskontrolle Nr. 1，BAG 22.12.1970 = AP § 305 BGB Billigkeitskontrolle Nr. 2，中国台湾地区部分则请见“最高法院”91 年度（2002 年）台上字第 1040 号民事判决。

然内容，进而探讨其修正之必要与否，亦或某一法院的判决是否有违反强行法之嫌，进而认为法院之法律解释有误，甚或法律规范内容值得批判等，这些都是以“形式上的违法性”作为分析的核心。此处所要分析的，主要是“形式上没有违反法律之疑的当事人契约条款约定”，能否由法院以“实质”的观点，去审查其“衡平性”，而依法院心中的“实质合理”观点及标准，径认其因“不合理”、“对劳方不公平”而违法，这是法院对于劳动契约的实质控制问题，不是形式层次的违法性控制问题，因此不涉及如台湾“民法”第72条之违反公序良俗的法律行为，而是形式上合法的契约约定。碰触的法释义学问题，主要是“实质面向”的，而非“形式面向”，例如德国学者 Wolfgang Zöllner 在讨论法院对于企业颁订之非强制性企业退休年金规则的衡平性时，便指出这主要涉及“无法律之自由空间”的问题[①]，他清楚地点出法院之衡平性控制的特征：不是处理当事人契约约定的形式合法性，而是透过法院自己的衡平性标准，去认定当事人间一个没有法律规范与禁止的约定因为“不合理”而违法。对于劳动契约当事人的约定，特别是那些“劳工赋予雇主得以行使之权利”、“雇主科以劳工必须负担的义务”，甚至“雇主给予劳工可以享有之利益或可行使之权利”，在形式上没有违法问题的情况下，法院有无对其实质上衡平性的控制可能性?

同样地，在劳动司法实务中，借由衡平性控制的工作，法院事实上也参与劳动契约之管制与自治的具体暨抽象形成，虽然本于个案出发，但经由相当累积，间接地产生一定程度之规范力量，进而影响社会行动者之社会行为，至属明确。劳动司法已事实上成为重要的劳动契约管制形式，在其理论发轫的德国如此，在即使不乏劳动强行法的台湾，亦无例外。这里不是详细讨论相关问题之处，作者曾在另一篇论文中，有比较全面性的理论分析，并以台湾法院判决为观察[②]，在此仅想与在场先进，分享一些对于台湾司法实务衡平性控制的观察结论。综观法院实务，显然可以看出，法院对于劳动契约之内容，操作着不同的控制密度，这当然会与法院对于个别问题的主观认知，例如，劳工社会保护的需求程度、企业经营管理的必要性，有极其密切的关联。粗略地分析不同之事项领域，我们约可得出下列的一些观察：

- 工作规则的基础认知方面，法院经常着墨于日本学说上的所谓“契约说”之争，使得其衡平性的控制经常呈现不甚清楚的结构；

---

① Zöllner, Privatautonomie und Arbeitsverhältnis. Bemerkungen zu Parität und Richtigkeitsgewähr beim Arbeitsvertrag, AcP 176 (1976), 245.

② 林佳和:《社会保护、契约自由与经营权——兼论司法对劳动契约的衡平性控制》，载《台湾劳动法学会学报》，2005 年 6 月，1 页以下。

● 工作规则的发动方面，过多动机的控制，极少内容本身的控制；

● 年终奖金的工作规则方面，焦点在于“请求的本身是否合理”，而非金额内容或发放标准的合理控制；

● 工资变更的工作规则方面，多尊重雇主的经营需要，衡平性控制的密度极低；

● 请假的工作规则方面，法院所为之衡平性控制密度高，较为积极主动；

● 契约罚、违约金、记过免职的工作规则方面，法院不怀疑其系基于契约自由，多只重视数额的扣减问题，衡平性控制的范围极为片面；

● 调职的工作规则方面，所谓的调动五原则，是相当清楚的衡平性控制标准，结构完整；

● 退休金及退休条件的工作规则方面，法院的定性尚不稳定，有以“劳动基准法”之最低基准为典范者，亦有认应保障劳工对于较高之给付的期待权者，法院之衡平性控制面向极为固定：只处理“期待权之是否完全肯定”，不涉及其他如内容或范围等的控制领域；

● 解雇的工作规则方面，法院进行之衡平性控制的密度极高；

● 个别契约的定期契约方面，衡平性控制的面向极为有限，仅集中焦点于连锁契约之上，而不包括其他的实质理由空间；

● 个别契约的竞业禁止与最低服务年限方面，法院进行之衡平性控制的密度极高，甚而有许多之内容控制。

以下并试图以一简表，整理出台湾法院有关劳动条件之衡平性控制的“密度”与“强度”之特征。在此图表中，法院控制的“密度”，显示对于相关问题内容中的不同事项及范围，法院的“控制范围”涵盖之程度为何，例如有关年终奖金之事项，相关之内容即可能包括年终奖金之“权利适格”、“企业习惯适格”、“数额之衡平性要求、法律要件适格”，亦或单纯之“数额扣减”问题，法院审酌并决定的事项越多，则表示法院进行控制的密度越高，反之，则越低。由于法院对于年终奖金的判决，内容经常集中于数额的删减，因此本文将之定性为“控制密度低”。另在图表中所显示之法院控制的“强度”，则是指法院对于劳动契约条件某一事项的控制程度，如是得以完全否定其合法性（最典型的例子：竞业禁止条款的约定），则其控制强度越高，如不挑战、质疑其合法性，而仅针对数额或操作的问题，则相对系强度低。针对工作规则或个别劳动契约中有关之劳动条件约定，法院的控制密度及强度大致观察如下：

法院对于个别问题之劳动契约衡平性控制的密度与强度				
	个别问题	密度	强度	说明
工作规则	普遍的发动	低	低	集中于动机、非内容的控制
	年终奖金	低	低	集中于得否请求
	工资变更	极低	极低	尊重雇主经营权
	请假	中	较高	特别对于旷职问题
	契约罚	低	高	集中于数额扣减
	调职	中	中	衡平性标准清楚
	退休金/条件	低	不稳定	法律性质波动
	解雇	高	高	法院积极依法认定
个别契约	定期契约	低	中	集中于连锁契约
	竞业禁止	高	高	包括约定及内容

从以上简单的整理可以看到，正如同学者 Wolfgang Hromadka 及 Manfred Wolf 对德国的司法实务之观察一般[①]，中国台湾地区法院对于劳动契约衡平性控制的操作，很难得出一完整的结构性面貌，其运用上亦少见一定程度具有稳定性的步骤或方法，逻辑上之顺序亦常不顺畅，甚而有自相矛盾的情况（如工作规则或退休金性质之认定），除极少数之例外，例如竞业禁止[②]，法院所进行之衡平性控制多仅系学理上所称之个案的利益衡量，而未有从法释义学角度上比较清晰可辨的适用模式。当然，至少与德国的司法实务相较，台湾有关的衡平性控制较非积极，不论是控制的强度或密度，绝大多数时的消极性控制，通常地局限于某一特定面向（例如形式、权利完全存续与否的控制，而非内容的控制），例如退休金工作规则，更是台湾劳动司法衡平性控制的特征。当然，许多判决试图跳脱纯粹的个案当事人利益衡量之外、之上，意图建立一套类似德国衡平性控制的论述，甚至理论框架，最明显的莫过于提出定型化劳动条件、企业习惯[③]等之制度模型，并顺带植基起衡平性控制的正当性。法院也经常在衡平性控制本身的操作上，举出相当重要的普遍标准，例如劳工利益代表组织（工会、劳资会议）的介入，亦或在调职与竞业禁止的领域中，所出现之特别清晰而符合论理要求之适用标准。虽然没有如德国一般的深入理论层次，但中国台湾地区司法实务毋宁已在起步中。不过与德

---

① Hromadka, Inhaltskontrolle von Arbeitsverträgen, FS Thomas Dieterich, München, 1999, S. 251; Wolf, Inhaltskontrolle von Arbeitsverträgen. Am Beispiel der Befristung einzelner Arbeitsbedingungen, RdA 1988, 270.

② 关于台湾司法实务对于竞业禁止条款之见解分析，请参见台湾劳动法学会编：《劳动基准法释义——施行二十年之回顾与展望》，2 版，255 页，2009。

③ 例如台湾高等法院台中分院 89 年度（2000 年）劳上字第 18 号判决。

国情形极为类似的，中国台湾地区的劳动契约衡平性控制，仍多停留在个案利益衡量、不同问题领域有所差距的阶段，当然没有完整之司法衡平性控制理论的形成，甚至形成意识，例如法院经常不去探讨当事人是否真正自主协商、当事人地位之对等关系等，经常仅是“径下结论”式的直接牵连至法律效果，是以难以有稳定适用之期待。

从另一角度亦可看到台湾劳动契约衡平性控制之结构性问题，例如在德国学者 Lorenz Fastrich 的理论架构中，在确认契约当事人的地位结构性的不对等，契约欠缺正确保证之后，必须要找出、依据一个清晰的“典范”（Leitbilder），才能进一步对劳动契约作衡平性的控制，这样的典范必须是“法律的”（gesetzlich），可能是强行法或任意法，甚而法官造法，但它必须绝对是“法律的”[①]。在台湾法院的实务中，亦有如此之“典范”的出现，例如诚实信用原则，劳动基准法中之解雇制度、定期契约制度、退休制度、资遣费制度、请假制度等。[②] 这一点很重要：司法作为劳动契约的管制形式之一，所着墨的，如果不是违反强行法之检验、审查，而是此处之契约衡平性控制，也就是明显的“以他律取代自律”，进一步限制当事人原本自由之自治空间，从另一角度言之，变为“无管制下之自治后的再管制”，又该如何寻求其稳定性，避免法官的恣意操作呢？显然，以“法律的典范”作为司法衡平性控制的依据及导向，而不尽他求普遍或抽象的法律原则，以兼顾法的安定性及弹性，毋宁是一值得肯定的方向。然而，虽然看到了相关的问题，但是台湾司法实务所呈现的，却经常只是法条的援引，而非企图论证一个真正的规范上之法律制度的典范内涵，殊为可惜。

2.3 形式三：管制与自治之交错——集体形成下的劳动契约

第三种劳动契约的管制形式就更特别了：集体形成下的劳动契约。它的特殊性在于：吾人所看到的是“管制与再自治”的交错衔接过程，从某一角度言之，对于劳动契约的管制决定，其内容却是赋予当事人再一次的自治形成，唯一的差异在于：必须是集体性的形成。此时的国家作出管制决定，在特定的劳动契约事项上，当事人的自治不足以保证最佳之双方利益状态，而基于某些理由，国家又不宜或无法作出实体性的管制内容，是以选择法社会学所称之“程序化”决定模式，改由当事人为集体性的再自治。

---

① Fastrich, RichterlicheInhaltskontrolleimPrivatrecht, München 1992, S. 280ff..

② 诚实信用原则（台北地方法院 89 年〔2000 年〕劳小上字第 13 号判决），劳基法的解雇制度（“最高法院” 85 年〔1996 年〕台上字第 271 号判决，台湾基隆地方法院 88 年〔1989 年〕劳诉字第 6 号判决），定期契约制度（“最高法院” 86 年〔1997 年〕台上字第 1872 号判决），退休制度（台中地方法院 90 年〔2001 年〕劳诉字第 18 号判决），资遣费制度（“最高法院” 91 年〔2002 年〕台上字第 476 号判决），请假制度（“最高法院” 87 年〔1998 年〕台上字第 376 号判决）。

在概念上要提醒与区别的是：这里所指之管制下的再自治，大致上有两种主要类型，一为协约自治（Tarifautonomie），另一则为劳资共同决定(Mitbestimmung，Co-determinaion)，特别是其中具有强制性的事项。前者是台湾地区与大陆均极为熟悉之团体协约与集体合同[①]，后者显然就需要比较多的说明。依作者之见，后者必须放在所谓的产业民主（industrial democracy）下去理解，这是一英美社会学惯用的名词[②]，依据台湾学术界的说法，大致是指“在一个工厂或产业中，劳资双方代表透过某一程序或机制，共同处理工厂内基本问题的一种制度”，或是一个更清楚的定义：依据国际劳工组织的界定，所谓的产业民主，系指一种增进劳工参与管理决定之各项政策或措施的总称，旨在除去由资方或管理人员专断之旧管理方式，而代之以让劳工有机会表示意见或申诉，使劳工之权益获得资方或管理人员之尊重。[③] 在台湾相关的讨论中，集体协商是工会与资方基于对立、对抗的立场就劳动条件进行谈判，劳资会议则重视劳资合作，并以经营、生产事项为主要对象进行协调。[④] 在此劳工之参与管理事项上，各国之制度设计容有不同，但基本上都必须先成立一劳工之集体性利益代表组织，也就是欧洲一般所称之“工厂会议”(work councils，Betriebsrat)，或许更好的翻译——员工代表会，再依法律所规定之不同设计，区分事项，由员工代表会就诸如经济、社会或人事领域，行使程度不一之共同决定权（Mitbestimmungerechte des Betriebsrats)。要说明的是，共同决定权之概念有广、狭义之分：狭义的共同决定权，主要系指“须雇主与员工代表会达成共识，否则该事项即不得实施，是以需要一特别的争议解决机制”之情形，学理上一般亦称之为所谓完全或适格的共同决定权

---

① 台湾地区“团体协约法”第2条规定：“本法所称团体协约，指雇主或有法人资格之雇主团体，与依工会法成立之工会，以约定劳动关系及相关事项为目的所签订之书面契约”，大陆《劳动合同法》第51条规定：“企业职工一方与用人单位通过平等协商，可以就劳动报酬、工作时间、休息休假、劳动安全卫生、保险福利等事项订立集体合同。集体合同草案应当提交职工代表大会或者全体职工讨论通过（第1项）。集体合同由工会代表企业职工一方与用人单位订立；尚未建立工会的用人单位，由上级工会指导劳动者推举的代表与用人单位订立（第2项）”。

② 事实上，德国早在19世纪，甚至到第二次世界大战后，仍有类似之经济民主（Wirtschaftsdemokratie）的名词出现，但随着学理上概念的逐渐清晰，今已多不再沿用。关于德国经济民主的历史文献，可参阅IMSF（Hrsg.），Mitbestimmun und Gewerschaften. 1945 bis 1949 Dokumente und Materialien，Ffm. 1972，S. 28ff.。

③ 例如卫民：《从德国共同决定制度论我国劳工董事制度的定位》，载《政大劳动学报》，第12期，219页；《台湾的产业民主：集体协商或劳工参与》，载《中山大学社会科学季刊》，第1卷第3期，137页以下。

④ 参见周兆昱：《劳资会议决议法律效力之研究》，载《月旦法学》，第36期，1998，97页；刘志鹏：《日本劳资协议制度与我国工厂会议、劳资会议之比较》，载刘志鹏：《劳动法理论与判决研究》，399页，台北，元照出版有限公司，2000。

(volleoderqualifizierteMitbestimmung)，亦有称之为所谓“可强制贯彻之共同决定”(erzwingbareMitbestimmung)[①]，而广义的共同决定权，则包括狭义之外的其他共同参与形成权限，其类型包括：有限的共同决定权(eingeschränkteodergebundeneMitbestimmung)，其性质可能系“须雇主与员工代表会进行协商，如无共识则该事项仍得实施，但员工代表会得寻求特别的争议解决机制”之情形，以及其他显然较为松散、对雇主并无强制效力(虽可能形式上仍须履行)之诸如更弱之共同决定权(无争议解决机制)，例如建议权、听证或其他信息权，学理上亦多有将之称为“自愿的共同决定”(freiwilligeMitbestimmung)等。[②]

台湾“劳动基准法”中，亦不乏类似员工代表会共同决定之设计，最明显者即有关变形工时与弹性工时之实施。请参看以下之法律规定：

第30条第1～3项

劳工每日正常工作时间不得超过八小时，每二周工作总时数不得超过八十四小时。

前项正常工作时间，雇主经工会同意，如事业单位无工会者，经劳资会议同意后，得将其二周内二日之正常工作时数，分配于其他工作日。其分配于其他工作日之时数，每日不得超过二小时。但每周工作总时数不得超过四十八小时。

第一项正常工作时间，雇主经工会同意，如事业单位无工会者，经劳资会议同意后，得将八周内之正常工作时数加以分配。但每日正常工作时间不得超过八小时，每周工作总时数不得超过四十八小时。

第30—1条

中央主管机关指定之行业，雇主经工会同意，如事业单位无工会者，经劳资会议同意后，其工作时间得依下列原则变更：

一、四周内正常工作时数分配于其他工作日之时数，每日不得超过二小时，不受前条第二项至第四项规定之限制。

二、当日正常工时达十小时者，其延长之工作时间不得超过二小时。

三、二周内至少有二日之休息，作为例假，不受第三十六条之限制。

四、女性劳工，除妊娠或哺乳期间者外，于夜间工作，不受第四十九条第一项之限制。但雇主应提供必要之安全卫生设施。

第32—1条第1项

雇主有使劳工在正常工作时间以外工作之必要者，雇主经工会同意，如

---

① MünchArbR/Matthes，3 Aufl.，München，2009，§ 238 Rn. 20，24.

② Ebenda，Rn. 25.

事业单位无工会者，经劳资会议同意后，得将工作时间延长之。

第 49 条第 1 项

雇主不得使女工于午后十时至翌晨六时之时间内工作。但雇主经工会同意，如事业单位无工会者，经劳资会议同意后，且符合下列各款规定者，不在此限：

一、提供必要之安全卫生设施。

二、无大众运输工具可资运用时，提供交通工具或安排女工宿舍。

吾人可清楚地观察到，攸关弹性与变形工时之实行实施，必须以劳工集体性的参与，台湾的特殊脉络必须算入工会与特别之劳资会议，亦即以此共同决定之形式，作为法律管制的具体内容。当然，也许识者要问，法律并非对于弹性或变形工时毫无管制地决定，毫无限制地容任当事人自主形成，而是至少设定了时间长短的最高门槛。没有错，此种特别的管制形式，虽常见容许当事人完全自主形成的事项，但也不乏类似之例，也就是劳动强行法仅设下框架性或界限性的决定，之后的当事人决定，则必须委诸集体参与形式，也就是以再自治作为管制的进一步内容，极其明确。在此我们应该深入地问下去：为何会有如此之管制形式出现？如以台湾“劳动基准法”之修正为例，前述事实上始自 2002 年 12 月 25 日方施行的新设计，为什么要改变修正前由劳资双方个别形成之规范状态？依作者之见，必须放在整体时代变迁下来观察，亦即前述所言之“前提三：劳动契约与经济全球化之时代氛围”。

当代劳动法发展要强调之“社会保护需求之维系”，其实必须摆入一日益重要的趋势，换言之，必须某种程度地改变传统“劳动法制系针对实体事项作实体拘束力决定”之制式思维，当然，作者的意思不是说：这个传统不再重要。一方面，它将继续是社会力量集体对抗的基础，然而另一方面，基于产业之结构性变迁，强行性质之劳动实体法，已再难作出放诸四海皆准、符合各种产业企业实况，且基本上又能具有相当有效性之管制决定，诚然，许多人所主张之“回归契约当事人自主”[①]，基于劳资关系之结构性不对等，恐怕并非适当之答案与出路，因此，在一定保护基础上的集体自我形成才是正确的形成方式，也就是说，自主形成的程序化，以一定程度的法律实质化保障为基础，选择具体的实质化内涵，但又在不同之劳动契约事项上，放弃完全之实体管制决定模式，而以此处所指之交错形式代之。值得注意的是，当代之群体与个人关系，已转为“个人之寻求集体保护形式”，而非昔日 20 世

---

① 请参看“3. 结语”之说明。

纪70年代的相对“集体压制个人自主”的时代脉络[①]，因此，这里的管制——自治交错模式，基本上必须以“集体形式”为之，方得兼顾私人之自主形成与社会保护的双重需求。法律管制之程序化与实质化，并非法律演化线性且绝对的不同阶段与顺序，而是彼此交叉运用的不同选择，对于立法行为而言，应尝试交互运用，在保障一定基础（或说最低基础）的社会需求之后，方容许劳资双方当事人为结构上对等的自主形成，此方为一符合时代需要的管制形式。一个正确的劳动法发展走向，不应是新自由主义式的完全个人自由，但亦非古典社会主义式的集体监护、监督，而是类似 Ulrich Mückenberger 所说之“集体安全机制下的个人自由与多样性”，或说，集体关系保护机制下的个人私法自治，不论理论上或实践中，两者都是可能整合与达成的：集体劳动关系的主体，在此问题脉络中，即得扮演另一层之“框架条件制定者”的角色，也就是在强调个人之积极参与权之余——宪法学者 Peter Häberle 将之称为“积极程序地位”（status activus processualis）[②]，在必要的“以集体决定作为落实真正之自我决定”的基础上，继续承认协约自治与其他集体参与权的正当性[③]，由此集体形式履行制定保护基础与框架的任务，再容由个人当事人依循自己利益状态去进行个别形成，以圆满兼顾集体保护机制的必要性与个人化发展对于劳动者利益需求的调整。依作者之见，此第三种类型之管制——自治交错形式，将在严峻又特殊的经济全球化时代中，找到其应有之定位与功能，如何能将之发扬，但又要避免新自由主义式的偏激个人化发展，值得所有研究者之关注。

3. 结语：自治才是王道？交织火网下的劳动契约管制

所有劳动法制的发展，乃至于所有之劳动契约问题，都将，而且都会继续往管制与自治之动态折冲的复杂方向发展。劳动契约何去何从？是否会有一相对稳定与持平之走向？一切都充满着未知数，特别是在全球暨本地局势诡谲多变的今日。严格说来，仅有一百多年发展历史的劳动法，观察作为其核心问题与主轴的劳动契约管制与自治，将有何等之新面貌？或许我们可以

---

① 劳动法释义学上，一向将此“集体权力与个人意志间的紧张关系”，视为当代劳动法所无法逃避的一项宿命，当然，颇多负面的意涵，此应系20世纪70年代以来的某些劳动法发展所致，亦即当时的劳动法形式，特别是某些集体劳动法的形式，产生了某些阻碍不同利益状态之劳动者自主形成的效果，至少在表面上如此。相关讨论请见 Richardi, Kollektivegewalt und Individualwillebei der Gestaltung des Arbeitsverhältnisses, München, 1968, S. 331ff.。

② Häberle, VVDStRL 30 (1972), S. 86ff..

③ Däubler, Das Grundrecht auf Mitbestimmung, S. 174f..

选择一有趣的角度，来看一段相距约莫百年的历史对话。

劳动法的发展初期，无疑，是个强调管制、着重实质化的年代，而“实质”的另一面，“价值”的追求与实现，往往便是道德化（Moralisierung）的同义词。在劳动法形成的初期阶段，也正好有如此的道德化诉求——道德规范作为劳动法的正当性与内涵，例如德语世界两位世纪交替时相当重要的劳动法先驱之期待：Philipp Lotmar 与 Hugo Sinzheimer。Lotmar 在他 1902 年著名的作品《瑞士雇佣契约法的改革》中，提出了“保护劳工”之法政策要求，作为整套雇佣契约法的规范性基础。Lotmar 认为，雇佣契约的立法者应该首重伦理道德价值的引导，必须以“劳务的提供务须在不侵害劳动者身体权”的前提下，去形成整体的法规范，因为，尊重人之生命及身体的不可侵害性，实则希腊罗马时代以来的基本道德规范。Lotmar 进一步阐述道：现代私法所标榜的“自治”，必须以此道德要求为内涵，两者必须一并加以理解。换言之，就雇佣契约法乃至劳动契约法的改革而言，最重要的在于立法者的维护正义，一个奠基于道德规范之上的实质权限，核心不在于“法律之前人人平等”，而在于“不同的事物，必须作不同的处理”。在对于劳动契约关系的理解上，Lotmar 举例道：不论契约当事人所承诺之劳务提供是何等的低下，它的主要内涵与形貌，仍是伦理道德层面上的个人人格之表达，而非一方当事人作为工资的财产给付关系。[①] 在如此的认识基础上，Lotmar 面对当时法学者面临的难题“劳动契约自由是否应透过法规范来加以限制”时，态度便十分坚定：无疑，以瑞士雇佣契约法为例，立法应该，而且必须要介入私人间的劳动关系。理由在于：基于劳工经济与社会上的不平等，如果没有国家（立法者）的干预，将使得劳工在道德上、在法律上所拥有的重大利益，没有自我贯彻的可能。

被誉为德国集体劳动法之父的 Sinzheimer，与 Lotmar 主张“劳动法的内涵就是道德规范”，进而忽视制定法层次上之努力大相径庭，在德国劳动实体法的形成，也就是法政策的立法落实上，付诸极大的心力。他认为，劳动法学者的最重要任务，便是将道德上的基本规范直接实现在法秩序中，而非如 Lotmar 一般，强调雇佣契约法/劳动契约法本身便应该含有如此的道德规范。对于他所提出应广泛建立劳动法之政策主张，Sinzheimer 认为正当性在于“人性尊严”。现代私法的核心问题，在他看来，主要是“存在于一般所肯定之道德规范与现实之间的巨大落差”，放到劳动生活的领域中来说：劳工的平等与私法自治，在此只是概念，只是与现实不符的抽象假设。换言之，奠基

① Dorndorf, Rechtfertigung des Arbeitsrechts bei Sinzheimer und Lotmar, in: Nutzinger, Die Entstehung des Arbeitsrechts in Deutschland, Marburg, 1988, S. 233ff..

于雇佣契约法的所谓“受雇人的个别自决权”，仅系虚伪的假说。而尊重人性尊严的道德规范，就是一应在劳动生活中具体实现的法规范。[①] Sinzheimer 在他最为人传颂的著作《法人的劳动规范契约》(*Der korporativeArbeitsnormenvertrag*) 中，将论述的重心摆在集体劳动法上，亦即主张劳动者组织工会而与雇主签订团体协约，正是追求与实现劳工自决的唯一方式：从法适用的层面来看，团体协约不可变更的规范性，虽然表面上限制了劳工的劳动契约自由，但却经由此组织劳工集体意志的参与方式，“提升了自己的尊严”[②]。在 Sinzheimer 的眼中，劳动法真正地开启了劳工的自由权，铺陈了促使其自决的途径，因为，“维护人性尊严，正是劳动法的特别任务”，而劳动法也当然与商品经济的考察方式相冲突。[③] 与 Lotmar 不同的是，Sinheimer 反对所谓非先验的、形而上的尊严概念，而主张后天的、经验的人性尊严概念，也就是在现实与经验的条件下，透过劳工的集体行为，去实现劳工自己的尊严。[④]

拉回当代，我们事实上已走到一个各方严厉批判劳动法实质化发展，控诉劳动契约管制压迫了当事人自治空间的阶段了。随着时代的变迁，政治、经济、社会、文化的发展，以“限制当事人契约自由”为其基本内涵的劳动法，是否会失其附丽，不再符合当代的社会发展形态及需求？特别是所谓“个人化社会”(Individualisierung der Gesellschaft) 的到来？[⑤] 当代社会是否还要继续坚持过去那种“人民个人的智识及权利贯彻能力不足，遂必须受国家或公共力量的监管 (Bevormundung) 与介入”的传统认知？放在劳动法的领域来看，劳工是否还真的存在双重的从属性？是否相对于雇主，继续处于所谓结构上的劣势？劳工是否真的难为自决与自我负责的劳动契约行为？社会的变迁，国家或公权力干预社会系统力量与强度的急速弱化，都在挑战这

---

① Ebenda, S. 236.

② Sinzheimer, Der korporative Arbeitsnormenvertrag, Eine privatrechtliche Untersuchung, Berlin, 1977 (1907), S. 292.

③ Dorndorf, a. a. O., S. 236f..

④ Ebenda, S. 237. 这也便是 Sinzheimer 特别强调“劳动法社会学”的原因：劳动生活中劳工的尊严，不是靠形上道德规范的“内化”入法规范之中，而是借由劳工的集体行为（组织工会、签订团体协约），去创造现实上一个符合道德要求、人性尊严的条件。关于其劳动法社会学的观点，参阅 Kahn-Freund/Ramm, Hugo Sinzheimer-Arbeitsrecht und Rechtssoziologie: Gesammelte Aufsätze und Reden, Bd. 1, 2, Ffm. 1976。

⑤ 社会学中的典型探讨，例如 Zapf, Staat, Sicherheit und Individualisierung, in: Beck/Beck-Gernsheim, RiskanteFreiheiten, Individualisierung in modernenGesellschaften, 1 Aufl., Ffm., 1994, S. 296ff.。

个劳动法的正当性基础。[①] 是以在劳动法的讨论中，不断地出现“重新强调个人契约自由”、“重新思考私法自治”、“排除国家或集体力量（如工会）的外力干预”的呼声，例如早在1976年，亦即战后劳动法发展达到最高峰之时，德国学者Wolfgang Zöllner便直言，劳动法的最大问题，在于它与私法的最重要思考模式——契约自由——之间的紧张关系，特别是个别劳动法，它已经完全呈现脱离私法的危险倾向，不论契约的缔结、内容的形成，劳动法都显得热衷与急切的控制（Kontrollhektik），进而忽略了“契约的正确保证本质”与“立法者正义要求”的差异，将两者混为一谈，用正义来苛求与控制契约。[②] 在Zöllner看来，劳动法已不再是实现私法基本理念的领域，它经常借着“社会国必要思维”的借口，没有实质理由地、任意地扩张与运用自己的强行规范，结果不但使个人的自决无法实现，反而常带来对于劳工负面的、非社会的后果。[③] Klaus Adomeit也强调，欧洲劳动法的积弊已深，价值观与世界观均已落伍，而劳动法正需要新的思维，应该赋予劳工更多的个人支配自由，更多的私法自治。[④] Volker Rieble则指劳动法与团体协约法，已俨然仇视个人自由的、标榜意识形态的集体主义象征，劳动法的这种制式价值判断，法律上已难有规范基础可言，它剥夺了当事人自我决定“何者符合其利益、何者为正确”的权限，因此，劳动法需要一个大的结构变迁，应该赋予劳工更多的决定自由。[⑤]

以“保护劳工、限制契约自由、限制雇主对劳动力的自由支配权”为核心特征的劳动法，所面临的第二项危机，便是所谓不当限制雇主经营权的行使、影响企业竞争力，以致反有害于劳工、制造失业等的批评与指控。有些学者亦将此“法律必须符合经济的效率需求”、“法律必须有助于经济发展”、“劳动法不应限制雇主之企业经营”等呼声，称之为所谓的“必要的法律革新”（Innovation des Rechts），并认为这是当代法律特别是劳动法，所无可逃避的一种挑战。[⑥] Bernd Rüthers与Klaus Adomeit两位学者，大概是批评劳

---

① 分析“劳动法与个人化社会”之相同问题脉络，文献不知凡几，比较有创意的仅参见Matthies/ Mückenberger/Offe/Peter/Raasch，Arbeit 2000-Anforderungen an eineNeugestaltung der Arbeitswelt，Reinbekbei Hamburg 1994，S. 23ff.，154ff.。

② Zöllner，Privatautonomie und Arbeitsverhältnis. Bemerkungen zu Parität und Richtigkeitsgewöhr beim Arbeitsvertrag，AcP 176（1976），222ff.，246.

③ Zöllner，Die politische Rolle des Privatrechts，JuS 1988，335f..

④ Adomeit，Die Umbrüche im Arbeitsmarkt erfordern Umdenken im Recht，Der Arbeitgeber 1991，646f..

⑤ Rieble，Krise des Flächentarifvertrages? RdA 1996，154f..

⑥ 例如Mahlmann，Katastrophen der Rechtsgeschichte und die autopoietische Evolution des Rechts，ZRSoz. 2000，S. 247ff.。

动法最烈的劳动法学者了。Adomeit 很早就指出，将劳动法定性为“契约自由的限制、一个庞大的控制契约自由之法规范体系”的思维，其实早不合时宜，属于资本主义发展初期的产物，随着劳工经济与社会地位的提升，其社会保护需求已不可同日而语，应该赋予其更大程度的契约自由。而劳动法更严重的问题，实在于其社会保护的措施，只会带来非社会的、有害于劳工本身的不幸后果，因为雇主所负担的成本日益增加，企业的经营与劳动力、人力资源的支配又受法律的限制而极其僵化，没有弹性，进而影响企业的国际竞争力。Adomeit 以对于问题族群劳工（Problemgruppe der Arbeitnehmer）（身心障碍、怀孕、中高龄劳工）的过多保护为例，认为这样的劳动法内涵，只会使雇主更不愿意雇用此类劳工，徒使失业恶化，而集体劳动法赋予工会之“工资垄断权”，也间接促使工资不合理地上涨，不当提高企业的经营成本，使其雇用劳动力的行为更加节制，遂无法考虑失业者的利益，使失业者难有再获雇用之机会。[①] Adomeit 认为必须要重建一劳动法的法学方法论，亦即回到现实，作为一个因应现实的原则（Realitätsprinzip），回到私法的法学方法，以鼓励雇主的雇用劳动力为最高的目标。[②] Rüthers 更直指传统劳动法的基本理解错误：劳动法忽视了它与经济体系、劳动市场体系的紧密关联，甚而失去了与经济宪法、国家宪法的整体关系。主要的问题在于，劳动法过于坚持与僵化其目的之一：对劳工的社会保护，而没有兼顾其他的目的，例如劳动法应致力于促进一尽可能顺畅的、没有冲突的商品生产，以维护整个国民经济体系的竞争力、功能性，有助于经济的成长与劳动力需求的成长。如此理解之劳动法的规范目的，在经济全球化的今天，当尤其重要。[③] Rüthers 经常以法院对于解雇保护的发展为例，指出劳动法的这项“没有知觉”（Wahrnehmungslosigkeit des Arbeitsrechts），只知保护仍有工作的人不被解雇，不论雇主有何等正当的利益，同时忽视了汲汲欲求职的失业者之空间，劳动法的“社会保护正当性”，显然已变为其危机与危害的最大根源。[④]

作者个人并不赞同此一针对劳动法实质化发展的严厉批评，亦不认为走

---

① Adomeit, Das Arbeitsrecht und unsere wirtschaftliche Zukunft, München, 1985, S. 3f.; dersl., Wen schützt das Arbeitsrecht? Stuttgart 1987, S. 169; dersl., Arbeitsrecht für die 90er Jahre, München, 1991, S. 87, 95f., 102ff., 107.

② Adomeit, Rechtsfortbildung und Billigkeitskontrolle im Arbeitsrecht, FS Günter Schaub, München, 1998, S. 4f..

③ Rüthers in: Maier-Leibnitz, Zeugen des Wissens, Mainz 1986, S. 740, 743f.; dersl., Beschäftigungs-krise und Arbeitsrecht. Zur Arbeitsmarktpolitik der Arbeitsgerichtsbarkeit, Bad Homburg, 1996, S. 22ff., 37ff..

④ Rüthers, Arbeitsrecht und ideologische Kontinuitäten? NJW 1998, 1435.

回劳动契约的自治发展是绝对的王道，然而，我们却不得不承认，如同前世纪 Philipp Lotmar 与 Hugo Sinzheimer 之“劳动法梦想时代”，可能也已悄悄地销声匿迹。让吾人这么说：管制与自治，既然是劳动法/劳动契约之宿命，它就不会消失，不会朝往单向的路径飞奔而去，它将继续地，或许恼人地，继续缠绕着所有攸关劳动契约的社会行动者，国家、劳动与资本，无论集体或个人。诸如前述批判劳动法实质化、强调应朝向个人化发展之学术暨实际社会力量的交织火网，其实间接地促使我们不断思索劳动法/劳动契约的应有走向，必须时时检讨，究竟自治是否不当地被管制扼杀。然而，一定且必要的管制存在，如个人所相信，将持续是劳动法不会消失的命运，也是它最重要的核心任务。

论劳动者的法律界定

李海明*

一、界定劳动者的缘起

界定劳动者，实际上是界定劳动关系的一个视角。追溯劳动者概念的渊源，即是追溯劳动关系所由以产生和存在的特殊社会以及相应的立法，不过劳动者的界定更要关注作为劳动关系一方的身份嬗变及其对法律实务所产生的影响。

（一）界定劳动者的背景

泛劳动意义上的劳动者，几乎与人的起源同步，人之为人在于其劳动，这是通识。泛劳动关系意义上的劳动者也会追溯到奴隶社会的不自由劳动，正如我国台湾地区学者黄越钦从不自由劳动时代到资讯社会时代对劳动关系进行了划分为6个时代的历史观察[①]，此种劳动者仍然不能与法律概念意义上的劳动者对接。而从劳动法的产生和发展来看，劳动法法理分析的起点在西方的产业社会。“借鉴西方发达国家的经验，我们认为，劳动法的概念大体上可以抽象为：劳动法是规制产业领域的雇佣劳动关系的法律规范的总称。”[②]产业领域最初体现为工业领域，并慢慢向农业和服务业领域扩展，故此工业领域中的“工人”成为劳动者特质的源泉，工厂劳动中的工人成为劳动者之典型。笔者认为，界定劳动者的特质必须从工业领域的工厂劳动出发，工业社会的工厂劳动及其发展是界定劳动者的历史背景。“不论保守的、激进的还是社会主义的观察家在价值判断上存在无论多么大的分歧，都不妨碍他们提出一个相同的等式：蒸汽动力＋棉纺织厂＝新工人阶级。”[③] 这里机器和工厂塑造的产业意义上的工人正是一切劳动法制的最终渊源和动力。正如恩格斯说，

---

* 中央财经大学法学院讲师，法学博士。

① 参见黄越钦：《劳动法新论》，3～5页，北京，中国政法大学出版社，2003。

② 郑尚元、李海明、胡春海：《劳动和社会保障法学》，21页，北京，中国政法大学出版社，2008。

③ ［英］汤普森：《英国工人阶级的形成》，钱乘旦等译，207页，南京，译林出版社，2001。

"工厂工人是工业革命的长子，他们从开始到今天，一直是构成劳工运动的核心"①。当然，汤普森之所以称"新"工人阶级，是因为以"圈地运动"为背景的工业革命使得英国不存在明显的"农民工"，农业工人、工匠及其他和织工是汤普森分析英国工人阶级的三大块，由于织工的特殊性而成为新工人阶级。

当今世界，界定劳动者必须考虑社会结构的多元化趋势。我们已经很难简单明了地描述我们所处的社会，特别是由于职业多元化，行业之类别已经远远不止于所谓的"三十六行"，新的职业总是在不断涌现。而在这个过程中，产业关系自工业领域向其他领域扩展后产生了诸多难以把握的情形，而这些情形之征候则是劳动者身份的消释或者难以确认，在我国《劳动合同法》颁布实施的过程中，有些用人单位为了回避劳动法把业务外包、使用劳务派遣工等即是典型的消释劳动者身份的做法。这个问题不只是中国的问题，也是当今世界的普遍问题。根据国际劳工组织 2004 年 12 月 16 日的会议文件《报告五（1）雇佣关系》的结论，"当雇主对本是一名雇员的人员不作为雇员加以对待以便隐瞒其真实法律身份的时候就会发生隐蔽就业。这可通过不适当地采用民事或商业安排而发生。这种情况会损害工人和雇主的利益，而且这种弊端有害于体面劳动，因而不应得到容忍。假自营就业、假分包、建立伪合作社、假提供服务和虚假的公司结构调整是最经常用来掩盖雇佣关系的手段。此类做法的影响可以是拒绝给予工人以劳动保护和避免或许包括税收和社会保障摊款在内的开支。有证据表明，这种情况在某些经济活动领域更加普遍，但是政府、雇主和工人应采取积极的步骤，以杜绝这种做法在任何地方发生。"②

而在我国界定劳动者有两个特殊背景：一个是我国的城乡二元结构，一个是我国劳动人事的改革进行时。在城乡二元结构的背景下，我国的农业不是产业农业，而基本上是一种自耕农业，故而农业中的劳动者不是劳动关系意义上的劳动者；而在城市中，以用工为标准，大部分劳动者成为劳动关系意义上的劳动者。由于法律定位的差异，两者之间流动形成的来自农村的工人和来自城市的农民都在体制上寻找不到位置，于是"农民工"成为我国劳动法理的薄弱点，"我国劳动法如何将未经产业改造的农民工，也就是非职业

① ［英］汤普森：《英国工人阶级的形成》，钱乘旦等译，207 页，南京，译林出版社，2001。

② 国际劳工会议 2004 年 12 月 16 日的会议文件：《报告五（1）雇佣关系》，载国际劳工组织官方网站：http://www.ilo.org/global/What_we_do/Officialmeetings/ilc/ReportsavailableinChinese/lang-en/contLang-zh/docName-WCMS_ILC_95_REP-V-1_ZH/index.htm。

化的农民纳入保护范畴，成为目前困扰学术界的一大难题”[①]。应当说农民工问题是我国比较独特的问题。从比较的角度来看，近代日本的急速工业化下，一定存在与我国相类似的农民工问题，只可惜日本的急速工业化在二战之前，日本的劳动立法在二战以后，没有劳动立法的农民工问题就不是农民工问题。另外，如果说以原有固定工和劳动合同工为主的劳动改革基本完成，那么我国以干部为主的人事改革则刚刚破土，以教师定位为例：是对教师单独立法[②]，还是纳入劳动立法，还是纳入公务员立法，尚无定论，与之有关的纠纷却实实在在地发生了。

（二）界定劳动者的必要性

1. 界定劳动者是劳动法基础理论的重要课题

概念是学科成熟的标志，同一而精确的概念是学科体系化的基础。民法学科的成熟即是一个典型的例子，对概念的重视不仅成就了民法严密的学科体系，而且伴生了概念法学，概念思维已经成为重要的法学思维。[③] 也许，我国的劳动法理论正处在类似民法的19世纪，空前发展的实务与相对欠缺的理论在劳动立法上产生了某种冲突，前者亟待劳动立法，后者又很难支撑劳动立法，也难怪改革开放过程中，我国的劳动立法几乎成为立法机关或者行政机关的独角戏。尽管我国的劳动立法已经粗具规模，劳动法的基本概念仍然是劳动法研究的重点，也是实务中的难点，其中，“劳动者”即是一个亟待在理论上深入探讨的概念。

应当说，在20世纪六七十年代，日本学者关于界定“劳动者”的研究就已经争论不休并开始检讨，在1981年由日本劳动法学会作为编者的《现代劳动法讲座》（第1卷）中，蓼沼谦一所著之《劳动法的对象——从属劳动论的检讨》（《労働法の对象——从属労働论の检讨》）即对认定劳动者标准中的从属劳动进行了反思。[④] 时隔近二十年之后，我国台湾地区寰瀛法律律师事务所编，于2002年由台北元照出版有限公司发行之《劳动法理论与判决研究》中，刘志鹏律师在其文《论劳动基准法上之“劳工”（以经理人为检讨重点）——评释台北地方法院八十三年度劳诉字第四号判决》中整体介绍了日

---

① 郑尚元：《劳动合同法的制度与理念》，10页，北京，中国政法大学出版社，2008。

② 1993年的《教师法》显然不足以解决与教师有关的法律问题，也无怪乎教师与学校纠纷之处理总是让人感觉奇怪和无法可依。

③ 笔者感觉，“劳动者”之概念与“法人”之概念有着相近之境遇，两者之使用均已非常宽泛，而其法理和法律归依却是明确的。民法能够界定清楚“法人”，劳动法也理当能够界定清楚“劳动者”，这不是部门法的视角局限，而是以整个法律体系为出发点的考量。

④ 参见［日］蓼沼谦一：《労働法の对象——从属労働论の检讨》，载日本労働法学会：《现代労働法讲座》，第1卷·労働法の基础理论，1981。

本蓼沼谦一关于从属劳动的检讨。无怪乎，刘志鹏律师感慨，（台湾）“劳动法之立法起步甚早（例如‘工会法’于民国十八年［1929年］公布施行、“劳动契约法”于民国二十五年［1936年］公布），但有关劳动法之后续研究，因长期以来政经情势的限制，步伐落后甚多。‘国内’仅见之学者论述一致认为从属关系为判断劳工、劳动契约之标准，但深入说明从属关系之意义、内涵者，独属凤毛麟角，从而无法达成共识，塑立判断劳工、劳动契约之具体标准……”[①] 我国大陆有关劳动者界定之研究更是少之又少，在多数的劳动法教科书中对劳动者之从属性理论亦是不详[②]；在劳动争议实务中，对劳动者之从属性展开分析或探讨以确定劳动者身份者也没有展开[③]；而在劳动法学术论文中也仅见侯玲玲和吕琳对这一问题的研究。[④] 故而，从比较视角看劳动法理论的发展，界定劳动者是劳动法基础理论的重要课题。

2. 界定劳动者是劳动立法的重要内容

从学理上讲，“以劳动合同制度为基础所建立的劳资关系或劳动关系，不仅牵系合同双方当事人的切身利益，更为社会关切的是，依据劳动合同所建立的这种社会关系具有相同的扩散性、同质性和社会性。近现代劳动法律从国家对雇主随意使用劳动力所导致的人身伤害进行公力干预，即以健康权保护为起点，逐步将传统雇佣契约改造成为劳动合同制度。”[⑤] 故而在逻辑上，劳动者的内涵是确定的，而劳动者的外延却是需要不断扩展的，扩展的过程表现在立法上，就是劳动者范围的不断变迁；表现在理论上，就是对劳动者范围的不断拿捏。

另外，从劳动立法之起始来看，劳动者的界定关系到劳动法的调整对象和范围，这从德国劳动立法和美国劳动基准立法可以看得出来。“第一次世界大战结束后，德国魏玛宪法第157条第2项规定，‘国家应创设统一的劳动法’，为劳动法史上首度建立‘统一的劳动法’的观念者，而以此宪法为本开

---

① 刘志鹏：《论劳动基准法上之“劳工”（以经理人为检讨重点）——评释台北地方法院八十三年度劳诉字第四号判决》，载《劳动法理论与判决研究》，25页，台北，元照出版有限公司，2002。

② 以王全兴所著《劳动法》（第二版）（法律出版社，2004），郑尚元主编《劳动法学》（中国政法大学出版社，2004），关怀、林嘉主编《劳动法》（中国人民大学出版社，2006）为例，要么没有提到劳动者的界定或劳动合同的从属性，要么是一笔而过。

③ 在北大法律信息网检索的确认劳动关系纠纷，唯有个别案例涉及从属性论述，却显得呆板而与案情结合不紧密。

④ 参见侯玲玲、王全兴：《劳动法上劳动者概念之研究》，载《云南大学学报（法学版）》，2006(1)；吕琳：《劳动法上劳动者“概念”的研究》，全国劳动法学与社会保障法学第六届年会会议论文集，2003。

⑤ 郑尚元：《从雇佣契约到劳动合同看民法与劳动法调整社会关系的区界》，载郑尚元：《劳动法与社会法理论探索》，27～28页，北京，中国政法大学出版社，2008。

始实定法之立法契机，当时，通说认为劳动法系规范‘从属劳动’（abhangige Arbeit）之法律，劳动法规范对象限于从属劳动者，至于家内劳动等欠缺从属性，非本来之从属劳动，仅以类从属劳动者（arbeitnehmerahnliche Person）视之。然而，在魏玛宪法时期，对从属劳动之意义、内容，并未形成一致之通说。”[①] “美国于 1938 年颁布公平劳动基准法（Fair Labor Standards Act，FLSA），乃国际间最早以劳动基准法之立法形式制颁之劳工保护法律。FLSA 仅规定最低工资、最高工时、两性平等及童工保护等规定，与后来制定劳基法之台湾地区，另将休假、资遣、退休等规定纳入劳基法不同，且 FLSA 虽系国际上最早制颁之劳基法，但其针对各行各业之特殊需要及白领阶层劳工，特设有除外适用之规定。依 FLSA 第 13 条 A 项第一款规定，白领阶层（White-Collar）之受雇人（employee）不适用最低工资与最高工时规定。”[②] 由此看，无论大陆法系，还是英美法系，在劳动（基准）立法伊始，就十分关注其适用范围，关注劳动者的界定或者非劳动者的排除。而传统法律虽然也有其适用范围的问题，但不像劳动法这样寻找区界成为制度切入的角度。

3. 劳动关系确定纠纷亟待劳动者界定法理的支撑

在法院劳动争议依据民事诉讼程序审理，根据 2008 年 2 月 4 日最高人民法院发布的《民事案件案由规定》，确认劳动关系纠纷是一类独立的劳动合同纠纷。笔者检索北大法律信息网——北大法宝中以确认劳动关系纠纷为案由的司法案例有 153 个，而此 153 个案例有 17 个是 2008 年 1 月 1 日后审结的，且绝大部分案例属于认定事实劳动关系存在的案例，而少数确认劳动者身份的案例中，其推理重点在于，没有书面劳动合同，故而认定为事实劳动关系，不过在这些案例中有一些却亟待理论的回应。

（1）认定公司经理或主管为劳动者的案例

“原审被告姚某于 2003 年 10 月起参与原审原告泰业印刷公司的筹建工作，至 2004 年 2 月 24 日公司成立，姚某于 2004 年 7 月 19 日被泰业印刷公司董事会决议决定任命为总经理一职，双方虽未签订书面的劳动合同，但属事实劳动关系……2005 年 5 月 23 日泰业印刷公司董事会第二次会议决议（2 号）约定是否续聘姚某为总经理的条件，但未对劳动关系的解除与否作出明确的约定，现泰业印刷公司在姚某总经理任期尚未满的情况下免去其职务，

---

① ［日］蓼沼谦一：《劳働法の对象——从属劳働论の检讨》，载日本劳働法学会：《现代劳働法讲座》，第 1 卷·劳働法の基础理论，77～78 页，1981。转引自刘志鹏：《论劳动基准法上之“劳工”（以经理人为检讨重点）——评释台北地方法院八十三年度劳诉字第四号判决》，载《劳动法理论与判决研究》，6～7 页，台北，元照出版有限公司，2002。

② 魏千峰：《劳动基准法上之劳工》，载《劳动法裁判选辑（一）》，334～335 页，台北，元照出版有限公司，1999。

同时解除了双方之间的劳动关系，根据相关法律规定，泰业印刷公司应支付姚某未提前三十日通知的一个月工资 23 000 元（税前），并且应支付姚某解除劳动关系的经济补偿金。”[①] 这是公司董事会任命的经理作为劳动者而主要关涉经济补偿金的案例判决的部分内容。由此看，此处的“任命”与劳动合同之间的理论分析显然没有展开。经一般入职而升到公司管理层的经理作为劳动者按常理不会因经济补偿金发生纠纷因此而发生纠纷，但是对管理层的管理和辞退又如何处理，首要的仍然是劳动者身份的认定。[②] 在这些纠纷中，公司明显感觉在劳动法的框架下难以应对，而借鉴我国台湾地区有关公司经理身份认定的判例当有积极意义。

（2）灵活管理、灵活用工和业务外包中劳动者认定的相关案例

进行内部承包、按组管理，被认定为劳动者[③]；也有计件计酬，认定为劳务关系，而不认定为劳动者[④]；也有业务外包不规范，而认定为劳动者。[⑤] 应当说，由灵活管理、灵活用工和业务外包而引起的劳动者认定纠纷是大量存在的，而随着劳动关系认定以用工为标准，这些纠纷会逐渐减少。但是异化的纠纷又会出现，例如，不以劳务派遣的名义却做劳务派遣的业务即是典型的方式，而其中根据劳动者与事实派遣者熟知的程度会出现许多莫名其妙的案例，据悉有工伤事故发生，劳动者才发现自己进厂工作那一天所签的劳动合同的用人单位是一个远在天边的自己从没有听过的公司，而判决却认定为借调，如此认定显失公允。一个在企业工作了多年的劳动者，经过简单的制度处理，其劳动者身份即丢失，权益顷刻间灰飞烟灭，其间之法学反思不无欠缺!

（3）教师作为劳动者的案例

教师分公立学校的教师和私立学校的教师，而公立学校的教师又分为有编制的教师和无编制的教师。有案例把私立职业技术学校的校长按照劳动者

---

① 上海泰业印刷有限公司诉姚若华事实劳动关系争议纠纷再审案，(2007) 闵民一（民）再初字第 4 号。

② 参见广东中海联投资有限公司与唐正事实劳动关系争议上诉案，(2006) 穗中法民一终字第 2609 号；胡金秀与佛山市顺德区君兰高尔夫发展有限公司事实劳动关系争议纠纷上诉案，(2006) 佛中法民四终字第 218 号。

③ 参见佛山市顺德区乐诚模具有限公司与余宗尉事实劳动关系争议纠纷上诉案，(2007) 佛中法民四终字第 574 号。

④ 参见王奎与夷陵区龙泉镇鑫磊建材厂劳动关系争议纠纷上诉案，(2007) 宜中民一终字第 00043 号。

⑤ 参见郭荣林与于都县科力源建材有限公司劳动关系争议纠纷上诉案，(2008) 赣中民三终字第 144 号；佛山市禅城区新苑酒家与李如分等事实劳动关系纠纷上诉案，(2008) 佛中法民一终字第 40 号。

来认定者[①]，也有把幼儿园聘用的教师作为劳动者来认定者[②]，这些案例中不会去质疑教师的劳动者认定，盖因为传统人事争议以编制为核心，故而没有编制者往往处在法律的边缘，能够被认定为劳动者，已经是幸运者。现实中，由于人事法律的欠缺，诸多人事法律关系慢慢向劳动法律关系靠拢，近闻有教师享受工伤保险待遇者，实在诧异！我国事业单位的人事法律何去何从，亟待明晰，而此与劳动者的界定有莫大关系，诚如郑尚元教授所言，“目前，关于事业单位劳动者是否适用劳动者的问题，可能与‘劳动者’概念不明确有关”[③]。

（4）改革的问题与政策的地位

对于劳动合同制改革之前的固定工因为特殊原因（例如病休）而一直没有在劳动法的框架下得到处理的[④]，界定劳动者身份的意义已经不在劳动法领域，而是延伸使用劳动者概念的社会保障法领域。那么，就改革遗留的问题，劳动者的认定如何进行？如果按照严格的法律进行，在是否之间界定劳动者对双方当事人均不公平。笔者认为，政策框架下的事情就应该有一个政策性的解决思路，在“赣州酒厂与郭莲生劳动争议纠纷上诉案”中，能够进行调解结案，是当事人的欣慰。另外，在法律界定劳动者日渐精深的情况下，政策之考量又居于什么样的地位，仍然是有待思考的。如果说，以上三方面的案例涉及了界定劳动者的要害，那么这个案例自当是关涉界定劳动者的补充，并在劳动者外延的法律解释模式中有莫大影响，政策法的有关研究有可能成为影响劳动者界定的重要的技术问题[⑤]，正如有学者所指出的，“出现了大量的政策法，这些政策由行政部门通过一定的程序和形式很快地传达执行，并在司法中得到法院的尊重，属于法律”[⑥]。而政策法如何影响劳动者的具体界定仍是亟待探究的。

---

① 参见海南黄冈人综合技术学校与顾升元事实劳动关系争议纠纷上诉案，(2006) 海南民二终字第 179 号。

② 参见广东省林业职工子弟学校附属幼儿园与李燕明事实劳动关系争议上诉案，(2004) 穗中法民一终字第 2863 号。

③ 郑尚元：《劳动合同法的制度与理念》，10 页，北京，中国政法大学出版社，2008。

④ 参见赣州酒厂与郭莲生劳动争议纠纷上诉案，(2008) 赣中民三终字第 44 号。

⑤ 关于政策之治与法律之治，参见李曙光：《转型法律学：市场经济的法律解释》，北京，中国政法大学出版社，2003。

⑥ 郑尚元、李海明：《寻找被认可的劳动法——评〈中华人民共和国劳动合同法〉》，载林嘉主编：《社会法评论》，27 页，北京，中国人民大学出版社，2009。

二、立法例中的劳动者概念

考虑到日本、我国大陆和台湾地区在立法上受到一脉相承的大陆法系学理的影响，也考虑到日本和我国在语言上有很近的亲缘，至少其立法例中直接使用了汉字“劳动者”，以下对日本、我国大陆和台湾地区立法中的劳动者概念进行简要介绍。

（一）日本立法中的劳动者概念

也许正是因为日本劳动立法的体例，在日本的劳动法理论和实务中，关于劳动者的界定成为一个很重要而又很基础的问题。日本的1946年宪法第27条规定了劳动的权利和义务、劳动条件的基准和酷使儿童的禁止，第28条规定劳动者的团结权，其中使用了“劳动”和“劳动者”这样的概念。日本劳动法最核心的法律《日本劳动基准法》第9条和第10条分别界定了“劳动者”和“使用者”的抽象概念，而同时又在涉及工会、职业教育、劳动银行、家内劳动等方面的法律对劳动者进行了再次界定。在1990年的劳动法律中，围绕《日本劳动基准法》第9条的行政解释就已经有21项之多，而有关劳动者认定的判例要旨也已经有所总结，例如有董事等管理者、演员、收款员等是否认定为劳动者的判例要旨。[①]

《日本劳动基准法》第9条规定，“この法律で‘労働者’とは、职业の种类を问わず、前条の事业又は事务所（以下‘事业’という。）に使用される者で、赁金を支払われる者をいう”。该规定界定的劳动者，不问职业，只要有用人单位（事业）使用并支付工资，就是劳动者。

在判例中，一般地，“一定の就业関系が法律上雇用か请负かは、実体を観察して判断する。当事者の付した契约名にこだわらぬ（浦和地五四・八・一〇）”[②]。由此判决要旨来看，劳动者的认定不以劳动契约的形式为准，也不论是法律上的雇佣还是承包，均要观察实质来判断。

其实，关于劳动者的界定的判例也是为数不少的[③]，而且一般的劳动法判例均会对劳动者界定类的案例留出篇幅。[④] 面对如此多的行政解释和司法判例，笔者感觉，娴熟于日本法“劳动者”的界定绝不是一两个概念的事情。

---

① 参见［日］白井晋太郎监修：《劳働法全书》，319页，劳务行政研究所，1990。

② 同上书，312页。

③ 至少在1990年的《劳働法全书》中针对《日本劳动基准法》第9条的判例要旨已经涉及30个判例。而在一般的劳动法判例集中也会对劳动者判断及其相关花费不少笔墨。

④ 参见［日］青木宗也、横井芳弘编：《判例ノート劳働法》，法学书院，1987。

在日本劳动法中，一方面，在具体的劳动立法中对劳动者重新进行界定，其实质是明确其适用范围，这使得不同劳动法律的劳动者概念是有差别的；另一方面，通过大量的行政解释和判例，对具体类型或者职业的劳动者进行再认定，这使得劳动者的认定变得纷繁复杂。

（二）我国台湾地区立法中的劳动者概念

我国台湾地区的“劳动基准法”采用了“劳工”和“雇主”这一对概念，其第 2 条第 1 项，定义劳工“谓受雇主雇用从事工作获致工资者”。而在“两性工作平等法”中，采用了“雇主”与“受雇者”一对概念，其第 3 条第 1 项定义受雇者为“谓受雇主雇用从事工作获致薪资者。”如果抛开“工资”与“薪资”的用词区别，受雇者与劳工的定义是相同的。相同的内涵，不同的用词，这是其劳工概念在立法上的一个问题或现象。然而，至少采用“劳工”的概念回避了“劳动者”概念的适用，这主要和“劳动者”概念的宽泛有关，台湾学者杨通轩分析，“劳动者概念在宪法上、社会保险法上、税法上及劳工法上各有不同。宪法上劳动者概念，应以真正的劳动者为限，而不包括只在经济上或其他方面具有从属性之提供劳务之人……‘我国’‘劳工法’上之劳动者概念，除了‘劳动契约法’、‘工会法’、‘劳资会议实施办法’应以人格从属性为要件外，‘劳工安全卫生法’及‘劳工保护法’上之劳动者，则不以从属性为要件；税法（尤其是所得税法）上之劳动者概念，不仅无须达到人格从属性之程度，且经济上的从属性亦仅居次要地位”[①]。由此看，台湾地区“劳动基准法”上的“劳工”与大陆在法律上一般理解的“劳动者”是一个事物，其关于劳工范围的认定正是后文探讨的劳动者的法律界定的核心。例如关于经理人是否属于“劳动基准法”上的劳工在台湾地区就是一个在理论上可以争论的问题。

在 1984 年“劳动基准法”中具体界定劳工的主要依据是劳工之定义和适用行业范围之确定，适用行业的范围以立法列举和行政指定相结合的方式来确定。1984 年制定的“劳动基准法”第 3 条罗列了适用行业的范围，包括农、林、渔、牧业，矿业及土石采取业，制造业，营造业，水电、煤气业，运输、仓储及通信业，大众传播业以及其他经台湾地区主管机关指定之事业。1996 年和 2002 年修正均涉及其第 3 条关于适用行业范围的修正，其适用行业的范围越来越宽，在 1996 的修正中强调“本法至迟于‘民国’八十七年（1998 年）底以前，适用于一切劳雇关系”。而 2002“劳动基准法”第 3 条第 3、4 款规定，“本法适用于一切劳雇关系。但因经营形态、管理制度及工作特性等

---

① 杨通轩：《劳动者的概念与劳工法》，载《中原财经法学》，2001（6），300 页。

因素适用本法确有窒碍难行者，并经‘中央’主管机关指定公告之行业或工作者，不适用之。前项因窒碍难行而不适用本法者，不得逾第一项第一款至第七款以外劳工总数五分之一。”实际上，基于行政部门的努力，“劳动基准法”的适用行业范围已经很少有模糊的行业，这时候行政机关界定的不适用“劳动基准法”的情形成为立法的重要补充。我国台湾地区“行政院劳工委员会”1998年12月31日台八十七劳动一字第〇五九六〇五号函，规定：“下列各业及工作者不适用劳动基准法，其余一切劳雇关系，自即日起适用该法：一、不适用之各业：（一）艺文业。（二）其他社会服务业。（三）人民团体。（四）国际机构及外国驻在机构。二、不适用之各业工作者：（一）餐饮业中未分类其他餐饮业之工作者。（二）公立之各学校及幼儿园、特殊教育事业、社会教育事业、职业训练事业等（技工、工友、驾驶人除外）之工作者：私立之各级学校、特殊教育业、社会教育事业、职业训练事业、已完成财团法人登记之私立幼儿园等之教师、职员。（三）公立学术研究及服务业（技工、工友、驾驶人除外）工作者：私立学术研究及服务业之研究人员。（四）娱乐业中职业运动业之教练、球员、裁判人员。（五）公务机构（技工、工友、驾驶人、清队员及‘国会’助理除外）之工作者。（六）国防事业（非军职人员除外）之工作者。（七）医疗保健服务业之医师、法律及会计服务业之律师及会计师。”①

行政部门依据授权在界定适用行业范围的同时，也根据劳工的定义在界定和解释劳工的范围，例如台湾地区“行政院劳工委员会”1994年5月17日台八十三劳动一字第三四六九二号函，解释“事业单位之经理人依公司法所委任者，与事业单位之间为委任关系，其受任经营事业，拥有较大自主权，与一般受雇劳工不同，故依公司法所委任负责经营事业之经理人等，非属‘劳动基准法’上之劳工”。通过这类解释，把劳工和邻近概念区分开来，具体如：监察人与公司之间属委任关系；董事长为公司负责人与公司为委任关系，非属劳工；总经理、经理、副总经理、协理、副经理等身份应具体分析；委任之经理人，非属劳工；报社送报生是否适用“劳动基准法”依个案事实认定，等等。②

其实，“劳动基准法”只是劳动法的一部分，在立法层次比较高的法律中，除了“劳动基准法”，还有“两性工作平等法”。而在“两性工作平等法”

① 该部分关于台湾行政解释令来自于网络博客：《劳动基准法解释令》，载http://blog.udn.com/indemnity/2375333。

② 该段之内容来自于对网络台湾行政解释令的整理：《劳动基准法解释令》，载http://blog.udn.com/indemnity/2375333。

的框架下，“受雇者”的界定是另外一个语境。

（三）我国大陆立法中的劳动者概念

由于我国大陆改革开放和社会转型的特殊背景，立法表现出了两个特点：一是立法的仓促性和主观性比较明显，法律所调整的社会关系还没有自然演化为稳定的社会关系，而在法治理念之下，不仅立法对现实的把握能力存在主观性，而且立法本身往往在主观上有意地超前。二是转型过程中传统和现代的对冲和交合，这一点在劳动者概念上表现得就很明显。一方面，在传统社会中形成了工人、农民、知识分子、干部等概念，并在比较接近劳动法律的语境中形成了职工和单位的概念；另一方面，在现代化立法过程中，借鉴了大量的域外成熟的法律制度，董事、经理、文秘、雇员等概念不仅进入法律文本中，而且进入法律实务与理论中。于是，个体身份的转化将是法律概念确认的重要背景，一个可操作的法律主体概念既要明确主体转化前的身份，也要明确主体转化后的身份。也许，我们能够在劳动者概念法制化过程中，梳理出两套概念：一套是工人、农民、知识分子、干部等概念，一套是用人单位、劳动者、管理者、公务员等概念，甚至还有一套在理论和实务中已经无法割舍的域外概念（雇主、雇员、劳工等），而这些概念之间的消退与跟进、转化与通用即是我国大陆立法中劳动者概念所出的基本境遇。以下，笔者以我国大陆立法中出现的“劳动者”术语为核心来分析劳动者的概念。

1. 宪法意义上的劳动者

《中华人民共和国宪法》（2004 年修正）共有 7 处使用了“劳动者”术语，而这 7 个“劳动者”却是在不同的层面适用的。《宪法》序言中的“全体社会主义劳动者”包括了工人、农民和知识分子，几乎是一个和社会主义事业建设者相替代的抽象概念，具有政治意味。《宪法》第 8 条的“参加农村集体经济组织的劳动者”和“劳动群众集体所有制经济”，第 14 条的“劳动者的积极性和技术水平”以及“劳动组织”和“社会保障制度”，表明这两个“劳动者”是在经济体制的框架下使用的；第 19 条的“对工人、农民、国家工作人员和其他劳动者进行政治、文化、科学、技术、业务的教育”表明这里的劳动者更多与教育体制相通，这 3 个“劳动者”是体制中的劳动者。而另外 3 个“劳动者”则在《宪法》“公民的基本权利和义务”章中第 42 条和第 43 条，其中第 42 条规定公民有劳动的权利和义务，第 43 条规定劳动者有休息的权利，显然该两条是劳动法律制度最明显的依据，这 3 个“劳动者”是在法律（权利、义务）意义上使用的。

由此看，在宪法意义上，劳动者的适用有三个层面，在权利、义务层面上，劳动者的上位概念是公民。宪法没有界定权利、义务层面的劳动者概念，而是规定了劳动者的权利和义务，成为众多劳动法律制度的立法依据，并框定了劳动法律制度的基本范畴。根据《宪法》的规定，公民有劳动的权利和义务、劳动者有休息的权利，国家通过各种途径，创造劳动就业条件，加强劳动保护，改善劳动条件，并在发展生产的基础上，提高劳动报酬和福利待遇，对就业前的公民进行必要的劳动就业训练，发展劳动者休息和休养的设施，规定职工的工作时间和休假制度。笔者认为，以法律概念界定的视角来看，宪法意义上的劳动者应当是在权利、义务层面上的劳动者，而该权利、义务主要是在国家和公民之间界定的。

2. 法律[①]意义上的劳动者

我国的“劳动者”并没有停留在《宪法》文本上，而是作为很基本的法律术语适用在由全国人大及其常委会颁布的法律中，以下即分析法律意义上的劳动者。

(1) 劳动法立法中的劳动者

自 1994 颁布《劳动法》至今，已经有若干劳动法律颁布，其中除了 2007 年《就业促进法》没有对适用范围进行界定，更没有界定劳动者外，多对适用范围有所规定。

1994 年《劳动法》第 2 条规定：“在中华人民共和国境内的企业、个体经济组织（以下统称用人单位）和与之形成劳动关系的劳动者，适用本法。国家机关、事业组织、社会团体和与之建立劳动合同关系的劳动者，依照本法执行。”

1996 年《职业教育法》第 2 条规定：“本法适用于各级各类职业学校教育和各种形式的职业培训。国家机关实施的对国家机关工作人员的专门培训由法律、行政法规另行规定。”

2001《职业病防治法》第 2 条规定：“本法适用于中华人民共和国领域内的职业病防治活动。本法所称职业病，是指企业、事业单位和个体经济组织（以下统称用人单位）的劳动者在职业活动中，因接触粉尘、放射性物质和其他有毒、有害物质等因素而引起的疾病。职业病的分类和目录由国务院卫生行政部门会同国务院劳动保障行政部门规定、调整并公布。”

2001 年修正的《工会法》第 3 条前句规定，“在中国境内的企业、事业单位、机关中以工资收入为主要生活来源的体力劳动者和脑力劳动者，不分民族、种族、性别、职业、宗教信仰、教育程度，都有依法参加和组织工会的权利。”

---

① 这里的法律是指由全国人大及其常委会颁布的法律，其法律地位和效力低于宪法，而高于法规，一般以“某法”命名，可谓狭义上的法律。

2007年《劳动合同法》第2条规定："中华人民共和国境内的企业、个体经济组织、民办非企业单位等组织（以下称用人单位）与劳动者建立劳动关系，订立、履行、变更、解除或者终止劳动合同，适用本法。国家机关、事业单位、社会团体和与其建立劳动关系的劳动者，订立、履行、变更、解除或者终止劳动合同，依照本法执行。"第96条规定："事业单位与实行聘用制的工作人员订立、履行、变更、解除或者终止劳动合同，法律、行政法规或者国务院另有规定的，依照其规定；未作规定的，依照本法有关规定执行。"

如上法律均属于劳动法立法中的基本法，其中《工会法》中的劳动者系指在中国境内的企业、事业单位、机关中以工资收入为主要生活来源的体力劳动者和脑力劳动者；《劳动法》和《劳动合同法》中的劳动者均以劳动关系为基础，其中《劳动合同法》不仅在认定劳动关系的范围上放宽，而且补充适用于聘用制的人事关系；而《职业病防治法》的劳动者系指企业、事业单位和个体经济组织的劳动者。笔者发现，不同的法律中，不仅劳动者的范围不同，而作为简称的"用人单位"的范围也不一致，但是"劳动者"与"用人单位"成对使用、在不同的法律中去界定不同的劳动者成为劳动立法的基本范式。

（2）其他法律中的劳动者

考虑到两点：其一，《宪法》上的劳动者是比较宽泛的；其二，在不同的法律中，劳动者的称谓有所不同，应当关注其他法律中的有关术语。从宽泛的劳动者界定来看，个体工商户、合伙人、承包人、承揽人、教师、公务员、律师等从事一定劳动或工作的人均属于宪法意义上的劳动者，而相关立法对其术语的界定就成为宪法意义上的劳动者具体化。例如1993年《教师法》中的教师是履行教育、教学职责的专业人员，包括各级各类学校和其他教育机构中专门从事教育、教学工作的教师；2005年《公务员法》所称公务员是指依法履行公职、纳入国家行政编制、由国家财政负担工资福利的工作人员，且具有公共事务管理职能的事业单位中除工勤人员以外的工作人员经批准参照公务员管理；2007年修订的《律师法》中的律师是指依法取得律师执业证书，接受委托或者指定，为当事人提供法律服务的执业人员，等等。从比较狭义的劳动者界定来看，职工、员工、雇员基本上是劳动法意义上的劳动者的延伸使用和替代，其中"职工"大量出现在全国人大及其常委会制定的法律中，而"员工"和"雇员"大量出现在劳动合同的法律实务中，这些概念一般是指在劳动法律制度中存在劳动关系的劳动者，而且可能在劳动法之外适用这些概念。另外，社会保障立法，特别是社会保险立法，将更多地延伸使用劳动法意义上的劳动者。

3. 法规、规章及其他法规范中的劳动者——个别劳动关系中劳动者的界定

在法规、规章和其他效力层次更低的规范性文件中有关于个别劳动关系中劳动者的界定，对于我国现在劳动法上的劳动者界定有很大的影响，然而这些文件浩瀚复杂，以下择要分析：

(1) 党委书记、厂长、经理和工会主席的劳动者界定

根据 1994 年 8 月 22 日发布的《劳动部关于全面实行劳动合同制的通知》、1995 年 4 月 27 日劳动部发布的《实施〈劳动法〉中有关劳动合同问题的解答》、1996 年 2 月 13 日发布的《劳动部关于订立劳动合同有关问题的通知》、1996 年 4 月 12 日发布的《劳动部关于企业工会主席签订劳动合同问题的通知》等文件，厂长、经理应与聘用部门签订劳动合同；实行公司制的企业厂长、经理和有关经营管理人员，应根据《中华人民共和国公司法》有关经理和经营管理人员的管理规定与董事会签订劳动合同；党委书记、工会主席等党群专职人员也是职工的一员，作为劳动者，按照《劳动法》的规定，应当与用人单位签订劳动合同，但在订立劳动合同的方式上，可采取党委书记、工会主席和厂长、经理一起，与企业的上级主管部门签订劳动合同的方式。需要强调的是，党委书记、厂长、经理和工会主席签订劳动合同的大背景或者理由是，订立劳动合同是为了更好地保护劳动者的合法权益，使劳动关系纳入法制管理的轨道。由此看，党委书记、厂长、经理和工会主席的劳动者界定不是定纷止争的现实需求，而是全面劳动合同制之“全面”性表现。

(2) 再次聘用的离退休人员的特殊规定

根据 1996 年 10 月 31 日发布的《劳动部关于实行劳动合同制度若干问题的通知》以及 1997 年 9 月 15 日发布的《劳动部办公厅对〈关于实行劳动合同制度若干问题的请示〉的复函》，已享受养老保险待遇的离退休人员被再次聘用的，用人单位应当与其签订书面协议，明确聘用期内的工作内容、报酬、医疗、劳保待遇等权利和义务，但聘用协议的解除不适用劳动法律关于经济补偿的规定，发生争议，属于劳动争议仲裁委员会受案范围的，则应予受理。由此看，回避适用“劳动合同”的概念，这也可以看作在最初的政策操作中对返聘人员的一种特殊处理，至少返聘人员与用人单位之间的关系不是劳动关系已经成为主流认识。①

(3) 临时工的语境转化

根据 1997 年 9 月 15 日发布的《劳动部办公厅对〈关于实行劳动合同制

① 笔者对该问题有所疑问，后文论述。

度若干问题的请示〉的复函》、1996年10月9日发布的《劳动部办公厅对〈关于临时工的用工形式是否存在等问题的请示〉的复函》、1996年11月7日发布的《劳动部办公厅对〈关于临时工等问题的请示〉的复函》等文件，在符合《劳动法》规定的情形下，用人单位也应与临时工签订无固定期限劳动合同。而随着《劳动法》的贯彻实施，过去意义上相对于正式工而言的临时工名称已经不复存在，用人单位如在临时性岗位上用工，应当与劳动者签订劳动合同并依法为其建立各种社会保险，使其享受有关的福利待遇，但在劳动合同期限上可以有所区别。由此看，临时工语境转化在这些文件中表现得很明显，自此临时工基本上与以完成一定工作任务为期限的劳动合同、辅助性岗位用工、替代性岗位用工进行了对接。

（4）实然中的用人单位

虽然《劳动法》对用人单位有一个基本的界定，而且在《劳动合同法》中对用人单位的范围进行了扩展，但是基本法所界定的用人单位与现实中的用人单位显然是有一些差距的，而从效力层次很低的文件中则可能更接近实然地去认识用人单位范围已经适用《劳动法》的程度。

根据1996年5月4日发布的《劳动部、国家工商行政管理局、中国个体劳动者协会关于私营企业和个体工商户全面实行劳动合同制度的通知》和1996年6月17日发布的《农业部、劳动部关于乡镇企业实行劳动合同制度的通知》，私营企业和请帮带学徒的个体工商户和乡镇企业是适用《劳动法》的。根据2001年3月13日发布的《国家经济贸易委员会、人事部、劳动和社会保障部关于深化国有企业内部人事、劳动、分配制度改革的意见》，国有企业的人事制度和劳动制度仍然是分开进行的：前者强调管理人员竞聘上岗、能上能下，取消企业行政级别，打破“干部”和“工人”的界限，变身份管理为岗位管理，在管理岗位工作的即为管理人员，加强对管理人员的考评和培训；而后者强调建立职工择优录用、能进能出的用工制度。实际上，国有企业改革仍然没有消除人事制度和劳动制度的双轨制，干部和工人的界限打破了，管理岗位和非管理岗位的区分则传承了传统的角色，国有企业的管理人员在实务中绝不是按照《劳动法》中的劳动者来界定的。

（5）劳动关系成立的要件

主要根据2005年5月25日发布的《劳动和社会保障部关于确立劳动关系有关事项的通知》，劳动关系成立的要件[①]包括三个：第一，用人单位和劳

① 需要指出的是，该通知关于劳动关系的认定是以未订立书面劳动合同为前提的，在《劳动法》中劳动者身份界定的首要标准是书面劳动合同的存在，而在《劳动合同法》中则转化为“用工”的认定，无论“书面劳动合同”，还是“用工”，均未道出劳动者的界定标准，或者劳动关系构成要件。

动者符合法律、法规规定的主体资格；第二，用人单位依法制定的各项劳动规章制度适用于劳动者，劳动者接受用人单位的劳动管理，从事用人单位安排的有报酬的劳动；第三，劳动者提供的劳动是用人单位业务的组成部分。应当说，该通知是目前笔者所了解的官方关于劳动关系认定的重要文件，而在《劳动法》和《劳动合同法》中没有对劳动关系进行认定，在《劳动合同法实施条例》起草过程中，曾经界定“劳动合同法所称劳动关系，是指用人单位招用劳动者为其成员，劳动者在用人单位的管理下，提供由用人单位支付报酬的劳动而产生的权利义务关系”。而无论草拟之条文如何，终究没有保留在《劳动合同法实施条例》中。而在确认劳动关系纠纷中，《劳动和社会保障部关于确立劳动关系有关事项的通知》也被法院适用。

三、界定劳动者的法理分析

(一) 法律上劳动者概念的重心

在对我国立法中的“劳动者”术语进行梳理之后，我们发现，“劳动者”术语的使用缺乏一个概念化的语境：在宪法层面，劳动者在政治、体制和权利、义务三个语境中使用，从而产生了具有三个相对独立内涵和外延的劳动者；在法律层面，劳动者不仅在不同的法律中有着不同的外延，而且在不同或者相同的法律中有着可替代的称谓，于是，在法律上劳动者是否具有确切的内涵受到了质疑，进而有了明确的劳动者概念和不明确的劳动者概念、劳动力市场上的劳动者概念和劳动关系中的劳动者概念这样的思考和分类。[①] 查《现代汉语词典》，关于“概念”的解释是，“思维的基本形式之一，反映客观事物的一般的、本质的特征。人类在认识过程中，把所感觉到的事物的共同特点抽出来，加以概括，就成为概念。比如从白雪、白马、白纸等事物里抽出它们的共同特点，就得出‘白’的概念”[②]。然而，抽象出一个概念和使用一个概念却是两回事，一个刚刚抽象出来的概念，其内涵和外延是相对明确的，然而在概念的使用过程中，由于原来事物的变化或对新事物的适用，概念的特质可能受到冲击，概念的外延则可能变得模糊。一般地，抽象出的概念应当是使用中的概念的基础，故而法律上的劳动者概念应该从历史渊源的角度来确定抽象出法律上劳动者概念的内涵和外延，而该原始的内涵和外延

---

① 参见侯玲玲、王全兴：《劳动法上劳动者概念之研究》，载《云南大学学报（法学版）》，2006 (1)。

② 中国社会科学院语言研究所词典编辑室编：《现代汉语词典》(修订本)，404页，北京，商务印书馆，1996。

是使用劳动者概念的重心。劳动立法是以劳动关系为基础的，尽管我国立法中“劳动者”用语比较零乱，但是以劳动关系为基础的“劳动者”是劳动者概念使用的重心。一方面，在不同层面使用的劳动者概念，唯有以劳动关系为基础的劳动者概念具有可使用的法律意义，而劳动力市场上的劳动者尽管在基本法中反复使用，却在权利、义务构建中转化为求职者、失业者等概念；另一方面，在不同法律中对劳动者有不同的称谓，一般是劳动关系基础上的劳动者的延伸，例如职工、雇员、员工等等，这些概念虽然在立法和法律实务中均有出现，但是在权利、义务的认定上仍然是以劳动关系为基础的。因而，笔者认为，法律上的劳动者概念即是劳动法上的劳动者概念，而劳动法上的劳动者概念即是劳动关系基础上的劳动者概念，劳动者的法律界定即是界定作为（个别）劳动关系一方的劳动者。

从界定劳动者的历史背景进行分析，笔者认为，抽象出劳动者概念的事物应当是作为“新工人阶级”的工人，而把“劳动”抽象出来则可能与政治经济学卓有成效的研究有关，把“劳动”概念扩展使用也可能与政治经济学的铺垫有关。而从日本、美国和我国台湾地区以劳动基准立法为核心的劳动立法来看，工资、工作时间、休息休假、劳动条件等方面的基准莫不是与工厂劳动联系在一起，没有大机器生产下的工厂劳动，就不可能有相关的基准，也不会有劳动者概念。然而，不仅实证的大量劳动立法要晚于工业革命，而且劳动立法伊始就倾向于把劳动者概念扩展使用，而这种扩展使用无不伴随着例外情形的界定，而在社会多元化的背景下，总是针对不同类型的劳动者进行劳动基准适用的说明或排斥。某种意义上讲，与其说劳动基准复杂化，不如说劳动者界定复杂化。但是，不可否认的是，产业劳动中的劳动者实乃劳动者概念之起始与重心。而分析我国产业劳动，则不得不强调农民工问题。如果对比历史，笔者断言，农民工是我国产业劳动者中一个极为重要而其境况又与西方历史中“新工人阶级”极为相似的群体。可惜的是，我国农民工不是我国劳动法律规制的重心。笔者认为，我国劳动法律实践或者劳动基准法律实践的重心是国有企业、事业单位以及国家机关，而这些单位用人并不具有传统产业劳动的诸多特质，从这个角度讲，我国法律上劳动者外延的重心产生了偏移，而这种偏移势必影响劳动者的内涵，而把教师作为劳动者认定即可能是影响之端倪。

（二）立法模式的不同与劳动者界定的前提

我国台湾地区和日本，均是以劳动基准立法为核心而涉及劳动者的界定问题，相关的理论在实务层面上是对立法定义的解释；而我国大陆虽然有《劳动法》，却应是以《劳动合同法》为核心而涉及劳动者的界定问题，而相关的理论在立法中仅体现在适用范围的考虑上。笔者认为，由于立法核心的差异，实务中的劳动者界定在逻辑上有很大的差异。

其一，劳动合同和劳务合同之间（劳动契约与雇佣契约之间）的种属定位不同。以劳动基准立法为核心，在适用范围上放宽了其劳动者的界定，这是因为把劳动契约作为雇佣契约的下属概念，实际上是以泛雇佣契约来审视劳动契约的认定及劳动者的界定，而此时审视劳动者的标准则可能更多地受到具体案例双方权益的衡量，进而拿捏标准的尺度和要素往往在雇佣契约的范围中不断变迁。审视时所考虑的因素不同，则可能让重劳动契约的标准重叠合一即为雇佣契约的判断标准。例如，“德国法上通说认为：劳动契约乃为雇佣契约之下位类型之契约、惟以从属性[①]为其核心的特征，而有别于其他类型的雇佣契约……现今通说上认为‘劳工’此一概念，并非是一概念（Begriff）而是类型（Typus)，其范围无法一次、抽象地加以界定者”[②]。笔者认为，正是以劳动基准立法为核心的劳动立法使得劳动契约不易脱离于雇佣契约的范畴，从而关于“从属性”的争论才难有定论。而我国大陆以《劳动合同法》为核心，首先在基调上设定了一种脱离于民事合同的合同，故而劳动者的明确界定成为必然，劳动者的概念明晰成为理论上的基本需求。正如郑尚元教授所析，“‘用人单位’与‘劳动者’的适用恰恰歪打正着，这一术语的使用恰好因应了传统私法向兼具公法与私法属性之劳动法过渡的客观必然。这一对名词的使用集中反映了传统私法中抽象主义与近现代法律之实质主义的界别，使人们对‘雇主—雇员’与‘用人单位—劳动者’有了对比的机会，以及给学者留有了幻想的空间：这两者是有区别的!”[③] 当然“用人单位”和“劳动者”这一对概念的使用对传统雇佣理论的借鉴产生不便，而此种不便正说明“劳动者”的法律界定尤为急迫。

其二，立法适用范围模式不同。我国台湾地区的“劳动基准法”的适用范围是以行业确定适用范围并辅之以对行政机关的授权，而经过行政机关的努力，最终实现“劳动基准法”的普遍适用，而在这个过程中，行政机关的适用例外解释成为“劳动基准法”适用除外的重要规范。而在我国大陆，《劳动法》的适用范围是以抽象的主体说明的，更辅之以依照执行的范围，而在

---

① 但就泛义的“从属性”而言，劳务给付行为莫不与之有所牵连，这是由劳务给付之受领的特殊性决定的。诚如史尚宽所指，“今日大部分之雇佣关系，均属于此劳动法上意义之劳动关系……”(史尚宽：《债法各论》，274页，1960)

② 林更盛：《劳动契约之特征“从属性”——评最高法院八一年度台上字第三四七号判决》，载林更盛：《劳动法案例研究》，12～13页，台北，翰芦图书出版有限公司，2002。

③ 郑尚元：《从雇佣契约到劳动合同看民法与劳动法调整社会关系的区界》，载郑尚元：《劳动法与社会法理论探索》，2页，北京，中国政法大学出版社，2008。

《劳动合同法》中不仅拓展了抽象主体的范围，而且规定了补充适用的范围（《劳动合同法》第96条）。实际上，我国劳动立法意义上的劳动者范围是相当开阔的，不仅在立法上没有除外规范，而且在劳动和人事制度分立的背景下倾向于向人事领域适用。笔者认为，造成这样的格局与劳动合同制改革过程中急切的劳动关系法制化目标有关，故而传统上由劳动部归口管理的劳动关系全部转化为劳动合同关系，并伴随着部分的传统上由人事部归口管理的人事关系转化为劳动合同关系。[①] 应当说，这种转化在法律上已经基本完成，而在实务中却仍在进行。而这种政策性的传统劳动关系向劳动合同关系的整体转化可能来不及区分劳动者相关概念和妥当的法律意义上的劳动者，而这可能与我国立法中欠缺对"劳动关系"、"劳动者"的概念界定相互关联。

如上分析，笔者认为，我国独特的立法以及独特的关于适用范围的规定，使得我国法律意义上的劳动者需明确地界定在劳动合同（劳动关系）的基础上，并且关于劳动者界定的立法处理会受到适用范围规定模式的影响。按照我国的立法模式，我国的劳动者界定可能会以劳动合同为核心进行比较宽的劳动者界定，进而在具体的劳动基准法律制度上进行例外立法，这就与美国对白领雇员在工作时间等方面的豁免立法模式相似。[②]

（三）工厂劳动赋予劳动属性之原质及其法理抽象

工厂劳动者以工业革命中的纺织工为最早之典型代表者，工厂劳动成为劳动属性的实证基础。一般地，工厂劳动中劳动者具有职业性、从属性，工厂具有经营性和组织性。而法律上劳动者外延的不断扩大，使得其原质均有值得探讨的地方。

其一，劳动者劳动的职业性是否是劳动者认定的本质属性。"职业性是雇佣契约与劳动合同区别的又一个标志，自'工人'产生后，职业受雇者以被雇佣为生者，即为职业雇佣，因此，衡量雇佣契约与劳动合同的又一标准是受雇者是否成为以被雇佣为生的'工人'或'劳动者'。"[③] 并且以职业性来认定劳动者的实践也有，例如，瑞士立法中家庭雇佣是否适用劳工法依据受雇方是否是职业者。[④] 而职业性认定实质上超越了劳动关系的范畴，其关注的重点在于劳动者的生存和发展，以职业性认定劳动者仅限于个别情形，而少有以此认定劳动者内涵的。但是，职业性却是劳动者实证存在的本质属性，它

---

① 从1996年2月13日《劳动部关于订立劳动合同有关问题的通知》可见一斑。

② 参见白庆兰：《美国白领雇员豁免规则沿革及对我国立法的启示》，载林嘉主编：《社会法评论》，第4卷，北京，中国人民大学出版社，2009。

③ 郑尚元：《劳动合同法的制度与理念》，23页，北京，中国政法大学出版社，2008。

④ 参见黄越钦：《从雇佣契约到劳动契约》，载（台湾）《政大法学评论》，第24期，140页。

不依存于劳动给付的属性，从而与传统的劳动契约没有任何关系，属于劳动者之自有属性，而非以关系界定的属性。简言之，在社会学意义上，职业性实乃劳动者之本质属性，而在法律之法理构建上，却并不以此为直接的切入点。

其二，劳动者劳动的从属性与劳动者的界定理论。劳动的从属性在工厂劳动中表现得淋漓尽致，并极端地表现为工厂过度的惩罚以及包身工现象。而在劳动法理论和立法发展的过程中，无论德国、日本，还是我国民国时期，劳动契约的从属性无不成为劳动认定的基本前提，然而何为从属性，则有差异。正如我国台湾地区学者黄越钦所释，“关于劳动之从属性，为学界论述之共同前提，惟学者间有不同分类，除人格从属性与经济上从属性之外，尚有将之分为：(1) 人格上的从属性。(2) 组织上的从属性。(3) 经济上的从属性。(4) 阶级上的从属性（参见本多淳亮著，劳动法总论，65 页以下，1986 年，青林书院出版)，亦有在人格上与经济上从属性外，尚加入技术上从属性者，参见本章第三节家内劳动关系”[①]。不过需要强调的是，以劳动之从属性为唯一标准或者核心标准来认定劳动者是以具备民事劳务给付关系为前提的，正如史尚宽先生所指，“劳动法（亦称劳工法）上之劳动契约（Arbeitsvertrag）谓当事人之一方对于他方在从属的关系，提供职业上之劳动力，而他方给付报酬之契约（‘劳动契约法’第 1 条）乃为特种之雇佣契约，可称为从属的雇佣契约（sog. abhanger dientvertrag)”[②]。

其三，工厂的经营性与劳动者的界定。“从社会发展来说，大多数雇佣关系的建立具有经营性，以工厂法发端的劳动法，其法律关系主体一方即为赚取利润的工厂，现代社会中的公司或企业，同样具备经营性的雇佣动机，依此出发点，雇佣关系系因其经营性而转化为劳动关系。”[③] 应当说，劳动者的界定是与某个整体的经营组织联系在一起的，而随着法人制度的极度扩展，法人经营独立性逐步向集团经营独立性转移，而劳动者则理应与集团相对而确认。另外一个问题是，经营性的界限以及其作为劳动者界定的妥当性。传统上，企业之私利经营与公共事业乃至国家之经营相区别，然而，不得不回应的是，公共事业以及国家机关内部管理的私法化倾向，公立之事业人员以及政府之公务人员越来越有“雇员”之称呼[④]，而该种“雇员”在何种范围、

① 黄越钦：《劳动法新论》，94 页，北京，中国政法大学出版社，2003。

② 史尚宽：《债法各论》，277 页，台北，1960。

③ 郑尚元：《劳动合同法的制度与理念》，24 页，北京，中国政法大学出版社，2008。

④ 以题目关键词“政府雇员”在中国期刊网检索文献 165 项，检索网址：http://dlib.edu.cnki.net/kns50/scdbsearch/cdbindex.aspx，检索时间：2008 年 12 月。

何种程度上成为劳动者，值得探讨。

其四，工厂的组织性、劳动者的组织性与劳动者的界定。工厂的组织性把劳动者嵌入一个固定的岗位上，使得劳动者犹如机器。这种组织性与劳动者的从属性紧密地联系在一起，成为劳动者从属性标准化的基础。而同时，工厂的组织性也带来了劳动者的组织性，所以在工人运动中，工人的革命性、组织性和纪律性成为工人阶级的显著特点。如果从劳工运动催生劳动立法的逻辑来分析，组织性实乃劳动者的本质属性，这种属性不是法律逻辑的，而是法律实证的。在个别劳动关系中，我们很难把此劳动与彼劳动区分开，而在团体劳动关系中，特别是出现罢工或者类罢工事件的时候，我们才能够切身地感受到，原来有组织的工厂产生了有组织的劳动者，而其组织性使得立法者或者政府不敢小觑。与之相应，在立法上，对于适用劳动法之雇主，往往有受雇方人数的最低限制。而我国关于劳动者的界定并没有考虑劳动者组织性及其在人数上的表现，相关的个体工商户和私营企业均适用劳动法，而个体工商户与私营企业的划分基本上遵守“七下八上”的划分，即 7 人以下劳动者为个体工商户，而 7 人以上劳动者则为私营企业。

从如上分析，工厂劳动的四个特质均关系到劳动者认定，而在法律上界定劳动者的时候，基本上以从属性为前提界定劳动者，并实质上受到工厂劳动四个特质的不同程度的影响。然而，此四个属性有两个容易放在直接的两造关系中去分析从属性，即从属性与工厂（用人单位）组织性；而另外两个或者三个则不易放在直接的两造关系中，故而难以在从属性的框架下分析：经营性侧重于用人单位特性并转化为法律上的行业、例外适用等适用范围的前提性问题，而职业性则转化为法律上劳动就业权利等与宪法基本权相关的问题，劳动者组织性则转化为以集体劳动关系为核心的劳动法律制度。但是这些关联性问题是认定劳动者的深层次问题，不易忽略，如果抛弃这些关联性问题，劳动者的从属性将回归传统的雇佣中的劳务给付属性。笔者以为，以较为纯粹或理想的劳动法理来推理，劳动者的属性当包括从属性、组织性、职业性，从属性源于传统雇佣关系的自然发展，而组织性和职业性则是劳动关系的现代特征，组织性往往体现为劳动者组织的存在，职业性往往体现为用人单位的社会责任，而在传统和现代之间，对用人单位之经营性构成某种平衡，可以说，劳动者的三性为劳动者的劳动换取了一种符合正义的对价。如果说，在法律上，劳动者的组织性主要是劳动者界定后的集体劳动关系问题，那么劳动关系意义上的劳动者则应当兼具从属性与职业性。笔者将在劳动者界定的标准中去析得从属性与职业性的具体特征。

(四) 我国劳动者界定的标准分析

关于劳动者的从属性分析在不断的法律移植和法理传播中已经变得介绍多于创新，特别是德国的劳动从属性理论流经日本、中国台湾地区而为大陆学者习得，其判断标准已经纷繁复杂，具体适用之情形已经很难系统把握，而即便把握也未必与我国之现实完全吻合。故而，笔者仅从我国民国时期之《劳动契约法》和我国的现有立法，进行初步的劳动者界定标准分析，以窥视较为接近我国实然的劳动者概念。

1. 解析《劳动契约法》第 1 条

我国民国时期曾于 1936 年 12 月 11 日制定《劳动契约法》并于当年 12 月 25 日公布，但至今未施行。该法第 1 条规定，“称劳动契约者，谓当事人之一方，对于他方在从属关系提供其职业上之劳动力，而他方给付报酬之契约。”试看史尚宽先生的界定：“受雇人谓服劳动法上之人。何谓劳动法上之劳动，乃指‘基于契约上之义务在从属的关系所为之职业上有偿的劳动’而言，已如前述。关于受雇人之定义，学者所说及各国法所规定者，虽稍有出入，然大致则相似。”[①]《劳动契约法》之劳动者与当时学者之认定甚为一致，且在定义性的立法中也较为一致。以此概念，劳动者之界定包括了契约义务基础、从属关系和职业有偿劳动三个方面的标准，包含了劳动者的两个属性即从属性和职业性。

2. 解析《劳动和社会保障部关于确立劳动关系有关事项的通知》

该通知是针对确认劳动关系纠纷中未订立书面劳动合同的劳动关系确立问题而出台的。该通知虽然针对未订立书面劳动合同之现象，却在劳动关系的实质要件上作了探讨，至今在司法实践中仍然得到尊重。从该通知出发，界定劳动者包括如下几个方面：

第一，合法性。该通知规定，劳动关系成立须具备情形之一，即“用人单位和劳动者符合法律、法规规定主体资格”。用人单位的主体资格首先是法律存在上的合法资格，“黑”社会组织不可能是法律上的用人单位，没有进行相关注册登记的组织在用人上也是有缺陷的。但是应当区分用人单位主体资格缺失的不同情形，不能因为用人单位主体资格的缺失或者瑕疵而否认劳动者具有劳动法意义的劳动给付。劳动者的主体资格包括年龄限制和职业限制两个方面。对劳动者就业年龄的限制是儿童保护和教育之必需，对劳动者退休年龄的限制是老年人保护和就业政策之需要，与之相关的劳动者界定问题包括童工问题和退休返聘问题。笔者认为，劳动者主体资格的年龄限制并不

---

① 史尚宽：《劳动法原论》，7 页，上海，世界书局，1934。

涉及劳动者的本质认定，即从属性认定和职业性考虑，故而绝对地排除劳动法适用的理念是不尽合适的。就童工问题而言，对童工的救济，特别是经济上的救济，应参照劳动法的规定，不同之处在于，禁止使用童工，凡发现以及时纠正为原则；就退休返聘者而言，也涉及退休返聘者的工作内容、报酬、医疗、劳保待遇等权利与义务，现实中执行劳动法不言而喻，不同之处在于，退休返聘者之养老保险权益有所不同，就此而言，笔者认为，退休返聘者与退休有关权益之外的权益应当是饱满的，应以认定劳动者为基调，倘若因工作发生伤害，符合工伤认定之实质条件的，应当享受有关的工伤保险待遇。[①] 有关职业或者行业限制往往对劳动者有特殊之技能要求，在此种情况下，当事人双方的权益比较复杂，但是可以肯定的是，相关纠纷应当在劳动法律制度的框架内解决，例如应聘或招聘诈骗问题理当在劳动法的框架下进行。总之，合法性前提并不涉及劳动者认定的实质标准，但是对劳动者的法律适用产生不同影响，在这种情况下，可以将劳动者界定为不合格劳动者、不合法劳动者、准劳动者以及不完全劳动者，等等。

第二，从属性。前述通知规定，劳动关系成立须具备情形之二，即“用人单位依法制定的各项劳动规章制度适用于劳动者，劳动者受用人单位的劳动管理，从事用人单位安排的有报酬的劳动”。应当说，正是该句践行了我国劳动者的从属性理论。劳动者从属性包括服从用人单位劳动规章的义务和服从用人单位劳动管理的义务，正是劳动者服从企业规章和服从劳动管理确立了劳动者劳动的人格从属性。所谓人格从属性，“即负有劳务给付义务之一方基于明示、默示或依劳动之本质，在相当期间内，对自己之习作时间不能自行支配。换言之，人格上的从属性系劳动者自行决定之自由权的一种压抑，同时劳务给付内容的详细情节亦非自始确定，劳务给付之具体详细内容不是由劳务提供者决定，而系由劳务受领者决定之。”[②] 其实，在学术上对从属性的争议已经把“从属”概念解释得面目全非，使得最为广义的从属性几乎包括了劳动者及其劳动的所有属性，从而在劳动者认定以及劳动契约特征上有着大量的争论。[③] 笔者认为，不可否认从属性在界定劳动者上的重要地位，也必须承认从属性具有民事雇佣之遗传内核。如果不是在民事雇佣和劳动合同

---

① 司法实务中，往往以退休返聘者不是劳动者为由拒绝对退休返聘者进行工伤认定。

② 黄越钦：《劳动法新论》，94页，北京，中国政法大学出版社，2003。

③ 参见刘志鹏：《论劳动基准法上之“劳工”（以经理人为检讨重点）——评释台北地方法院八十三年度劳诉字第四号判决》，载《劳动法理论与判决研究》，台北，元照出版有限公司，2002；魏千峰：《劳动基准法上之劳工》载《劳动法裁判选辑》（一），台北，元照出版有限公司，1999；林更盛：《劳动契约之特征“从属性”——评最高法院八一年度台上字第三四七号判决》，载林更盛：《劳动法案例研究》，台北，翰芦图书出版有限公司，2002。

的上下位理念下寻找脱离的劳动合同，而是从两个不同的内核即从交易与职业劳动两极去区分民事雇佣和劳动合同的不同范围，这时候，我们会发现从属性的普遍存在，以及职业劳动不过在从属性上相对为强的严重而已。以从属性为归依难以逃脱民法的思维习惯，唯有确立劳动者劳动的职业性，方能理顺劳动者及其劳动不同属性之间的关系。

第三，经营性与职业性。前述通知规定，劳动关系成立须具备情形之三，即“劳动者提供的劳动是用人单位业务的组成部分。”该特征也被域外学者总结为组织上的从属性或者经济上的从属性[①]，其实，劳动者提供的劳动是用人单位业务的组成部分，从用人单位来看，即是其业务的存在与维持，换句话就是用人单位的经营性。用人单位的经营性要求具有稳定或较为稳定的劳动者，这也正是劳动者职业性的表现。故而该情形是在表明劳动者职业上的稳定性，这种稳定性表现在劳动关系中往往是一种继续性的劳动关系。可能因此，我国台湾地区学者把继续性作为与从属性并列的劳动契约两大特色之一。[②] 另外，从用人单位适用范围来看，用人单位的业务属性也是有特别规定，从而公力以及公益之组织，其业务（事业）之维持者一般不认定为劳动者，其原因不在于缺乏职业性或者从属性乃至组织性，而在于缺乏职业性与从属性平衡的平台，即经营性平台。故此，在理论上，公务员不宜认定为劳动者，教师也不宜认定为劳动者，故而在劳动法的思维中处理公务员纠纷或者教师纠纷总是让人感觉奇怪。我国的农民工具有脆弱的职业性，所以在较为纯粹的劳动法框架下思考农民工问题也难寻头绪。不过脆弱的职业性内核并不影响农民工的职业性和组织性在用人单位经营性平台上同从属性平衡，毕竟农民工的劳动从属性是与劳动法极为吻合的，其职业性的脆弱不是来自于劳动法本身，而是来自于其生活的现实：一方面，农民可以返回农村，其劳动法意义上的职业劳动被假定为短暂的；另一方面，农民一般为迁徙工，在前提上没有假定城市生活或生存。笔者认为，理性的劳动法应当强化农民工的职业性，使得农民工较多地获得迁徙成功的机会，这不仅是社会发展和进步的要求，也是劳动法上农民工应得的符合正义的对价。

第四，报酬与职业性。前述通知规定之第二情形中有“从事用人单位安排的有报酬的劳动”。职业劳动一定是有报酬的劳动。劳动者的职业性表现在两个方面：一是劳动继续性，一是劳动对价性。劳动对价不仅包括货币意义上的报酬，也包括与用人单位给付义务，特别是诸多的附属义务相对的受领利益，乃至包括与泛用人单位义务相对的权益，从而形成了职业上的生存权

① 参见黄越钦：《劳动法新论》，95页，北京，中国政法大学出版社，2003。

② 参见上书，96页。

和发展权。这里需要强调的是，此处之报酬首先表现为工资，劳动法上的工资概念已经与民事上作为交易对价的报酬区分开来，也因此工资往往即意味着劳动者的身份。

综上所述，我国虽然没有劳动者或者劳动关系的立法定义，却有劳动者界定的标准，尽管这些标准的效力层次比较低，法理拓展的空间还很大，实践中的问题还很多。从《劳动合同法》来看，劳动者界定从认定劳动关系转移为认定“用工”，在这个过程中，书面劳动合同在劳动者界定上的显赫地位有所下降，“用工”[①] 不仅带来了一个新的概念，而且凸显了劳动者的实质界定，劳动者的从属性与职业性特质应当会在以后的司法实践和立法实践中得到认可。重述劳动者界定标准为：劳动者＝（用人单位）经营性＋劳动从属性＋职业性＝符合正义的劳动对价。界定劳动者的目的在于确认劳动者的权益，一个典型的劳动者应当获得典型的符合正义的劳动对价。而由于此界定要素的瑕疵或残缺，则成为准劳动者或者类劳动者，表现在法律上就是其不适用劳动法中的某些制度。而当关键要素欠缺的时候，则不宜界定为劳动者，而适用其他的法律制度。

四、劳动者的认定和排除——几种特殊类型的劳动者界定

如上关于劳动者法律界定论述已经基本完成笔者的一个逻辑体系，然而出于实务中劳动者认定的复杂性，以下就几种特殊类型的劳动者进行认定或者给予排除。

（一）欠缺关键性要素而不宜认定为劳动者的类型

1. 公司经理等

公司经理是在公司治理结构意义上的概念，相关者还有股东、董事、监事等，董事、监事和具有委任关系的经理，它们在日本和我国台湾地区的行政解释中按同一类来处理而不适用劳动基准立法。而我国大陆在全面劳动合同制改革的背景下，不仅经理被认定为劳动者，公司的董事、党委书记、工会主席也被认定为劳动者，而从目前发生的公司经理与公司之间的纠纷来看，按照劳动关系来处理的妥当性值得考虑。笔者认为具有委任关系的公司经理

---

① “用工”属于《劳动合同法》之法律原创，相关的学理研究很少有展开（参见许建宇：《“用工”法律问题初探》，中国社会法学研究会 2008 年年会论文集）。不过“用工”之概念与本文属于同一个问题域，不同之处在于，“用工”之视角显然侧重从用人单位切入劳动关系，而“劳动者”之界定则从劳动者切入劳动关系。在词义分析上，“用”与“工”均切入劳动关系之要害，应当说，动宾结构内含了劳动者的从属性，“工”虽简洁，却距离劳动者职业性并不远。

在实际经营公司常常是公司的代表者，显然欠缺劳动者认定的从属性要素，特别是人格从属性特征。

经理人是否属于劳动基准立法上的劳动者，在我国台湾地区和日本有着大量的研究成果。我国台湾地区刘志鹏律师认为："依我们'公司法'第二十九条及第三十条之规定，经理人与公司间之关系为委任关系，公司法上之经理须符合若干法定条件：(1) 其设置为章程所规定；(2) 其选任须经董事或股东之同意；(3) 须在'国内'有住所或居所；(4) 公司依公司法所造具之项表册，应由经理人签名，故其判定标准至为明确。而归纳上揭行政解释选择'依公司法委任'为判别经理人之劳工属性，在方法论上颇具智慧，不但判断标准明确，巧妙地避免陷入认定'从属关系'之困境，而且，依此判断标准，'劳工'范围扩大，符合'劳基法'保护劳工之本旨，颇值赞佩!"① 在经理人依公司法认定为委任关系时，则不受劳动法规的保障，并有人具体分析为，"劳动基准法"之法定解雇事由、资遣费、退休金、调职之限制等不适用于委任经理人。② 然而也有不同的声音，认为"在个案中，应判断经理人是否具有从属性以决定经理人是否是劳工而应否适用'劳动基准法'"③。然而，能够肯定地说，在具有委任关系，从属性又不易判断的情况下，经理人则不是劳动者。日本理论与实务关于劳动者界定的文献明显要早于我国台湾地区文献二三十年，而比较晚近的日本学者菅野和夫比较强调劳动者的结构变化("労働者像の构造变化")和劳动者概念的多样性(労働者概念の多様性)，并在劳动基准法、工会法、劳动保险法以及社会保险法上分别分析劳动者的概念。④ 而在其新近的教科书中，对公司经营者与劳动者之探讨则直接讨论退休金的受领问题，并就雇主兼经理的退休金的有关研究、法律、判断进行注述，并认为总经理是经营者，还是劳动者，应当综合各种特征来判断。⑤ 其实质是具体问题具体分析，而不限于总经理的抽象界定。

就我国经理之法律定位来看，无论委任与否，直接在劳动关系的框架下分析，当然有利于经理，特别是在经理具有实质用人单位(雇主)地位的时候，劳动关系的框架使得经理的利益缺乏制衡的边界。经理之法律认定应当

---

① 刘志鹏：《论劳动基准法上之"劳工"(以经理人为检讨重点)——评释台北地方法院八十三年度劳诉字第四号判决》，载《劳动法理论与判决研究》，29页，台北，元照出版有限公司，2002。

② 参见范惠雯：《公司经理人法律规范之研究》，台湾文化大学法律学研究所2007年硕士论文，37～38页。

③ 刘君卿：《我国公司经理人法律地位之研究》，台湾政治大学法学院2007年硕士论文，139页。

④ 参见[日]菅野和夫：《雇用社会の法》，21～26页，东京，有斐阁，1996。

⑤ 参见[日]菅野和夫：《労働法》，88～89页，东京，弘文堂，2008。

借鉴我国台湾地区和日本的做法，这种借鉴首先有利于私营企业的用人管理，而国有企业的任命经理则有另外之特色，可能在人事制度的框架内分析比较合理。

2. 教师乃至公务员

教师和公务员均在泛义上的社会主义劳动者范畴内，但是其法治化路径却与劳动法制有着较大区别，特别是公务员制度，其历史源远流长，各国均是如此，公务员制度终究属于官吏制度的组成部分。笔者认为，就工作时间、休息休假、劳动条件、工资薪酬等劳动基准而言，本来是为产业劳动而设定，却在公职活动中得到了极大遵守，而最为典型者莫过于公务员的 8 小时工作制。① 而教师身份的法律改革尚在进行中，相关的纠纷救济渠道不畅，已经迫切需要相关法律的出台，而现实中将教师作为劳动者认定者，对教师之保护显然不够。其实，教师和公务员属于公职，虽然具有从属性和职业性，却欠缺劳动者认定要素中的单位经营性。日本在 1974 年有对教师公职性（圣职）的宪法讨论②，而这些讨论的结果直接关系到教师的劳动者认定问题。在我国，一般地，公立学校的教师参照公务员的标准执行，而在聘用制的情况下有可能补充适用《劳动合同法》的规定；而私立学校的教师不仅按照劳动者来认定，而且其技术职称也很难纳入国家的教师职称体系，其中缘由盖因教师的身份误差。笔者认为，有必要在理论上对教师的公职性进行深入研究，而把教师纳入劳动者必将使我国的教育进一步商业化，必将使我国的教育改革走弯路。

3. 个人（私人）用人③

我国的劳动法上，把雇主替代为用人单位，而否认个人用工，但是又承认个体工商户的用工。个人用人一般不纳入劳动法的调整范围，所以家庭保姆一般不认为是劳动者。正如郑尚元教授所指，“一是农业劳动中的雇佣现象，农村承包经营户因人手不够而雇佣长工或短工，此类雇佣关系无论如何不应纳入劳动法调整的范围；二是私人雇佣或消费雇佣现象，如私人医生、私人律师、私人保镖、私人司机等行业的产生是市场经济的自然现象，这类雇佣关系不应纳入劳动法的范畴”④。按照劳动者界定要素分析，个人用人中首先欠缺经营性要素，尽管被使用人具有明显的从属性或者职业性，也不宜

① 在极为关切民生的政府部门以 8 小时工作制为核心，使公民极其不便。这与传统社会中的官吏文化是不相称的。

② 参见［日］劳働省编集：《劳働运动史》（昭和 49 年卷），756～758 页，劳务行政研究所，1979。

③ 可否简称“私用人”，至少笔者没有发现，为概念谨慎起见，暂不用。

④ 郑尚元：《劳动合同法的制度与理念》，22 页，北京，中国政法大学出版社，2008。

认定为劳动者。不过，这部分人在劳动关系三方构建中可能实现其劳动者身份界定，用人者多为私人，而通过法律建构用人单位之平台，塑造其劳动法适用之条件，当是当今政府就业政策以及劳动政策中应当考虑的。

而就具体的个人用人纠纷来言，应当效仿菅野和夫之理念，具体问题具体分析，在个人具有一定的经营性背景下用人时，应当认定劳动者身份，我国个体工商户适用劳动法即属此情形；也应当考虑被使用人之职业性，如若两造之间所体现的劳动继续性（甚为长期的用人）和劳动对价（工资、工休乃至社会保险等等）极为明显，则认定为劳动者比较合适，其实，此情形表明两造间之合意已经涉及劳动法的多项具体制度，如果按照民法之显失公平而否认其效力，则不利于这些职业的长期发展。

（二）具备劳动者认定要素的“法律”处理

理论上，劳动者之判断标准是采实质主义的；实务中，劳动者的判决要素也有此倾向。然而，多元化社会仍然使得同样的情形通过不同的法律处理却有了完全不同的身份认定。基于劳动者利益之考虑，有如下情况宜认定为劳动者。

1. 农民工

农民工之劳动者身份已经在前有所论述，这里需要强调的是“农民工”术语。农民工在很大程度上不是一个法律概念，只是由于政策性文件适用过于频繁，便在法理上得到了诸多关注，并在效力层次比较低的法律文件中经常适用。在社会学调查中，“农民工现象在中国大陆出现已有二十多年的历史，他们的构成相比过去而言更趋年轻化……但总体而言，他们中的绝大多数仍然主要从事体力劳动，收入水平也较低。农民工的期望与打算更趋多元化，户口、土地等制度性因素对他们未来的计划也有较大的影响”①。笔者认为，这才是本源的农民工概念。

关于农民工是否属于法律上的劳动者，在法理上，主要是由于农民工的双重身份，使其缺乏劳动者所具有的职业性。而在法律上，主要是由于农民工的薪酬权益得不到最基本的维护。两相对比，笔者认为，农民工之保护尚未达到对价或诚实交易的水平，而相关的工作时间、休息休假、安全卫生等等，均非农民工所倚重，更谈不上社会保障制度架构上的冲突。笔者以为，在劳动关系基础上分析农民工问题一般会转化为具体用工问题，而在劳动保护执法中所用的“农民工”则是极不规范的。其实，关注农民工的劳动者身份界定，其重点不在劳动者职业性内核的脆弱，而在于对劳动关系“法律”

① 郑功成等：《中国农民工问题与社会保护》，30页，北京，人民出版社，2007。

处理。以下情况之分析多与农民工有莫大关系。

2. 非全日制工

非全日制工是灵活用工的法律化，一般地，家庭保洁或者单位保洁很容易采用非全日制工。在逻辑上，非全日制工丧失了职业性，故而尽管纳入劳动法的范畴，却十分地欠缺劳动法制度的保护，盖因为缺乏职业性与从属性平衡的劳动者势必回归传统的民事受雇者。因此，笔者认为，应当限制非全日制工的规模化使用，倘若能够认定单位的经营性和组织性，则不允许制度化地弱化劳动者的从属性和职业性。

3. 劳务派遣工

劳务派遣工也是灵活用工的法律化，一般地，强调劳务派遣适用于临时性、辅助性或者替代性的工作岗位。而在三方构架中，劳动者的职业性虽然得到了认定，却在实践中由于关系的复杂化，而劳动者身份模糊化是必然的，特别是在工作场所，同样的工作却是不同制度下的人，同工不同酬和歧视待遇成为劳务派遣制度的硬伤。按照劳动者认定的要素分析，经营性被肢解，从而使得从属性与职业性平衡的平台缺失。笔者认为，从较为纯粹的逻辑出发，唯有用人者难以具备经营性的情况下，构建劳务派遣的三方关系方显得合情合理。

而我国现在的一些劳务派遣实务首先经不起实质三方的推敲，也往往经不起用人单位单位界定的推敲。一个典型的用人单位应当是一个典型的经营平台[①]，倘若劳务派遣方和用工单位具有实质上的关联关系，其构建的三方关系必然是虚假的。目前，大量的劳动合同工、临时工转化为劳务派遣工，此“转化”即表明了其虚假性，这种转化仅仅是一种法律处理，而不是自然的劳务派遣。此种劳动者身份的模糊分明是劳动力市场之恶花。

4. 业务外包工和内部承包者

业务外包工背后是劳动合同与承揽合同或者承包合同之间的区分问题。而个人承揽或承包的情况下，不存在法律上的劳动者，而是法律上的自营者；单位承揽或承包的情况下，劳动者在法律上与发包者没有任何关系。然而，考虑到业务或成果的归属，单位的经营性往往通过业务外包而分解，并在实务中常常表现为假自营就业、假分包，故而，《劳动合同法》规定了发包组织对个人承包经营者的连带赔偿责任。

与业务外包工较远，而在劳动关系框架下的内部承包虽然不影响劳动者的认定，但可能与相关的劳动法适用有关，典型的如承包经营的的士司机与

① 笔者认为，在集团用工的情况下，下属单位的独立法人思维实际上对真正的用人单位界定造成了障碍，笔者倾向于超越法人思维，在实质主义的框架下认定集团的用人单位地位。

出租车公司之间的关系、“三送工”、保险推销员，等等，在实务中其究竟是外包还是内部承包，总是在适用民法和适用劳动法之间反复拿捏，一般的学理研究认为，这些情形宜适用劳动法律，即认定为劳动者。[①]

如上几种情况的处理均不涉及劳动者从属性，而是以肢解单位经营性为起点，从而动摇了劳动者的职业性。这时候，要么劳动者身份不能认定，要么认定了劳动者身份，却是残缺的劳动者身份。从保护劳动者利益出发，劳动者的法律界定需要强调劳动者的职业性，具体为劳动继续性和符合正义的劳动对价。

（三）要素残缺或瑕疵的劳动者与其法律适用

前已分析，在界定劳动者的要素残缺或者瑕疵的情况下，并不影响劳动者的认定，却会造成劳动者法律适用中的问题，故而往往有法律适用除外之制度，典型者如美国关于白领雇员在工作时间基准上的豁免适用制度。[②] 而从日本的研究来看，管理职与劳动法之间，要具体考虑管理职与工会法、与劳动基准法等的法律适用，进而对管理职的劳动法适用作一些除外规定。[③] 笔者无意在界定劳动者的基础上进一步界定不同类型劳动者在劳动法适用上的差距，但是可以肯定的是，界定劳动者理论可以解释不同类型劳动者的差异，并可以促进不同劳动者在劳动法适用的不同除外，这是劳动法采实质主义的必然结果。

以公司高级管理人员为例，我国《公司法》中在公司治理结构意义上存在股东、董事、监事和经理，并且对高级管理人员进行了界定，即“高级管理人员，是指公司的经理、副经理、财务负责人，上市公司董事会秘书和公司章程规定的其他人员”。高级管理人员可简称为“高管”。而在我国劳动法的框架下，公司的高管是劳动者，司法实务中即有把公司经理直接当作劳动者来处理的。而从劳动者界定的法理来看，公司高管与公司之间的从属性有弱化趋向，特别是高管的自由和计划弱化了其人格从属性，故而，公司经理在经营上具有相当的计划性，在工作时间、薪酬方面均有别于劳动法律制度上的安排。从这个角度来看，公司的管理岗位上的人员一般不能恪守 8 小时工作制，劳动立法应当有所考虑，但是除具有委任关系的高管外，多数高管当然属于法律上的劳动者。

---

① 参见吕琳：《论“劳动者”主体界定之标准》，载《法商研究》，2005 (3)。

② 参见白庆兰：《美国白领雇员豁免规则沿革及对我国立法的启示》，载林嘉主编：《社会法评论》，第 4 卷，北京，中国人民大学出版社，2009。

③ 参见［日］深谷信夫：《管理职と労働法》，载《労働者の権利》，1994 年春季刊，39～48 页。

中国《劳动合同法》中“劳动关系”与“劳动合同”区分之分析

——以德国法解释方法论为视角

［德］Nils Seibert* 著

丁雯雯** 吴文芳*** 译

译者按：本文是德国哥廷根大学法学博士 Nils Seibert 先生博士论文的一部分。作为少数研究中国法的德国法学者，Seibert 博士对中国劳动法的熟悉程度令人钦佩。翻译过程中，译者多次与作者就论文中的相关问题进行探讨。由于为作者对中国劳动法律文本鞭辟入里的分析所折服，译者逐渐认同了作者对于中国劳动合同法的理论建构，尽管这种建构与中国学者的意见并不统一。客观地说，这种理论建构也许并非立法者本意，但 Seibert 博士运用了德国法解释方法论，自圆其说地构建了这套独立的体系，并且自如地运用这套体系解决劳动合同法的司法难题，足以说明他的理论建构具有相当的科学性。译者认为，中国法律及法学的发展也应当以德国法对法律文本研究的精深细致为方向。本文是一个运用该方法研究中国法律的最好范例，对中国法学者极具参考、借鉴意义。

一、导　论

本文是笔者在德国哥廷根大学完成的博士论文中的一部分。该博士论文系统性地比较了中国和德国法中劳动合同的建立和终止。尽管中德两国的法律制度有许多共同之处，但同时，由于两国在政治、经济以及社会文化信仰等方面的差异，法律制度亦存在较多差别。在博士论文写作期间，为了深入

* Nils Seibert，1978 年出生于德国亚琛，在德国接受了系统的法学训练，曾在法兰克福的国际律师事务所从事劳动法业务。2010 年以“中德劳动合同法的比较分析”为题完成了德国哥廷根大学的博士学习，现供职于上海邦信阳律师事务所。笔者联系方式：n_seibert@gmx.de。

** 丁雯雯，中国人民大学法学院博士研究生。

*** 吴文芳，天津师范大学法学院讲师，法学博士。

研究中国劳动合同法，笔者查阅了自 1978 年改革开放以来，与博士论文主题相关的所有全国性的法律法规、地方性法规、规章，以及大量的论文和书籍，并与中国学者就相关问题进行了探讨。笔者试图重现中国劳动合同法律制度的发展历程，并且领会现行法律、法规背后的主要思想。虽然中国劳动法律、法规在法教义学上尚缺乏统一的结构，但仍然勾勒出法律规范背后的内在体系轮廓。与大多数中国学者的理解不同，笔者认为，《中华人民共和国劳动合同法》(以下简称《劳动合同法》) 区分了“劳动关系”和“劳动合同”。《劳动合同法》中“劳动关系”是依法律而不是依双方当事人的意思表示建立的，因此，在《劳动合同法》中，劳动关系与劳动合同的建立、内容以及终止是独立的法律体系，本文将详细阐述这一问题。

由于与中国学者研究《劳动合同法》的方法不同，笔者对于中国劳动法的解读可能会给读者带来困惑。在此，有必要首先作出解释。笔者运用了德国法学教育中普遍运用的法解释方法论，研究中国的劳动法律、法规，去理解中国劳动合同法背后的政策的意义。德国法解释方法论建立在对法律文本的文理、体系性、法律精神、立法目的以及立法史的研究之上。这种系统性的研究方法在中国遇到几项特别的困难：第一项是立法者起草法律透明度不高，使得理解立法者原意变得极为困难。中国法律的发展与经济腾飞相伴随，法学研究的需求也与日俱增，这种困难对于法学研究者来说是非常不利的。第二项是法院判决与法律文本的不统一。这种不统一在许多案例中都可以观察到。本文以德国法学者的视角观察中国的劳动法，它可能给读者提供的启示是：法学必须更重视对法律文本的研究，并且尝试寻求法律条款背后的确定性。

或许有读者会提出疑问：德国法解释方法论是否适用于对中国法律、法规的阐释？由于中德之间存在的政治、经济、历史与社会文化的差异，德国法解释方法论是否适用于中国国情总是受到质疑。中国的法律学者与法官和德国的法学者、法官相比，对于法律文本的关注度更低，他们更倾向于参考一些一般性条款，如保护劳动者的原则，来进行法学研究或审理相关案件。这种做法看似有助于利益的平衡，但在仔细分析法律或双方之间的协议时，则变得难以捉摸。劳动者保护毫无疑问是中国劳动法的核心原则，在德国劳动法中也不例外。法律原则决定了法律体系的发展方向，反映了法律背后的政治信仰。但原则的直接运用会产生更多的问题。因为原则通常都较为宽泛、模糊，如果法院或行政机关直接援用某项原则，将使得劳动者和用人单位对案件结果都难以预期。原则的运用还有可能导致司法者有时忽视法律的成文规定，而法律规定与司法的不一致是阐释法律统一性的最大障碍，它可能引起用人单位或者劳动者对于法律不确定的恐慌，法律的不确定性又导致了当事人对法院或行政机关的信任度降低，更加助长当事人通过法律之外的方法解决问题。因此，对于法律文本的研究程度，在一定意义上，彰显了一个国家法律被信仰的程度。中国作为一个在宪法中写入“社会主义法治国家”的法治国，应当可以从德国法解释方法论对于法律文本的重视以及相应的研究方法中汲取一些有益的因素。

法律原则的运用并非没有条件。例如，劳动者保护原则的运用只能是在劳动者的某项法定的利益必须受保护的前提下进行。因为劳动者利益通常直接影响着用人单位的盈利以及它们将来投资的欲求，从而最终会对国家经济以及就业市场产生影响。因此，立法者的任务是衡量这两种相互冲突的利益，从而确定劳动者保护的水平，以保证既能够创造稳定、和谐的劳动关系，又能够促进国家的经济增长。无论如何，这并不意味着应该限制不同意见的学术观点或思想。立法者的观点也并不总是正确的，一种立法的选择通常都是有争议的。因此，批评的意见总是有必要的，它们能够揭示法律漏洞与问题，并且提供解决的办法。如果学者认为，劳动者保护的水平不够充分，当然也可以提出他们的见解。对于现存法律体系的任何批评都是合理的。在这个前提下，本文运用德国法解释方法论，力图阐明中国劳动合同法中“劳动关系”与“劳动合同”相区别的法律框架。作为研读中国劳动法的另外一种视角，当然具有它的独特价值。

二、《劳动合同法》中“劳动关系”和“劳动合同”之区分

（一）中国学者对于“劳动关系”和“劳动合同”的理解

2007年出台的中国《劳动合同法》涵盖了中国劳动法律、法规下的雇佣保护的主体性部分。根据《劳动合同法》第2条第1款的规定，该法适用于劳动关系的建立以及劳动合同的订立、履行、变更、解除或者终止。[①]许多中国的法律学者和法官并没有重视这种区分，认为所有的劳动关系都建立在劳动合同的基础上。这种理解的基础是，法律关系总是通过法律行为的方式，建立在当事人意思表示一致的基础上。

上述理解涉及许多实践和法教义学上的问题。实际上，国家和地方层面的法律、法规似乎并不支持这一观点。在《劳动合同法》的规则下，可以更明显地观察到，依据法律建立的劳动关系和根据当事人之间达成的合意建立

① 本文不涉及《劳动合同法》第2条中用人单位和劳动者的界定问题。

的劳动合同是不同的。

(二)《劳动合同法》区分劳动关系与劳动合同的分析

如果我们对《劳动合同法》的规定进行仔细分析，可以看到其中包含的几项规定区分了劳动合同和劳动关系。

1. 第1条和第2条

《劳动合同法》第1条同时提及了劳动合同和劳动关系。第2条第1款明确区分了二者。第2条第1款规定了法律的适用范围，《劳动合同法》适用于两类案件：(1) 建立劳动关系的案件；(2) 订立、履行、变更、解除或者终止劳动合同的案件。可以这样认为，如果所有的劳动关系都建立在劳动合同基础上，那么既然已经规定了“订立劳动合同”，立法又规定“建立劳动关系”就是多余的。上述规定并未指明劳动合同仅仅为书面劳动合同。此项规定至少暗示了，劳动合同（不管是否为书面形式）和劳动关系之间是有区别的。

2. 第7条

建立劳动关系的前提条件规定在第7条中。根据第7条的规定，劳动关系的建立自用人单位用工之日起。亦即，劳动关系的建立依赖于双方当事人的实际行为：劳动者必须提供劳动，用人单位必须使用此项劳动。《劳动合同法》并未提及其他的关于劳动关系建立的前提条件。1993年颁布的《中华人民共和国劳动法》(以下简称《劳动法》) 第16条第1款规定，劳动合同建立劳动关系。由于《劳动法》仍然生效，因此此项规定是否仍然有效就值得研究。必须注意的是，此项规定与《劳动合同法》第二章（第7～28条）关于劳动合同和劳动关系成立的大量条款相抵触。《劳动合同法》的规定本身是一个完备的体系。《劳动法》第16条第2款几乎完全为《劳动合同法》第10条第1款沿用，这条规定与《劳动法》第16条第1款的规定是完全不同的。如果中国立法者意图适用如《劳动法》第16条第1款一样重要的条款，他完全可以在《劳动合同法》中作出明确规定。

假定劳动关系是依据劳动合同建立的，那么它与《劳动合同法》第16条第1款①规定的劳动合同书面形式是相互冲突的。上述条款规定书面形式为劳动合同生效的前提条件。当然，法律的每条规定对于法律学者、法官和政府来说都可以作开放性的解释。但是，法律规定的文本限制了解释的范围。如果假定劳动合同不要求书面形式，那么第16条第1款将是无意义的，因为这明显违反了立法者的意图。

① 《劳动合同法》第16条第1款规定：“劳动合同由用人单位与劳动者协商一致，并经用人单位与劳动者在劳动合同文本上签字或者盖章生效。”

有人认为，《劳动合同法》的立法者自身对于第16条第1款没有确定性的理解。立法者并不想将合同的书面形式作为合同的效力的要件，也就是说，即使透过第16条第1款，也无法得出结论说，劳动合同必须采取书面形式。上述解释无法自圆其说。《劳动合同法》一审稿草案第3条第2款和第9条第3款[①]规定，劳动合同生效与否主要是依据其书面形式是否订立。如果劳动合同并没有采用书面形式，那么在劳动者开始提供劳动时，形式的缺陷可以被弥补。此项规定准确地反映出，立法者非常清楚地知道合同的生效与合同的书面形式之间的关系，在草案中，没有书面合同的劳动关系转化为无固定期限劳动合同，以此形式消除了没有书面劳动合同的劳动关系的存在。但是，立法者最终并没有采纳草案的规定意味着，其目的是明确区分书面劳动合同与劳动关系。

3. 第10条

更多的规定可以支持上述观点。例如，《劳动合同法》第10条区分了劳动关系和劳动合同。第10条第1款和第2款提到劳动合同时，没有明确提到书面形式，这并不意味着上述劳动合同不需要书面形式。但是，只有第10条第1款和第2款、第11条、第14条第3款，第16条、第35条和第82条第1款、第97条第2款提到了劳动合同的书面形式[②]，这并非意味着在其他情况下不需要书面形式。在某些情况下明确提到书面形式，重要的原因是这些规定都与合同的成立和生效的条件，或者违反形式要求的法律制裁和法律后果有关。[③] 这使得其必然涉及书面形式。另外，这也解释了第10条第1款、第2款与其第3款的不同。第10条前两款涉及劳动合同的成立，这就必然要求强调书面的形式。第10条第3款涉及劳动合同已经成立但是劳动关系尚未建立的情况。上述条款规定，即使劳动合同在此之前已经成立，劳动关系建立的日期仍为用工之日。该条强调了劳动关系建立的日期非劳动合同成立的日期。

更重要的，这些规定明确指出，双方当事人之间共同达成的合同并非劳动关系建立的条件。也就是说，《劳动合同法》无疑区分了劳动关系和劳动合同。在这种情况下，没有理由承认口头形式的劳动合同。

4. 第11条

第11条规定，“用人单位未在用工的同时订立书面劳动合同，与劳动者

---

① 《劳动合同法》(草案第一稿) 第9条第3款规定：“已存在劳动关系，但是用人单位与劳动者未以书面形式订立劳动合同的，除劳动者有其他意思表示外，视为用人单位与劳动者已订立无固定期限劳动合同，并应当及时补办订立书面劳动合同的手续。”

② 第14条第2款未提到书面形式，这与其他条款不协调，因此应该是起草中的错误。

③ 《劳动合同法》第97条第2款是个例外，其为一条过渡性条款。

约定的劳动报酬不明确的，新招用的劳动者的劳动报酬按照集体合同规定的标准执行；没有集体合同或者集体合同未规定的，实行同工同酬。”该条规定表明，口头约定工资数额也受法律保护，这与本文的观点并不矛盾。正如第14条第3款[①]和第69条第1款[②]规定的，这是劳动合同以书面形式为原则的一个例外。口头工资协议的效力反映了在劳动关系中立法者的公平理念。劳动合同双方当事人共同协商一致的工资数额对双方来说都是最重要的具有合同性质的要素：一方面，这是劳动者为用人单位工作最重要的影响因素；另一方面，劳动用工成本的数额也影响着用人单位的利润。此外，立法者假定工资数额是由用人单位提出的，因此，作为劳动合同书面形式的一个例外，用人单位受到其口头协议的约束是合适的。

更重要的，如果在第11条规定的情况下假定口头劳动合同也生效，就和第18条的规定产生了冲突。第18条规定：“劳动合同对劳动报酬和劳动条件等标准约定不明确，引发争议的，用人单位与劳动者可以重新协商；协商不成的，适用集体合同规定；没有集体合同或者集体合同未规定劳动报酬的，实行同工同酬；没有集体合同或者集体合同未规定劳动条件等标准的，适用国家有关规定。”如果允许没有书面形式的“劳动合同”存在，则第11条的规定完全是多余的，因为第18条规定的法律后果更加全面。立法者不至于起草一个前后不一致的规定。并且，第18条给了双方当事人一个重新协商的机会，原因是双方之间存在一个事先签订的劳动合同。由于第11条的前提并不需要一个提前订立的合同，就没有必要就一个并不存在的合同事项再次协商。

5. 第14条第3款

第14条第3款规定，用人单位自用工之日起满1年不与劳动者订立书面劳动合同的，视为用人单位与劳动者已订立无固定期限劳动合同。上述规定并未提出，自用工之日起不满一年，双方之间存在劳动合同。相反，该条规定的情况符合第7条关于劳动关系是以用工之日，而不是以劳动合同为前提的界定。对此，有人持不同看法，他们认为，该条规定只是提到了自用工之日起劳动合同的期限，合同自用工之日就成立了。但是，也有学者有相反的意见，他们认为，既然在上述提到的前提条件完成后，“视为用人单位与劳动者已订立无固定期限劳动合同”，“已”一词明确表明，合同应当被认为是订立了。这强调了书面形式是劳动合同产生法律效力的前提条件。另外，不能将合同的期限作为反对劳动合同只能是书面形式的理由，因为该款的规定是

---

① 《劳动合同法》第14条第3款规定：“用人单位自用工之日起满一年不与劳动者订立书面劳动合同的，视为用人单位与劳动者已订立无固定期限劳动合同。”

② 《劳动合同法》第69条第1款规定：“非全日制用工双方当事人可以订立口头协议。”

为其他目的服务的。第 14 条第 3 款实质上是法律强制性地拟定一个劳动合同期限，与劳动合同的形式问题没有关系。因为，劳动关系已经建立了一年，已履行的行为中劳动标准已经较为清楚，如果不清楚的话，也可以适用集体合同和国家规定，只有劳动合同的期限是不可能确定的。因此，该款规定是法律对劳动合同期限的强制拟定。

6. 第 69 条

第 69 条第 1 款明确规定了非全日制用工可以订立口头协议。如果口头订立的协议在法律上是生效的、受法律约束的、可以执行的，第 69 条的规定也将是多余的。正是由于上述规定强调书面形式是劳动合同成立的前提条件，因此需要一个特殊的条款来强调口头协议的有效性。

按照对第 10 条第 2 款和第 3 款理解，“劳动关系”与“劳动合同”是独立的两套体系。在劳动关系和劳动合同并无区别时，两种法律体系也可以共存。在这种情况下，适用于劳动关系的规定和适用于劳动合同的规定都可以适用。当然，那些明确表明只是适用于缺乏书面劳动合同的条款，不可以适用于书面劳动合同。

三、《劳动合同法》中认定劳动关系成立的条件

如前文指出，《劳动合同法》的立法者认为劳动关系与劳动合同二者之间具有明显的区别。然而，这并没有说明劳动关系是如何成立的。有人也许认为，尽管劳动关系与劳动合同并不一致得到确认，但是当事人之间具有成立劳动合同的合意。然而，中国的劳动法律、法规从未表明，建立劳动关系需要这样的合意。下文将分析，劳动关系的成立只是单纯基于事实，其并不是依当事人意愿建立的，而是由法律规定的。

《劳动合同法》第 7 条前段规定：“用人单位自用工之日起即与劳动者建立劳动关系。”根据这条规定，认定劳动关系成立应具有以下 4 项条件：(1) 用人单位具有合法用工资格；(2) 劳动者具有劳动权利能力与劳动行为能力；(3) 劳动者提供了相关劳动；(4) 用人单位使用了劳动者提供的劳动。

前两项提及了关于合法资格的相关条件，本文对此不展开详细讨论。[①] 然而，对劳动者提供劳动的使用需要加以解释。在第一种情形下，这一规定需要与《中华人民共和国合同法》第十五章中第 251～268 条规定的承揽合同中

---

① 参见笔者博士学位论文“Die Begründung und Beendigung von Arbeitsverhä ltnissen und Arbeitsverträ gen-ein Vergleich der deutschen und chinesischen Rechtslage”，该论文现已被翻译成中文，并将于 2011 年在中国出版。

的劳务相区别。承揽合同需要完成一定的工作，包括定作、修理、加工、复制、测试、检验等。根据《劳动合同法》第12条，劳动合同的期限也包括以完成一定工作任务为期限的情形。这两种合同的性质是不同的。承揽合同的一方当事人有义务交付定作、修理、复制的物品或者测试、检验的结果等，而劳动关系中一方当事人有义务为对方当事人提供完成一定工作的劳动，至于这项工作最终是否完成，则与劳动者无关，他只是通过提供自己的劳动来获得报酬。用人单位承担了该工作事实上能否完成的风险。

在第二种情形下，劳动关系必须与服务合同中提供的劳务相区别。尽管《合同法》中并没有规定服务合同，但服务合同在中国大量存在，并在一些法规中有所涉及。[①] 由于缺乏对服务合同的详细规定，需要考察劳动关系成立的条件来加以区别。因此，当合同当事人不具有劳动关系资格时，他们签订的只能是服务合同。遗憾的是，国家的法律和相关法规并没有对此区别加以规范。但是劳动和社会保障部在2005年5月25日出台了《关于确立劳动关系有关事项的通知》。该通知在《劳动合同法》之前生效，所以，它是按照《劳动法》加以规定的，而《劳动法》在第16、19条将书面劳动合同作为劳动关系成立的条件。因为《劳动法》中的规定造成了一些没有签订书面劳动合同而提供劳务的案件中存在的法律漏洞，“事实劳动关系”被广泛地接受。为了认定这些关系的法律性质，劳动和社会保障部发布了上述通知。尽管该通知事实上对于法院并没有法律约束力，但它是在劳动关系所涉及的所有当事人和机构所认可的法律渊源。该通知在《劳动合同法》颁行后并未失效。而且，该通知的规定在《劳动合同法》颁行的情形下仍然可以在认定劳动关系时加以适用。因此，该通知的适用范围可能更为广泛。

该通知规定了认定劳动关系必须满足的一些条件，具体包括：当事人必须具有前文提及的法律资格；劳动者必须服从于用人单位依法制定的各项劳动规章制度和用人单位的劳动管理；劳动者从事用人单位安排的有报酬的劳动；劳动者提供的劳动是用人单位业务的组成部分。所有这些条件都是在描述事实情形，这些事实情形中并不存在双方订立劳动合同的合意要求。所以很明显，劳动关系是由法律的直接规定加以认定的法律关系。

四、《劳动合同法》中建立劳动关系的法律后果

这里的讨论主要是为了说明；为什么劳动关系的法律性质与劳动合同的

---

① 在一些法规中被称为“劳务活动”。对这一问题的讨论和关于这些服务合同的法律性质的深入分析，参见笔者的博士学位论文。

有很大区别。上述问题的答案可以在劳动关系的效力中寻找。大多数劳动关系的特殊规则是用来处理没有订立书面劳动合同的劳动关系：书面劳动合同的缺乏通常导致口头合同的证明非常困难。而且，在中国法院和法律中，对非书面证据（例如证人）的承认比其他国家，例如德国，要苛刻得多。这也许是严格要求书面形式的一个原因。劳动关系，作为一种与劳动合同不同的法律制度，其引入具有弱化劳动合同的严格书面形式要求的意义。劳动关系的规定基本上只是为劳动者提供最低的法律保护。劳动关系只与事实上履行劳动的条件有关，其只约束现在与过去的劳动关系，这使得在“劳动关系”与“劳动合同”中对劳动者的解雇保护水平不同。除此之外，一些规定涉及劳动关系，但并未考虑书面劳动合同。下文分析的是《劳动合同法》规范劳动关系的主要条款。

（一）《劳动合同法》下劳动关系的内容

《劳动合同法》中规定的劳动关系和劳动合同的区别意味着这两者也必须具有不同的内容。《劳动合同法》及其实施条例提供了几条规定以帮助理解在劳动合同并未订立的情况下劳动关系的内容，例如，第1、2、5、7、8、9、10、11条，第14条第3款，第28、31条，第41条第3款、第82条第1款，第91、94、97条提到了劳动关系，其中的一些规定将在下文进行说明。

1. 第8条第1款[①]

根据第8条第1款的规定，用人单位招用劳动者时，劳动者享有要求其告知关于工作的相关信息的权利。此项规定并未涉及劳动合同，而仅仅是招用劳动者时的要求。在这种情况下，至少劳动关系已经建立，但并不一定签订了书面劳动合同。此项条款目的是保护劳动者的法律权利、利益以及在用人单位提供的工作环境中的健康的权利。上述信息影响到劳动者每天工作的实际履行，因此与劳动合同也是有关系的。

2. 第1、2、7、10条

第1、2、7、10条对于理解劳动关系和劳动合同的区别是不可避免的，在前文中已作论述。

3. 第11、18、28条

第11条赋予劳动者在履行劳动后请求报酬的权利，首先是根据非书面的协议来确定，其次根据集体合同的规定来确定，最后根据同工同酬的标准来确定。报酬请求权根据口头或者不明确的协议来确定，对于上述提到的只有

---

① 《劳动合同法》第8条规定：“用人单位招用劳动者时，应当如实告知劳动者工作内容、工作条件、工作地点、职业危害、安全生产状况、劳动报酬，以及劳动者要求了解的其他情况；用人单位有权了解劳动者与劳动合同直接相关的基本情况，劳动者应当如实说明。”

书面合同才有效的原则是一个例外。关于劳动报酬的非书面请求的特殊认可并未涉及劳动合同中的其他内容，强调了此项规定的特殊性质。这与第 18 条有明显的不同，第 18 条涵盖了更大的范围包括劳动报酬、劳动条件和其他标准。问题是如果没有订立书面合同，是否可以适用第 18 条。

第 18 条适用于劳动合同已订立，但是相关条件在劳动合同中并未得到明确规定的情况。这是由于书面合同中关于相关条件约定得不明确，或者在《劳动合同法实施条例》第 11 条第二句[①]提到的情况中，双方根本没有约定这些条件。这种情况下，根据《劳动合同法实施条例》的规定，对劳动合同双方当事人协商不一致的内容，依照第 18 条的规定执行。如果劳动合同双方当事人对特殊条件未协商一致，那么这些条件也不能成为协议的一部分。理论上，双方当事人对任何条件都可以协商，但不能达到一致时，就无法订立合同。但是，用人单位有义务根据第 14 条第 2 款的规定订立一个有效的合同，因此，非常肯定的是，即使双方无法就无固定期限的劳动合同内容达成一致，也必须订立一个有效的劳动合同。

第 28 条与第 11 条的规定不同。根据第 28 条的规定，劳动者只能参照本单位相同或者相近岗位的劳动者的劳动报酬标准请求劳动报酬。第 28 条本身并未规定劳动关系的建立，但是要求第 7 条中规定的先决条件应得到满足。第 28 条包含的第一种情况是：劳动合同通过书面形式订立，但是此劳动合同由于违反第 26 条第 1 款的规定而无效。如果劳动合同只是部分无效，则可以适用第 18 条，因为其不仅涵盖了劳动报酬，而且包括劳动标准等更广的范围。因此，第 28 条只能与第 11 条相比较，因为它也只规定了已经提供劳动的劳动者的报酬请求权。但是，这两种计算的基数是不同的。原则上，立法者认为签订书面合同的责任主要在用人单位，因为用人单位一般来说处于强势地位，可以坚持要求劳动者签署书面合同。如果劳动者不同意，那么用人单位没有义务再雇用他。而且，根据《劳动合同法实施条例》第 5 条和第 6 条第 1 款的规定，如果导致书面合同无法订立的原因在劳动者，用人单位也可以单方面解除一个已经建立的劳动关系。一方为另一方提供劳动，劳动报酬是最重要的原因。立法者认为劳动者根据约定的数额请求劳动报酬是适当的，因为是用人单位的责任而没有签订书面同。这项规定体现了立法者对劳动关系的公平观念。第 28 条规定的情况与此不同。如果第 28 条得到适用，用人

---

① 《劳动合同法实施条例》第 11 条规定："除劳动者与用人单位协商一致的情形外，劳动者依照劳动合同法第十四条第二款的规定，提出订立无固定期限劳动合同的，用人单位应当与其订立无固定期限劳动合同。对劳动合同的内容，双方应当按照合法、公平、平等自愿、协商一致、诚实信用的原则协商确定；对协商不一致的内容，依照劳动合同法第十八条的规定执行。"

单位与劳动者可能对劳动合同的无效都有一定的责任。在协商合同条件时，劳动者可能欺诈或者背叛了用人单位，这样约定的劳动报酬的数额会比劳动者不欺诈或者背叛用人单位的情形多。法律不能够允许劳动者上述情况下约定的劳动报酬数额仍然有效。另外，如果用人单位造成了劳动合同的无效，劳动者根据第 86 条①的规定，享有请求依第 28 条取得的劳动报酬的数额与最初约定的数额之间差额的权利。但是，立法者的设想在下面这种情况中被改变，即书面合同没有订立，但是用工建立在欺诈、胁迫或者乘人之危的基础上。在上述情况下，劳动报酬的请求权也是建立在第 11 条的基础上的，因为第 26、28 条不能被适用，由于不存在书面合同，也不存在能被视为无效的客体。第 11 条此时应先于第 28 条得到适用。

4. 第 14 条第 3 款

关于《劳动合同法》下劳动关系的理解，第 14 条第 3 款可能是最为重要的条款。用工之日起满一年未订立劳动合同导致法律对劳动合同期限的强制拟定，其标志着在《劳动合同法》系统内发生改变的一个时间点。在此时间点，劳动关系导致了劳动合同期限的法律拟定，中和了书面形式作为合同生效的条件。该条规定限制了合同自由以及《劳动合同法》规定的在保护劳动者的合法权益的基础上明确劳动合同双方当事人的权利和义务的原则。②用人单位有至少一年的时间与劳动者达成关于劳动合同的期限和劳动条件的书面协议，它并没有利用上述机会达成协议，这是对合同自由原则的滥用，因此，用人单位的利益此时不值得再进行保护。如果劳动关系已经成立一年，那么只能通过书面形式明确劳动合同双方当事人的权利和义务则不那么重要。因为，在长达一年的时间内，权利和义务的实际履行降低了查找相关证据的难度。另外，此时严格遵守书面形式的要求不仅不能促进权利、义务的明确，反而阻碍了对劳动者的保护与和谐、稳定的劳动关系的建立。而这两点是《劳动合同法》最主要的原则。③

5. 第 31 条和第 32 条

第 31 条和第 32 条不要求劳动合同的订立。加班的限制和劳动安全的规章目的是保护劳动者的健康和安全，上述保护与劳动关系的法律性质无关。

6. 第 82 条第 1 款

---

① 《劳动合同法》第 86 条规定：“劳动合同依照本法第二十六条规定被确认无效，给对方造成损害的，有过错的一方应当承担赔偿责任。”

② 《劳动合同法》第 1 条规定：“为了完善劳动合同制度，明确劳动合同双方当事人的权利和义务，保护劳动者的合法权益，构建和发展和谐稳定的劳动关系，制定本法。”

③ 《劳动合同法》第 1 条规定：“为了完善劳动合同制度，明确劳动合同双方当事人的权利和义务，保护劳动者的合法权益，构建和发展和谐稳定的劳动关系，制定本法。”

第82条第1款规定，用人单位不与劳动者订立书面劳动合同，应当向劳动者每月支付2倍的工资。该规定的目的是引导用人单位订立书面劳动合同。考虑到根据《中华人民共和国劳动争议调解和仲裁法》第27条第4款[①]的规定，劳动报酬请求权在劳动关系终止一年后才丧失，理论上讲，这是达到上述目标的合理方式。

7. 第91、94、97条

第91、94、97条是关于劳动关系存在的条款，但本文暂不讨论这些条款。

8. 集体合同

在现有的法律、法规下，集体合同是否适用于劳动关系是不明确的。第11条只是在提到劳动报酬请求权时提到集体合同，这可以表明在一般情况下，在劳动关系中不可以适用集体合同。特别是第18条明确表示，如果书面劳动合同约定不明确，可以适用集体合同的条款，因此，没有书面劳动合同，不能适用第18条的规定。当然，集体合同的适用可能依第54条第2款第一句“依法订立的集体合同对用人单位和劳动者具有约束力”。此规定未提及劳动合同，但是提到了所有的劳动者，其表明了在这种情况下是否具有书面的劳动合同并不重要。但是，上述规定只是表明集体合同对双方当事人具有约束力，并没有提到双方当事人在集体合同中的任何的权利。因此，笔者认为，立法必须明确集体合同约束力的法律后果。第56条规定，用人单位违反集体合同的，工会可以要求其承担责任。在该条中，并未提到劳动者有相应的请求权。《劳动争议调解仲裁法》第2条规定了劳动者可以在法院提起诉讼的几种情况，但是此条并未规定劳动者可以依据集体合同起诉。这表明一般来说劳动者在集体合同中不具有相应的请求权。而且第55条规定，劳动合同标准不能低于集体合同订立的标准。上述规定并未规定劳动合同和集体合同的关系，但是要求用人单位在订立劳动合同时应当考虑到集体劳动标准，用人单位违反上述标准，工会可以在法院提起诉讼，寻求法律保护。但是，第18条也不能被用来作为规定一般权利的条款，其只是规范了劳动合同相关条款不明确的情况。

9. 小结

劳动关系的建立只是为劳动者提供了一个最低标准的权利。首先，其保证了劳动者请求劳动报酬的权利。其次，关于基本养老金、基本医疗保险、

---

① 《劳动争议调解仲裁法》第27条第4款规定：“劳动关系存续期间因拖欠劳动报酬发生争议的，劳动者申请仲裁不受本条第一款规定的仲裁时效期间的限制；但是，劳动关系终止的，应当自劳动关系终止之日起一年内提出。”

失业保险和工伤保险的请求并不一定需要劳动合同，只需建立劳动关系即可。而且，关于工作环境安全、工作时间、加班问题、每年的带薪假期、公共假日等的适用情况也是相同的。最后，劳动关系可以作为申请调解和仲裁的依据。

（二）劳动关系的终止

法律并未作出如何终止劳动关系的规定。《劳动合同法》第四章（第36～50条）明显地只适用于劳动合同。因为，《劳动合同法》立法者在意图区分劳动关系和劳动合同的场合，总是规定得非常明确，人们必须假定这些条款不能适用于劳动关系。

只有部门规章、司法解释以及地方性规范文件的一些条款提到了劳动关系的终止，但是这些条款的重心在于强调劳动关系的终止与劳动合同终止和解除的区别。劳动者终止劳动关系的权利并未在《劳动合同法》及其实施条例中得到明确规定，但是人们可以推断其在任何时候不受限制地享受解除权。以下是关于用人单位终止劳动关系的规定。

1.《最高人民法院关于审理劳动争议案件适用法律若干问题的解释（一）》第16条第1款

根据2001年4月16日出台的《最高人民法院关于审理劳动争议案件适用法律若干问题的解释（一）》第16条第1款的规定，任何一方在合同期满后均可提出终止劳动关系，但是劳动合同期满后，劳动者仍在原用人单位工作，原用人单位未表示异议的，视为双方同意以原条件继续履行劳动合同。因为这是劳动合同解除的情况，该司法解释并未要求单方终止的必备条件。

2.《关于确立劳动关系有关事项的通知》第3条

劳动和社会保障部2005年5月25日颁布的《关于确立劳动关系有关事项的通知》第3条规定，如果劳动关系双方当事人无法对劳动合同的订立协商一致，任何一方均可提出终止劳动关系的请求。除了尝试达成协议，没有其他的要求需要满足。

3. 地方性规定

地方性规定也有关于劳动关系的终止的相关规定，这些规定并非一致的。有时，用人单位必须遵守提前告知的义务，正如解除劳动合同。同时，如果阻碍劳动合同终止的事由出现，那么其同样阻碍劳动关系的终止。[①] 还有的规定如果劳动者要求签订劳动合同，用人单位不得终止劳动关系。劳动合同的

① 参见2002年5月1日生效的《上海市劳动合同条例》第40条第1款的规定。

期限至少应为 1 年。[1]还有的地方规定未涉及此问题，因此必须符合国家规定。[2]但是，从劳动合同的解除到劳动关系的终止，上述地方规定均未适用相同的规则。新的地方规定补充了旧的规定，如 2007 年 12 月 14 日生效的《关于加强对用人单位规模性裁员管理的通知》对于裁员的限制也适用于事实劳动关系的终止。

4.《劳动合同法实施条例》第 5 条和第 6 条

上述规定在《劳动法》的相关规定下也适用。不管怎么说，《劳动合同法》延续对劳动关系的终止和劳动合同的解除的区分。《劳动合同法实施条例》第 5 条和第 6 条涉及如果劳动者不与用人单位订立书面劳动合同，用人单位可以单方终止劳动关系。根据《劳动合同法》第 35 条以下的规定，通常单方面终止劳动合同即解除劳动合同。因此，《劳动合同法实施条例》的颁布者也必然考虑到劳动合同和劳动关系的区分。在终止劳动关系之前，用人单位必须书面通知劳动者签订劳动合同。劳动关系终止并没有规定如合同的解除一样的特殊理由。据报道，这条规定的目的是防止当劳动者不愿订立书面劳动合同时，用人单位仍需支付双倍赔偿。该条规定为用人单位终止劳动关系提供了足够的空间，只要符合提交书面通知要求，即使劳动者因为合同期限非常短而拒绝订立合同，或者拒绝订立即将到期的合同。法律未规定劳动合同的期限将促使用人单位订立 1 个月、1 个星期甚至少于 1 天的劳动合同，这样合同的订立就变成了一场闹剧。有人认为，这项终止权利必须受到诚实信用原则的限制。[3]如果对特殊的合同期限进行了口头约定，上述期限必须规定在合同中。上述观点的问题在于口头约定的证据问题。而且，在大多数情况下，当事人不会进行这样的约定。因此，这个解决方法不能限制用人单位任意终止劳动关系。

5. 小结

在《劳动合同法》制定之前，有人认为劳动关系随着劳动合同的终止而终止。这一观点在《劳动合同法》制定后失去了基础，因为《劳动合同法》区分了劳动关系和劳动合同。终止其一并不必然导致另一关系的终止，二者终止的法律基础是不一样的。劳动关系的建立只依据上文讨论的事实情况，只要这些事实情况存在，劳动关系也就存在。只要上述事实情况消失，那么法律关系也会消失。这也意味着如果用人单位停止用工，只要没有采取其他

---

① 参见 2002 年 2 月 1 日生效的《北京市劳动合同规定》第 23 条的规定。

② 例如，2000 年 12 月 8 日生效的《天津市经济技术开发区劳动管理规定》和 1997 年 7 月 15 日生效的《深圳经济特区劳动合同条例》。

③ 参见《劳动合同法》第 3 条第 1 款的规定。

法律所要求的条件，他终止劳动关系是非法的。当然，这并不能阻止劳动关系事实上的终止，因为劳动者不再提供劳动。但是，非法解除劳动关系也会产生法律后果。例如，法院可以判决用人单位应当再雇用劳动者，或者支付相应的社会保险费，直到用人单位书面通知劳动者解除劳动关系。违反法律的规定还可能造成行政处罚。

上述非法解除劳动关系不能影响劳动关系事实上的终止，因为劳动关系本质上不具有合同的性质。第 48 条①规定用人单位非法解除劳动合同，劳动者要求继续履行的，应当继续履行。但是关于劳动关系则没有相同的规定。如果没有书面合同，即没有具有法律约束力的关于劳动的提供和使用的协议。那么相应地，双方当事人没有义务提供劳动或者使用劳动。

但是，劳动关系的规范只是为了规范过去的行为，它为并非依据劳动合同而产生的事实上的法律关系提供了解决问题的法律框架。由于双方当事人之间没有关于劳动的提供和使用的合法、有效的协议，劳动关系向未来的发展是不明确的，因此，其可以在任何时候被任何一方当事人请求终止。

为了将劳动关系转化为劳动合同，《劳动合同法》试图将签订书面合同的责任施加给用人单位，用人单位被认为对劳动合同的订立负有最主要的责任。自用工之日起用人单位有 1 个月的时间来订立书面劳动合同。1 个月之后，如果没有签订书面劳动合同，用人单位必须支付两倍的工资。如果在此期间终止劳动关系，也必须支付经济赔偿金，除非 1 个月内书面通知劳动者订立书面劳动合同，促使其订立劳动合同，劳动者拒绝订立的。一年之后，这种不确定的状况终于以订立无固定期限的劳动合同结束。

五、本文的结论

为什么中国的立法者坚持劳动合同有效成立的前提条件是书面形式？正如前文所说，与承认口头或默示劳动合同的做法相比，这种法律框架导致了对劳动者较低的保护。我们可以从中国劳动合同法 30 年的发展中发现其原因。劳动合同制度的引入打破了在国有企业中的铁饭碗和终身劳动合同关系。原有制度被认为效率低下，并且阻碍经济发展。为了创造更加灵活的用工条件，1986 年制定的《国营企业实行劳动合同制度暂行规定》规定，所有的劳动合同均为固定期限。后来，国家规定了在某些条件下也可以解除固定期限

① 《劳动合同法》第 48 条规定：“用人单位违反本法规定解除或者终止劳动合同，劳动者要求继续履行劳动合同的，用人单位应当继续履行；劳动者不要求继续履行劳动合同或者劳动合同已经不能继续履行的，用人单位应当依照本法第八十七条规定支付赔偿金。”

劳动合同，这种情况才得到缓和。《劳动法》通过规定无固定期限劳动合同也改变了上述情况。但是，《劳动法》并未采取无固定期限劳动合同为原则，固定期限劳动合同为例外的劳动合同期限体系，而是对其一视同仁。实践中，用人单位毫无疑问会选择固定期限的劳动合同。《劳动合同法》采纳了这一制度，因为立法者显然担心制度上的巨大转变将会对经济和就业市场造成影响。由于劳动合同可以分为固定期限劳动合同、无固定期限劳动合同和以完成一定工作任务为期限的劳动合同，那么可以假定，如果劳动合同并未明显地表明其为固定期限或者以完成一定工作任务为期限的，那么其将为无固定期限劳动合同。如果假定劳动合同是通过口头订立或者其订立并不明确，那么用人单位将会难以证明约定的劳动合同的期限，至少许多非书面的劳动合同将会成为无固定期限劳动合同。这样就限制了用人单位的经济自由选择权。正如上文所述，这种选择自由权是中国引入并且在今天仍然坚持劳动合同制度的最主要的原因之一。

立法者也可以参考地方立法的相关规定来解决合同形式的问题。例如上海市人民政府规定，如果当事人未订立书面劳动合同，即视为双方之间存在最短期限的劳动合同。[①]但《劳动合同法》采用了另一种方式，于第14条第3款规定，用人单位自用工之日起满1年不与劳动者订立书面劳动合同的，视为用人单位与劳动者已订立无固定期限劳动合同。这意味着未订立书面劳动合同1年之后，相应的制度约束开始发生转变：从只是将书面形式作为劳动合同有效的要件，转变到对用人单位课以将合同期限和条件写进书面合同的义务。同时，通过对履行固定期限合同最高期限以及连续签订次数进行限制，用人单位不得不接受这种制度约束。但是，《劳动合同法》也给了用人单位1年的时间来考虑书面合同的订立及期限长短的问题。

---

① 为劳动者提供更好的劳动保护仍然取决于地方政府的立法。这也与《劳动合同法》保护劳动者权益的目标一致。由于中国不同地区之间经济发展水平差异较大，地方政府可能更清楚当地用人单位可以承受的重担。而且，这种方法可以在一定程度上缓和全国性立法对司法的冲击，这种冲击在统一立法权的体系下经常只是实验性的。

招聘阶段用人单位知情权的限制

——也谈《劳动合同法》第八条后半句的理解和适用

王 倩[*]

一、招聘中的就业歧视与侵犯隐私现象

“本公司拟招收销售人员一名，要求如下：男，三十五岁以下，大专以上学历，三年以上从业经验，本地户口优先。”这样的招聘启事在各种报纸、网页媒介上并不少见，大多数人对此也习以为常，不会察觉到短短两行字其实已经体现了用人单位的“三重罪”——性别歧视，年龄歧视，以及非常具有中国特色的户籍歧视。相比之下，类似“女性求职被问是否赞成婚外性行为”、“公司招人属蛇属猪属猴者一律不要”的报道似乎更容易让人感到气愤和惊讶。可以说，近年来五花八门的就业歧视层出不穷，奇形怪状的招聘要求屡见不鲜，却都反映了同样的问题：招聘时，用人单位要求劳动者提供的信息超出了合理、合法的范围，侵入了劳动者个人隐私的领域，并且依据这些信息对劳动者作出了带有歧视性的挑选，劳动者的就业平等权和隐私权同时受到了侵犯。

之所以会出现上述现象，首先应归结于劳动力市场供过于求的局面，就业压力之下资强劳弱之势加剧，工作机会代表了“谋生饭碗”，用人单位变成了“衣食父母”，即使面对歧视或者被问及隐私，劳动者也往往选择忍气吞声、逆来顺受，因为拒绝回答或者保持沉默，他们就可能失去本来可能获得的工作岗位。另外一个重要的原因在于反就业歧视与劳动者隐私权保护相关的法律不周全。

---

* 王倩，1981年生，女，湖南省岳阳市人，工作单位：德国不来梅大学，正在攻读学历：法学博士（已获学历：南京大学法学硕士、哥廷根大学法学硕士）。

二、反就业歧视法的缺位

我国现行法中，除了《妇女权益保障法》和《残疾人保障法》这两部特别法的规定以外，从1995年生效的《劳动法》的两个条款，到2007年公布的《就业促进法》专设一章“公平就业”，关于反就业歧视的一般性规定有所增加，但是仍然存在着以下问题：第一，禁止歧视的范围太窄，《劳动法》只在第12条列举了“民族、种族、性别、宗教信仰”这4种歧视特征，虽然《就业促进法》对“周一超案”[①] 之类的现象作出了反应，扩大了禁止歧视的范围，明确了用人单位不得在招用人员时歧视“残疾人，传染病病原体携带者，以及进城务工的农村劳动者”，但是我国现实生活中还普遍存在着其他的歧视现象，比如户籍和地域歧视、身高与外貌歧视、年龄歧视、性取向歧视，这些都没有被涵盖在法律明令禁止的范围内。第二，规定过于原则，缺乏可操作性，比如，如何区别各种直接歧视和间接歧视，用人单位有哪些抗辩事由，举证责任如何分配，都没有直接的法律依据。[②]第三，缺乏专门处理就业歧视纠纷的机构，劳动者就业平等权受侵犯时的救济途径不明，虽然《就业促进法》第62条提出“违反本法规定，实施就业歧视的，劳动者可以向法院提起诉讼”，但是在同年年底通过的《劳动争议调解仲裁法》却没有把“就业歧视”列在劳动争议受理范围之内，也就是说，劳动者是否可以不经过劳动仲裁而直接提起诉讼，提起的诉讼是否按照劳动争议来处理，并不清楚。以乙肝病毒携带者歧视案件为例，据笔者迄今为止的了解，报考公务员被国家机关歧视的是按照行政诉讼程序审理[③]，到私营机构应聘被拒则有的提起民事诉讼，有的按照劳动争议立案[④]，司法实践并不统一。第四，没有针对用人单位违反法律禁令进行就业歧视的行为规定其应承担的法律责任，《就业促进法》仅在第68条笼统地设立了责任承担的规则，即“违反本法规定，侵害劳动者合法权益，造成财产损失或其他损害的，依法承担民事责任，构成犯罪

① 周一超是浙江大学农业与生物技术学院农学系的学生，2003年报考嘉兴市秀州区人民政府公务员，通过笔试、面试后，因为体检查出是“小三阳”而没有被录取。周一超在该区劳动局询问得知原因后买刀行凶，造成一死一伤。该案事发后，广东、四川、江西、浙江等省份先后取消了对乙肝“小三阳”的限制。

② 参见谢增毅：《英国反就业歧视法与我国立法之完善》，载《法学杂志》，2008（5），46～49页。

③ 比如被称为中国乙肝歧视第一案的“张先著诉芜湖人事局案”就是提起的行政诉讼并最终胜诉，但法院并没有正面回答人事局的行为是否构成就业歧视的问题。

④ 关于乙肝病毒携带者起诉海尔集团、诺基亚公司的案件，参见http://www.hbver.com/Article/ygqs/wqss/200903/6444.html，访问时间：2009-10-28。

的，依法追究刑事责任”。如果劳动者本来可以得到该工作岗位，但因为歧视没有得到，是否可以要求用人单位赔偿工资损失、赔偿额度按什么标准计算？如果劳动者即使没有被歧视也不会被聘用，是否可以要求精神损害赔偿呢？这些问题都还有待回答。

值得欣喜的是，2009年“两会”期间，由24名专家组成的“反就业歧视课题组”向全国人大提交了一份《反就业歧视法（专家建议稿）》，提出用人单位不得“基于民族、种族、性别、身份、宗教、信仰、残疾、体貌特征、年龄、健康状况、婚姻状况和生育、性取向等因素对劳动者进行区别对待，取消或损害就业或职业机会平等或待遇平等”，明确了各级平等机会委员会作为专门管理机构的组织和职责，专章规定了劳动者被歧视时的救济机制和用人单位违法时应承担的法律责任。[①] 如果该法能在近几年内通过，将会是反就业歧视事业的一大进步。

三、民法对劳动者隐私权保护的不足

我国没有专门的关于个人数据保护的立法，隐私权的保护主要是通过民法禁止侵犯人格权的行为来实现，这方面的立法和司法在过去的二十几年有了长足的发展：1986年的《民法通则》第一次规定了精神性人格权，但只规定了姓名权、肖像权、名誉权和荣誉权，并没有规定隐私权；为了填补这个空白，最高人民法院分别在1988年和1998年的两部司法解释[②]里明确，侵犯他人隐私的行为可以认定为侵害公民名誉权，追究民事责任，从而实现了对隐私权的间接保护；2001年，最高人民法院在《关于确定民事侵权精神损害赔偿责任若干问题的解释》里规定，对于侵害隐私利益的，可以直接向法院起诉请求精神损害赔偿，虽然还是没有直接确认隐私权为独立的人格权，但是已经由间接保护方式转变为直接保护方式；2005年《妇女权益保障法》修订后，首次提出了“妇女的名誉权、荣誉权、隐私权、肖像权等人格权受法律保护”；2009年通过的《侵权责任法》更是在第2条里明确了“本法所称民事权益，包括生命权、健康权、姓名权、名誉权、荣誉权、肖像权、隐私权、

---

① 《中华人民共和国反就业歧视法（专家建议稿）》及说明参见http：//bbs.chinacourt.org/index.php? showtopic=328118，访问时间：2009-10-28。

② 1988年1月26日颁布的《关于贯彻执行〈中华人民共和国民法通则〉若干问题的意见（试行）》第140条规定：“以书面、口头等形式宣扬他人的隐私，或者捏造事实公然丑化他人人格，以及用侮辱、诽谤等方式损害他人名誉，造成一定影响的，应当认定为侵害公民名誉权的行为”；1998年7月14日颁布的《关于审理名誉权案件若干问题的解释》第8条规定，对医疗卫生单位擅自公开患者患有性病等病情致使患者名誉权受到损害的，应当认定为侵害名誉权。

婚姻自主权、监护权、所有权、用益物权、担保物权、著作权、专利权、商标专用权、发现权、股权、继承权等人身、财产权益”。虽然对于人格权是否应该在民法典中单独成编尚有争论，但是，将隐私权作为一项独立的、具体的人格权来保护，是不存在疑义的，现有的几部民法典草案中关于隐私权的规定各有可取之处[①]，最后的定稿若能取各家之长，必能进一步完善民法对隐私权的保护。

但是，在不同的社会领域，隐私所涉及的自我成分可能具有不同的私密性和特殊性，所处的环境条件与社会关系也可能对隐私权有不同的威胁和影响，隐私权的法律保护必须放在变化的社会关系中加以考察，才能对隐私权产生细致化的理解，也才能够形成合乎隐私权保护需求的法律规范。[②] 劳动关系中，一方面，劳动者对于用人单位有经济上和人身上的依赖性，双方在社会地位和经济基础方面的差距也天然地决定了用人单位很容易侵犯劳动者的隐私权；另一方面，用人单位作为工作场所的所有者，为了追求自身的经济利益，保障安全生产，需要对于劳动者进行监督、管理，其在一定条件下侵扰劳动者隐私权的行为具有正当性。即使在进入劳动关系之前，也就是劳动合同的缔结阶段，未来劳动关系的这些特性也已经开始产生强烈的影响。因此，劳动关系的从属性决定了劳动者的隐私权保护应该不同于一般民事主体的隐私权保护，需要有特殊的规则，具体如何设计，已经有学者进行了相关研究并对立法和司法提出了建议，本文不再赘述。[③]

四、《劳动合同法》第八条后半句的理解

上述关于反就业歧视和隐私权保护的立法建议要被采纳，可能尚待时日，那么，应聘者面对招聘单位歧视和侵犯隐私的行为就真的束手无策吗？答案是否定的。2007 年颁布的《劳动合同法》在第 8 条后半句中规定“用人单位有权了解劳动者与劳动合同直接相关的基本情况，劳动者应当如实说明”，一方面，肯定了用人单位的知情权，满足其信息需求，为其选择合适人选以及

---

① 杨立新教授在《中国人格权法立法报告》一书中，先后分析了 2002 年提请全国人大常委会审议的，分别由王利明教授、梁慧星教授、徐国栋教授牵头的几部民法典草案对人格权的规定，参见杨立新：《中国人格权立法报告》，21～189 页，北京，知识产权出版社，2005。

② 转引自潘峰：《论劳动者隐私权的法律保护：一个分析框架》，载《河北法学》，2008（7），108 页。

③ 参见张新宝：《雇员在工作场所的隐私权保护与限制》，载《现代法学》，1996（5），4～14 页；潘峰：《论劳动者隐私权的法律保护：一个分析框架》，载《河北法学》，2008（7），108～114 页；杨彪：《中国劳动法与劳动者隐私权的法律保护》，载《广西社会科学》，2004（2），112～115 页。

协商合同内容做准备；另一方面，设定了用人单位知情权的界限，相对应的劳动者的说明义务限于“与劳动合同直接相关的基本情况”，如果用人单位要求的信息与劳动合同不直接相关，或者与劳动合同直接相关但不属于劳动者基本情况，劳动者无义务说明。[①] 可见，防止用人单位滥用知情权进行歧视性选择、侵犯劳动者隐私，当属立法目的。法律依据已经具备，关键就在于正确地理解和适用这一规定了。

笔者认为，要正确地理解和适用《劳动合同法》第 8 条后半句，必须回答 4 个方面的问题：第一，什么信息可以认定为“与劳动合同直接相关的基本情况”？也就是说，具体哪些方面的信息是用人单位可以获取的，哪些是可以基本了解的，哪些是完全不能询问的。第二，如果用人单位没有主动向劳动者了解某些情况，但是这一情况对于合同履行意义重大，劳动者是否有义务主动告知？如果劳动者应该主动告知却隐瞒不报，将视为劳动者欺诈。第三，用人单位在招聘阶段的知情权受到限制，主要适用于哪些行为？在面试中口头提出问题，或者让求职者填写书面个人情况表，无疑都属此类，但委托医院进行入职体检，向劳动者以前的用人单位或者居住地的居民委员会了解情况，是否同样受到相应的限制？第四，如果用人单位不顾法律规定，越界提出违法的问题，劳动者是否有撒谎的权利？他就此作出不完整、不正确的回答是否要承担法律上的不利后果，比如用人单位以劳动者欺诈为由解除合同不支付补偿金，还是说劳动者只能选择拒绝回答或者仍然有如实回答的义务，但是事后不被录用可以请求损害赔偿？

我国学术界和实务界就上述问题有哪些意见和经验呢？

理论研究方面，基本找不到相关的系统论述[②]，各种对《劳动合同法》的条文解读一般都只涉及第一个问题，比如有学者提出，“与劳动合同直接相关的基本信息”的具体范围可由有关部门根据实际情况作出补充规定[③]，还有学者建议参考地方立法的经验。[④] 但是《劳动合同法实施条例》没有回答这个问

---

① 参见王全兴：《劳动法》，152 页，北京，法律出版社，2008。

② 除了前面提到的关于劳动者的隐私权保护方面的文章，笔者通过检索只找到下面三篇相关文章，可惜分析都不算深入，艾惠敏：《用人单位知情权与劳动者隐私权的权利平衡——对劳动合同法草案第八条的理论解读》，载《重庆科技学院学报（社会科学版）》，2007（3），34～35 页；黄少洪：《求职过程中大学生隐私权与用人单位知情权的冲突与协调》，载《学校党建与思想教育》，2009（7），72～73 页；周德洋、陈志君：《劳动法视野下的商业银行知情权》，载《银行家》，2009（9），118～120 页。

③ 参见杨景宇、信春鹰：《中华人民共和国劳动合同法解读》，26 页，北京，中国法制出版社，2007。

④ 参见林嘉、单国军：《劳动合同法条文评注与适用》，56 页，北京，中国人民大学出版社，2007。

题，期待人力资源和社会保障部在近期内专门就此问题给出意见，也不现实。各地方往往只是在各省的“劳动合同条例”或者“劳动合同规定”中有某一条简单的条文，能给出的启发也很有限：首先，各地规定存在一定差异，比如对“学历、工作经历、职业技能”方面的情况，各地都认为用人单位有权了解，而上海、浙江、湖北、辽宁等省市还规定劳动者有义务说明其“健康状况”，北京、安徽、湖南、江苏则明确要求劳动者提供“居民身份证明”。其次，相关条文都是采取举例式的、非封闭的罗列。当然，这从立法技术上来讲是必要的，因为封闭式的列举可能导致法律的漏洞而且难以适应日新月异的社会变化，然而不可避免的是，“等情况”或者“等证明”还包含哪些情况或者哪些证明，并不清楚，如果用人单位提出不属于列表之内的问题，不一定就是违法的。最后，即使是地方立法中认为劳动者有义务说明的情况，也不代表关于该情况的所有问题都可以提，以“健康状况”举例，用人单位可以了解的信息应该限于对劳动合同的履行有影响的部分，比如是否患有传染性疾病，是否会长期影响劳动能力，是否将导致用人单位担负沉重的医疗费，而那些以前得过但没有留下后遗症的病史，或者携带传染病病原体的状态，则不应该属于劳动者说明义务的范围。

司法实践方面，直接由于劳动者在招聘时被歧视或者侵犯隐私而起诉的案例比较少见，在录用之后用人单位以劳动者入职时存在欺诈行为为由主张劳动合同无效而引起的纠纷相对多一些，但此类案例也集中表现为 3 种情形：劳动者就职时提交伪造的学历证明，虚报职称或工作经历，就健康状况或者怀孕与否回答不实。针对前两种情形，仲裁机构和法院一般都认为，为了判断劳动者在专业能力方面是否符合应聘岗位的要求，用人单位有权了解关于劳动者学历水平、职业技能、工作经验方面的信息，劳动者就此造假，用欺诈手段促使用人单位在违背真实意思的情况下签订劳动合同，应当认定劳动合同无效，用人单位可以解除合同，无须支付替代提前通知期金和经济补偿金。[①] 健康状况方面，因为一般在录用之前，用人单位都会安排劳动者进行入职体检，如果认为不合格往往直接淘汰，不会签订劳动合同[②]，所以事后才被发现的往往是比较隐蔽的身体缺陷，这种情况下，则需要依据法医鉴定，判断劳动者身体是否存在严重缺陷，健康状况是否可以胜任业务工作、满足岗

---

① 参见叶伟诉上海聚和建材有限公司案以及谢海冰诉上海宏风装修装饰有限公司案，载黄乐平：《劳动合同法疑难案例解析》，13～25 页，北京，法律出版社，2007。

② 此类案例以乙肝携带者的居多，前面已经介绍过。

位要求。[①] 也有案例涉及女性劳动者入职时对于怀孕与否回答不实的情形，但是法院没有指出用人单位提出这个问题是否涉嫌歧视，也没有明确劳动者对此问题是否有正确回答的义务，而是以劳动者在填写入职申请表时怀孕未满 1 周，无法知晓怀孕事实为由，认定劳动者的行为不构成欺诈，不存在劳动合同无效的情形。[②] 总而言之，关于用人单位的知情权和劳动者的说明义务这个问题，司法中相关的案子数量不多，分析也不深入，几乎没有可以援引的经典案例。

五、德国劳动法的经验

所谓“他山之石，可以攻玉”[③]，德国的《联邦数据保护法》经过 2009 年最新的修订，在第 32 条第 1 款第一句中明确“雇主收集、处理、使用雇员的个人信息，以建立、履行、结束劳动关系之必要为限”。在此之前，德国制定法中并没有限制用人单位知情权的一般性规定，但是，相关的规则已经通过司法实践和学理研究建立起来并且逐步完善，新的规定只是在法律上对其予以确认：根据合同自由的原则，在合同缔结之前，用人单位有权了解对于合同签订至关重要的信息，包括通过询问劳动者了解情况。但是，联邦劳动法院早在 1957 年的一个判决中就已经提出，并不是所有情况下，劳动者作出不实回答，用人单位都可以按照德国《民法典》第 123 条以劳动者欺诈为由撤销劳动合同，关键在于用人单位提出的问题是否违法，是否侵犯到法律保护的劳动者的私人领域。[④] 之后在 1984 年的另一案例中，联邦法院进一步明确，用人单位对其要获取的信息必须“就将要建立的劳动关系而言有合理的、正

① 张玉诉中国农业银行桐庐支行一案中，张玉在 1997 年因为摔伤被切除右肾，后恢复健康，2003 年 8 月应聘中国农业银行桐庐支行时，在入职前的常规检查中，张玉在体检表中“既往史”栏填写的是“无残”，“腹腔脏器”栏为“正常”，2004 年 2 月中国农业银行桐庐支行以张玉“右肾摘除，存在严重身体缺陷，不符合省分行《暂行规定》中的有关要求”为由，作出了解除其劳动合同的决定。一审和二审法院都认为虽然被摘除右肾，但张玉的身体并未达到严重缺陷的程度，可以适应其所担负的工作，桐庐支行不得解除合同。具体案情参见黄乐平：《劳动合同法疑难案例解析》，184～192 页，北京，法律出版社，2007。

② 参见广州市荣鑫物业管理有限公司与刘宇劳动争议纠纷上诉案，广东省广州市中级人民法院［2006］穗中法民一终字第 195 号民事判决书。案例资料来源于北大法宝案例库：http://law1.chinalawinfo.com，访问时间：2009-10-25。

③ ［德］W. 杜茨所著《劳动法》（张国文译，38～40 页，北京，法律出版社，2005）对德国经验有一些介绍，但十分简略，且德文原版对于立法、司法和文献只到 2001 年 1 月 1 日，没有反映最新的发展。

④ BAG 5.12.1957，AP Nr. 2 zu § 123 BGB.

当的、值得保护的利益”，也就是说，只有在个案中经过衡量得出，与劳动者的人格权利相比，用人单位获得该信息的利益更加值得保护，此时法官才承认用人单位有知情权。[①] 经过学术界对系列判决的讨论和梳理，基本上树立了两条原则：一方面，用人单位提出的问题，必须与考察应聘者是否具备从事该工作的资质和能力相关；另一方面，即使该问题是与从事该工作直接相关的，但如果信息的获取将导致对劳动者私人领域过分的、不恰当的干涉，那么也不允许提出该问题。[②] 实际上，这两条原则和我国《劳动合同法》第 8 条的规定是有异曲同工之妙的：前者划定了用人单位知情权的边界，也就是“与劳动合同直接相关的”；后者澄清了用人单位知情权的底线，也就是“基本信息”。另外，2006 年颁布的德国《统一平等对待法》缩紧了对用人单位知情权的限制，如果某一信息的获取客观上服务于某种歧视性的选择，那么用人单位就此提出的问题会被认为是违法的。

其实，基于劳动关系的特点，需要对用人单位的知情权进行限制，来保护劳动者的就业平等权和人格权，我国对此原则的认识并不落后于德国。真正值得学习的是，德国各级劳动法院经过多年来审理众多案件，对涉及用人单位是否有权询问劳动者的犯罪前科、残疾、健康状况、怀孕与否、工会或者党派会员身份、竞业禁止等情况，已经形成了各种经典判例群，学术界也对相关的具体问题进行了细致、深入的讨论，下面将针对性地介绍德国劳动法的经验，并结合我国的实际情况，分析借鉴的可能性，尝试回答前面提到的关于理解适用我国《劳动合同法》第 8 条后半句的问题。

（一）各种问题的合法性

招聘时用人单位对劳动者信息的知情权应当受到哪些限制？德国的司法和学理历经多年的积累，加上立法的推动，已经就很多具体问题达成了一致意见。本文只选择介绍一些我国实践中也会出现的，比如“在招聘国家公职时询问应聘者是否为前东德国家安全部工作过”这些具有德国特色的问题就省略了。

1. 与被歧视的特征相关的信息

德国《统一平等对待法》第 1 条，明令禁止一切基于“种族、民族来源、性别、宗教信仰、残疾、年龄、性取向”的歧视，是在特别法中保护人格权的体现。[③] 用人单位向劳动者提出带有歧视性的问题，也就是说索要的信息直

---

① BAG 7. 6. 1984, AP Nr. 26 zu § 123 BGB.

② ErfK/Preis, § 611 BGB, Rn. 269; Müko/Thüsing, § 11 AGG, Rn. 16.

③ ErfK/Preis, § 611 BGB, Rn. 272.

接指向歧视特征，比如询问应聘者是否是同性恋、是否是伊斯兰教教徒[①]，本身就是一种法律禁止的歧视行为。但是，如果涉及应聘岗位所客观需要的任职条件，即使该信息会间接透露上述歧视特征，也允许询问，比如关于应聘者是否拥有居留许可、劳动许可的问题，虽然与“种族、民族来源”相关，却是在德国合法用工不可缺少的前提。[②] 此做法尤其值得我国借鉴。目前，用人单位直接提出歧视性问题，设定歧视性标准的现象比比皆是，虽然禁止歧视的范围还有待进一步立法拓宽，但现行法已经禁止基于“民族、种族、性别、宗教信仰、残疾、传染病病原体携带者身份、进城务工的农村劳动者身份”歧视劳动者，至少司法实践中可以明确，指向这些歧视特征的问题违法，不属于“与劳动合同直接相关的基本信息”，劳动者没有说明义务。另外，关于年龄、性别、户籍的信息，一方面，用人单位可以在面试的时候通过观察推测；另一方面，居民身份证上已经注明这些信息，用人单位不用特地询问，而且为了确定劳动者身份、防止应聘欺诈以及避免使用童工，用人单位要求劳动者出示身份证也是合理的，所以要减少这方面的歧视，限制用人单位的知情权作用不大，除了推动反就业歧视的立法以外，主要还是需要从歧视产生的社会根源上入手，改革户籍制度，贯彻促进大龄劳动者、妇女就业的政策。

2. 学历、工作经验、专业技能

用人单位为了判断劳动者是否能够胜任其应聘的工作，可以询问劳动者知识水平、工作经验、专业技能方面的信息，要求劳动者提供学位证书、语言考试证书、专业资格考试证书等相应的证明。[③] 用人单位对于劳动者资质设定的标准并不是只能限于“完成工作任务所必要的能力”，现今技术进步和社会变迁的步伐越来越快，企业青睐能力水平较高、可塑性较强的员工无可厚非，但是这不代表用人单位可以随意设置过高的、不合常理的标准，比如不能要求一名金属技工同时具备高超的厨艺，但是如果要将此人派驻外国，能说英语就是必要的。[④] 认识到这一点，有益于遏制我国较为普遍的学历高消费，避免出现“洗菜工也要本科文凭”[⑤] 之类的闹剧。

---

① 基于德国《基本法》第140条保障的教会自主管理权，在招聘单位是教会或者教会医院等属下组织时，可以例外地询问信仰问题、婚姻状况和性取向。Schaub/Schaub，§ 26 Rn. 21.

② Wisskirchen/Bissels，NZA 2007，169，171.

③ BAG 12. 2. 1970，AP Nr. 17 zu § 123 BGB.

④ MüArbR/Buchner，§ 41 Rn. 44.

⑤ 陈强：《公安局招洗菜工要求本科及以上学历》，载新浪网，http：//news. sina. com. cn/s/2009-10-31/041518945248. shtml，访问时间：2009-10-31。

3. 财产状况、以往的工资水平

财产状况属于劳动者的隐私领域，大多数情况下，用人单位对此没有知情权，但是，在该应聘职位以特殊的信任关系为前提，或者需要经常与钱打交道，或者容易成为行贿对象时，比如分店店长、银行柜台收银员，用人单位可以询问劳动者是否有高额负债或者扶养义务很重等入不敷出的情况。用人单位一般也不允许打听劳动者以往的工资水平，不仅是由于这与劳动者的财产状况相关，也因为露出“底牌”只会恶化劳动者的谈判地位。例外情况下，劳动者的工资高低与其业绩直接挂钩时，比如销售人员的工资以提成为主，可以从这一信息中推导出应聘者的工作能力，则允许用人单位就此发问。当然，如果应聘者自己提出他所期望的薪金至少要达到他之前已经获得的水平，用人单位可以询问以前的薪金是多少。[①]

4. 婚姻状况、私人生活

劳动者已婚、离婚还是未婚同居，平时有哪些兴趣爱好，家庭收入多少，都不属于用人单位可以在招聘阶段打听的情况，录用之后由于代为缴税需要相关信息的另当别论。问应聘者的伴侣是同性还是异性，女性应聘者是否有结婚的意图，是否有怀孕的打算，不仅是在刺探劳动者的隐私，还是依据性取向、性别进行歧视性挑选的表现[②]，为法律所不容。同样，用人单位不可以打听劳动者是否有小孩或者其他需要看护的家庭成员，但询问将来是否愿意“三班倒”，会不会接受工作调动，以便在劳动合同中作出相应的约定，是没有问题的。[③]

5. 怀孕

最初，联邦劳动法院认为，女员工怀孕之后会给用人单位造成一定的经济负担和工作安排不便，所以用人单位有权在招聘时询问劳动者是否怀有身孕。[④] 1980 年，为了贯彻欧共体有关“实施男女平等待遇原则”的《76/207 指令》[⑤]，德国《民法典》新增了第 611a 条，禁止基于性别歧视劳动者；联邦劳动法院也改变了态度，认为应当区分个案情况，当应聘者全部都是女性的时候，不存在性别歧视，可以提出该问题。[⑥] 但是，欧洲法院在 1990 年的

---

① Däubler, Das Arbeitsrecht 2, S. 95; Schaub/Schaub, § 26 Rn. 17; Staudinger/Richardi, § 611 Rn. 147.

② Däubler, Das Arbeitsrecht 2, S. 92; ErfK/Preis, § 611 BGB, Rn. 275.

③ MüArbR/Buchner, § 41 Rn. 92ff; Wisskirchen/Bissels, NZA 2007, 169, 171.

④ BAG 22.9.1961, AP Nr. 15 zu § 123 BGB.

⑤ 该指令于 1976 年 2 月 9 日通过，为了适应时代变迁后的现实需要，欧盟理事会通过《2002/73 指令》对其进行了修正。

⑥ BAG 20.2.1986, AP Nr. 31 zu § 123 BGB.

Dekker 案中，明确指出，如果用人单位拒绝雇用一名资质合适的女员工，只是因为害怕基于国家保护怀孕女职工的规定产生的经济负担，那么无论当时是否还有男性应聘该岗位，都是一种性别歧视的体现。[①] 为了保持和欧洲法院一致，联邦劳动法院放弃了之前的“区分解决办法”[②]，却还是坚持认为，如果相关岗位要求完成的工作任务属于法律禁止怀孕女职工从事的，特别是德国《母亲保护法》第 4 条列举的那些繁重危险劳动，比如总是要上夜班，或者在传染病科诊所里做医生助理，雇用怀孕女职工将可能危及她自己和她所孕育的生命的健康，这种情况下用人单位询问女职工是否怀孕是完全合理的。[③] 2000 年的 Mahlburg 案中，欧洲法院指出了这一司法实践的问题所在，虽然当事人在怀孕后根据法律规定一段时间内不能从事手术室护士的工作，但是法律规定对怀孕女职工的劳动禁令是为了保护她们，如果这些保护性的规定反而成为她们就业和职业发展的阻碍，将违背法律目的，所以医院不得以此为由拒绝录用。[④] 由于该案中涉及的是无固定期限的劳动合同，当时的主流观点推导出，如果签订的是固定期限的劳动合同，处理应当有所不同。[⑤] 不久，欧洲法院就在 2001 年的 Tele Danmark 案中澄清了这一“误解”，虽然本来约定劳动合同仅为期 6 个月，而怀有身孕的女职工在雇用的后 3 个月都应该休带薪产假，也就是说在劳动关系存续的一半时间内都不能履行合同，电信公司仍然不能以她隐瞒怀孕事实为由解除劳动合同，因为基于怀孕辞退劳动者总是一种直接的性别歧视的表现，与劳动者怀孕给用人单位造成的经济负担多少无关，与劳动合同的长短也无关。[⑥] 联邦劳动法院已经在 2003 的判决中肯定了欧洲法院在 Mahlburg 案中体现出来的立场[⑦]，对于 Tele Danmark 案却还没有明确表态，但是，学界普遍认为，无论签订的是无固定期限的合同还是有固定期限的合同，都不允许基于是否怀孕进行区别对待，因此，用人单位一概不得在招聘阶段就此提问。[⑧] 我国有不少用人单位让女性应聘者作

① EuGH 8. 11. 1990，AP Nr. 23 zu Art. 119 EWG-Vertrag.

② BAG 15. 10. 1992，AP Nr. 8 zu § 611a BGB.

③ BAG 8. 9. 1988，AP Nr. 1 zu § 1 MuSchG 1968；BAG 1. 7. 1993，AP Nr. 36 zu § 123 BGB.

④ EuGH 3. 2. 2000，NZA 2000，155ff..

⑤ Ehrich，DB 2001，421，425；Müko/Thüsing，§ 11 AGG，Rn. 19.

⑥ EuGH 4. 10. 2001，NZA 2001，1241ff..

⑦ BAG 6. 2. 2003，AP Nr. 21 zu § 611a BGB.

⑧ Däubler，Das Arbeitsrecht 2，S. 89；ErfK/Preis，§ 611 BGB，Rn. 274；Schaub/Schaub，§ 26 Rn. 22f.；Staudinger/Richardi，§ 611 Rn. 154；Wisskirchen/Bissels，NZA 2007，169，171. Thüssing/Lambrich，BB 2002，1146，1147 指出，如果用人单位招聘本来就是为了替代因为怀孕休假的女职工，那么应聘者明知自己怀孕将不能从事该工作而不告知，可以认定为权利滥用，以此修正欧洲法院判决的疏漏。

出“未孕承诺”，笔者认为，一般情况下，当借鉴德国经验认定其违法，但是如果本来就是签订的短期合同，又涉及特殊岗位，比如需要进行重强度劳动或者孕期禁忌从事的劳动，劳动者明知自己在约定的合同期限内有很长一段时间都不能履行合同，仍然隐瞒事实的，有违诚信，欧洲法院在 Tele Danmark 案中的观点有待商榷。

6. 残疾

对于劳动者是否残疾的问题，德国的意见也是有很大变化的。在开始很长的一段时间里，联邦劳动法院都认为，相对于女职工怀孕只是暂时的状态，残疾的状况是持续性的，也就是贯穿于劳动合同存续的始终，残疾人保护方面的法律规定了雇用残疾人的用人单位的一系列义务，比如在合同履行过程中给予特殊的照顾、提供额外的带薪假期，在解雇方面也受到诸多限制，因为录用有残疾的劳动者将给用人单位带来这些经济上的负担和组织安排上的麻烦，应当允许用人单位了解情况以便作出选择；况且，为了促进残疾人就业，法律已经规定了用人单位雇用一定比例的残疾人或者作为替代交纳残疾人就业保障金的义务。[①] 2001 年 7 月 1 日，德国《社会法典第九部》在修订后明确规定了用人单位不得在劳动合同的建立、履行、终止等方面基于残疾歧视劳动者，但是如果不存在残疾是从事该工作不可或缺的前提条件，则可以进行区别对待。这之后，司法界和学术界基本达成一致，就劳动者是否残疾发问，一般情况下构成歧视，但是如果残疾将导致劳动者长期不能从事合同约定工作的，不在此限。[②] 所以，提问要注意技巧，比如可以表达为“您是否会因为某种残疾导致不能从事应聘的工作”，直接问应聘者是否是残疾人就构成歧视了。[③] 当然，残疾比较明显时，通过外部观察就能推测，用人单位无须发问，所以，上述限制只在残疾并不明显时有效。

7. 健康状况

一般而言，健康状况属于私人生活领域，特别是劳动者身患某些疾病时不愿为人知晓，而且人不是机器，难免生病，在合理范围内用人单位也应当容忍。德国法律规定劳动者生病时，用人单位当按照正常标准继续支付工资，最长可达 6 个星期之久，正体现了这一思想。但是在以下 3 种情况下，为了保障劳动合同的顺利履行，避免威胁到其他员工和客户的健康安全，有计划

---

① BAG 5. 10. 1995, AP Nr. 40 zu § 123 BGB; BAG 3. 12. 1998, AP Nr. 49 zu § 123 BGB; Kreitner, EWiR 1996, 441f; MüArbR/Buchner, § 41 Rn. 73ff..

② Müko/Thüsing, § 11 AGG, Rn. 21 认为，即使根据经验判断，残疾会影响劳动合同的履行，但只要这种影响不是很大，也不得发问。

③ Däubler, Das Arbeitsrecht 2, S. 91f; ErfK/Preis, § 611 BGB, Rn. 274; Schaub/Schaub, § 26 Rn. 24; Staudinger/Richardi, § 611 Rn. 155; Wisskirchen/Bissels, NZA 2007, 169, 173.

地组织安排工作，用人单位要求了解劳动者的健康状况是合理的：第一，劳动者由于患病，健康状况欠佳，长期性或者经常性地不能从事约定的工作；第二，该疾病具有传染性，可能危及同事或者客户的安全；第三，双方约定了劳动合同开始的时间，但是劳动者应聘时正在生病，而且预计到应该上班的时候还没有痊愈，或者是那个时候正好安排了手术或者疗养，也就是说，劳动者将无法如约报到上班。① 关于艾滋病，学界主流观点认为，应当区分“被感染但未发病状态”与“已经发病的状态”，如果还只是被感染状态，因为艾滋病的平均潜伏期有 2 年到 10 年的时间，此时不会有任何临床症状，而且主要通过性交传播、输血传播、母婴传播，一般的日常生活接触不会传播，所以，除非是医疗护理、餐饮、食品制造等特殊行业，用人单位在招聘时不得询问劳动者是否是 HIV 阳性；如果艾滋病已经爆发，往往会严重影响劳动者的健康状况及劳动能力，用人单位无疑有知情权。②这一经验很值得学习。不只是不应该歧视将近 74 万的艾滋病感染者③，更重要的是，我国有将近 1.2 亿的乙肝病毒携带者，由于人们对乙肝的无知和恐惧④，他们中间有很多人都被排斥在正常的工作和生活环境之外。为了减少这种歧视，2007 年 5 月 18 日，当时的劳动和社会保障部与卫生部联合下发了《关于维护乙肝表面抗原携带者就业权利的意见》，指出，“除国家法律、行政法规和卫生部规定禁止从事的易使乙肝扩散的工作外，用人单位不得以劳动者携带乙肝表面抗原为理由拒绝招收或者辞退乙肝表面抗原携带者”，“用人单位在招、用工过程中，可以根据实际需要将肝功能检查项目作为体检标准，但除国家法律、行政法规和卫生部规定禁止从事的工作外，不得强行将乙肝病毒血清学指标作为体检标准。各级各类医疗机构在对劳动者开展体检过程中要注意保护乙肝表面

---

① BAG 7.6.1984，AP Nr. 26 zu § 123 BGB；Däubler，Das Arbeitsrecht 2，S. 97f；ErfK/Preis，§ 611 BGB，Rn. 282；Schaub/Schaub，§ 26 Rn. 20；Staudinger/Richardi，§ 611 Rn. 145；Wisskirchen/Bissels，NZA 2007，169，171. Müko/Thüsing，§ 11 AGG，Rn. 23 提出，德国《统一平等对待法》通过以后，禁止基于残疾进行歧视，所以如果某一疾病只有身患残疾的人才会得，那么以应聘者是否患有这一疾病作为区分对待的标准，实际上是在歧视残疾人，得在有特定豁免事由时方不违法。

② Däubler，Das Arbeitsrecht 2，S. 98；ErfK/Preis，§ 611 BGB，Rn. 282；MüArbR/Buchner，§ 41 Rn. 69.；Schaub/Schaub，§ 26 Rn. 20；Staudinger/Richardi，§ 611 Rn. 146；Wisskirchen/Bissels，NZA 2007，169，171.

③ 参见广州日报：《联合国报告称中国艾滋病感染者达 74 万人》，载新浪网，http：//news.sina.com.cn/c/2009-11-25/040719119905.shtml，访问时间：2009-11-25。

④ 实际上，与艾滋病感染者相比，乙肝病毒携带者的潜在威胁更小：首先，乙肝的传染途径和艾滋病的传染途径基本相同，但是乙肝病毒携带者中只有大概九分之一会真正转为乙肝，而感染艾滋病以后 100%会发病；其次，乙肝并非无法治愈的疾病，对于艾滋病则至今没有真正有效的治疗方法；最后，在预防方法上，对抗乙肝可以注射疫苗，对抗艾滋病则没有疫苗可以用。

抗原携带者的隐私权”。这一规定已经通过限制入职体检项目、设定医疗机构的保密义务确立了用人单位知情权的界限，之后《就业促进法》在法律的层次上重申了禁止歧视“传染病病原体携带者”。

8. 犯罪前科

有“案底”的人找工作一般很难，允许用人单位在招聘时询问劳动者是否有犯罪前科，将会妨碍他们通过工作再次融入社会，也很容易引起他们的良心不安，所以，只有与招聘的工作岗位相关的犯罪前科才可以问，比如招收司机的时候问是否有交通违章犯罪，招收银行职员时问是否有财产犯罪，招收青少年辅导员时问是否有性犯罪，而且，如果劳动者是在数年以前犯过与岗位相关的罪行，根据德国《联邦中央登记法》已经从犯罪登记册中删除，那么劳动者可以宣称自己没有前科。[①] 另外，如果招聘的是高级职员等处于领导岗位的员工，了解应聘者品行是否端正、是否值得信赖，也是合理的，所以，应聘者被录用以后拥有的经营管理权限越大，用人单位的知情权受到的限制越少。[②] 我国《公司法》第 147 条规定，因贪污、贿赂、侵占财产、挪用财产或者破坏社会主义市场经济秩序，被判处刑罚，执行期满未逾 5 年者，或者因犯罪被剥夺政治权利，执行期满未逾 5 年者，不能担任公司的董事、监事、高级管理人员。所以，为了确定应聘者是否满足任职资格，用人单位在招聘这些职位时，可以询问应聘者是否有上述犯罪前科。

9. 工会或者是党派会员身份

德国《基本法》第 9 条第 3 款规定了公民有为维持或者促进劳动条件、经济条件而结社的自由，用人单位以劳动者是工会会员为由拒绝录用，或者以退出工会作为录用的前提条件，这些削弱工会的行为都是宪法所禁止的，所以用人单位在招聘时不得询问劳动者是否是工会会员，但是，在劳动合同签订之后，为了明确是否适用相关的劳资协议，就此提问是可以的。[③] 同样的，用人单位也不能打听劳动者属于哪一个党派，唯一的例外情况在于，当招聘的用人单位本身就是工会、雇主联合会、某一党派，或者是其属下的出版社、研究所、培训机构等时，为了保证其工作人员，特别是处于领导岗位的人员，对其从事的事业在思想上予以认同、行为上保持一致，允许询问劳动者是否参加了工会，是否为某一党派成员。[④]

---

① BAG 5. 12. 1997, AP Nr. 2 zu § 123 BGB; BAG 20. 5. 1999, AP Nr. 50 zu § 123 BGB; Däubler, Das Arbeitsrecht 2, S. 93; ErfK/Preis, § 611 BGB, Rn. 281; Schaub/Schaub, § 26 Rn. 29.

② MüArbR/Buchner, § 41 Rn. 148. ; Staudinger/Richardi, § 611 Rn. 158.

③ BAG 28. 3. 2000, AP Nr. 27 zu § 99 BetrVG 1972 Einstellung; ErfK/Preis, § 611 BGB, Rn. 278.

④ MüArbR/Buchner, § 41 Rn. 119ff. ; Staudinger/Richardi, § 611 Rn. 150f. .

(二)劳动者主动告知的义务

上面讨论的都是用人单位可以提出哪些问题，那么，对于一些重要信息，在用人单位没有要求劳动者说明时，劳动者是否有主动告知的义务呢?德国的主流观点认为，通常情况下，合同的一方应当自行收集信息，判断缔结合同对其是否有利，只有在依照诚信原则、根据交易习惯可以期待另一方主动告知时，另一方才负有主动告知义务。同样，用人单位应当通过提问等方式自行收集信息来预测签订劳动合同的风险，劳动者没有义务“暴露”那些对自己不利的信息，但是，如果劳动者由于缺乏某种资格或者能力完全不适合该职位，抑或因为个人情况将不能完成劳动合同约定的工作或者面临很大困难，依照诚信原则，即使用人单位不发问，劳动者也有主动告知的义务。[①] 通过系列司法判决和众多学术讨论，已经明确了劳动者应当主动告知的事项包括：由于残疾将不能完成约定的工作任务[②]；患有传染性的疾病可能威胁同事、客户的健康，或者因病无法在约定的日期开始工作[③]；应聘司机的岗位，酗酒或者已经有10年没有从事司机的工作[④]；与之前用人单位所约定的竞业禁止条款的适用范围相冲突[⑤]；外国人没有居住许可或者劳动许可[⑥]；应聘高级管理人员的职位，有相关的犯罪前科。[⑦]

在我国，从《劳动合同法》第8条后半句字面上看，似乎只规定了用人单位询问的权利和劳动者相应的说明义务，所以，有学者认为，如果用人单位没有主动向劳动者了解情况，劳动者不必主动向用人单位说明。[⑧] 一定程度上，这一理解符合了劳动法倾斜保护劳动者的价值取向，由于经济实力和社会地位等各方面的差距，在获取关于对方的信息时，仍然是资强劳弱，所以，结合《劳动合同法》第8条前半句的规定来理解，法律从严规定了用人单位的告知义务，对劳动者的告知义务从宽处理，是正确的。但是，这并不代表劳动者对任何事项都没有主动告知的义务，从诚信原则出发，在缔约时合同一方应当向合同另一方披露影响缔约意思决定的重要事实，在劳动合同的缔

---

① BAG 21. 2. 1991, AP Nr. 35 zu § 123 BGB; ErfK/Preis, § 611 BGB, Rn. 288; MüArbR/Buchner, § 41 Rn. 164ff; Staudinger/Richardi, § 611 Rn. 161.

② BAG 1. 8. 1985, AP Nr. 30 zu § 123 BGB.

③ BAG 7. 2. 1964, AP Nr. 6 zu § 276 BGB Verschulden bei Vertragsschluss.

④ BAG 24. 1. 1974, AP Nr. 74 zu § 611 BGB Haftung des Arbeitnehmers; ArbG Kiel 21. 1. 1982, BB 1982, 804.

⑤ Ehrich, DB 2000, 422.

⑥ LAG Nürnberg 21. 9. 1994, NZA 1995, 228.

⑦ ErfK/Preis, § 611 BGB, Rn. 289.

⑧ 参见董保华、杨杰：《劳动合同法的软着陆》，184页，北京，中国法制出版社，2007；李迎春：《劳动合同HR指引：条款拟定与风险提示》，23页，北京，法律出版社，2007。

结过程中也不例外。只不过，劳动者应当主动告知用人单位的事项应当十分有限，即限于对劳动合同履行意义重大的那些信息，就此可以参考上述德国经验。其实，这样的安排还是体现了倾斜保护劳动者的思想，因为劳动者应当主动告知用人单位的事项，和劳动者在用人单位提出问题时需要如实回答的事项相比，范围要小得多，相对于用人单位应当主动告知劳动者的事项，范围就更小了。

(三) 获取信息的手段和渠道

上面分析了用人单位在招聘时可以向劳动者了解哪些情况，实践中，用人单位获得信息并不是通过单一的手段和渠道，既可以采取直接提问的方式，也可以通过安排入职体检、设置评测中心、进行压力面试等手段；信息既可以是直接从劳动者处获得，也可以从第三人等其他渠道获得。由于有更多主体介入、环节更多、情况更为复杂，劳动者的隐私更容易受到侵犯和泄露，此时当如何处理呢?

1. 入职体检

用人单位想要了解劳动者的健康状况如何、是否有残疾，当然可以直接询问劳动者，更多的却还是委托专业的医疗机构对劳动者进行入职体检。此时应当注意以下方面：第一，用人单位的知情权受到的限制同样存在于它安排应聘者体检时，也就是说，体检项目应该和用人单位依法可以获得的信息范围保持一致；第二，大多数情况下用人单位不得强行安排体检，事先要取得劳动者的同意，只有在例外情况下，法律规定从事特殊职业以通过上岗体检为前提，比如食品制造行业、海员、接触电离辐射的工种等，未经相应的体检不得开始工作；第三，法律规定了医疗机构或者单个医生负有的保密义务，需要获得劳动者的授权才能将检查结果透露给用人单位①，但一般认为，劳动者了解入职体检的目的，所以同意接受检查也就默示地同意了医生把检查结果告诉用人单位，不过，医生不能向用人单位透露诊断结果的细节，只能告知劳动者在健康方面是否满足应聘岗位的要求、是否因为残疾不能从事约定的工作。以上3点都十分值得借鉴，特别是在具体案件中理解适用《侵权责任法》第62条②时应当予以注意。

2. 人才评估中心和压力面试

人才评估中心（Assessment Center）是一种由多位考官利用多种小组讨

① 我国2009年通过的《侵权责任法》在第62条规定，“医疗机构及其医务人员应当对患者的隐私保密。泄露患者隐私或者未经患者同意公开其病历资料，造成患者损害的，应当承担侵权责任。”

② Däubler, Das Arbeitsrecht 2, S. 96ff; ErfK/Preis, § 611 BGB, Rn. 292ff; MüArbR/Buchner, § 41 Rn. 225ff..

论、情景模拟、案例分析、心理测试、角色扮演等多种评价方法对特定岗位的任职者进行系统评估的人力资源评价方法。其中，为了对应聘者的能力、素质进行客观评价设定的考核，一般没有问题，比如通过模拟与未来任职岗位相似的工作场景，要求应聘者现场完成系列的任务；但是不允许侵犯劳动者的个人隐私范畴，比如不得进行与应聘岗位工作任务无关的智商测试。心理测试直接涉及劳动者的性格、兴趣、品质的，必须满足以下条件才合法：通过目标信息推导出来的应聘者的特质是应聘岗位所需要的、目标信息通过其他途径无法获得、应聘者表示同意接受测试、测试前向应聘者说明测试的流程、测试由具备心理学学业背景的专业人士完成。① 压力面试（Stress Interview）主要用于招聘高级管理人员，是指通过提出生硬的、不礼貌的问题故意使应聘者感到不舒服，或者针对某一事项或问题作一连串的发问，打破砂锅问到底，咄咄逼人直到他无法回答。其目的在于确定应聘者对压力的承受能力、在压力前的应变能力和人际关系能力。大多数学者认为，这种通过故意制造紧张气氛、让人尴尬来引起应聘者心理压力的方式直接伤害了人的尊严，是违法的。② 也有学者持不同态度，认为如果特定岗位将要经常承受较大压力、处理紧急事件，应当允许进行压力面试。③ 上述两种测试在我国还不是很普遍，但是近年来在跨国企业招聘白领时越来越多地用到，有待进一步研究。

3. 向以前的用人单位等第三人询问

尤其是在招聘重要岗位时，用人单位会比较谨慎，并不完全相信劳动者求职时的陈述和提供的证明，转而尝试通过其他渠道获取劳动者的信息，比如给他以前供职的用人单位打电话、委托专门的调查公司或者向猎头公司咨询。这种情况下，用人单位有可能获得更全面、更客观的信息，但是也不能排除第三人可能提供情况片面不实、给予评价有失偏颇，而且此时劳动者往往无法控制，甚至无法得知第三人会给出什么样的信息，出现错误也基本不可能纠正，所以用人单位的知情权应该受到更多限制。首先，从用人单位通过其他渠道可以合法获得的信息的范围来讲，仍然限于他可以直接询问劳动者的那些情况，否则，用人单位绕过劳动者就可以规避上面提到的那些保护性规则。④ 其次，有学者提出，德国《联邦数据保护法》第 4 条第 2 款第二句

① Däubler, Das Arbeitsrecht 2, S. 100f; ErfK/Preis, § 611 BGB, Rn. 303ff; HWK/Thüsing, § 611 BGB, Rn. 17ff..

② Däubler, Das Arbeitsrecht 2, S. 101; ErfK/Preis, § 611 BGB, Rn. 310; Klein, AuR 1978, 272; Schmidt, BB 1971, 1238f..

③ HWK/Thüsing, § 611 BGB, Rn. 19.

④ Däubler, Das Arbeitsrecht 2, S. 104; ErfK/Preis, § 611 BGB, Rn. 291.

规定的“直接获取优先”原则应该适用于用人单位招聘时，也就是说，应当以用人单位从劳动者处直接获取信息为常规渠道，只有当它的合法信息需求无法通过这一渠道得到满足时，比如有迹象表明劳动者提供的情况有假，或者给出的信息太模糊，无法在此基础上作出判断时，才允许用人单位通过其他渠道继续收集信息。[①] 最后，用人单位通过其他渠道收集信息之前是否必须取得劳动者的同意，对这个问题还未形成统一意见。联邦劳动法院曾经在1957年的一个案例中表明，如果招聘的用人单位获得该信息有合理的利益，那么，即使劳动者表示反对，即使反映的是负面的情况，以前的用人单位还是可以提供这一信息，但必须全面、公正、客观地反映这一情况；之后它在1984年的另一判决中再次确认了这一观点，但同时指出以前的用人单位可以提供的信息只能是关于劳动者的专业能力和工作表现方面的，不得透露它和劳动者约定的合同条件以及劳动者的个人信息，所以它未经劳动者同意让招聘的用人单位查看劳动者的人事档案是违法的。对于联邦劳动法院的立场，学界既有认同的声音[②]，也有反对的意见。[③] 笔者赞成后一种意见，上述判决都是很久以前作出的，近年来法律对于个人信息的保护水平在逐步提高，越来越强调劳动者的隐私权保护，如果还这样固守陈见，完全不顾劳动者的意志，是和社会进步背道而驰的做法；另外，如果劳动者应聘时尚未辞去工作，他现在的用人单位未必知道他有换工作的意图，招聘单位的询问可能会给劳动者带来种种不必要的麻烦，甚至危及他现在的工作。

(四)“撒谎的权利”

实践中，用人单位并不一定清楚自己知情权的边界和底线，有时候就算了解，也因为违法成本很低或者被追究责任的几率较小而不加以注意。当用人单位在招聘时提出的问题超出合法范围时，劳动者应该怎么办？如果劳动者不想被刺探隐私或者成为歧视对象，从而拒绝回答或者保持沉默，用人单位一般会推断他在隐瞒不利于自己的信息，从而不予录用，此时，且不说劳动者要求损害赔偿仅在举证方面就有多么困难，即使得到了赔偿，也未必能够完全弥补他失去机会的损失。因此，仅有事后的救济是不够的，有必要给劳动者自助的机会，他可以就此作出不正确、不完整的回答而不用承担不利的后果。也就是说，当用人单位提出侵犯劳动者隐私或者带有歧视性的问题

---

① Däubler, Das Arbeitsrecht 2, S. 104; Däubler/Hjort/Hummer/Wolmerath-Kreuder, § 611 BGB, Rn. 182; ErfK/Wank, § 4 BDSG, Rn. 5.

② MüArbR/Buchner, § 41 Rn. 225ff..

③ Däubler/Hjort/Hummer/Wolmerath-Ring, § 611 BGB, Rn. 650f; Staudinger/Richardi, § 611 BGB, Rn. 179; Schmidt, DB 1983, 769ff..

时，劳动者可以撒谎，劳动合同缔结后被发现的，用人单位不得以劳动者欺诈导致合同无效为由解除劳动合同并拒付经济补偿金。[①] 也许有人会认为，这样做是在鼓励不诚信的行为。笔者不能苟同，诚信原则不应该成为束缚劳动者一方的枷锁，因用人单位违法在先，劳动者只是被动防御，既然人们能够理解针对不法侵害进行正当防卫无须承担刑事责任，那么就应该理解，为什么要在这种情况下允许劳动者撒谎。对于这一点，德国司法界和学术界很早就达成了一致：如果用人单位就劳动者的某一信息没有知情权，劳动者就此给予不实回答，此时的欺诈不具有违法性，不满足按照德国《民法典》第 123 条以恶意欺诈为由撤销劳动合同的要件。[②] 不少学者甚至提出，用人单位“越界”的时候，劳动者拥有“撒谎的权利”[③]。

当招聘的用人单位直接向劳动者提出的问题超出合法范围时，劳动者可以通过给予不实回答来保护自己，但是用人单位通过其他渠道获取信息的，比如委托医疗机构对劳动者体检、向劳动者以前的工作单位了解情况，此时虽然需要事先取得劳动者的同意，但是为了得到工作机会，大多数情况下劳动者就算不情愿也会表示同意，此时用人单位超越其知情权界限，劳动者很难及时阻止，甚至未必知晓，这种情况下怎么保护劳动者呢？德国有学者提出，应当要求招聘的用人单位告诉劳动者通过其他渠道获得了什么信息。[④] 笔者认为，这个想法虽好，但恐怕会因为缺乏监管手段而难以落实，相比之下，遏制信息的源头，追究给予信息的第三人的责任可能更有效，比如加重泄露

---

① 《劳动合同法》第 26 条规定“以下劳动合同无效或部分无效：（一）以欺诈、胁迫的手段或者乘人之危，使对方在违背真实意思的情况下订立或者变更劳动合同的”，和《劳动法》第 18 条保持了一致，与《合同法》第 54 条不同。但同时《劳动合同法》第 38 条、第 39 条又赋予了无过错方即时解除合同的权利，也就是说此时“劳动合同无效”的后果与一般民事合同“无效”或者“被撤销”的后果不一样，既不用返还财产，也不用折价补偿，而是对已经履行的部分按照有效合同处理，解除合同只对将来发生效力。这一安排适应了劳动合同作为继续性合同的特性，但是和传统的合同原理相悖。

② 前文已经提到，联邦劳动法院早在 1957 年就提出了“不是所有的不实回答都构成欺诈”，1961 年更是明确了“只有在用人单位有知情权的时候，劳动者故意作出不实回答才构成欺诈”，在之后的系列判决中多次重申了这一观点。BAG 5. 12. 1957，AP Nr. 2 zu § 123 BGB；BAG 22. 9. 1961，AP Nr. 15 zu § 123 BGB；BAG 19. 5. 1983，AP Nr. 25 zu § 123 BGB；BAG 5. 10. 1995，AP Nr. 40 zu § 123 BGB.

③ Däubler，Das Arbeitsrecht 2，S. 95；ErfK/Dieterich，Art. 2 GG，Rn. 98；Hk-BGB/Därner，§ 123 Rn. 4；Wisskirchen/Bissels，NZA 2007，169，170. 虽然 HWK/Thüsing，§ 123 BGB，Rn. 8；MüArbR/Buchner，§ 41 Rn. 176 认为“撒谎的权利”这一表述不妥，但都承认，劳动者此时撒谎不用承担任何不利的后果。

④ Däubler，Das Arbeitsrecht 2，S. 104.

劳动者隐私的医疗机构的侵权责任①，或者要求以前的用人单位基于违反后合同义务支付损害赔偿。

六、结　语

当女性白领为求职纷纷“隐婚”，当生肖、血型成为甄选标准，当乙肝歧视变身“社会病”的时候，反就业歧视和隐私权保护的方舟还没有造完，幸好还有《劳动合同法》抛给了劳动者一个救生筏，关键就在于如何正确地使用和维护它。对此，可以视德国的司法实践经验和学术研究成果为范例，但是要在中国的水域上航行，还得顾及本地环境，在借鉴的基础上创新，并多加演习。

笔者就《劳动合同法》第8条后半句的理解和适用提出以下意见：第一，招聘时用人单位向劳动者索取的信息是否属于“与劳动合同直接相关的基本信息”，应该结合个案情况来判断，即是否在考察应聘者从事该工作需要具备的资质和能力、是否带有歧视色彩、是否构成对于个人隐私过分的干涉，但是对于员工的专业技能、婚姻家庭情况、健康状况、犯罪前科等一些常见的问题应该达成共识，就此上面已经详细介绍过，不再赘述；第二，原则上用人单位要实现知情权应当自行收集信息，劳动者没有义务自曝“缺陷”，但是在例外情况下，如果由于劳动者个人原因将难以从事约定的工作，比如缺乏某种资质，依照诚信原则，即使用人单位没有提问，劳动者也应该主动告知，否则，隐瞒构成欺诈；第三，用人单位在招聘时为了获取关于劳动者的信息，往往不会满足于直接向劳动者询问的渠道，还可能采取安排劳动者到医疗机构体检、向以前的就职单位询问等方式，甚至尝试人才评测、压力面试等新型手段，此时劳动者的隐私更容易被侵犯，相应地，用人单位的知情权应该受到更多的限制；第四，劳动者由于在求职时遭受就业歧视和隐私侵犯而事后维权的并不多：被录用者“寄人篱下”，一般不会起诉老板；没被录用者考虑到时间和金钱成本也往往打了退堂鼓，就算提起侵权之诉，拿到了损害赔偿，工作机会也已经没有了，所以，必须允许劳动者及时地“自力救济”，当用人单位提出侵犯劳动者隐私或者带有歧视性的问题时，劳动者可以给予不实回答，事后用人单位以劳动者欺诈导致合同无效为由解除劳动合同并拒付经济补偿金的，仲裁机构和法院应当认定用人单位解雇行为违法。

---

① 德国规定更为严格，甚至在刑法典第203条中规定医生违反法定的保密义务的，可以追究刑事责任。

工资集体协商的劳动法考察

——兼谈中国当下工资集体协商的魔咒、困境与悖论

孙国平*

一、问题的提出

2010年上半年以来，富士康出现“N跳”系列自杀事件，后以政府强力介入和连续两次加薪告终，第一次将一线员工的基本月薪从900元提高到1 200元，2010年6月中旬，又将其从1 200元加到2 000元，调薪幅度超过66%[①]；2010年5月17日，广东佛山南海本田零部件制造有限公司（以下简称南海本田）上百名工人停工，要求加薪，6月4日，劳资双方达成在现行工资标准基础上提高34%的协议，停工事件和平落幕。两事件的示范效应引发的“加薪潮”此起彼伏，诸多企业员工要求与富士康或南海本田员工一样的薪资。

6月7日，广州本田的另一家零部件供应商、同在佛山的丰富汽配有限公司（以下简称丰富汽配）工人开始停工，全厂停产；6月9日，地处中山的本田制锁（广东）有限公司（以下简称本田制锁）一千二百多名员工停工，要求公司将工资提升至南海本田的水平；6月21日，位于广州南沙区的电装（广州南沙）有限公司（以下简称南沙电装）一千余名工人停止工作，提出加薪要求。长三角重要的制造业基地江苏昆山亦发生类似事件。6月5日，美资KOK书元机械企业（昆山）有限公司（以下简称书元机械）近千名工人集体停工，要求资方废除不合理用工协议，改善工作环境。而在北方沿海与内地城市，包括天津（天津丰田合成有限公司）、北京（北京星宇车科技有限公司）、西安（西安兄弟标准工业有限公司和兄弟缝纫机有限公司）均发生了以

* 孙国平，苏州大学王健法学院讲师。

① 参见廖杰华、李保华：《郭台铭的心思》，载《经济观察报》，2010-06-28，25版。

涨薪为主要诉求点的停工事件。①

鉴于愈演愈烈的涨薪诉求，中华全国总工会因时顺势地于 2010 年 6 月 4 日发出通知，要求各级工会全力推动在外商投资企业、港澳台商投资企业等非公有制企业组建工会，要突出推行工资集体协商，提高职工特别是生产一线职工的劳动报酬。工资集体协商被认为是市场经济条件下工会组织维护职工合法权益的重要手段。此后，人力资源和社会保障部、中华全国总工会、中国企业联合会/企业家协会联合下发了《关于深入推进集体合同制度实施彩虹计划》，对推动集体协商和集体合同制度提出了明确目标和要求。各级工会组织将加强分类指导，采取灵活多样的要约形式和协商方法，对生产经营正常的企业，突出协商工资增幅和福利待遇，建立工资正常增长机制；对生产经营困难的企业，突出协商工资支付保障，建立工资支付保障机制；对国有企业和国有独资企业、股份制企业，则突出理顺按劳分配和按生产要素分配的关系，提高职工工资在企业工资分配中的比重。特别是针对外商投资、港澳台资、民营企业等非公有制企业工资集体协商机制建设覆盖面不宽、作用不明显等实际，工会将采取有力措施，切实加以推进。②

可见工资集体协商制度再度成为关注焦点，中华全国总工会的良苦用心可以理解——职工工资问题必须经过集体协商，不能企业单方说了算，工会作为工人之代表，理应发挥重要作用。其实，早在 1949 年的《中国人民政治协商会议共同纲领》就规定，私营企业为实现劳资两利的原则，应由工会代表工人职员与资方订立集体合同。同年中华全国总工会制定的《关于私营工商企业中劳资双方订立集体合同的暂行规定》，对集体合同制度作出了具体规定。1950 年颁布的《工会法》明确规定，在国营及合作社经营的企业中，工会有代表受雇工人、职员群众参加生产管理及与行政方面缔结集体合同之权；在私营企业中，工会有代表受雇工人、职员群众与资方进行交涉、谈判、参加劳资协商会议并与资方缔结集体合同之权，其中当然包含了工资的集体协商。但此后的政治经济形势变化，导致集体协商和集体合同制度被废除。直至 1994 年《劳动法》颁布、2000 年原劳动和社会保障部发布《工资集体协商试行办法》、2001 年新《工会法》颁布、2004 年原劳动和社会保障部颁布《集体合同规定》、2007 年《劳动合同法》颁布等，才给工资集体协商提供了法律依据。据中华全国总工会统计，截至 2009 年年底，仅全国签订的工资专项集体合同就达 51.2 万份，覆盖企业 90.2 万个，覆盖职工 6 177.6 万人。此

① 参见郑猛、左林、鄢建彪：《停工进行时》，载《财经》，2010 (14)。

② 参见《全总：工资集体协商将在建会企业中实现全覆盖》，载 http://www.12351.org.cn/，访问时间：2010-06-30。

外，行业性、区域性工资集体协商工作取得较大发展，行业性、区域性工资集体合同也覆盖了相当多的企业和职工。[①] 为何在存在诸多法律依据的前提下，在工资集体协商机制普遍建立的背景下，还是爆发了加薪的诉求，难道工资集体协商机制普遍建立仅是停留在公有制企业？非公有制企业工资集体协商难在何处？如何突破工资集体协商的魔咒——“企业不愿谈，职工不敢谈，工会不会谈、不能谈”？笔者基于劳动法的多方视角深究其因发现：工人的“权”与“器”缺失；作为工人代言人的工会，其“质”与“度”错位与不清，“技”与“人”难如人意；政府的“位”与“责”不明；企业的“为”与“负”归责不明与难以预期，共同铸成当下中国工资集体协商的困境，其间的悖论实际阻碍了工资集体协商的顺利进行。对所有这些问题的思考与对策探究成就了本文的写作。

二、工资集体协商保障的权利考——“劳动三权”的有与无

所谓的工资集体协商概念的界定，2000年原劳动和社会保障部发布的《工资集体协商试行办法》中第3条明确规定，本办法所称工资集体协商，是指职工代表与企业代表依法就企业内部工资分配制度、工资分配形式、工资收入水平等事项进行平等协商，在协商一致的基础上签订工资协议的行为；本办法所称工资协议，是指专门就工资事项签订的专项集体合同，已订立集体合同的，工资协议作为集体合同的附件，并与集体合同具有同等效力。

因此不难看出，劳动法意义上的工资集体协商，其实质乃是代表劳方的工会（或职工推举之代表）与代表资方的雇主组织（或雇主）就工资问题进行专项谈判的过程和结果。西方一般称之为集体谈判（collective bargaining），我国强调的是双方的协调与磋商而非对立与对抗，着重劳资双赢，故称之为集体协商（collective consultation），但称呼之不同终究掩盖不了其谈判的本质，而既然是谈判，众所周知，要想谈得公平与成功，达到双赢之效，自然要求双方须具备对等之谈判力量（equal bargaining power），此种对等之谈判力量往往表现为谈判主体的适格与精于谈判、有潜在的谈判筹码做后台支撑等，譬如资方手头持有的制约手段就有降低工资、裁员（redundancy）和解雇（dismissal）、锁厂（lockout）等；而劳方拥有的最厉害的手段就是罢工（strike）、联合抵制（boycott）与纠察、抗议（picketing）等。德国劳动法明文规定，雇主可能斗争和反应的手段包括坚持到底、企业停工、闭厂、封锁

① 参见《工资集体协商机制普遍建立》，载《人民日报》，2010-06-09，13版。

和破坏罢工奖金，而劳方雇员斗争的可能手段包括罢工、联合抵制、拒绝返回、企业占领和企业封锁。① 英国相关劳动法教材或专著称之为“工业（产业）行动（industrial action)”②，而美国的教科书则更直接地称之为“经济冲突之武器（weapons of economic conflict)”③，只有双方在“战略武器”的储备上达到相对制衡，才可能促成双方在战术上能够尽快达成集体合同（包括工资专项集体合同或工资条款）的缔结。这种力量对等之谈判若能够发生在强资本、弱劳工之间，则本质上天然地要求赋予劳工以结社自由（freedom of association)、集体谈判权（collective bargaining）和罢工权（the right to strike)，日本、我国台湾地区学者则习惯地称之为劳动三权（劳动者之团结权、团体协商权和争议权)④，此三权在保护劳工的作用上，可谓环环相扣，相辅相成。欧洲著名的劳动法专家罗格·布兰佩因（Roger Blanpain）教授曾一针见血地说，没有罢工权的集体协商（collective bargaining）对劳工而言无异于集体行乞（collective begging)。⑤ 日本每年的春斗虽然在形式上有如庆典，但本质上仍是一种社会经济的冲突以集体施压的方式解决。通过集体协商谈妥包括工资在内的雇佣条件或订立工资专项集体合同，充分展现集体协商在此领域的私法属性，体现了集体劳动关系是在法律相对保障框架下的自由对抗，正如我国台湾地区学者所云，集体劳资关系放诸“力”⑥，强调劳资双方的力量博弈。

由此可见，工资集体协商能否真正谈得好，双方必须被置于一个真正势均力敌的平台上进行对话，而能否势均力敌，劳工三权的有无至为关键，首当其冲的是劳工能否享有团结权，组建真正代表自己利益诉求的组织。这是解决工资集体协商的谈判主体问题，大凡发达的、成熟的市场经济国家无不赋予劳工以自由结社权，各种行业的工人都有组建工会的自由，劳工有选择工会的自由［当然最后能够代表劳工参与谈判的工会一般必须通过政府或雇主的认可（recognition)］，这几乎已成为各国共识，已成为国际劳工组织

---

① 参见［德］W. 杜茨：《劳动法》，张国文译，236～237页，北京，法律出版社，2005。

② A. C. L. Davies, *Perspectives on Labor Law*, Cambridge University Press, 2004, p. 218. Also see Simon Deakin and Gillian S. Morris, *Labor Law*, fourth edition, Hart Publishing, 2005, p. 963.

③ Michael C. Harper, Samuel Estreicher and Joan Flynn, *Labor Law: Cases, Materials and Problems*, fifth edition, Aspen Publishers, 2003, p. 579.

④ 参见黄越钦：《劳动法新论》，61页，北京，中国政法大学出版社，2003。

⑤ See Roger Blanpain, *European Labor Law*, 11th revised edition, Kluwer Law International, 2008, p. 702.

⑥ 林佳和：《台湾劳资争议调解制度的观察与分析》。转引自董保华主编：《劳动争议处理法律制度研究》，248页，北京，中国劳动社会保障出版社，2008。

(ILO) 的核心劳动标准和工作场所的基本原则和权利[①]，早在 1948 年就已被纳入 ILO 第 87 号公约 (C87-Freedom of Association and Protection of the Right to Organize Convention 1948)——《结社自由及保护组织权公约》，该公约所规定的结社自由已成为国际劳动法领域最为基本的原则，其重要性已逐渐得到世界范围内的广泛认可，截至 2007 年 12 月份，148 个国家已批准该公约，批准国的比例已占 ILO 会员国的 82%，在这些批准国中，有 28 个国家是在过去的 10 年中完成批准的。共有 33 个会员国尚未批准，其中包括美国、阿富汗、巴林、巴西、中国、印度、伊朗、伊拉克、马来西亚、新西兰、沙特阿拉伯、新加坡、韩国、泰国等。[②]当然，虽然有些国家没有加入该公约，但并不意味着其劳工没有自由结社权，有的是因为其国内已经存在诸多法规规定了劳工自我组织、加入工会等劳动三权。就美国而言，在美国宪法和美国在 1992 年批准的《公民权利和政治权利国际公约》等法源规定外，专门规制劳资关系的 1935 年《国家劳动关系法》第 7 条 (NLRA—National Labor Relations Act, 1935) 明确规定雇员有权自我组织、加入工会，协助工会挑选代表进行集体谈判、相互团结和帮助等[③]，该法提倡和保障集体谈判，鼓励并协助受雇者建立集体谈判制度成为国家政策，并特设全国劳工关系委员会处理不当劳动行为案件。尽管在现实中这一权利的行使也并非顺畅。所以从表面上看美国没有批准 ILO 第 87 号公约，但实际上该权利在美国是得到宪法、《公民权利和政治权利国际公约》、《全国劳动关系法》等一系列国内法和国际公约的明确认可和保护的，美国学者也正在反思没有加入 ILO 第 87 号公约的弊端，权衡如何协调该公约与其国内现存联邦法规的融通，并在考虑推动美国国会尽快批准该公约。[④]韩国亦是如此，其劳工和工会非常强势，两大工会组织——民主劳动联盟和全国劳动组合总联盟——在为工人争取工资、福利等待遇方面起过非常重要的作用，两组织不仅擅长劳资斗争，还有权力参与管理过程，经常采用罢工、封锁工厂、驱逐管理层等手段。工会成为公司股东方和管理层不得不重视的存在，公司重大事务必须得到其协助。而韩国政府作为民选政府，不可能运用公权力要求员工不罢工，或者采取什么手

---

① See The ILO Declaration of Fundamental Principles and Rights at Work (1998).

② ILOLEX: Database of International Labor Standards, at http://www.ilo.org/ilolex/english/convdisp1.htm，最后访问时间：2010-07-01。

③ Sec. 7. [§ 157.] Employees shall have the right to self-organization, to form, join or assist labor organizations, to bargain collectively through representatives of their own choosing, and to engage in other mutual aid or protection...

④ See Steve Charnovitz, "The ILO Convention on Freedom of Association and its Future in the United States", 102*A. J. I. L.* 96 (2008).

段阻止员工罢工，政府能做的，就是协调劳资双方的关系，起协调人的作用，以至于越来越多的外资在了解到韩国工会情况后放弃投资计划，颇使韩国政府感到头痛。[①] 我国目前尚未批准该公约，劳工结社自由权的缺失已成为中国当前劳动权保护的突出问题，无论是在国内层面抑或是在国际层面，都给中国带来了巨大麻烦，前者以 2009 年发生的“通钢悲剧”为典型，后者以上汽收购韩国双龙完败为警示。[②]

至于排在第二位的劳工的集体谈判权，我国的相关劳动法规如《工会法》、《集体合同规定》、《工资集体协商试行办法》、《行业性工资集体协商工作的指导意见》以及《劳动合同法》中皆有所规定，可谓有法可依。关于劳动三权中第三项权利罢工权规定得不甚明朗。如果说表现团结权的自我组织、自由选择工会是选择进行工资集体协商的适格主体，那么罢工权即是这个主体协商或谈判的潜在砝码和协商不成后斗争的备用武器，否则，集体协商很难势均力敌，因为缺乏对等的谈判能力，但罢工权在当下中国的学界和政界是一个极为敏感和讳莫如深的话题。从法条上看，中国宪法经历了罢工权的无、有、无的过程：1954 年《宪法》没有罢工权的规定，1975 年《宪法》的第 28 条和 1978 年《宪法》的第 45 条都有关于罢工权的规定[③]，1979 年和 1980 年分别对《宪法》进行了两次修改，罢工权仍然保留[④]，直到 1982 年的现行宪法，“罢工自由”才从宪法明文规定中消失。从法理上看，有学者指出，关于公民权利的推定，应当遵守“法无禁止即自由”的逻辑，宪法没有禁止，就是人民自由的范围。我国宪法没有禁止罢工行为，只能以此推论中国公民可能有罢工权（如果没有具体法律禁止的话），只是宪法没有明文规定而已。如果依宪法规定推定人民权利的范围，则人民许多原本享有的权利就会因“宪法未载”而被剥夺。以宪法无明文规定推定人民没有罢工权的推理

① 参见陈竹：《完败双龙》，载《财经》，2009 (4)。

② 参见孙国平：《中国劳动权保护的现状与未来》，载《河北法学》，2010 (8)。

③ 1975 年《宪法》第 28 条规定：“公民有言论、通信、出版、集会、结社、游行、示威、罢工的自由，有信仰宗教的自由和不信仰宗教、宣传无神论的自由。”1978 年《宪法》第 45 条规定：“公民有言论、通信、出版、集会、结社、游行、示威、罢工的自由，有运用‘大鸣、大放、大辩论、大字报’的权利。”

④ 1979 年 7 月 1 日五届全国人大二次会议通过的《第五届全国人民代表大会第二次会议关于修正〈中华人民共和国宪法〉若干规定的决议》将地方政府名称由“革命委员会”改成了“人民政府”；1980 年 9 月 10 日五届全国人大三次会议通过的《第五届全国人民代表大会第三次会议关于修改〈中华人民共和国宪法〉第 45 条的决议》决定，将《中华人民共和国宪法》第 45 条“公民有言论、通信、出版、集会、结社、游行、示威、罢工的自由，有运用‘大鸣、大放、大辩论、大字报’的权利”修改为“公民有言论、通信、出版、集会、结社、游行、示威、罢工的自由”。取消原 45 条中“有运用‘大鸣、大放、大辩论、大字报’的权利”的规定，修正案中罢工权仍然保留。

背后是一个“权力创造权利”的逻辑，是反民主的。[①]从法源上看，2001 年 5 月 27 日，《经济、社会和文化权利国际公约》已在我国正式生效，成为我国正式的法源，其第 8 条第 1 款（丁）项规定：“有权罢工，但应按照各个国家的法律行使此项权利。”且全国人大常委会在加入时并未对此作出保留性声明，因此理论上罢工权在法源上已经存在。

但从其真正适用上看，前述公约但书规定了一个前提——应按照各国法律行使此项权利，那究竟中国目前的法律、法规又有哪些规定呢？宪法既未明确赋予此项权利，也未明文禁止。1993 年颁布的《企业劳动争议处理条例》第 6 条第 2 款规定：“劳动争议处理过程中，当事人不得有激化矛盾的行为。”2001 年修订的《工会法》第 27 条规定了在企业、事业单位发生怠工、停工时工会的权利和义务。[②] 2004 年 5 月 1 日施行的《集体合同规定》第 5 条及其第 5 项规定：“进行集体协商，签订集体合同或专项集体合同，应当遵循下列原则：……（五）不得采取过激行为。”

从这些法律、法规的用词与旨意来看，集体谈判不用“谈判”而用“协商”，罢工不用“罢工”而用“怠工、停工”与“激化矛盾的行为”及“过激行为”等皆昭示了国人奉行“和为贵”、“安定团结”的文化心态，视罢工为破坏安定团结局面的“乱象”和“猛虎”，不足为取，不值得提倡。其实这样的认识多少对罢工权有所误读。历史经验表明，若想对劳动关系进行集体规制，便不能不规定罢工权，罢工是劳动者维护自身劳动权，对抗雇主方的最有效的途径，但罢工也有多种形态，有合法和非合法之罢工，将其限定在合法性之内一般不会有什么大的危害。其要件有：一是主体限定，罢工须由工会组织，须经工会会员大会以无记名投票，经全体过半数之同意，始可为之，职工自发罢工不受法律保护；二是目的限定，罢工须出于正当目的，仅限于经济目的，增进劳动者劳动权益（包括劳动条件和雇用条件）之提高，禁止政治性、宗教性或其他非经济目的之任何罢工；三是须穷尽最后手段，须经调解或者仲裁程序后，集体协商之间不得罢工；四是争议手段限定，须以正当非暴力之手段行之，受制于所谓“禁止过分原则”、“公平进行对抗原则”及“公共利益拘束原则”，不得采取破坏财产和侵害人身权利的行为，违者承担相应法律责任。[③]

---

① 参见周永坤：《“集体返航”呼唤罢工法》，载《法学》，2008（5）。

② 《中华人民共和国工会法》第 27 条规定：“企业、事业单位发生停工、怠工事件，工会应当代表职工同企业、事业单位或者有关方面协商，反映职工的意见和要求并提出解决意见。对于职工的合理要求，企业、事业单位应当予以解决。工会协助企业、事业单位做好工作，尽快恢复生产、工作秩序。”

③ 参见黄越钦：《劳动法新论》，310 页，北京，中国政法大学出版社，2003。

这样置罢工权于法律保障框架下行使，让劳资双方进行自由对抗，增加对劳资纠纷后果的判断预期，既能有效规制劳资关系，又不会影响全社会的安定团结，同时也会使“隐性罢工”现象销声匿迹，否则，突如其来的“隐性罢工”和其他一些非理性维权现象的发生充满变数，会带来意想不到的损失和危险，非常难以驾驭。如 2008 的东航“集体返航”事件就蕴藏着非常大的风险，后果难以想象。其实，即使是合法罢工，在西方老牌资本主义国家如英国，也不是经常发生，其罢工率（统计学家以每 1 000 名雇员在罢工期间丢失的工作日的天数计算）也不高，这个数字在 2000 年是 20 天，英国的罢工率一直在下降，从 1991 年的 34 天到 1994 年的 10 天，尽管有时会有偶尔反弹，1996 年为 55 天。①

此次南海本田、南沙电装等公司工人出现的劳资矛盾，虽然国内媒体报道时大多用了“停工”二字②，一定程度上彰显了媒体对“罢工”一词使用的顾虑和害怕，但毫无疑问其本质上就是罢工。南海本田事件因劳资双方达成在现行工资标准基础上提高 34%的协议而快速熨平，其中不能忽视停工的巨大威慑力和破坏力。基于以上分析，目前我国劳动三权中两权不全，且对不全的其他两权深藏恐惧，即便如此，劳工还是自发地进行了本质上属于罢工的“停工”，罢工其实是让劳工用合法的渠道去集体而理智地宣泄自身合法的诉求。一旦罢工权合法之“治”得不到规范，往往累积起来就迸发成不讲游戏规则的“乱”，必将诉诸极端强烈方式，如 2008 年东航“集体返航”事件、2009 年“通钢悲剧”事件、富士康“N 跳”事件，等等。正如一位媒体人所言，允许罢工的存在、正确认识和理解罢工的意义和作用恰恰是为了减少罢工的产生。③回到工资集体协商的层面，在《工会法》、《集体合同规定》、《劳动合同法》、《工资集体协商试行办法》及《行业性工资集体协商工作的指导意见》等诸多指导工资集体协商法规的规范下，工资集体协商理应发挥其应有的作用，但事实上推行工资集体协商面临着相当的阻力，譬如人们一再提到的“企业不愿谈、职工不敢谈，工会不会谈、不能谈”，等等。④ 笔者称其为工资集体协商之“魔咒”现象。笔者认为，从工资集体协商权利保障角度看，原因在于我国劳工的“权”与“器”的缺失——劳动三权的不明确，尤其是团结权无法可依、罢工权的明确合法化无可预期，正所谓“权”不硬，

① See A. C. L. Davies, *Perspectives on Labor Law*, Cambridge University Press, 2004, p. 218.

② 参见郑猛：《南海停工样本》，载《财经》，2010（12）；吴娓婷、陈勇：《广州电装停工 72 小时事件》，载《经济观察报》，2010-06-28，10 版。

③ 参见刘戈：《“罢工”有那么可怕、可憎吗?》，载《经济观察报》，2010-06-28，58 版。

④ 参见夏梓：《工资集体协商如何打破阻力》，载《人民日报》，2010-06-09，9 版。

"器"不利，使得劳工难以在工资集体协商时挺起腰板、理直气壮，在势均力敌的谈判平台上从容协商工资问题，总显得有点底气不足、怯懦不前之嫌。"职工不敢谈"除了资本稀缺、劳动力过剩的市场因素外，法律方面权利的欠缺才是最要命的。一方面，我们毋庸置疑地承认处于弱势地位的劳工的合法权益理应得到维护，否则，我国也不会在2007年一年里连续推出《劳动合同法》、《就业促进法》及《劳动争议调解仲裁法》3部保护劳工权益的法律，这在共和国的历史上可谓空前；另一方面，我们又迟迟不从法律上明确承认劳工自己能够有效维护自身权益的团结权和罢工权，从2010年政府对待罢工行为的反应上可以看出，罢工行为事实上被容忍已经成为现实，造成其被模仿的速度和范围迅速扩大。这不能不说是一种悖论。长期研究中国《工会法》的日本专家向山宽夫教授曾一语中的地写道："中国正处于从把罢工等正义行为作为违法行为加以法律禁止的'法禁时代'，向原则上承认争议为合法、并把它作为劳动者的权利（争议权）加以承认的'法认时代'过渡的时期。这一过渡时期是法律既没有禁止争议行为，也没有保护争议行为的一个'放任时代'。"①

三、工资集体协商的主体考——工会的"质"与"度"和企业的"为"与"负"

工资集体协商的劳方主体通常是工会，而资方主体一般是雇主组织（或雇主）。所谓工会的"质"，是指其存在的本质和目的。劳工组织工会，本来就是以劳动条件之维持与改善、经济地位之向上为目的，而与雇主处于对等地位进行交涉、协商。② 无论是从大陆法系还是英美法系对工会的定义中皆可明了。史尚宽先生将工会定义为："以劳动条件之维持改善为目的之永续的结合团体"③，黄越钦先生定义为"工会是由劳动者为劳动条件之维持与改善以及经济地位向上之目的，依民主原则所组织的永久性团体"④。德国《集体合同法》将工会定义为"工会是雇员的自愿联合体，其目标是改善其成员的工资和其他劳动条件"⑤。韩国的《工会法》及《劳动关系调整法》将工会定义

① ［日］向山宽夫：《中华人民共和国の劳动组合法制》，载《国学院法学》，第33卷3号，1995，87页。转引自李立新：《劳动者参与公司治理的法律探讨》，259～260页，北京，中国法制出版社，2009。

② 参见黄越钦：《劳动法新论》，294页，北京，中国政法大学出版社，2003。

③ 史尚宽：《劳动法原论》，151页，台北，正大印书馆，1979。

④ 黄越钦：《劳动法新论》，259页，北京，中国政法大学出版社，2003。

⑤ ［德］W. 杜茨：《劳动法》，张国文译，22页，北京，法律出版社，2005。

为："由劳动者作为主体，自愿团结组织的团体或联合体，其目的在于维持和改善工作条件，提高劳动者经济和社会地位。"英国 1992 年《工会及劳动关系（巩固）法》将工会定义为："工会作为一个全部或大多数由一类或多类劳工组成的组织，无论是临时性抑或是永久性的，其主要宗旨在于代表劳工与雇主或雇主团体管理劳资关系。"[①] 美国工会运动自 19 世纪以来也一直坚守所谓的"商业工会主义（business unionism）"[②] 的信念。作为自治工会需具备自主性、纯粹性、明确的团体利益意识与民主性四个积极要件，还需具备的消极要件包括雇方代表不得参与——御用代表的避免、经费独立性、不得接受雇方在组织营运上的经费援助、仅可从事经济性活动等。[③]

理论上的工会角色和作用理应如此，在西方由自治工会进行的劳资集体谈判是改变收入和风险分配的一种方法与重要工具。在当下中国，不同行业、不同企业和不同职业中，劳动报酬差距过大的问题日益严峻，而其中劳资博弈的不平等是重要原因之一，工会作为会员和职工权益的代表，改变此种不平等的状况，理应发挥更大作用，但实践中工会的角色极其模糊与复杂，不少地方政府和国有企业领导视其为配合政府、企业各项工作的机构，忽略了工会本有的维权职能。工会在中国现代史中的角色与定位中一直处于演变而渐入尴尬的境地。早期在夺取政权的过程中，工会一直是中国共产党维护工人利益、发动工人运动、团结工人向资本家和"帝、官、封"作斗争的重要组织，但新中国成立之后，工会角色、作用的恰当定位成为备受困扰的问题。国营工厂是工人阶级自己的，因此工人为生产奉献就是为自己增加财富，工会的中心工作是与厂方"上下一心"发展生产。这在理论、逻辑上固然说得通，但随着新中国的成立，接受、创办了大量国有工厂，实践中工会既要与厂方一致以发展生产为中心，又是工人权益的维护者，这种内在矛盾却不易解决。[④] 此种传统对后来的工会立法影响颇大。我国 1994 年《劳动法》第 7 条第 2 款规定："工会代表和维护劳动者的合法权益，依法独立自主地开展活动。"明确地将工会维护职工权益作为其唯一职能，其实这正是回归工会与生俱来的特性，由此可见，1994 年《劳动法》对工会的职能定位是准确的。但

① A 'trade union' means an organization (whether temporary or permanent) which consists wholly or mainly of workers of one or more descriptions and whose principal purposes include the regulation of relations between workers of that description or those descriptions and employers or employers' associations. [TULRCA 1992, s 1 (a) .]

② 亦即工会的目的只在于帮助劳工争取更好的薪资与劳动条件，工会的目的并不在于从事政治意识形态的活动，以建立工人阶级意识、政党或国家。

③ 参见黄越钦：《劳动法新论》，260～261 页，北京，中国政治大学出版社，2003。

④ 参见雷颐：《工会角色的历史追溯》，载《经济观察报》，2010-06-28，49 版。

2001修正的《工会法》将工会职能扩充至4项：维护职能、参与职能、教育职能、建设职能。[①]《工会法》第6条第1款规定："维护职工合法权益是工会的基本职责。工会在维护全国人民总体利益的同时，代表和维护职工的合法权益。"现行的制度设计使工会维护国家利益、企业利益的目标比较容易落实，而维护劳动者利益的职能较难落实。作为工人的代表，工会的团结与维护功能本来是占据首位的，但现在大多数工会在职能上出现了一些错位。在一些国有企业，工会主要承担的是拾遗补缺的福利分配的责任；而在一些私营企业，工会的职能甚至只在动员工人加班生产的时候才得到显现。[②]工会一方面担负着维护职工基本权益的职责，但另一方面维护国家的总体利益是工会的前提，处在夹缝中的工会只能作为双方的有限代理，这恰似一辆马车在一条指定的路径（维护国家的利益）上，主方向是维护职工合法权益，三个支方向分别是参与、教育及建设职责，其行走之艰难可想而知。无论是20世纪80年代的常州、潍坊经验，还是深圳蛇口、河南信阳模式，抑或是21世纪的义乌模式，皆揭示了工会维权的艰辛历程和困境。

现实中由于地区、行业、职业等的不同，各个具体的工会组织之间是存在差别的。而市场经济的发展，民主政治的完善，催生了多元化的利益群体，多元工会的发展趋势明显。尽管2001年修订的《工会法》第3条确认了劳动者有依法参加和组织工会的权利，《劳动法》第7条规定劳动者有权依法参加和组织工会；工会代表和维护劳动者的合法权益，依法独立自主地开展活动。但这种以中华全国总工会为最高代表的一元制工会体系，自上而下建立，使得中国工会形成了上强下弱的格局，即工会有庞大的组织，在中央层面有很高的运行效力，但基层工会却很弱，常常流于形式。这种格局正好与用人单位的下强上弱形成反差，即用人单位在基层显示了资本强大的控制力，但在中央缺乏有效的代表。这种上强下弱的格局使基层工会的团体意志常常不是来源于职工个体意志的整合，而是上级工会的布置，从而导致对内缺乏有效的整合，对外也难以进行真正的代表。[③] 工会自身的非独立性和背负众多甚至相互冲突的利益诉求难以满足现实中各类劳动者真实的权利救济的需求，代表劳动者进行集体协商往往沦为形式。虽然现实中集体合同的签订率较高，但鲜有代表劳动者的工会与用人单位之间的对抗性博弈，一元化的工会体系与多元化工会的发展需求之间的矛盾，使得工会帮助劳动者真刀真枪维权的

---

① 参见《中华人民共和国工会法》第5、6、7条。

② 参见董保华：《十大热点事件透视劳动合同法》，80页，北京，法律出版社，2007。

③ 参见董保华：《劳动争议处理法律制度研究》，160～161页，北京，中国劳动社会保障出版社，2008。

现象很少见，甚至成为工会维权的一大障碍。

可见工会的“质”天生要求工会必须仰赖自身的经费专一地从事职工维权，不能演绎多元化的角色和背负太多的职能，否则便会陷入地位尴尬、角色冲突、两边受气的困境，从而造成集体协商虚化，没有公信力，而现实恰恰是一元化的工会要能满足代表多元化的劳工利益诉求、承载着相互冲突的角色期望，其会费由企业财政统一划拨，在企业主眼里，还是老板在支付会费，这“等于花钱请来了打自己的打手”，酷似戴着镣铐跳舞，维护工人权益的效果自然难如人意。这不能不说是另一个悖论或困境所在，难免不发生失位与错位之态：2010 年南海本田事件之初并不见工会（包括公司工会、南海区总工会或狮山镇总工会）踪影，继而倒向资方，并与工人发生肢体冲突，险令事态扩大。工人后来在其 6 点要求中，鲜明地提出“重整工会”的诉求。[①]此类工会倒向资方甚至代表资方的事情在中国时有发生。[②] 其实这样的制度性悖论不解决，同样的事情就不可能杜绝。

工会的“度”是指强（弱）势工会行事的分寸和尺度。工会是一种卡特尔。与任何卡特尔一样，工会是劳动力出卖者共同行动以希望发挥其共同市场势力的一个集团。在市场经济国家里，当一部分未加入工会的工人单独地与其雇主讨论工资、津贴和工作条件时，加入工会的工人是作为一个集团这样做的。工会与企业就雇佣条件达成一致的过程即是集体谈判。在一般情况下，卡特尔成员之间的公开协议是非法的。当出售相似产品的企业达成协议，确定一个高价格时，此种协议就被认为是“限制交易的共谋”而受到反垄断法的制裁。与此相反，工会不受这些法律的限制，因为决策者相信，工人在与雇主谈判时需要更大的市场势力。实际上一些政府制定的各种法律都鼓励建立工会，如美国 1935 年《全国劳动关系法》禁止雇主在工人努力组织工会时进行干预，并要求雇主以高度的诚信与工会进行谈判。全国劳工关系委员会是实现工人组织工会权利的政府机构。总之，经济学家对于工会这种卡特尔对经济是好是坏并没达成共识，与诸多制度一样，工会是把双刃剑，有利有弊。[③]

工会的强弱与劳动三权的有无紧密相关，当然也与其自身的组建形式相关，其形式通常可分为企业工会、职业工会与产业工会等，其强度依次增加。

---

① 参见郑猛：《南海停工样本》，载《财经》，2010 (12)。

② 笔者在百度中输入“工会主席代表资方诉讼案一览”，相关网页有 10 200 篇；在 google 中输入“中国工会主席代表资方诉讼案一览”，相关网页有 10 500 篇，虽然其中不是所有的网页皆是精确相关，但不乏像“工会主席代表三鹿应诉”之典型案件。

③ 参见［美］曼昆：《经济学原理》，5 版，梁小民、梁砾译，126～128 页，北京，北京大学出版社，2009。

企业工会因为在单个企业建立，与雇主处于“单挑”之态，若工会不强，自然有点势单力薄之感；职业工会在中国大陆常称为行业工会，系联合同一职业或行业工人所组成，会员间工资相差不远，比企业工会力量强大，容易与雇主进行工资集体协商，达成工资专项集体合同；而产业工会乃是一种产业组合，将同一产业内各部分不同职业（行业）的工人组织起来，如造船厂内所有木匠、铁匠、油漆等部门工人联合成立的造船产业工会，力量虽然更加庞大，但鉴于各种职业工人自有其工会，彼此利益不同，因此与雇主的工资集体协商反而有些难度。我国当前允许建立中华全国总工会领导下的行业工会和产业工会，如浙江温岭模式中组建了羊毛衫、水泵、轴承等 7 个行业工会进行行业工资集体协商，2001 年的《工会法》第 10 条第 4 款规定：“……同一行业或者性质相近的几个行业，可以根据需要建立全国的或者地方的产业工会。”但我国《劳动合同法》第 53 条之规定，并没有赋予产业工会缔结集体合同的权利，行业工会也仅在县级以下区域享有与企业订立集体合同的主体资格。

如果说工会的“质”决定工会应该为何而生，那么工会的“度”则说明工会该如何作为。没有工会或工会太弱势，难免会产生“血汗工厂（sweatshop)”，妄谈工资集体协商；若工会太过强势，企业难免不受其害。一般而言，欧洲、日本的工会比英美的工会发达，其依然保持着更大的影响力，而在美国，汽车、钢铁等传统制造业中的工会又比零售业等“灵活就业”部门的工会发达，美国三大汽车公司昔日曾因与强势的美国联合汽车工会间的集体协议而获得“高福利企业”之名声，今朝在金融危机中遭受重创，却成为“福利太高之弊”之典型。据通用公司声称，在其每一辆汽车价格中，有 1 500 美元用来支付其员工和退休员工的养老金。工会之弱强在某种程度上决定了工资集体协商的深度和广度，从“血汗工厂”到共同约定乃至共同决定依次呈现。西方发达的市场经济国家判定是否属于“血汗工厂”，并不仅限于企业对工时、工资、福利、劳保等劳动基准法的遵守，其关键因素就是看是否存在以自治工会为基础的劳企集体谈判机制：如 19 世纪末 20 世纪初出现的福特制、泰罗制和流水线作业都被经常当成“血汗工厂”的典型，但是到 20 世纪 40 年代历经美国汽车工人工会和汽车公司的集体谈判后，此种制度安排不再被称为“血汗制度”，而是劳资两利的制度，这些汽车公司的工人也普遍被视为美国的“强势工人”甚至“贵族工人”。当然，如今这些公司的困境已经引起了人们对工会太过强势的批评，认为不再是“劳资两利”，而是劳资两亏了。但无论如何，它绝不是“资利劳亏”的“血汗工厂”已经成为共识。[①] 而在工会最为强势的欧洲国家，工会与企业之间不再满足于自由的集体谈判阶段，而已迈步跨入当今世界工人参与管理、劳资合作的最高层次——社会对话（social dialogue）阶段，从共同约定到共同决定。而多数国家依其工会的强弱程度，仍停留在共同约定阶段。

目前我国的企业形式主要有国有企业、外资企业、私营企业等，国有企业可简单分为垄断国有企业和非垄断性一般国有企业两种，外资企业、私营企业一般称为非公有企业。在这些建有工会的不同企业里，其工会的“质”相同、“度”相异，工资集体协商的必要性可能不尽相同，从而中华全国总工会彩虹计划强调要针对不同企业进行工资集体协商的分类指导。现代劳资关系成为劳企（劳工与企业管理层）关系。鉴于所有权和经营权两权分离，即便在如今的西方私营企业，本来意义上的“资方”即资本所有者（股东）通常与劳工也不发生关系，与工人打交道的乃是企业管理层，其成员并非“资本家”，其与劳工的利益区隔也是很清楚的。在这一点上，国有企业、私营企业并无二致。股东通常是与经理人，而不是与工人进行利益博弈。国有企业的“股东”（全体国民或全国纳税人）与经理人的委托代理关系更加模糊，制约经理人更加困难，因而捉弄“股东”更加容易，垄断国有企业通过汲取“股东”的资源给“内部人”谋利的机制可能会淡化其内部的劳企博弈——就像华尔街那些主要不是靠“剥削”员工，而是以“吃”全球股东为能事的大型投资公司，尽管全球股东被捉弄得怨声载道，公司内部的劳企关系却通常不错。[②]美国学者曾对公司层面几大玩家——工人、高管以及股东——单独或联合就公司增值的不同分配的博弈形式（公司治理形式）作了归纳，在古尔维奇（Gourevitch）和希恩（Shinn）之后，可以确认 3 种博弈形式，每一种都有一个赢家和输家：(1) 股东 ＋ 高管 VS. 工人；(2) 高管 ＋ 工人 VS. 股东；和 (3) 股东 ＋ 工人 VS. 高管。古尔维奇和希恩将第一种博弈称为“阶级冲突”——此种博弈在 20 世纪早期流行，输家通常是工人。第二种博弈——我称之为“生产主义”——在二战后出现，经理层和工人们大多联合在一起精诚合作提高劳动生产率，取代了阶级冲突，股东利益遭轻视。第三种博弈——“机构资本主义”——出现于 1980 年后，机构投资者迫使高管关注股价，从而创造了一个连接股东和工人股东的纽带，而工人股东通过直接持股或年金计划成为股东。但机构资本主义并非今日唯一之博弈形式。阶级冲突形式崭露头角，因为中产阶级工人仅持有少量股票，而诸多高管受股票期权驱动已决意与股东共命运。也许今日最流行的博弈形式可谓“所有人对

① 参见秦晖：《“血汗工厂”辨析》，载《经济观察报》，2010-03-08，46 版。
② 参见秦晖：《“血汗工厂”辨析》，载《经济观察报》，2010-03-08，46 版。

抗所有人的斗争（war of all against all)”：高管剥夺股东和工人；股东也对高管和工人以牙还牙。然而占广泛多数的工人是毫无斗争力量的，其结果就是造成收入不平等和经济停滞。第四种博弈形式，是在有强势工会的北欧和日本，其工人、高管和股东之间已经形成一种相对合作型关系，可称之为关系型资本主义，或戴维·索斯凯斯（David Soskice）所称的“协调式市场经济(the coordinated market economy，CME)”。协调式市场经济作为第四种博弈类型，是针对所有人斗争的对立面，在这种协调式市场经济体的联合治理模式下，劳工所得份额较之其他模式为高。[①] 由此可见，集体谈判作为改变收入和风险分配的一种方法成效显著。在我国垄断国有企业内部，分配机制也存在诸多问题。调查显示，石油、电信等垄断国有企业内部的收入差距已经接近五倍，差距最大的为石油行业，个别企业最高收入与最低收入者的差距接近百倍。此外，同工不同酬的“重灾区”就是国有企业。这些足以说明国有企业成为工资分配改革的重点区域，更需要引入工资集体协商制度。譬如上海就规定，经营者与普通职工工资收入差距 10 倍以上的国有企业、集体企业，应当开展工资集体协商。[②] 而作为非垄断性的一般国有企业，其劳企关系与一般竞争状态下的非公有企业一样，其双方利益的区隔与博弈不能忽视，尤其是在几年前的“抓大放小”过程中被视为包袱丢给社会，其在改制过程中劳企关系更容易尖锐化，迫切需要代表工人利益的机构，如工会等，脱离经营者控制，成为真正表达工人诉求的自主性组织来进行工资集体协商，改变和调节工人薪酬与管理层的巨大差距，“通钢事件”即是典型例证。而在非公有企业中，工会的建会率很低，有的中小企业甚至连国家的劳动基准都没有遵行，行业性工资集体协商亟须推广。

而工资集体协商的另一方主体——雇主组织（或雇主），是为抗衡劳动者而建立的团体，目的在于凭借团体之势力与工会相抗衡，维护雇主的利益。雇主组织在工资集体协商中的首要问题是如何确定其谈判主体。在中国，目前雇主形式主要有企业联合会、企业家协会、行业协会、商会、行业总公司、工商联等，其中中国企业联合会是国际劳工组织和中国政府承认的中国雇主的代表性组织，但在当下中国多种所有制企业共存的背景下，要确定谁作为与工会进行工资集体协商的代表，还是存在一些困境。前已述及，在目前的法律框架下，大多是企业工会与单个企业进行工资集体协商，缔结企业工资集体合同；或行业工会出面，与相关协会签订县级以下行业性工资集体合同。

---

① See Sanford M. Jacoby, “Finance and Labor: Perspectives on Risk, Inequality and Democracy”, *30 Comp. Labor Law & Pol'y Journal* 17—66 (2008) .

② 参见黄小伟：《工资集体协商中的另类歧视》，载《经济观察报》，2009-07-27，16 版。

在国有企业、外资企业、私营企业并存的经济现实中，在企业层面的工资集体协商中，非公有企业的雇主角色虽然明确，但因为建会率较低，另一方主体有时则不存在。而国有企业的雇主究竟是谁，则成为工资集体协商中一个令人困惑的问题。国有企业领导常常认为自己也是工人阶级的一分子，和职工并不存在利益对立，而且有关工资等问题可以拿到职代会上去讨论，无须谈判。此时的工会要么回避问题，要么搞形式上的谈判，签订表面化的合同，造成我国集体合同的签订率表面上看都较高，但其真正现状并不是很好的局面。工会是维护劳动者权益的，而我国劳动法对劳动者并未进行分层，从底层劳工到公司高管都是劳动者，都享受相关劳动法规的保护，范围太过宽泛，不利于对真正底层劳工之保护。有些国家如美国1935年的《瓦格纳法案》为提升劳资双方集体谈判的平等和工业和平，将公司管理层、经理人、涉密员工等，因其参与制定和实施管理政策或在劳动关系中行使管理职能而排除在该法保护之外。[①] 日本《工会法》明确指出，工会不包括公司负责人员，有录用、解雇、提升和调动的直接权限而居于监督地位的人员，接触资方劳资关系计划、方针等机密事项而对雇主负有忠诚义务的人员，代表资方利益的其他人员等。韩国《工会法》把高级管理人员列入雇主的行列，规定允许雇主或代表雇主利益的人加入的组织不得成为工会。加拿大等国的规定也大致相同。[②] 对劳动者的合理分层有利于工资集体协商的真正开展，否则，身为雇方管理层又是工会成员或代表，自己跟自己进行工资集体协商，其间的悖论可想而知。

而在行业、区域集体谈判中，雇主组织也存在缺位问题。雇主组织主要在行业或地方一级进行谈判，原则上雇主组织作为谈判主体理应得到雇主成员的授权，雇主组织代表雇主利益与工会谈判，按照集体合同法理，所达成的协议对其雇主成员具有约束力。与我国工会上强下弱的格局相反，我国企业呈下强上弱的格局，中国企业联合会虽是国际劳工组织和中国政府承认的中国雇主的代表性组织，但与强有力的中央级工会组织相比，其代表性和会员数量方面实际上要弱得多。尽管中国企业联合会在加强组织能力、代表各类雇主方面作了巨大的努力，但企业经理人倾向于视其为与政府接触、配合的可利用的渠道，而不是劳动关系领域中雇主之代表。[③] 这样一来，工资集体协商的两个主体，一个是上强下弱，另一个恰好是下强上弱，加上工会的质

---

① See NLRB v. Bell Aerospace Co. Div. of Textron. Inc., 416 U. S. 267, 288 (1974); NLRB v. Hendricks County Rural Elec. Membership Corp., 454 U. S. 170 (1981).

② 参见李立新：《劳动者参与公司治理的法律探讨》，237页，北京，中国法制出版社，2009。

③ 参见上书，215～216页。

与度问题的困境、劳动合同法规定的行业工会的区域受限和产业工会权利受限，劳资双方之间工资集体协商虽说并非对立与对抗，工会进行工资集体协商也并非站在企业的对立面，但毕竟本质上是谈判，终难在势均力敌的平台上博弈，工资集体协商的实效大打折扣。

工资集体协商的雇主一方除了明确其代表主体问题，还存在“为”与“负”的问题。所谓“为”乃指企业的作为、义务或责任，而“负”则指企业的负担或减负。不是每个企业都愿意和工会进行工资集体协商的，任凭工会如何发出工资谈判要约，有的企业就是不愿谈，甚而不谈、不缔约。我国目前的相关劳动法规对拒绝进行集体谈判的具体法律责任规定尚付阙如。2000年的《工资集体协商试行办法》并无相关规定，而2004年《集体合同规定》第32条第2款规定：“……一方提出进行集体协商要求的，另一方应当在收到集体协商要求之日起20日内以书面形式给以回应，无正当理由不得拒绝进行集体协商。”《集体合同规定》第56条规定：“用人单位无正当理由拒绝工会或职工代表提出的集体协商要求的，按照《工会法》及有关法律、法规的规定处理。”而《工会法》只有第53条第4项规定：“违反本法规定，有下列情形之一的，由县级以上人民政府责令改正，依法处理：……（四）无正当理由拒绝进行平等协商的。”因此对拒绝谈判的具体责任如刑事责任或民事责任没有予以明确，而且最后此类问题一般还是交由行政、企业、劳动者三方代表组成的劳动关系协调机构处理，亦即通过三方机构协商处理，其规定之“软”可见一斑。如此严重的问题配之以如此“软”的法律责任条款，形成了鲜明的反差。而《劳动法》第84条第1款提到：“因签订集体合同发生争议，当事人协商解决不成的，当地人民政府劳动行政部门可以组织有关各方协调处理。”但这并不属于避而不谈的问题，只是在“谈”的过程中的争议，而对因履行集体合同而生之争议，《工会法》、《劳动法》及《集体合同规定》等皆有相关条款规定。诸如此类拒绝与有代表性工会作实质交涉之行为，在美国、日本、韩国等诸多国家都被视为不当劳动行为（unfair labor practice），要受到法律的惩罚。美国1935年《全国劳动关系法》第8条（a）款第5项规定：“雇主不得拒绝与受雇人依多数代表制确定之代表工会进行集体谈判。”① 违反该条将受到美国全国劳工关系委员会的审理和处罚。日本在二战后引入了美国的不当劳动行为制度，其《工会法》第7条第2款规定：“非有正当理由不

① Sec. 8 (a) It shall be an unfair labor practice for an employer——

…

(5) to refuse to bargain collectively with the representatives of his employees, subject to the provisions of section 9 (a) .

得拒绝劳工代表之团体交涉。”第 27 条规定：“违反上述规定之救济由劳动委员会调查、审问，而以命令决定救济请求之认许或驳回，雇主不服得向中央劳动委员会为再审查之申请，或请法院为撤销该命令之诉，不服中央劳动委员会之命令亦同。”韩国《工会法》第 39 条规定：“无正当理由拒绝与疏怠集体协议的执行或与工会代表或与工会授权的人进行任何其他的谈判为不当劳动行为，违法者要被处以 1 年以下的监禁或 1 500 万元以下的罚款。”因此为避免企业在当谈而无正当理由不谈的情形，宜将其定格为不当劳动行为而使其承担相应的法律责任。没有这样的“为”的义务规定和较“硬”的罚则条款，“企业不愿谈、不谈”的魔咒就难以破解。

企业不愿谈，甚而不谈，当然离不开企业的逐利性。劳动力成本的增加，自然会增加企业的压力，削弱其市场竞争力，这种市场经济条件下的矛盾和博弈在所必然。提高劳工的劳动报酬虽说并非总是工资集体协商的目的，但在多数情况下，尤其在经济向好时有此诉求，而提高劳动者报酬比例的办法，无外乎两个：一是少取，二是多予。

少取，既包括少取于个人，如可通过提高个税起征点或调整个税税率、降低个人的社保缴费比例以减轻其税费负担，也包括给企业减负。为何在工人频繁跳楼、停工事件接二连三发生的情况下，企业还是不愿加薪，最后迫于各方压力才被动给工人加薪，其中的一个原因乃是企业自己的负担也确实不轻。根据现行法律、法规和有关社会公共政策的规定，企业除承担工资和相关税负以外，还要支付的与工资总额挂钩的其他费用至少有：(1) 养老、疾病、失业、工伤和生育等 5 大社会保险费用，且 5 项是捆绑式、按企业工资总额的一定比例为职工缴纳。目前，上海、北京、天津、南京、杭州等地的社保费率平均在 41%～48%，其中企业承担费率高达 30.7%～37%，平均在 34%。这意味着企业每支付员工 100 元工资，其实际支出为 130.7 元～137 元，平均为 134 元，社保费与劳动报酬的比例为 1∶3。(2) 企业一般按照工资总额的 8%缴纳住房公积金。企业每支付 100 元工资，实际需要额外支付 8 元住房公积金。(3) 工会会费：按《工会法》的规定，企业应当按照工资总额的 2%提取工会会费。(4) 教育培训费用：根据《国务院关于大力推进职业教育改革和发展的决定》(国发［2002］16 号) 的规定，已办企业按照职工工资总额的 1.5%足额提取教育培训经费，从业人员技术要求高、培训任务重、经济效益好的企业，可按 2.5%提取，列入成本开支，该经费作为职工培训的专项经费，不得挪作他用。按照平均 2%计算，企业每支付 100 元工资，增加成本 2 元。(5) 残疾人就业保障金：根据我国残疾人就业保障的规定，企业应当按照工资总额的 1.4%提取就业保障金，这意味着用人单位每支付 100 元工资，增加成本1.4元。由此可见，企业每投入100元工资，实际至少承担147.4元成本，工资以外的成本与工资成本的比例接近1∶2，其中社保费一项就占34%。由此可见，我国关于非工资成本与工资成本的高关联度及高配比性的规定，使企业，尤其是劳动密集型企业，工资增长不堪重负，缺乏提高劳动者工资的积极性。[①] 社会保障安全网的欠缺使劳工只能仰赖企业加薪来应对日益上涨的物价和高不可及的房价等生活成本，而企业却承载着诸多本应由社会担负的责任而叫苦不迭，沉重的负担往往使其望协商而却步。

多予，一是通过提高最低工资标准，在劳动和资本的分配关系中直接提高工资水平；二是通过完善社会保障体系等再分配机制实现财富转移，以求均等。2010年上半年，全国各地均大幅上调最低工资，以期为底层劳工加薪，但无数经济学研究已经表明最低工资法和失业率的正相关关系：最低工资法通过把不熟练与无经验的工人的工资提高到均衡水平以上而增加了劳动供给量，并减少了劳动需求量，其所引起的过剩劳动供给代表失业。[②] 美国最低工资研究委员会的调查表明，最低工资上升10%，会导致年轻非熟练工人失业率增加1%～3%。此研究结论令人悲哀之处在于，最低工资法旨在保护弱势群体，最后伤害的，恰恰是弱势群体。这不能不说是一大悖论。因为其所真正冲击的，其实并非那些利润丰厚的跨国大公司，而恰恰是那些本来利润就微薄的代工企业、劳动密集型企业、小餐馆、小百货店、小农场等，一旦企业因抬高劳动力成本破产，或者不得不通过裁员来维持低运行成本，弱势劳工就从倒霉走向更倒霉了。鉴于最低工资法的“副”作用，早在1938年，美国罗斯福政府在首次提出最低工资法案的同时，也建立了一系列增加就业的“对冲”配套措施，如著名的“工人进步项目”，通过大量的公共工程来增加就业机会，抵消最低工资法对就业率的冲击。后来美国在通过完善福利制度，来缓冲失业对个人带来的经济危机的同时，同样为最低工资的不断上升提供了配套制度。在美国2007年联邦最低工资法案的修订历程中，民主党力主将联邦最低工资提高到7.25美元/小时，而共和党则力推增加小企业减税条款，最后双方各有所妥协，参众两院通过该法案，最低小时工资从5.15美元增加到7.25美元，但同时在5年内给小企业减税48亿美元。[③]

所以，在通过最低工资法来提升劳动者报酬的同时，还需给企业减负，包括给企业减税（费），需要制定诸多化解最低工资法副作用的“对冲”配套政策，比如给中小企业减税、支持发展劳动密集型产业、强化福利制度、建

---

① 参见沈同仙：《“民工慌”演变为“民工荒”反映的法制缺失》，载《法学》，2010（1）。

② 参见曼昆：《经济学原理》，5版，梁小民、梁砾译，132页，北京，北京大学出版社，2009。

③ 参见刘瑜：《民主的细节》，14～19页，上海，上海三联书店，2009。

设公共基建项目、加强劳动力培训等，以保证其就业率，否则，劳工连工作都没有了，何来劳动报酬的提高！可见只有真正给企业减负，工资集体协商的魔咒现象之一——“企业不愿谈”才可能有所改观。

四、工资集体协商的模式考——双边机制的孱弱 V. 三方机制的不足

其实，集体谈判的词义本身有广义与狭义之分。广义上的集体谈判是指既包括劳资双方又包括政府部门在内的主体就有关劳动问题达成广泛共识、谋求对策、准备或推行相关政策的所有双边或三方商讨行为，最终努力达成妥协，但并不必然要求缔结有约束力的协议。该广义内涵的本身就包括了所有形式的协商、协作和协调。而狭义上的集体谈判则通常限于劳资双方集中于达成无论是事实上、道义上抑或是法律上有拘束力的集体合同的双边磋商、谈判行为。后者通常即劳动法意义上的集体谈判。[①] 工资集体协商的双边机制本是最能体现劳动法私法特性的一面，通过双方的对等博弈，达成正常的工资增长机制、分配机制和保护机制，又兼顾企业的可持续发展，从而实现劳资双赢的局面，实乃理想的改变收入和风险分配的方法之一。政府可不加干预，以工会为代表的雇员团体与雇主组织就包括工资在内的雇佣条件条款和劳动条件条款进行充分的博弈，最终达成集体协议。

在英美法系的英国，理论界和司法界的主流观点认为，集体协议对工会和雇主均没有法律约束力，协议双方不可能通过法律来强制执行集体协议。协议完全靠双方的自觉和力量去履行，法院和政府皆不插手。政府相信双方各自拥有足够的力量和制裁手段去督促集体协议的履行，任何的法律制裁措施只可能使局势变糟糕和延长劳资冲突，让双方自身采取对生产和收入影响最小的方式去解决双方的分歧。而大陆法系的法国、德国、意大利、挪威、芬兰等国则认为，集体合同也是一种债的发生依据，按照“契约必须严守”原则，双方皆须履行合同约定之义务，否则要承担违约责任，个别劳动合同只有在规定了比集体合同更为优越的条件时方可取代集体合同之规定。这种观点被国际劳工组织吸纳。[②] 可见英国崇尚自由博弈，政府在此领域尽量少加干预，这多少是受了誉称为英国“集体谈判之父”的奥托·卡恩·弗罗因德

---

① See Roger Blanpain, *European Labor Law*, 11th revised edition, Kluwer Law International, 2008, pp. 700-701.

② See Simon Deakin and Gillian S. Morris, *Labor Law*, fourth edition, Hart Publishing, 2005, pp. 65-69.

（1900—1979，Otto Kahn-Freund）倡导的集体自由放任主义原则的影响，其关键在于谈判应该集体和自治地进行。而在当代英国，有学者认为，集体谈判作为规范原则的疲软彰显了政府推进公共利益的不足。这与欧陆国家学者的观点接近。[①]欧陆等国则将之上升至合同法角度，更多地强化政府的干预。欧洲著名的劳动法专家罗格·布兰佩因（Roger Blanpain）认为，自治的集体谈判构成了多元民主社会的前提，“多元”意指更多的机构和个人参与到社会决策和规则制定中来。[②] 成功的双边机制需要政府从推进社会公益的角度去赋予劳动者进行集体谈判必需的劳动三权，以增强对等的谈判能力和实力。政府要发挥超然的居中协调和适时干预的作用。这也许正是促使国际劳工组织更多地吸收大陆法系诸国对集体合同效力所持的观点的原因。

我国的工资集体协商双边机制呈现出孱弱的特点，原因是多方面的：工会方面，整个系统上强下弱的格局，行业工会和产业工会的区域受限与权利受限，劳动三权的欠缺，劳动者概念和范围的模糊，工会的组织定性，职能定位与财产独立问题，一元工会与多元需求的矛盾，工会代表的身份混同而致的角色混同，拒绝集体协商具体罚则的缺乏与过重的企业负担，雇主组织发育的不完善与缺位以及政府定位的偏差等因素往往交叉影响、共同作用，构成了工资集体协商双边机制的困境。

（1）工会系统的上强下弱与雇主组织下强上弱的格局使得双方始终不能在对等的水平上博弈，工资集体协商大多发生在企业工会与单个企业之间，局部出现“工（会）弱企（业）强”的态势。（2）劳动三权的欠缺，使得劳工并无斗争的“力”与“器”。行业工会的区域受限和产业工会的权利受限，使得更大范围的区域性集体合同与行业性集体合同难以达成。工会“上强”的优势得不到很好利用。2010年7月20日，中华全国总工会集体合同部部长张建国在接受人民网访谈时提到，将通过“上代下”、“上派下”的方式，扩大工资集体协商覆盖面，直接参与企业的集体协商工作，破解中小企业开展工资协商难、协商能力弱的问题[③]，可望更好地发挥目前工会“上强”之优势。（3）工会的组织定性、职能定位与财产独立使得工会维权力不从心，处境尴尬，只能是双方的有限代理。（4）劳动者分层的缺失往往导致工会代表身份的混同而得不到工人的身份认同，最终导致维权时的角色混同，日益丧

---

① See Ruth Dukes, “Otto Kahn-Freund and Collective Laissez-Faire: an Edifice without a Keystone”, 72 *Mod. L. Rev.* 220—246 (2009).

② See Roger Blanpain, *European Labor Law*, 11th revised edition, Kluwer Law International, 2008, p. 702.

③ 《就工资集体协商专访全总集体合同部部长张建国》，载人民网，http://acftu.people.com.cn/GB/67583/12192845.html，访问时间：2010-07-22。

失工人的信任。(5) 一元工会与多元需求的矛盾，一方面使得工会的“扩面”变得缓慢而艰难，从而使得非公有企业中没有建会企业的工资集体协商成为真空地带。此外，这种对需求的“单一主义”(solitarist) 认识，正如阿玛蒂亚·森 (Amartya Sen) 所言：“这样一个单一划分的世界比我们所实际生活其中的多重而有差异的世界更具分裂性。它不仅与那种过时的，认为‘我们人类大体上一样’的信念（这种观念常被不无理由地讥讽为过于幼稚）相悖，而且也与另一种较少受到关注但更为合情合理的观念相悖，即人们之间的差异是多种多样的 (diversely different)。在当代，实现世界和谐的希望很大程度上取决于我们对人类身份多重性的更为清晰的把握，以及充分认识到，人们的这种多重身份是纷繁复杂的，并且坚决反对将人们按某一单一的、鲜明的界限来进行划分。”① 可见，尊重多元的利益诉求和多元身份是谋求和谐的前提。(6) 雇主组织发育的不完善与缺位使得高层次的工资集体协商无从谈起，雇主拒绝集体协商时具体罚则的缺乏又让企业更加肆无忌惮，工资集体协商的硬约束力不强，而过重的企业负担则使企业缺乏工资集体协商的主观积极性，所以双边机制能否成功的关键落在政府角色的倚重上，否则双边协商往往成为单边的一相情愿，其弱效性在所难免。此时若政府倚重于企业，则工资集体协商变得更难；若政府倚重于劳动者，则工资集体协商变得充满希望。至此工资集体协商双边机制的孱弱变得实实在在，以至于浙江温岭作为工资集体协商做得较好的示范地区，其相关工会主席也不得不发出诸如“仅靠企业工会解决不了问题”、“党委、政府推动很重要”以及“关键要培养非政府工会组织”等感叹②，实为切中要害之体会。工资集体协商的成功与否若最终仰赖于政府的倚重，则属于政府主导型的集体谈判模式，而此种模式反射出工会的弱势，因为当今世界大多数实行协调式集体谈判的市场经济国家，其背后都有相当强势的工会。

基于此，多种不同所有制企业里的双边工资集体协商各有特色：有着长期良好的工会基础的国有企业其集体合同签约率较高，但形式化严重，原因在于前文分析的诸多悖论、困境在国有企业里较为突出。国有企业鉴于其在中国经济中的权重和改革的必要性，理应成为工资集体协商改革试点的突破口，以期取得成功经验，给非公有企业起到示范作用；诸多非公有企业建会率低，工资集体合同签约率低，工资集体协商难度大，但鉴于其鲜明的雇主角色，可成为开展富有实质意义的工资集体协商的较好的试验田，劳资双方

---

① [印] 阿玛蒂亚·森：《身份与暴力——命运的幻象》，李风华等译，引言，3～4 页，北京，中国人民大学出版社，2009。

② 参见陈周锡：《温岭：样本也有烦恼》，载《经济观察报》，2010-06-14，10 版。

可以得到极好的操练。

因为孱弱的双边机制难以较好地完成工资集体协商的重任，工资集体协商在当下中国更多地演变为三方机制的使命。作为市场经济条件下产业关系处理的基本格局和基本法律制度的三方机制，全称三方协商机制原则或三方机制原则，具体是指由国家（以政府为代表）、雇主（以雇主组织为代表）和工人（以工会为代表）就以劳动关系为中心的社会经济政策的制定和实施所进行的有关交往的组织体制、法律制度及其制度运行的总称。[①] 三方协商机制原则作为劳动关系处理和协调的原则，得到国际劳工组织首倡并得到极力推行。该原则的总目标是促进公共当局与雇主组织和工人组织之间以及这些组织之间的相互了解和良好关系，以求发展经济或发展其中某些经济领域，改善劳动条件和提高生活水平。[②] 我国自 2001 年 8 月成立国家三方协商委员会以来，该机制在全国范围内得到了广泛的建立。我国当前的工资集体协商的三方机制则是指在政府的主导下，劳资双方（工会与雇主）展开工资集体协商以达成集体合同的议事机制。温岭模式中可以看到三方机制的影子，在组建行业工会和行业协会后，温岭实行由政府主导、工会出面、劳资双方参与的行业职工工资恳谈会，在当地政府、党委的推动下，如今的温岭已在轴承、泵阀等 15 个行业开展工资集体协商。[③]

致力于工资集体协商领域的三方机制，本质上应该属于广义上的自治集体谈判，而恰如欧洲著名的劳动法专家罗格·布兰佩因所认为的，自治的集体谈判构成了多元民主社会的前提，主体上需要独立和强大的民主工会、利益和责任取向下的雇主及其组织以及公平和政策导向下的政府，而当下中国极其强大的行政权和财税体制等因素往往容易导致政府越位和专权，不是充当了雇主角色，就是主导了工会的行动，加之雇主组织的缺位与嬗变、工会的脱位与畸弱[④]，使得我国当下的三方机制有时因主体发育的不完善而产生一定程度的变异。如曾有澳大利亚学者认为，投资偏好、地方腐败、工会建会

① 参见林燕玲：《国际劳工标准》，141 页，北京，中国劳动社会保障出版社，2007。

② See ILO R113 Consultation (Industrial and National Levels) Recommendation, 1960Article 4
…

4. Such consultation and co-operation should have the general objective of promoting mutual understanding and good relations between public authorities and employers' and workers' organizations, as well as between these organizations, with a view to developing the economy as a whole or individual branches thereof, improving conditions of work and raising standards of living.

③ 参见陈周锡：《温岭：样本也有烦恼》，载《经济观察报》，2010-06-14，10 版。

④ 参见张荣芳、王桦宇：《劳动关系中的"三方机制"研究》，载《珞珈法学论坛》，2005 (4)。

率低和法制不全是我国政府对劳资状况不热情和淡漠的主要原因。[①] 但实践中政府更多地表现出“重资轻劳”的倾向，双边机制的常态本是工会 v. 雇主，而现在在有些地方却变成了：政府 + 工会 + 企业 v. 工人，呈现出“三打一”的局面。很显然，这样的博弈形式下输家自然是劳工无疑。在前述系列停工事件中，不同的地方政府表现出不同的态度和应对之策。如在南海本田和本田制锁停工事件中，当地政府表现得中立、克制和理性，最终推动双方协议的达成。而在天津的丰田合成和江苏昆山书元机械事件中，政府则强力干预，前者表现为“驱赶行动”，后者表现为“警方劝阻”，本是因为涨薪而引起的纯经济诉求，政府本可在事前居间引导劳资双方妥善进行工资集体协商、达成协议之事，却演变为事后的强力介入，导致事情复杂化。故在中国当下囿于双边机制的孱弱，工资集体协商靠三方机制，政府的适位成为其成功与否的关键因素。温岭模式的一个重要经验便是政府重视工资集体协商，顾及劳资双方的真实诉求，因势利导，既不采行政强推方式，也不采西方的自由博弈形式，这样的态度比较切合目前法律框架下的中国实际：政府主导、工会出面、劳资双方参与行业工资恳谈会。

政府在三方机制中本应作为一个理性人，通过社会立法、实施劳工政策来提供一个使劳资双方能够在一个完善的法律框架下进行自由对抗的平台。正如我国台湾地区学者林佳和先生所言，集体劳动关系上强调“法律相对保障框架下的自由对抗”[②]，通过司法来实现和保障社会正义以及通过行政执法来预防和处理劳资冲突，实现公平法理理念、体现政府劳资和产业政策是政府在三方机制下的深层动因和主要取向，而这其中保持良好、稳定的劳资关系又是政府在劳工领域的最大目标；参与劳资协商、斡旋和调停并给予公力支持和救济是政府制衡劳资利益的一般途径，又是劳、资、政三方利益求同的主要方式。[③] 工资集体协商本是劳资双方双边博弈的过程和结果，而在中国大多却仰赖于政府的干预，成为三方机制的使命，这本身即说明我国工资集体协商双边机制的悖论和孱弱，也彰显在此领域的法制不健全。而靠政府主导或者引导的三方机制式的工资集体协商，正如中华全国总工会集体合同部部长张建国答人民网访谈时所言，使得“劳动关系矛盾化解的空间和可能性越来越小，有的企业内部矛盾呈现内部问题外部化、经济问题社会化、局部

---

① See Ying Zhu, “Globalisation, Foreign Direct Investment and Impact on Labor Relations and Regulation: the Case of China”, 16 *Int. J. Comp. L. L. R.* 5—24 (2000) .

② 林佳和：《台湾劳资争议调解制度的观察与分析》。转引自董保华主编：《劳动争议处理法律制度研究》，248 页，北京，中国劳动社会保障出版社，2008。

③ 参见张荣芳、王桦宇：《劳动关系中的“三方机制”研究》，载《珞珈法学论坛》，2005 (4)。

问题扩大化的现象，本来属于劳动关系双方之间的利益冲突，往往会演变为劳动者与政府之间的矛盾，由此导致的结果是政府屡屡充当‘救火队员’。这种化解劳动关系矛盾、冲突的方式不仅时效相对滞后、成本过高，有时效果也不理想”。可见，这种三方机制的不足往往会将政府拉扯进劳资纠纷，不仅赔了银子（替雇主埋单），还伤了人（工人）。这是当下中国工资集体协商的困境之一。政府如何在公平与效率之间找准自己的坐标和平衡点，为既不宜于行政强推，也不宜于不闻不问的劳资双方的工资集体协商在健全的法律框架下提供服务和监督，做实或重塑工资集体协商的双边机制，让劳资双方能够充分博弈而不需借助政府介入的三方机制，成为一个迫在眉睫的要务。

五、工资集体协商的责任考
——工会之责 ＋ 企业之责 ＋ 政府的“位”与“责”

其实在中国的工资集体协商过程之中或之外，工会、雇主和政府皆肩负一定的责任或义务。对工会之责，前已详述，此处不再赘述。而企业之责，既包括从大的企业社会责任（Corporate Social Responsibility）角度，要求企业履行包括善待员工、建立正常的工资增长机制、保护环境和节约能源、扶贫济困等义务，也包括从具体的集体谈判的法律架构层面要求其担负接受要约之义务，否则应视为不当劳动行为加以惩罚，此处不再展开论述。正如前所述，政府在当下中国工资集体协商中的角色、定位与责任对工资集体协商的成功与否至关重要，成为本部分探讨之重点。政府的“位”指其定位、适位，“责”指其责任。

在管理劳资关系、工作和生产的组织形式制度的形成过程中，政府干预的性质和措施至为关键。针对政府在管理产业关系中的合法作用方面，英国就存在卡恩·弗罗因德（1900—1979，Otto Kahn-Freund）的集体自由理论（theory of collective laissez-faire）和雨果·辛兹海玛（Hugo Sinzheimer）的经济宪章制度（the institution of an economic constitution/Wirtschaftsverfassung）理论，二者都认为对劳资关系的管理应由劳资双方去进行，但对双方应采取的自治措施持有不同看法：卡恩的集体自由论认为集体谈判过程是由谈判两方参与的一个极具私法属性的过程，工会和雇主不仅可以自由决定协商的内容，而且可以就其谈判方式、解释方式和执行方式等加以约定；而辛兹海玛的经济宪章论认为，经济管理完全是具有公法属性而非私法属性的事情，在集体谈判的双方商讨协议时，不仅要关注其自身的利益，同时也要考虑整个社会的需要，更何况谈判和联合管理是在政府界定的法律框架下进行的。辛兹海玛认为，此时的法律之作用，不仅在于促进对经济的自治管理，也在于对这一过程划定适当的边界。[①]

英国深受卡恩·弗罗因德的影响，基本上采取以集体谈判为主、以社会立法为辅的格局。可见即使在英国这样崇尚集体谈判至上的国家，也不轻视政府的作用，更不用说欧陆国家了。对于未建立工会的劳动者，或者虽建立工会，但集体谈判并未或不能涉及的内容，无论是基于社会连带理论抑或是其他，政府自然负有进行社会立法以保护此类劳工之责，以保证这些劳工理应享有的最低限度的公平待遇，诸如对劳工设定最低生活水准，保障不同种族、性别或宗教的劳工的公平和平等对待。此时的政府采取直接干预的形式，或“托底”，或“限高”。前者表现为最低工资法的制定，后者则表现为对最高工时的限定，保证劳工休假和禁止歧视等劳动基准法和社会保障法等方面的内容，以舒缓社会公平的畸形扩大。所以政府的“位”强调政府应该对自身的适位有着充分的认识，然后才能有的放矢地去作为，否则，不是越位就是失位或缺位。其位之所在，亦是其责之所在。

而在当下的中国，政府对自身的“位”与“责”的认识有时并不到位。首先，若想真正发挥工资集体协商的功效，鉴于资强劳弱的力量不均衡，政府必须通过社会立法，帮助劳工建立工会，赋予其劳动三权，提升劳方进行工资集体协商的对等谈判能力，构建一个双方力量相对均衡的谈判平台，规定雇主必须接受工会工资集体协商的要约，否则可能遭受不当劳动行为的惩罚；加快社会保险法的立法进程，改变目前社会保障制度逆向调节收入差距的现状，推动不同社会群体（包括劳工）的社会保障均等化，让社会保障的安全阀能够在一定程度上起到舒缓劳工的后顾之忧的作用，不使劳工把对房本位时代高物价和艰辛生活的改变仅期望于通过与雇主的工资集体协商来解决，以便在工资集体协商时能够从容应对，讲究技巧。当然，在增强劳方谈判实力的同时，也不能忘记给资方减负，否则有可能好心办了坏事。如 2010 年上半年，全国各地最低工资水准普遍上涨，鉴于最低工资的原理，在上涨的同时政府能否采取一些配套的“对冲”措施来克减最低工资带来的副作用，如给中小企业减税、支持发展劳动密集型产业、强化福利制度、建设公共基建项目、加强劳动力培训等，以保证其就业率，否则，劳工连工作都没有了，何来劳动报酬的提高。此外美、日等国规定，劳资双方的集体谈判不成而采取争议行为，若涉及不可欠缺的公用事业，而威胁到国家经济及国民之日常生活，或停工将“危及国民之健康或安全”时，相关政府部门可颁发禁令，在禁令规定的期限内不得采取任何之争议行为。这种称为紧急调整程序的制

① See Ruth Dukes, “Otto Kahnt, Freund and Collective Laissez-Faire: an Edifice without a Keystone?”, 72 *Mod. L. Rev.* 222 (2009).

度设计保证了停工不危及社会公共利益。[1] 可惜我们的政府在上述各方面的作为还存在不尽如人意的地方，无论是劳动三权未明确赋予、雇主拒绝要约时具体罚则的缺失，还是社会保险法的踟蹰不前和对企业减负的力度，抑或是紧急调整程序的规定等，都是应做而未做或未做好的方面，从而造成了工资集体协商制度的困境，直接导致工资集体协商双边机制的孱弱与失效，使得工资集体协商往往沦为形式。

反而言之，若政府将其应做之责做到了位，一些不该做的就不需做了，而现实恰恰是该做的未做，已经做的往往是不必做的。譬如中国各地政府往往发布本市的年度工资指导价，如北京市发布 2010 年企业工资指导线：基准线为 11%，上线（预警线）为 16%，下线为 3%。[2] 此类厘定工资指导线的现象彰显了中国当下工资集体协商形式化的现实。无论是企业工会与企业的工资集体协商，还是由行业工会出面进行的行业性、区域性工资集体协商，若真正进行工资集体谈判，根本不需要发布什么工资指导线。且不说工资指导线不能满足不同岗位、不同工种、不同行业、不同所有制用人单位决定劳动定额和工资水平的需要，工会不可能蛮不讲理而漫天要价，企业也不可能随心所欲地杀价而不讲仁义。正如有人所描述的，劳动关系酷似婚姻关系，劳资双方在一个家庭里吃饭共存，是一个利益共同体，闹得鱼死网破皆不是双方之意愿。工会往往事先要经过相对精确的成本测算和工价测算，温岭经验中即有此环节。其实任何一个成功的工资集体协商双方都早已是知己知彼，都有自己的谈判底线和上线，究竟最后是谈出底线或是上线或是处于两线之间的结果，则往往依赖于双方的谈判水准和技巧。当然，这一切必须建立在双方具有对等谈判能力和实力且谈判不成时备有斗争武器、政府定位准确并不随意干预或倚重于任何一方的前提下才有实际意义。而此时的所谓工资指导线难道不是越俎代庖、多此一举吗？政府一方面希望工资集体协商能够发挥其应有的功效，另一方面却不着力于找准自身应有的适位和履行其应有的职责，偏偏又做了一些不利于或者说不信任工资集体协商的事情。这不能不说是中国当下工资集体协商的另一种悖论和困境所在。

六、工资集体协商的观念考——消除针对工资集体协商的误读

集体协商和集体合同的概念来自 1995 年实施的《劳动法》，但该法规定

① 参见黄越钦：《劳动法新论》，329～333 页，北京，中国政法大学出版社，2009。

② 参见《北京发布今年企业工资上涨线 涨幅上限 16%》，载 http：//msn. ynet. com/view. jsp?oid=67408453，访问时间：2010-07-08。

的只是一种选择性选项，企业并无强制接受协商的义务。虽然此后 1995 年中华全国总工会发布的《工会参加平等协商和签订集体合同试行办法》、2000 年原劳动和社会保障部发布的《工资集体协商试行办法》、2001 年修订的《工会法》、2004 年原劳动和社会保障部发布的《集体合同规定》以及 2008 年实行的《劳动合同法》对集体协商要求的措辞日益趋硬，但总体上仍属于选择性规定，拒绝协商时具体罚则的缺失使其软法特性未改。这样一来，虽然工资集体协商制度在文本上不可谓不完善，但真正践行的企业很少，人们对工资集体协商制度依然很陌生，也对工会的存在和作用很陌生。无论是企业主、劳动者还是政府，对此都有着不同程度的误读。当央视记者采访温岭的诸多企业主时，他们对工会掺和进来进行工资集体协商一开始都表示了极大的反感和不解："工价和工资我们自己就可以搞定的事情，你工会来搞什么名堂?"新河镇羊毛衫行业工会主席陈福清在接受记者访谈时说："他们（企业主）对工会不太尊重，对政府有点尊重。"而当问及诸多劳工对工资集体协商制度是否了解时，劳工大多置若罔闻。[①] 100%的劳动者期望涨工资，但知道如何与老板谈判的人只有 7.2%，多达 54.2%的员工对工资集体协商制度一点都不了解。[②]

劳工对工资集体协商缺乏了解，有宣传不足和缺乏实践机会的原因，主要原因在于劳工脑海里并无工资可以集体协商的观念；而企业往往认为工资集体协商则意味着工人站在企业的对立面，其唯一的诉求就是漫天要价地涨工资，并不会考虑企业的困难；而政府往往以为工人要求"重整工会"就是要闹事，工资集体协商则会过高地要求涨工资，影响企业的长期发展，从而间接影响当地政府的 GDP 增长，破坏社会稳定，所以政府都忙着颁布本地的工资指导线，害怕突破其所规定的最高涨幅。有的政府深度介入，有的政府强势干预，反而将本属工人经济诉求的矛盾激化为社会群体性事件。凡此等等，都多少彰显了企业主和政府对工资集体协商的误读。对企业来说，首先应该消除的一个误读便是，进行工资集体协商并不是站到企业的对立面搞对抗。工资集体协商的核心就是建立平等协商的长效机制，不是劳资双方临时来谈问题，而是一个长期的、动态的沟通、协调制度。随着形势的变化，这个机制能够保证随时能就某些问题进行协商。至于协商的内容，不只是简单地商谈工资总额的增长，也可以协商制定本企业的最低工资标准、劳动定额和计件单价等劳动标准，还可就公积金与保险金的调整、培训、休假等福利

① 参见《工资可以协商吗?》，具体内容详见 CCTV 新闻频道 2010 年 7 月 24 日晚《新闻调查》节目。

② 参见《工资最低标准成企业最高 集体协商制知者少》，载 http：//msn. ynet. com/view. jsp?oid=67660924&pageno=6，访问时间：2010-07-14。

待遇等问题展开协商，重点在于使工资尽可能不降并保持适度增长。同时，在协商的类别上还可细分，效益好的企业如何谈，效益次的企业如何谈，困难企业如何谈等。其实工人也明白，企业好比是一只下蛋的母鸡，如果不留出足够买饲料的钱，母鸡就再也下不了蛋。劳动关系酷似婚姻关系的比喻要求劳资双方互谅互让，才能赢得双赢局面。这些都能充分说明劳动者最知晓企业的家底，能够通情达理地进行工资集体协商；况且目前中国的工会尤其是在基层总体上还是偏软，资强劳弱的格局短时间内很难打破，担心工人漫天要价其实是杞人忧天。

2005 年 6 月我国台湾地区明基公司并购德国西门子公司手机部门，但至 2006 年 9 月明基公司德国手机部门宣布破产，其中一个重要因素便是明基公司与德国劳方的集体谈判失败。西门子公司在未分割手机部门之前，面临亏损时，劳资双方进行集体谈判，当时劳方同意至 2006 年 6 月止，将每周工时由 35 小时提高到 40 小时而不加薪，同时减少部分员工福利，资方保证不闭厂、不裁员。可见劳方在企业遭遇困境时作出了体谅资方的让步。但自明基公司接手后，劳方认为当事人主体已变，要求重开集体谈判，要求应保证每周工时为 35 小时，并恢复员工被降低的劳动条件。鉴于德国工会的强势，德国《共同决定法》规定，2 000 人以上的公司，监事会成员应有一半为劳工代表，劳方进而得以参与企业并购之决策。且德国《企业组织法》第 87 条规定，如果法律及团体协约（集体合同）未有规定时，对于暂时性延长工时、缩短工时等，劳方也有共同决定的权限，并非雇主得以单方决定。可见在德国强势工会和工人参与公司治理的深度介入，劳方首先在与本国的西门子公司的集体协商中作出了有利于西门子公司的让步，而后在与明基公司的集体谈判中重新变得强硬，达成了不利于明基公司的集体协议，终使明基公司在 2006 年上半年亏损 75 亿元，且未见改善迹象而不得不宣告破产。① 2007 年广州市国研机械设备公司开始实行工资集体协商，当年该公司集体工资增长率为 5%。随后不久就遇到了世界金融危机，该公司产品出口遭遇“滑铁卢”。这时候，许多工人不愿意看到公司利润下滑，纷纷想办法到自己家乡推广产品。让公司领导层没有想到的是，就在经济最困难的 2008 年，企业的利润不降反升。这一年不少企业都在减工资，而国研机械设备公司的工资仍然增长了 3%。② 可见同一个工会，在法律的框架下，可示其强硬以至于鱼死网破，

① 参见陈彦良：《跨国性企业并购对劳动法制评估之缺漏——以明基西门子行动装置部门合并案为例》，载《台湾法学杂志》，2008 (112)。

② 参见陈彦良：《跨国性企业并购对劳动法制评估之缺漏——以明基西门子行动装置部门合并案为例》，载《台湾法学杂志》，2008 (112)。

也可作出理智的让步，双方共渡难关，皆大欢喜。但无论怎样，工资集体协商都不能简单地理解成总是站在企业的对立面要求涨工资。

其实各地政府发布工资指导线的行政指导行为有其积极的一面，但其规定涨幅上限的行为一方面体现了政府过度深入地干预工资集体协商，另一方面则体现了工会力量的孱弱，所以需要政府出面规定劳资双方工资集体协商的上下幅度，在保底与封顶之间去商谈。但这恰恰与劳资双方自由地在法律框架下进行博弈的集体谈判的精神背道而驰。前已述及，工会太强势，最终伤害的依然是工人自己和工会自身。工会太过强势以至于砸了工人的饭碗，工人也会用脚投票，如美国就出现了工人自发地抵制工会势力的奇特现象：许多工人自发地打出了“我们要工作，不要工会”的口号。美国工人的工会加入率也连年持续下跌，从二战后的33%下跌至今天的12%左右。① 中国福建顺大运动用品有限公司采用代表制的民主程序选举出来的工会，就并未走向与资方一味对抗的道路，相反，该公司工会委员中更激进、更主张对抗的人，因未能在工人中得到认同，最终离开了该公司。多年来，该公司工会与企业、客户、上级工会维持着正常的关系。② 工资指导线背后的逻辑虽与工资集体协商的本意相悖，但契合中国当下的实际，工会如果连政府规定的下限都谈不到，不如由政府直接规定涨幅下限。但这种规定涨幅上下限的行政指导行为，终究会妨碍劳资之间工资集体协商的充分博弈，若工会真的能够谈出超过上限的工资水平，政府何必规定一个上限呢？这彰显政府对劳资双方的工资集体协商既缺乏信心，又充满担心。此一方面希望工资集体协商发挥作用，另一方面又担心工资集体协商谈过了头的逻辑起点某种程度上反映了政府本身对工资集体协商也存在观念上的误读。观念上的误读造成了行为上的偏差，我们应该花力气培育维护劳工自身权益的组织，提升其谈判能力，而不是发布工资指导线。对于手无寸铁的弱势群体来说，最强大的资源莫过于自己的组织。弱者需要政府来保护他们，但是他们最需要的，是政府允许他们保护自己。③ 美国一工会人士曾颇有感慨地说：“只要我们拥有强大的工会，没有劳动法保护我们，我们也不怕；即使有了健全的劳动法，没有强大的工会，可能也是白搭。”话虽有点绝对，但其中的道理确实值得我们品味。我们应该相信劳资双方能够理性地进行集体谈判，谈出的工资会在政府发布的工资指导线涨幅限度内。中外的实践证明，劳资双方的工资集体协商一般不会太离谱。

---

① 参见刘瑜：《民主的细节》，48页，上海，上海三联书店，2009。

② 参见左林：《工会改革探路》，载《财经》，2010（16）。

③ 参见刘瑜：《民主的细节》，68页，上海，上海三联书店，2009。

七、工资集体协商的技能考——工会的“技”与“人”难如人意

前已述及，工资集体协商的魔咒之一便是工会“不会谈”，既缺乏工资集体协商的理念支撑和实践经验的积累，又缺乏相关人才，凸显工会在此方面的“技”与“人”难如人意。在工资集体协商的过程中，至少需要使用包含传统立场型协商（position based bargaining）与权益型协商（interest based bargaining）的技巧以解决问题。前者的特征在于双方立足于极端的立场，控制可能的信息，希望各自的需求可以最后在其“最后底线”上解决，表现其突出特点的劳资语言经常是“我们从来都是这么做的”、“高层不会同意那么做的”、“你越权了”等。假如双方没有强劲的说服力能够压制对方意愿的话，这种协商方式通常会使双方皆感失望。因此，传统立场型协商方式被认为是建筑在权力的基础上，以权力为基础的协商，劳资关系易受到伤害，并带来严重后果。而以权益为基础的协商指在协商过程中，双方公开交换信息，告知对方所关心、担心，或所需要被满足的议题为何，然后参与共同问题之解决，并且发展几个可能满足双方要求的方案，然后再依客观标准选择方案。这可以称为防患于未然的协商方法，关键是让双方合作，发展出诸多可能满足其利益的方法。而将立场与利益相比较，传统立场型协商方式没有弹性的需求，是仅代表一方的一种满足其利益的方法，这种没有弹性的绝对立场的呈现，辅之以权力为基础的协商方式来满足其诉求的做法，显得僵化而死板，自然难以取得成功。至于立场与利益比较的实例见下表。[①]

利益与立场的比较

立场	利益
我们要求在每一季结束时，发给每个员工奖金1 000元	希望能对我们之中一些表现较好的员工给一些激励
我们要求每个员工必须以每15分钟为一个单元，记录他们所做的每件事	为了使我们的激励措施能够建立一个框架，以达成目标，公司需要从员工身上建立其计算的基础
我们要求每周有两天可以在家工作	希望有弹性的工作安排，以便平衡我们的家庭与工作的责任

① 参见潘世伟：《美国劳资争议处理制度中预防性调解之概念与措施》。转引自董保华：《劳动争议处理法律制度研究》，258～262页，北京，中国劳动社会保障出版社，2008。

可见，在工资集体协商中，工会不仅要站稳立场，更要善于运用利益协商机制来巧妙地达成代表工人利益的诉求。工资集体协商能否谈出对工人来说理想的结果，在一定程度上仰赖于工会的谈判水准和技巧：会谈的，相逢一笑，达协议；不会谈的，相见即恨争端起。当下中国工会干部缺乏谈判和沟通的技能培训和以权益为基础的问题解决方法的训练，更谈不上平素注意运用帮助劳资双方建立信任感与沟通能力的预防性调解技能来协调劳资关系。因此，经验技巧的不足，造成“不会谈”或者谈起来“力不从心”的问题也比较普遍。而现实中工资集体协商较为成功的个案中往往都有一个善于与企业进行沟通的工会主席，化矛盾于未然。温岭模式中羊毛衫行业工会做得好，与善于上下沟通、认真负责的工会主席陈福清直接相关。这自然又牵涉到工资集体协商中主体之一的工会的“人”的素质问题，它要求工会干部具备深谙企业生产经营管理、富有集体协商的经验、兼具专业知识和谈判能力、敢于说话又善于办事等多方面素质。目前工会不乏满腔热情、勤勤恳恳为职工办事的干部，却缺少专业人才。面对新形势、新课题，工会干部往往“力不从心”，给工人以“工会只会办事务、搞活动，不能担当大任”的印象。[①] 因此，当下工资集体协商对工会的“技”与“人”提出了较高的要求，目前这两方面的状况都不尽如人意。好在中华全国总工会已充分认识到这方面的缺陷，中华全国总工会集体合同部部长张建国先生在接受人民网访谈时谈到中华全国总工会将从5个方面着手推动开展工资集体协商工作，其第五方面即是“要加强工会自身建设，提高职工协商代表能力素质……只有通过加强培训，着力培养造就一支工会工资问题专家队伍和高水平的集体协商指导员队伍，才能为不断扩大工资集体协商的覆盖面，提高工资集体协商的实效性，提供素质保证和智力支持。”中华全国总工会鼓励各地工会聘请熟悉法律、懂得政策、精通业务、善于协商的人员担任工资集体协商指导员，逐步形成“专、兼职”相结合的指导员队伍，力争培养一批工资集体协商的专家，推动工会干部职业化改革的措施旨在此方面有所突破，但这种外派的专家与内在的职工代表比起来，究竟能在多大程度上真正代表职工利益、真心为职工谋事，其效果如何仍有待观察，但无论如何，建立、健全专业性很强的集体协商指导员队伍可望使目前的状况有所改善。

而在企业一方，尤其是一些外资企业，曾在其国内经历了雇主与工会对抗的洗礼，基本上对于工会运动仍旧持排斥态度，这也是早先诸多外资企业拒绝在中国组建工会的情结之一，认为工会运动是对雇主私人财产权自由的

① 参见夏梓：《工资集体协商如何打破阻力》，载《人民日报》，2010-06-09，9版。

干预，因此，在法律的框架下催生了近代人力资源管理的发展，通过建立庞大的人力资源部门，建立现代化的员工沟通渠道、合理的薪资制度、充分的员工训练以及公平的绩效评估制度、员工的生涯规划以及建立所谓的企业文化等措施，企图避免其员工受到工会的影响，建立一个“无工会”的组织环境。[①] 可见，一方面其与员工进行协商的技能已达到一个较高的水平以至于让职工忘记了工会存在的必要性；另一方面也表现出对工会集体协商的一种反动，从而反射出工会一方必须强化工资集体协商的技能和人员素质的培训，方能与企业进行较为对等的工资集体谈判。

八、结　论

在当前的形势任务之下，全面推进工资集体协商具有特殊意义。因为工资作为民生之源，是职工最关心、最直接、最现实的利益问题，是劳动关系的核心所在。工会履行维护职工合法权益基本职责，一个重要方面就是要推动解决职工工资分配问题。衡量工会工作成效的一个重要标准，就是工会在推动解决职工经济利益，特别是工资分配问题上作用发挥得如何。[②] 对于日趋重要的工资集体协商问题，笔者作为一位研习劳动法之教师，针对当下工资集体协商存在的魔咒现象、悖论与困境所在，侧重于工资集体协商主体的工会一方，立于劳动法及国际劳动法之视野，围绕工资集体协商之权利的赋予、主体的分析、模式的特点、责任的承担、观念的误读、“技”与“人”进行了冷静而客观的分析。虽觉问题不少，但中华全国总工会和全国人民已经认识到问题之所在，工会改革已在探路，虽缓慢却在前行，中华全国总工会也已经为破解工资集体协商的困境做好了一些规划。但这里分析的问题能否都能有所改观，自然要等待时间和实践的检验。我们相信，工资集体协商机制会且能为增进并保护劳动者工资之基本劳动权益，发挥其应有的功效。

---

① 参见潘世伟：《美国劳资争议处理制度中预防性调解之概念与措施》。转引自董保华：《劳动争议处理法律制度研究》，254页，北京，中国劳动社会保障出版社，2008。

② 参见《人民网就工资集体协商专访全总集体合同部部长张建国》，载http：//actfu. people. com. cn/GB/67583/12192845. html，最后访问时间：2010-07-22。

论劳动者的劳务给付拒绝权

潘 峰*

一、问题的提出

劳动合同存在着从属性特征，在劳动过程中，劳动者丧失了对自己行为的完全支配权，受制于雇主的支配、管理和监督。国家必须以法律的手段直接保障劳动者，“矫正劳动世界中之侵害人权情事”，使其能维系起码的劳动力再生产，能拥有基本的人权和尊严，不任其处于雇主完全的实力及指挥权的控制下。[①] 基于此，劳动法设定了雇主的保护义务，承认劳动者结构性的社会劣势，进而要求雇主采取主动的保护措施，限制劳动契约双方当事人的意思自由，确保雇主对劳动者的保护必须符合法定的最低基准，以满足劳动者基本人权保护的需求。雇主违反保护义务为公法与私法所同时规制。例如，我国对劳动者人格权的保护是通过完备的劳动保护法律体系实现的，包括《劳动法》、《安全卫生法》、《职业病防治法》中的一系列法律规范。《劳动法》第 52～65 条规定了雇主对劳动者人身保护义务的具体内容。在劳动保护方面，凡是国家有标准规定的，雇主必须按照国家标准执行，不得使劳动者的生命安全受到威胁、身体健康受到侵害。在现行劳动法上，劳动保护涉及的是国家、雇主和劳动者三方的关系。雇主对于国家是公法义务人，对劳动者则是私法义务人。[②] 史尚宽先生认为：“保护义务与依工厂法及其他劳动保护法规所定之公法上保护义务有别。前者为契约上当然之效果所认之私法上义务，其对方为受雇人。后者为国家对于雇用人所课之义务，其对方为国家。”他也指出：“但实际上属于前者之义务，往往同时为劳动保护法规之对象，使其性质亦带有强制之性。”[③]

---

* 潘峰，厦门大学法学院讲师，法学博士。

① 参见卓春英主编：《人权思潮导论》，122～123 页，台北，秀威资讯科技，2007。

② 参见常凯：《劳权论》，196 页，北京，中国劳动社会保障出版社，2004。

③ 史尚宽：《劳动契约法》，载吴经熊、华懋生编：《法学文选》，北京，中国政法大学出版社，2003。

与一般民事契约的保护义务不同的是，雇主违反保护义务的法效果同时包括公法后果与私法后果。在私法方面，除了实际履行、损害赔偿、解除合同等后果外，还可能导致劳动者劳务给付拒绝权的发生。当劳动者人身权利面临职业场所的现实或紧迫危险时，实际履行基本上难以发挥作用。我妻荣教授在评介《德国民法典》第618条的规定时指出："在义务不履行之场合中，纵使认为该等履行（设施之改善）能请求之，借由强制履行之手段将其加以实现，实际也是极困难的。"① 而损害赔偿发挥的是事后救济的机能，并不能现实地预防职业灾害的发生。"劳动者所受的损害，固然须予完全赔偿，然最属重要者，当属防范此类损害的发生于未然，安全照顾义务应担当起防止劳动灾害的机能。"② 劳动关系的延续则关系到劳动者工作权的保障，与其基本生存密切相关，只有在无法期待劳动关系的延续时解除合同才可能成为一种现实的救济手段。因此，为了防止职业场所出现的现实或紧迫的危险，当雇主未尽到保护义务可能危及劳动者生命、健康权时，法律允许劳动者享有拒绝劳动的抗辩权，以抵制雇主要求其履行劳务的请求权。

各国劳动法普遍确认了劳动者的劳务给付拒绝权。例如，法国《劳动法典》法律卷第4121－1条确立了雇主的法定安全义务，法国最高法院在一系列关于石棉的案件中，还提出了雇主负有结果上的安全义务：雇主不仅仅有义务采取各种措施，而且要从结果上负责，违反这一义务意味着雇主犯了不可饶恕之错，雇主个人要承担法律责任。在即将有重大危险出现时，雇员有权离开工作岗位。③ 我国《劳动合同法》第32条第1款和《安全生产法》第46条也明确规定了劳动者的劳务给付拒绝权。有学者认为，这是在劳动安全卫生权利受到侵害，生命、健康权受到威胁时，法律赋予劳动者的紧急处置权。但对于此项权利的性质、行使范围和法律效果，学术界并未深入讨论，主要限于对法律条文的文义阐释。这也从一个侧面反映出，在劳动合同法与债法关系的理论梳理方面，我们仍缺乏深层次的研究。固然，劳动合同具有不同于民事合同的异质性，"从合同订立、合同履行、合同变更和解除都渗透着公力干预，使合同本身不再仅是当事人双方

---

① 《德国民法典》第618条第1款规定："劳务权利人必须配置和保持其为执行劳务而须配置的房屋、装置或器具，调度须在其命令或领导下实施的劳务给付，使义务人在劳动给付的性质许可的限度内，受到免遭生命和健康危险的保护。"转引自张国玺：《日本安全配虑义务法理之形成与发展——兼论我国民法第四八三条之一之规定》，台湾大学2005年硕士学位论文，11页。

② ［日］宫本健藏：《日本的安全照顾义务论的形成与展开》，金春龙译，载《清华法学》，2004（4）。

③ 参见郑爱青：《法国劳动法概要》，89页，北京，光明日报出版社，2010。

意思表示一致的结果，而是将当事人的意思自治与国家公力干预紧密结合在一起的、与私法合同性质有别的新型合同”①，但本质上劳动合同还是一种债法上的契约，关于劳动合同的义务架构与相应的法律后果，我们仍然可以引用债法理论加以探讨。本文将从债法视角，结合他国的立法及司法实践，分析劳务给付拒绝权的性质、行使范围和法律效果，并检讨我国《劳动合同法》现行规定的不足。

二、劳务给付拒绝权的法律性质

在德国法上，雇主不履行《德国民法典》第 618 条规定的保护义务时，劳动者有权拒绝给付劳务，且仍可请求报酬。但劳务给付拒绝权的法律根据为何，理论上无统一见解，大致有以下 3 种观点②：（1）劳务给付义务界限说。此说认为，劳动者仅在合乎法律、集体协议及劳动契约合意的条件下，方负有劳务给付义务。若上述条件欠缺，劳动者即不再负有劳务给付义务。例如，工厂设施不符合法律规定的安全标准，劳动者即不负劳务给付义务。但是，即使劳动者不给付劳务，于其劳务可自由使用的范围内，雇主仍须支付报酬。（2）同时履行抗辩权说。此说认为，雇主的保护义务，是令劳动者让雇主自由使用劳动力的对待给付，故而劳动者有权根据《德国民法典》第 320 条第 1 款的规定主张同时履行抗辩权。③ （3）债权之留置权说。此说认为，如果雇主不履行附随义务，那么按照《德国民法典》第 273 条就赋予了劳动者留置权，劳动者有权拒绝履行劳务给付。④ 例如，雇主在劳动保护规范方面存在疏忽，而劳动者仍然享有工资请求权。如果劳动者在工作场所遭受性骚扰，雇主对此没有或者只有一些不合适的保护措施介入，在必要情况下，劳动者可以依照《雇员保护法》第 4 条第 2 款在保留工资请求权的情况下停止工作。⑤ 关于劳动者履行抗辩权的来源，德国通说认为，乃是以民法诚信原则为基础所导出。但也有少数学者否认给付拒绝权存在的必要，因为雇主之

① 郑尚元：《劳动合同法的制度与理念》，27 页，北京，中国政法大学出版社，2008。

② 转引自陈建志：《安全保护义务规范之研究——以雇佣、劳动关系为中心》，中国文化大学 2001 年硕士学位论文，79～80 页。

③ 《德国民法典》第 320 条第 1 款规定：“基于双务合同而负担义务的人，可以拒绝履行其所应履行的给付，直到对待给付被履行为止；但其有义务先履行给付的除外。”

④ 《德国民法典》第 273 条第 1 款规定：“除基于债务关系发生其他效果外，债务人基于其义务所由负担的同一法律关系，享有对债权人的已到期的请求权的，债务人可以拒绝履行所发生的给付，直到其所应得的给付被履行为止（留置权）。”

⑤ 参见［德］W. 杜茨：《劳动法》，张国文译，89 页，北京，法律出版社，2005。

不履行在先，即已自动免除劳动者的劳务给付义务，根本无须再赋予劳动者劳务给付拒绝权。①

在日本法上，关于劳动者在生命、健康存在现实危险情形时的劳务给付拒绝权，多数学者采取肯定的见解。至于其根据，学者一般认为可求诸《日本民法典》第533条的同时履行抗辩权。② 但日本学者不认可雇主的保护义务与劳动者的劳务给付义务存在对价之牵连关系，此时的同时履行抗辩权系考虑到劳务给付的特殊性，基于公平观念给予的一种例外的承认。另有学者认为，以同时履行抗辩权为劳务给付拒绝权之根据，在此情形，劳动者并未丧失工资请求权。其系由可归责于雇主之事由而致劳务之受领不能，雇主须负担这一风险。③

我国台湾地区实务中均直接认为雇主的附随义务不能与劳动者的劳动给付义务构成对待给付，故无同时履行抗辩权适用的余地。台湾地区高等法院2000年劳上字第32号民事判决认为："然雇主为劳工投保劳工及全民健康保险，系雇主就雇佣契约所负之附随义务，雇主未履行该义务，仅系劳工得请求损害赔偿之问题，尚无碍雇佣契约之效力。"但理论界对此的批评也是激烈的："法院实务中遇有雇主违反附随义务时，随即认定不能构成妨碍契约之效力，显有速断不谨之嫌，因为此等判决显然忽略劳动契约人格特质，特别是轻估了在雇主控制的职场中，劳工提供劳务所必须承担的高度危险。如果雇主在工作环境的提供，无论是生理上或心理上造成劳工在给付上发生障碍，其责任不应由劳工承担该危险。"④ 为了解决法律适用的难题，理论界分别沿两种路径给出了答案。林诚二教授认为，若雇主不履行对劳动者生命、身体、健康的保护义务，应承认劳动者的同时履行抗辩权。"此义务为雇主之附随义务，而非劳工之服劳务之对待给付义务，理论上无'民法'第260条同时履行抗辩权之适用，但为保障劳工之安全，本书认为此债务实质上有牵连性，应类推适用同时履行抗辩权之规定，使劳工于雇主善尽其保护义务之前，得拒绝服劳务。"⑤ 而黄程贯教授与刘士豪教授则认为，雇主未履行附随义务与劳动者拒绝履行劳务不属于双务契约的对价关系，劳动者不得依照"民法"

① 转引自黄程贯：《劳动基准法之公法性质与私法转化》，载《东吴法学》，2006（2）。

② 《日本民法典》第533条规定："双务契约的一方当事人，在相对人提供其债务履行以前，可以拒绝履行自己的债务。但相对人的债务未届清偿期时，不在此限。"

③ 转引自陈建志：《安全保护义务规范之研究——以雇佣、劳动关系为中心》，中国文化大学2001年硕士学位论文，18～19页。

④ 台湾劳动法学会：《劳动基准法释义——施行二十年之回顾与展望》，124页，台北，新学林出版股份有限公司，2005。

⑤ 林诚二：《民法问题与实例解析》，105页，北京，法律出版社，2008。

第264条规定主张同时履行抗辩权。根据“劳动基准法”的规定，雇主应提供劳工一适当、安全、无害之工作场所与环境，以保护劳工之生命、身体、健康等重大利益免受危害之义务，此一雇主之行为义务可解为系台湾地区“民法”第235条“但书”之所谓债务人（劳动者）给付所兼需之“债权人之行为”。而雇主若未先为此等行为，则所发生的法律效果并非劳动者自动免去给付义务，而是劳动者得以言辞提出给付代替现实提出，并令雇主陷于受领迟延。[①] 此时劳动者所得主张的给付拒绝权，乃是以民法诚信原则所导出，根据雇主受领迟延的法理产生。[②]

依合同法理论，保护义务等附随义务原则上不构成双务契约的对待给付，不发生同时履行抗辩权。但在两种情形下存在例外，允许当事人行使同时履行抗辩权[③]：（1）附随义务之未履行，足以使契约目的无法达成；（2）当事人另有特别约定使契约附随义务与他方之对待给付立于对价关系。但对劳动合同来说，这两种例外情形都具有特殊性，不足以作为当事人行使同时履行抗辩权的依据。劳动合同以继续性为基本特征，重心在于劳动者履行合同的过程和行为，并非在于劳动者履行合同的经济性后果，甚至经济性后果可能付之阙如。因而，劳资双方、国家立法对于劳动合同目的的预设，可能是完全歧义的，难以判断雇主保护义务之违反是否足以影响合同目的的达成。再者，劳动合同法为了避免出现“强者对弱者的奴役”，也不允许当事人在法外达成抗辩权的特约。故而，保护义务之不履行在劳动合同法上所引发的劳务给付拒绝权具有鲜明的社会法特色，其发生与行使完全以劳动者人格权的实现为依归，应属于劳动法上的特殊制度。劳动者拒绝履行劳务的行为虽因雇主违约行为所引起，但劳动者依法可行使的权利已经超越了劳动关系本身，有些行为，如检举和控告行为，属主张公权力之救济行为，不属于私法属性的抗辩权。[④]

但若从债法体系思考，笔者赞同黄程贯教授的见解。雇主的保护义务不能与劳动者的劳动给付义务构成对待给付，所谓“实质上具有牵连性”的观点过于牵强，因而不能视为同时履行抗辩权，此时应依照雇主受领迟延的法理来认定劳动者的给付拒绝权，将雇主违反保护义务视为不受领劳动者正常提出的尚为可能的给付。受领迟延，系指履行上需要债权人协力

① 参见黄程贯：《劳动基准法之公法性质与私法转化》，载《东吴法学》，2006（2）。

② 参见台湾劳动法学会：《劳动基准法释义——施行二十年之回顾与展望》，124页，台北，新学林出版股份有限公司，2005。

③ 参见黄茂荣：《债法总论》，第2册，215页，北京，中国政法大学出版社，2003；王泽鉴：《债法原理》，第1册，40页，北京，中国政法大学出版社，2001。

④ 参见郑尚元：《劳动合同法的制度与理念》，213页，北京，中国政法大学出版社，2008。

或受领的债务，债权人对债务人已合法提出的给付拒绝或不能受领的事实。[①] 在债法上，部分合同的履行，债务人无须得到债权人的协助，但对于大多数合同，债务人履行债务仍需要得到债权人的积极协助，不提供此种协助将使债务人的给付行为或者使为履行所必要的“履行给付”受妨碍，故在此种情形可能会发生给付障碍。[②] 在劳动合同履行过程中，劳动者履行劳务显然需要得到雇主的协助，其中最重要的即为按照劳动基准法设定的条件和标准保护劳动者的人身安全。如果雇主不履行此等保护义务，却要求劳动者现实地提出给付的话，将使劳动者置于危险的境地，此时我们应认为劳动者已按照劳动合同的约定以言辞提出给付，而雇主因未履行必要的协助义务而陷于受领迟延。

三、劳务给付拒绝权的适用范围与条件

在现行立法上，劳务给付拒绝权的机能主要在于保护劳动者的物质性人格权。物质性人格权，包括生命权、健康权和身体权，是人的最基本、最重要的权利，对于人的存在和发展具有极为重要的意义。对这些权利的侵害，是对人的最严重的侵害。对劳动者物质性人格权的保护义务，可谓雇主保护义务最核心和最重要的内容。近代以来，大规模的工业化生产使得劳动者的生命、健康、个人尊严的危险被不断地内化，而人类的生命、身体、健康是应最大限度被尊重的法律价值。基于人权保障理念而产生的雇主保护劳动者的要求，乃是劳动法最初，也是最重要的发展。正是基于此，当雇主不履行保护义务有可能危及劳动者生命、健康权时，劳动者得行使劳务给付拒绝权。《劳动合同法》第 32 条第 1 款规定：“劳动者拒绝用人单位管理人员违章指挥、强令冒险作业的，不视为违反劳动合同。”《安全生产法》第 46 条也规定：“从业人员有权拒绝违章指挥和强令冒险作业。生产经营单位不得因从业人员拒绝违章指挥、强令冒险作业而解除与其订立的劳动合同。”上述规定源自于《劳动法》第 56 条第 2 款，该条文规定：“劳动者对用人单位管理人员违章指挥、强令冒险作业，有权拒绝执行；对危害生命安全和身体健康的行为，有权提出批评、检举和控告。”由此可见，我国劳动法虽然明确承认劳动者的给付拒绝权，但仅限于雇主违章指挥、强令冒险作业的情形，强调的是对劳动者生命、健康权的保护。

---

① 参见林诚二：《民法债编总论——体系化解说》，96 页，北京，中国人民大学出版社，2003。

② 参见［德］迪特尔·梅迪库斯：《德国债法总论》，杜景林、卢谌译，321 页，北京，法律出版社，2004。

劳动者既是物质性的存在，同时也是精神性的存在，劳动权中蕴涵着人格利益，即劳动者的尊严和意志自由。[①] 1999 年 6 月，国际劳工局局长胡安·索马维亚向国际劳工大会提交的题为“体面的劳动”的报告认为，在经济全球化的背景下，国际社会要求给经济以“人道的面孔”，因此，“国际劳工组织当今的首要目标是促进男女在自由、公正、安全和具备人格尊严的条件下，获得体面的、生产性的工作机会”。西方国家劳动法的发展趋势表明，雇主不仅要在物质层面上改善劳动者的工作条件，而且有义务实现“工作的人性化”。劳动合同非单纯的债之关系，劳动者在给付劳务的同时，也交出自己的行动自由，按照雇主的指示从事劳动，其精神和肉体的活动都受到了相当的限制，这就是所谓的“人格的从属性”。劳动者与雇主可以通过合意限制那些可以克减的人格权，但这并不是说劳动者精神利益的保护不受重视。对于人的内涵中的精神性的方面，劳动法必须予以认可，并且通过一系列的制度对其进行保护，而不是仅仅限于“物质”的层面。劳动立法不仅要注意劳动者的生命、健康，也应关注劳动者的精神性人格权的保护，为他们创造一个符合人性尊严的工作环境。因此，劳务给付拒绝权的范围应适度加以扩张，不能局限在对劳动者生命、健康权的保护义务，还应扩及对精神性人格权的保护，包括人格尊严权、姓名权、肖像权、名誉权、人身自由权、隐私权和性自主权等。如果雇主未能尽到对劳动者精神性人格权的保护义务，并构成现实危险的，劳动者亦可主张劳务给付拒绝权。例如，德国 1994 年《工作场所性骚扰保护法》第 4 条第 2 款明确赋予性骚扰被害人一项退却权，依其规定，当雇用人或机关首长未采取任何措施，或采取明确不适当的措施，以避免性骚扰之再度发生，为保护受雇人之必要，受雇人有权停止相关职位上的工作，而其工资或俸给不受任何影响。[②]

当然，劳务给付拒绝权适用范围的扩张并不意味着劳动者可以无限制地滥用此项权利。劳动合同的特征之一在于劳动者依照雇主的指示提供劳务，劳动者从属于雇主劳动组织之后，遵从雇主指示乃劳动关系和诚实信用原则的当然要求。除法律、集体合同、劳动规章制度有规定或劳动合同特别约定以外，劳动者应服从雇主的指示从事工作或与其工作有关的事项，无正当理由不得拒绝执行。从现行法来看，劳务给付拒绝权的行使条件强调的是劳动者面临生命、健康的现实和急迫危险，不行使劳务给付拒绝权就无法保障自己的合法权益。如果雇主违反保护义务的情形并不严重，例如雇主未能充分顾及劳动者身体的健康和精神上的舒适，工作环境未能充分满足劳动者的生理、心理及能力需求，

① 参见冯彦君：《劳动权的多重意蕴》，载《当代法学》，2004 (2)。

② 参见卢映洁：《德国工作场所性骚扰法制简介》，载《中正法学集刊》，2004 (14)。

这些情形并不符合劳动给付拒绝权的行使条件。未来我国立法即使将劳务给付拒绝权的适用范围扩展至精神性人格权方面，仍应要求劳动者在危险具有现实性和紧迫性的前提下，方可行使劳务拒绝权，否则，将构成对劳动合同义务的违反。本文认为，劳务给付拒绝权的行使条件为：（1）劳动者已经按照劳动合同的约定现实地提出劳务给付；（2）雇主未向劳动者提供劳动基准法律及劳动合同约定的劳动保护条件，包括：未提供符合国家职业卫生标准和卫生要求的工作环境和条件，未采取措施保障劳动者获得职业卫生保护，未建立适当的制度或采取适宜措施防范在劳动者身边工作的同事对其构成侵害。（3）雇主未尽保护义务的行为已造成对劳动者人格权的现实和紧迫危险，如果劳动者不立即采取救济手段，其人格权将受到现实损害。

四、劳务给付拒绝权行使的效果

在债法上，于债权人受领迟延，依通说及实务见解，除法律另有规定或当事人特别约定外，债权人有受领义务外，为权利之不行使，故不同时构成给付迟延，债务人亦不得强制债权人受领。债权人受领迟延，仅减轻债务人的责任，并不免除其债务。[①] 由于劳动合同的特性以及劳动法倾斜保护劳动者的原则，当雇主未尽到保护义务而导致劳动者行使劳务给付拒绝权时，其效果不同于一般的财产交换契约，概言之，一是导致劳动者不再负有劳务给付义务，二是劳动者取得劳动报酬请求权。

对于一般的财产交换契约而言，当债权人受领迟延时，债务人的债务通常并未消灭。[②] 但此项原则不适用于劳动合同，因为在劳动关系中，劳务给付通常具有时间性和空间性，需要一定的时间与空间为其发生的场域。黄茂荣教授指出："按劳务之提供者单纯以劳务换取报酬时，各时段之劳务有特定时空之独特性，正像时间一去不复返，一旦错过，如要补服，便另有机会成本。此与事务之处理或工作之完成虽亦属于劳务契约，但以事务或工作之处理或完成为导向者不同。"[③] 因此，劳动者若不在约定期间给付劳务，则劳务无法储存，事后亦无法补救。从现行法分析，只要雇主发生《劳动合同法》第 32 条第 1 款所规定的"违章指挥、强令冒险作业"的情形，即属于未履行保护义务，即未为债务人给付时所兼需之债权人行为，而劳动者行使给付拒绝权

① 参见林诚二：《民法债编总论——体系化解说》，400 页，北京，中国人民大学出版社，2003。

② 但也存在不同意见。例如，唐启光认为，如果债务人因债权人受领迟延而致给付不能，当然应当免除其给付义务。参见唐启光：《债权人受领迟延几个问题的研究》，载《法学杂志》，2005（3）。

③ 黄茂荣：《雇佣契约》，载《植根法学杂志》，2003（6）。

属于以言词提出劳务给付，使雇主陷于受领迟延，此后劳动者无须再补服劳务。我国台湾地区“最高法院”2006年台上字第390号判决认为：“因不可归责于债务人之事由，致给付不能者，债务人免给付义务。又当事人之一方因可归责于他方之事由，致不能给付者，得请求对待给付，但其因免给付义务所得之利益或应得之利益，均应由其所得请求之对待给付中扣除。‘民法’第二百二十五条第一项、第二百六十七条分别定有明文。而劳务给付之特性为第一日不为劳动，第二日自无为双倍给付之义务，以故，劳务给付之相对人受领劳务迟延时，劳务给付之债务人并无补服劳务之义务，但仍有报酬请求权。”

关于行使劳务给付拒绝权时的工资支付，大陆法系国家和地区根据民法的规定认可了劳动者的请求权。我国台湾地区“民法”第387条规定：“雇用人受领劳务迟延者，受雇人无补服劳务之义务，仍得请求报酬。但受雇人因不服劳务所减省之费用，或转向他处服劳务所取得或故意怠于取得之利益，雇用人得由报酬额内扣除之。”在德国法上，劳动者因雇主未遵守劳动保护法规而留置其劳动给付，并未违反合同，不会冒有效解约的风险，有权按照《德国民法典》第615条的规定保留其工资请求权[①]：“劳务权利人就劳务的受领陷于迟延的，就因迟延而不提供的劳务，劳务给付的义务人可以请求约定的报酬，而不负事后补充给付的义务。但劳务给付的义务人必须容许将因不提供劳务而节省的开支的价额，或因将其劳务用于他处而取得或恶意怠于取得的利益的价额，算入报酬。”日本劳动法学界的见解与之类似，认为可依《日本民法典》第536条第2款的规定肯定劳动者的工资请求权：“因可归责于债权人的事由而致使不能履行时，债务人不丧失接受对待给付的权利。此时，如果有因免除自己的债务而获得的利益，须将其利益偿还于债权人。”《瑞士联邦债法典》第324条规定：“工作因雇主的过失不能完成或者雇主因其他原因未能接受完成的工作的，雇主仍有义务支付工资，受雇方不再负有后续履行工作的义务。”我国虽无类似规定，但依《劳动合同法》第32条第1款，劳动者拒绝履行劳务不构成违约，而属于依法行使权利的行为，而且根据劳动法工资续付原则的法理，劳动者也应取得劳动报酬请求权。借鉴各国立法，还应增加规定，劳动者因拒绝履行劳务，而从他处取得的收入，应从工资中抵扣。

五、结 语

劳动者拒绝给付劳务是雇主违反保护义务的法律后果形式之一，本文认为，

---

① 参见［德］W. 杜茨：《劳动法》，张国文译，174页，北京，法律出版社，2005。

应依照雇主受领迟延的法理来认定劳动者的给付拒绝权。但债法的债权人受领迟延理论系站在债务主体双方平等的立场上设计的，必须经过修正后方能用于劳动契约法领域。劳动合同违约后果的承担具有偏重性，雇主的契约责任是法律规制的重点，立法应设计更积极的法律后果，适当加重雇主的契约责任，保障劳动者的契约救济得以实现。我国《劳动合同法》及《安全生产法》虽然确立了劳动者的劳务给付拒绝权，但在行使的范围、要件及效果方面仍存在欠缺，不足以实现劳动立法倾斜保护劳动者的立法宗旨。本文认为，立法应将劳务给付拒绝权的适用范围扩大至精神性人格权方面，但应将此项权利的行使限定在劳动者面临现实和紧迫危险的情形。立法还应规定劳务给付拒绝权行使的效力，明确劳动者不再负有劳务给付义务，同时增加劳动者取得劳动报酬请求权的规定。

经济全球化背景下我国劳动基准立法的发展趋势之探析

邓 娟*

前 言

在历史的长河中，劳动基准法可谓是促成劳动法从民法中分离出来并自成独立法律部门的主导力量。在以英国为代表的“工厂法”时代之后，劳动基准法的覆盖面逐步拓宽，而由于设定了劳动条件最低标准，劳动者生存权之保障有了稳定的基础。在由劳动基准法、集体合同法、劳动合同法构成宏观、中观、微观层面的劳动关系法律调整模式中，劳动基准法处于最基础的地位，发挥着“奠基石”的作用。

劳动基准法仅是设定劳动条件的警戒线，要改善、提高劳动条件尚需依赖劳动者或劳动者团体与雇主讨价还价、充分协商，但雇主实力明显强于劳动者，因此，为了展开平等的对话，使劳动关系当事人充分表达“自由意志”，调整个别劳动关系的劳动合同法和调整集体劳动关系的集体合同法在各国备受青睐。

在当代，对集体劳动关系的调整已成为劳动法领域的重心，未来也将沿着这一趋势发展。如此一来，一个新课题就浮现在我们面前，即：随着劳动法体系其他部分的膨胀，劳动基准法在当今社会是否会走向“衰落”，在新形势下如何对其进行定位，我们又能借助其哪些因素来鸟瞰、确定其未来的趋势呢？尤其是在经济全球化背景下，一方面，劳动关系正呈现出放松管制的趋势，另一方面，不断提高劳工标准是时代的需求，我国劳动基准法对此将如何回应？如何坚持“保障劳动者的合法权益”的立法宗旨？这一系列问题就像多米诺骨牌一样，触一发而动全身，其解答需要我们从劳动基准法自身进行研究，并将劳动基准法放到经济全球化的背景下加以考量。

* 邓娟，广州市人民检察院工作人员，法学博士。

一、劳动基准法的界定

厘清研究对象的概念、范畴和体系，是研究的前提。经由概念之澄清、范畴之确定以及体系之建立，才能有较明确的共同标的、共同脉络乃至共同语言。[①] 我国学界多认同将劳动基准法定义为规范劳动条件最低标准的法律规范，但对劳动基准法的范畴有多大，应当涵盖哪些内容，认识还存有分歧，学者们在使用这一概念时所表达的外延并不完全一致。因此，有必要先对劳动基准法作出界定。

（一）劳动基准的内涵

1. 劳动基准的含义

劳动基准一词源于英文中的“Labor Standard”，以其作为立法名称最早可见于美国1938年通过的《公平劳动基准法》（Fair Labor Standard Act）。“Labor Standard”一般翻译为劳动标准，自日本于1947年出台《劳动基准法》，将“劳动基准”作为立法术语确定以后，这一概念在韩国、我国台湾地区广泛沿用。

所谓劳动基准，是关于劳动条件的最低标准。劳动基准的含义可以从两方面来理解：

第一，劳动基准所规范的对象是劳动条件。劳动条件又可称为工作条件，是指雇主雇佣劳动者从事工作时，双方有关工资、工作时间、休息等事项的约定。日本《劳动基准法》从劳动条件与劳动者生存之间的关系角度来界定，第1条明确规定劳动条件是劳动者足以维持正常生活所必需的要件。

劳动条件与劳动基准密切联系，但各国对劳动条件范围的认定并不完全一致，有广义和狭义之分。广义上的劳动条件包括所有与劳动者有直接或间接关系的事项，几乎涵盖了劳动法领域调整个别劳动关系的全部事项，日本、韩国、我国台湾地区对劳动条件的规定即采广义理解。狭义上的劳动条件主要是与劳动者直接相关的事项，但哪些事项属于劳动条件，在范围上也并非一致。如美国《公平劳动基准法》中所规定的劳动条件主要包括工资、工时。黄越钦教授将工资、工时、休息休假、工作地点作为劳动条件法的内容。[②] 我

---

① 参见郭明政：《社会法之概念、范畴与体系——以德国法制为例之比较观察》，载《政大法律评论》，1997年，总第58期。

② 参见黄越钦：《劳动法新论》，修订3版，第四章“劳动条件法各论”，台北，翰芦图书出版有限公司，2006。

国台湾地区学者谢征孚认为劳动条件主要包括：一是工资，二是工作时间、休息及休假，三是童工、女工、学徒，四是安全卫生及劳动检查，五是灾害赔偿，六是工作规则，其中第一～三项特别重要，是劳动基准立法中的基本标准，必须予以规定。①

第二，劳动基准是关于劳动条件的最低标准。日本《劳动基准法》第1条规定，“劳动条件为最低的基准，劳动关系当事人不得以本法所定基准为理由，降低其原有的劳动条件，而应尽力设法提高”。我国台湾地区“劳动基准法”第1条也作了类似的说明。劳动者和雇主在缔结劳动关系时可以对工时、工资等劳动条件进行自由约定，但劳动条件关乎劳动者的基本生活需要，而劳动者因经济弱势地位与雇主形成实质上的不平等关系，如果任由双方自由约定，雇主必然可以利用其经济上的优势地位，任意降低劳动条件，因此，国家有必要通过强制方式为雇主设定劳动法上的法定义务，规定劳动条件的最低标准，避免因雇主随意降低劳动条件而损害劳动者的合法权益。

劳动条件所涵盖范围的开放性，使劳动基准的范畴也具有开放性特点，这就为劳动基准概念的准确界定设置了难度。我国学者主要从制定主体、规范对象和规范程度等方面来界定劳动基准，如，劳动基准是指为了保障劳动者最起码的劳动报酬、劳动条件而规定的最低限度的措施和要求②；劳动基准是指国家为保护劳动者的利益而制定的有关劳动条件与劳动待遇的最低标准③；劳动法上的劳动基准是指国家劳动基准法规定的用人单位必须保证劳动者享有的最低劳动权利和劳动待遇④；劳动基准即法定最低标准，有广、狭义之分，广义的劳动基准指劳动法中赋予劳动者权利和雇主义务的强行性规范，包括劳动条件基准（如工资、工时、劳动安全卫生等）和劳动关系运行基准（即强行性劳动关系运行规则），狭义的劳动基准仅指劳动条件基准，即劳动者在劳动关系中所得劳动条件的法定最低标准，其内容仅涵盖作为实体利益的劳动权利。⑤

笔者认为，劳动基准涵盖的范围应当根据该制度存在的价值来确定，具体劳动基准的高低受一国国情的制约，而是否有必要将劳动基准从劳动条件

---

① 参见陈国钧：《现代劳工问题及劳工立法》（下），90页，台北，正光书局有限公司，1985。

② 参见董保华：《劳动法论》，133页，上海，世界图书出版公司，1999。

③ 参见郭捷主编：《劳动法与社会保障法》，27页，北京，法律出版社，2008。

④ 参见沈同仙：《我国劳动基准实施面临的困境及对策探析》，载周永坤主编：《东吴法学》，第13卷，97页，北京，法律出版社，2007。

⑤ 该观点主要为王全兴教授所主张，参见王全兴：《劳动合同立法争论中需要澄清的几个基本问题》，载《法学》，2006（9）。王全兴教授对劳动基准的广、狭义界定转引自李坤刚：《关于我国劳动基准立法的反思》，载《中国法学会社会法学研究会2009年年会论文集》（下册），435页。

的基准扩展到劳动关系运行的基准，应探究劳动基准存在的意义。劳动关系从其本质来说带有私法属性，而“强资本、弱劳工”现象的普遍化以及劳动关系的人身性和从属性特点，决定了劳动关系不仅仅是私的关系，还涉及社会利益，涉及对人权的尊重和保障。维护劳动者的生存权，维护劳动者的基本生活需要，正是劳动基准的存在价值。而劳动关系运行涉及劳动者和雇主之间建立的劳动关系能否顺畅运行，关系到双方能否实现劳动合同的目的——劳动关系一方提供劳动以获得主要生活来源、另一方支付劳动报酬而使用劳动力，因此不宜将劳动基准的范围扩大到劳动关系运行领域。在上述定义中，学者多将劳动条件与劳动待遇并列为劳动基准调整的对象，事实上，劳动待遇如工资的给付，其本身就是重要的劳动条件。

基于以上分析，笔者认为劳动基准是国家为保障劳动者的基本生活需要而制定的有关劳动条件的最低标准。

2. 劳动基准与劳动标准之辩证

Labor Standard 在译为中文时通常有两种表述，一种是劳动基准，另一种是劳动标准。劳动标准是指对劳动领域内的重复性事物、概念和行为进行规范，以定性形式（如文字描述）或者以定量形式（如数据、图表）所作出的统一规定。它以涉及劳动领域的自然科学、社会科学和实践经验的综合成果为基础，经有关方面协商一致并决定，或由有关方面批准，以多种形式发布，作为共同遵守的准则和依据。[①] 有学者在使用上述概念时未作区分，通常混在一起使用，认为“劳动基准或称劳动标准”，事实上，二者是有差别的，在劳动法领域中，劳动基准更能准确地表达国家通过法律强制规定劳动条件最低标准的含义。

（1）价值目标。劳动基准以保障劳动者的生存权、维持劳动者的基本生活需要为目的，为实现这一价值目标，劳动基准为劳动条件设定了最低界限，劳动者和用人单位双方之间的约定在此最低界限之上，法律不予过问；但若低于这一最低界限，则有公权力介入的空间。劳动标准属于标准化体系的范畴，保护劳动者权益仅仅是其中的一方面。除此之外，设置劳动标准还有促进劳动工作的规范化、劳动管理的科学化、劳动关系的和谐化、标准化工作的完善等目的。因此，劳动标准并非绝对的法律最低界限，低于劳动标准会带来什么样的后果，依该标准的性质，视具体情况而论。

（2）调整对象。劳动基准是规定劳动条件的最低标准，尽管各国或地区对劳动条件的内涵和范畴的理解并不统一，但都将劳动条件与劳动者的基本

---

① 参见劳动和社会保障部劳动工资研究所：《中国劳动标准体系研究》，23页，北京，中国劳动社会保障出版社，2003。

生存权相联系，是劳动者在劳动过程中为维持正常生活、实现再生产所必需的要件，劳动条件成为劳动基准的调整对象。劳动标准的调整对象则是以劳动力市场为基础、以劳动者为核心、以劳动和劳动管理为主线的整个劳动领域，包括劳动者、劳动过程、劳动条件、劳动关系、劳动力市场管理等多方面的内容，有关劳动条件的标准仅仅是劳动标准的一个部分。以功能为依据，可以将庞杂的劳动标准体系分为基础类劳动标准、工作类标准、技术类标准、劳动者保护标准和管理类劳动标准。其中劳动者保护标准即劳动基准，如最低工资标准、工时标准、劳动安全卫生标准等，这都是保护劳动者的基本标准。可见，从外延来看，劳动标准的范围更大，劳动基准仅仅是其中的一个组成部分。

(3) 制定主体。劳动基准强调对劳动条件设定最低限度，其法律强制性的色彩浓厚，因此由有立法权的机关来制定劳动基准。而劳动标准以制定主体为依据可分为国家级劳动标准、行业级劳动标准、地方级劳动标准和企业级劳动标准。国家级劳动标准是指由国家立法机关、国家劳动行政部门和国家标准化机构通过法定或行政程序制定、发布的，在全国范围内适用的劳动标准。行业级劳动标准是指由国务院有关行政主管部门制定，在全国某行业内适用的劳动标准。地方级劳动标准是由各级地方立法机构、地方政府以及地方标准化机构制定，在该行政区域内适用的劳动标准。企业级劳动标准是由企业制定，适用于本企业内的劳动标准。① 劳动标准的制定主体并非单一层次，依劳动标准级别的不同而有所不同。

(4) 效力和责任承担。劳动基准具有强制性，违反劳动基准的规定，相关人员应当承担法律责任，这种责任可以是劳动法上的责任，可以是行政责任，违法行为严重时还有可能承担刑事责任。当然，劳动基准仅是规定劳动条件的最低界限，用人单位和劳动者在此最低界限之上所作的约定受到法律的尊重和保护，也是立法鼓励的行为。劳动标准的效力则根据不同类型的劳动标准而作区分，是否承担责任也以此为判断的基础。如劳动管理标准是一种劳动科学管理尺度的标准，包括劳动定员定额标准、基本工资标准等，这些标准有的属于示范性标准，用人单位可以根据本行业、本单位的实际情况变通执行，不会产生责任问题；有的则具有严格尺度，用人单位在执行时既不能高于也不能低于这类标准的要求，违反相关规定承担相应的法律责任，如行政责任。②

---

① 劳动和社会保障部劳动工资研究所：《中国劳动标准体系研究》，32 页，北京，中国劳动社会保障出版社，2003。

② 参见王全兴：《劳动法》，3 版，46～47 页，北京，法律出版社，2008。

劳动标准是一个庞杂的体系，从严格意义上来说，其并非法律上的概念，当论及劳动标准与劳动基准的关系时，可以说劳动基准是最低的劳动标准。因此，在劳动法领域论及工资、工时、休息休假、劳动保护等方面的劳动条件对劳动者的最基础保护时，用劳动基准来表述更为准确。

（二）劳动基准法的范畴

劳动基准法是规定劳动条件最低标准的法律，对此并无多大疑问，但哪些内容应当涵盖在劳动基准法体系中，则见仁见智，学者们在使用“劳动基准法”这一概念时，所赋予的内涵往往有差别。正如对劳动基准的理解有广义、狭义之分，在劳动基准法的范畴上也有广义、狭义之分。

1. 广义的劳动基准法

广义的劳动基准法主要为日本、韩国、我国台湾地区等所采用，其范围涵盖了劳动契约、工作时间、工资、休息休假、安全卫生、女工及未成年工、学徒、事故赔偿、雇佣（工作）规则、宿舍、监察机构、罚则等多项内容，该范畴实际上类似于我国大陆的劳动法，二者的差别在于是否包括劳动争议处理法、集体合同法。

理论上对劳动法的体系有不同看法：在德国、我国台湾地区，以规范对象为依据，提出了劳动法体系的二分法与三分法之区分。[①] 其中，二分法将劳动法分为个别劳动法和集体劳动法：个别劳动法以单个劳动者与单个雇主之间的劳动契约为基础，围绕劳动契约所建立的法律关系以及对劳动者所提供的劳动保护。集体劳动法是包括调整工会与雇主或其团体之间，以及工会与其会员劳动者之间的法律关系的法律规范，含工会法、团体协约法、劳资争议处理法等。三分法即是将劳动保护法的内容从个别劳动法中独立出来，与个体劳动法、集体劳动法形成并列关系。劳动保护法是指国家基于对个别劳动者生命、身体、健康等法益之保护，而以公法上强行法规之方式课以雇主一定之作为或不作为义务，并以行政罚甚至于刑罚作为雇主违反时的法律制裁，以促使雇主遵守该等法律义务，如劳工安全卫生法等。[②] 根据二分法之理论，广义上的劳动基准法即个别劳动法，其中涵盖了劳动契约法、劳动保护法等内容。

2. 狭义的劳动基准法

狭义的劳动基准法多为我国大陆学者所主张。围绕其范畴，又形成几种主要的观点：（1）劳动基准法是关于劳动报酬和劳动条件最低标准的法律规

① 有关二分法与三分法的论述，参见黄程贯：《劳动法》（修订再版），95 页，台北，空中大学，1997。

② 参见黄程贯主编：《劳动法》，3 页，台北，新学林股份出版有限公司，2009。

范的总称，其内容主要包括工时、休假制度，工资保障制度，劳动安全卫生制度，女工、未成年工特殊保护制度。[①]（2）劳动基准法又称劳动条件基准法，主要由以实现劳动关系中劳动者权益（或称劳动条件）基准化（即制定和实施劳动基准法）为基本职能的各项劳动法律制度所构成。其内容包括工时法、工资法、劳动保护法和劳动监督法。[②]（3）劳动基准立法包括工作时间和休息、休假，工资，劳动安全卫生，女职工和未成年工特殊保护，以及职业培训。[③] 此外还有观点认为劳动基准法应当包括解雇保护、经济补偿等内容。

综合上述几种观点，除第二种定义是将劳动条件基准法和劳动运行基准法结合以外[④]，其他几种都将劳动基准法界定为规定劳动条件基准的法，而不包含劳动运行基准部分，在范畴上包括工资，工时和休息、休假，劳动安全卫生，女工、未成年工特殊保护，这也是《劳动法》所设的章节内容。不同之处在于劳动基准法是否包括解雇保护、经济补偿、劳动监督、职业培训等内容。

3. 本文所界定的劳动基准法

何以对劳动基准法的范畴没有形成统一的界定？笔者认为有三方面的因素：第一，劳动基准法的前身可谓是“工厂法”，是在保护劳动者免受恶劣劳动条件侵害过程中逐步产生的，而劳动条件本身是一个相对开放的概念，哪些内容属于劳动条件并无定论，如美国 1938 年《公平劳动基准法》中仅就工时、工资、就业年龄作了规定，区别于亚洲国家和地区所采的劳动基准概念。第二，劳动基准法实为通过设定最低劳动条件调整劳动关系的一类法律规范的统称，这一称谓在不同的国家有所不同，如资本主义时期的“工厂法”、“劳工保护法”等。第三，劳动基准法在我国大陆可谓是舶来品。新中国的劳动法向原苏联学习，在原苏联的劳动法学中没有使用劳动基准法一词，我国传统劳动法学中也没有劳动基准法这一概念，在计划经济体制下也无劳动最低标准一说。我国在劳动领域实行高度集中、统一的国家行政管理体制，有关劳动条件等各方面的内容都由国家作全面而具体的规定，劳动合同没有适

---

① 参见董保华：《劳动法论》，133 页，上海，世界图书出版公司，1999。

② 参见王全兴：《劳动法》，3 版，59 页，北京，法律出版社，2008。

③ 参见李坤刚：《关于我国劳动基准立法的反思》，载《中国法学会社会法学研究会 2009 年年会论文集》（下册），435 页。

④ 第二种定义为王全兴教授所主张，以职能结构模式划分劳动法，将劳动基准法与劳动关系协调法、劳动保障法并列，列举了工时法、工资法、劳动保护法和劳动监督法。从其教材的章节来看，劳动条件基准篇包括工作时间和休息、休假，工资，劳动保护（包括女职工和未成年工特殊劳动保护），劳动监督则放在法律救济篇。参见王全兴：《劳动法》，3 版，北京，法律出版社，2008。

用的空间，不存在选择劳动条件高低的问题。自 20 世纪 80 年代，劳动合同制度兴起以来，劳动基准法这一概念才被引入而逐渐为学界所接受。

与前述德国所采劳动法体系的理论不同，我国大陆并未就个别劳动法和集体劳动法作区分，而是以调整劳动关系的法律机制来划分，将劳动法分为劳动合同法、劳动基准法和集体合同法，本文采狭义之说，将劳动基准法置于劳动法体系下来讨论相关问题，即劳动基准法是规范劳动条件最低标准的法律规范，其内容包括工资制度，工时和休息、休假制度，劳动保护制度，女工和未成年工特殊保护制度。

笔者认为，解雇保护和经济性补偿制度不应纳入劳动基准法体系。日本、韩国、我国台湾地区将劳动合同的部分放入劳动基准法律体系，与其对劳动合同的态度有相当关系。以我国台湾地区为例，劳动合同本质上具有私法属性，有关劳动合同的订立等都由“民法”予以规范，当事人针对相关问题，可以援引“民法”进行解释。由于劳动关系在平等性和财产性的特点之外又具有从属性和人身性，因此为防止劳动者因雇主随意解除劳动合同而失业，“劳动基准法”将劳动合同解除的部分予以规定，是故劳动契约在“劳动基准法”中独占一章，该章对劳动合同的规定主要限于劳动合同的类型和不同类型劳动合同解除的限制问题，至于双方如何通过协商的方式确定劳动合同，具有私法性质，不属于劳动基准法范畴，不应将其他有关劳动契约法应规定的事项加入“劳动基准法”或在“细则”内为扩大之规定。①

解雇保护制度实际上要解决的是轻易将劳动者推向劳动关系之外的问题。劳动者如果丧失工作，也就缺少了劳动条件，解雇保护应属于广义上的劳动基准法内容。德国为规范劳动合同的解除，出台了《解雇保护法》。但是与西方国家以及我国台湾地区对劳动合同的认识上颇有不同，在我国大陆，劳动合同法具有社会属性已为大多数学者所接受。虽然有调整平等主体之间民事关系的《合同法》，但劳动合同被排除在其规制范围之外，另行制定《劳动合同法》予以规范，就是适应了劳动合同具有的这种社会属性。《劳动合同法》规定劳动合同，其中也贯穿着劳动基准的理念，劳动合同法上的强制性规定，如关于劳动合同解除部分，对不同情况下劳动合同的解除进行限制，为缓解劳动者被解除后失业带来的压力，规定了经济补偿金制度。劳动合同法从微观层次来调整劳动关系，这种保护已足以体现法律的评价机制，因此没有必要再将解雇保护制度和经济性补偿制度纳入劳动基准法体系。

劳动监督是国家行政机关部门为监督劳动基准法的顺利实施而执行的职

① 参见陈继盛：《劳工法论文集》，103 页，台北，陈林法学文教基金会，1994。

能，与劳动基准有密切关系。劳动监督可以更好地促进劳动基准的执行，但它本身并非劳动条件，也不是直接为用人单位设置义务，而是为了监督劳动条件的执行赋予国家行政机关的职责，如果纳入劳动基准法，则不相适宜。从各自的任务来看，劳动基准是为用人单位设定法定义务，劳动监督则是从赋予劳动监察部门职责、规定监察的程序方面来进行规范，并不具有同一性，不应将其纳入劳动基准法体系。

职业培训是劳动者在劳动的过程中为提高自身技能而有权要求用人单位提供的权利，与社会福利有共通之处，都属于发展权的内容，是更高的标准。这些条件是否给予，与用人单位自身的发展有关，条件好的单位提供的福利高，条件不好的单位提供的福利相对低，不宜设最低标准。因此不建议将其纳入劳动基准体系。

从内容上来看，我国大陆所采的劳动基准法概念类似于我国台湾地区所称的“劳动保护法”。所谓劳动保护法是指基于保护劳动者不受劳动生活、工作环境危险之危害的目的而订定的制定法规范，例如工作场所的安全卫生与防护措施、设备的配置、工作时间的限制等劳动基准保护，以及童工、女工及残障劳工之特别保护等均属之。此等法规多系强行法，其目的在于防止劳工因受雇于雇主，而被纳入雇主管领力范围内提供劳务所可能导致的生命、健康、人格权与经济生存基础之危害。[①]

需要说明的是，劳动基准法与劳动标准法之称谓在我国学界时常被混同。事实上，从上述对劳动基准和劳动标准的比较中得知，劳动基准法与劳动标准法并非同一概念，所要表达的亦非同一含义。劳动标准体系包含了国家级、行业级、地方级和企业级的劳动标准，其范畴远远大于劳动基准法。

二、经济全球化对劳动基准立法的挑战

一国的劳动基准法主要调整国内的劳工问题，但在经济全球化背景下，各国的国内劳动基准法也受之影响，呈现出新的发展趋势。

经济全球化意味着全球科学技术的高度发展，资本、商品、劳动力、科技等要素在世界范围内自由流转、合理配置，从而呈现出世界各国经济相互依存、相互渗透的整体化趋势。新科技革命的蓬勃发展与国际分工的进一步加强，使世界各国的经济联系从商品交换扩大到生产合作、信息交流、技术转让、资本流通、劳务合作等领域，经济全球化使各国的相互依存度越来越

① 参见黄程贯：《劳动基准法之公法性质与私法转化》，载周永坤主编：《东吴法学》，第 13 卷，3～5 页，北京，法律出版社，2007。

紧密，“反映了相互依赖深度和广度——即其强度的增强”[①]。可以说，各国经济已日益融合成一个全球经济的整体。

经济全球化实现了经济活动在全球范围内的互通，同时也对各国的劳动立法产生影响。在经济全球化下，不仅国家之间的贸易竞争激烈，而且一国的内国市场也面向世界开放，这使得建立在内国基础上的各国劳资关系体制面临严重的挑战，其中，最为突出的是如何在促进经济增长、繁荣和维护劳动者的基本人权、劳动权之间寻求平衡。

我国的劳动基准法同样也面临着这一严峻挑战。我国是劳动力资源丰富的大国，劳动力供过于求的局面将长期存在。与一些发达国家相比，劳动力低廉是我国的比较优势，但是在贸易全球化中我国廉价劳动力所带来的低工资、低成本使中国出口产品遭受到越来越多的阻力。西班牙埃尔切火烧中国皮鞋事件，彩电、钢铁、水产品等遭遇前所未有的反倾销，2005 年纺织品出口配额取消后美国、欧盟等十几个国家纷纷要求建立纺织品进口限制条款等，都是对中国企业低工资状况提出的挑战。这似乎意味着应提高我国的劳动基准，加大对劳动者基本人权、劳动权的保护，但这又会使我们陷入另一个困境：劳工标准的提高意味着用工成本的增加，这对企业来说是一个负担，资本的逐利性使企业愿意选择成本更低的地区，全球化为企业的转移提供了方便，而企业的转移在某种程度上对一国的经济发展产生消极影响，成为社会经济发展的瓶颈。这点从我国颁布《劳动合同法》可窥一斑。《劳动合同法》解决劳动合同双方的权利、义务，尽管并不涉及劳动基准问题，但由于强化了用人单位的义务和责任，使企业感到用工成本明显提高，不规范的一些企业面临倒闭，一些外资企业则选择撤资，转战东南亚等劳动力更低廉的国家寻求发展。

在经济全球化过程中，各国劳动基准立法的发展受影响的因素众多，其中社会条款之争以及劳动法领域出现的“放松管制”趋势影响更为突出。

(一) 社会条款之争对劳动基准立法的影响

社会条款，是指在国际贸易协议，特别是 WTO 贸易协议中写入有关规定，强制多边贸易协议中的所有签字国实施基本劳工权利（即国际劳工组织核心劳工标准），并与贸易协议中其他义务条款具有同样的法律约束力。[②] 社会条款自 1947 年 10 月关贸总协定（GATT）签订以来就一直备受争议。在

---

① ［美］罗伯特·基欧汉、约瑟夫·奈：《权力与相互依赖》。转引自蔡拓：《全球化的时代意义及其启示》，载《上海交通大学学报（哲学社会科学版）》，2006（6）。

② 参见［德］克劳斯·皮佩尔：《贸易全球化与社会标准全球化》，载常凯等主编：《全球化下的劳资关系和劳工政策》，94 页，北京，中国工人出版社，2003。

全球化背景下，社会条款问题，即劳工标准与国际贸易是否挂钩，已成为发达国家和发展中国家在新一轮多边贸易谈判中难以调和的分歧点之一。

1. 争议各方的观点

发达国家主张将劳工标准纳入世界贸易体系，它们认为：许多发展中国家随意侵害劳工权利的现象严重，刻意压低工资，强迫延长工时，忽视对工作环境的职业安全和卫生保障等，劳动条件恶劣，在此种条件下生产出来的产品成本极为低廉。这种在低劳动保护下生产出来的低廉产品随着资本的流动进入发达国家，必将侵蚀发达国家的劳动标准，并导致本国劳动标准的恶化①，这使得发展中国家在贸易自由化体制下获得不正当的比较优势，构成"劳动力倾销"②，降低了发达国家出口产品在国际市场上的竞争力，实际上是出口产品的变相补贴，违反国际贸易自由的精神。发展中国家廉价产品的大量引进，发达国家国内的相关领域无法与之竞争，工人面临工资降低甚至失业的危险，国家经济也受影响，以致有美国人惊呼：如果我们的法律允许美国公司持续使用外国廉价劳动力来代替本国工人，那么一定是我们的法律出问题了。③ 因此，应当采取反劳动力倾销的措施，一方面，保护"倾销"国国内的劳工在工资、福利待遇等工作条件方面获得权利保障，另一方面，保护受"倾销"损害的国家的劳工权益。将劳工标准与国际贸易挂钩，是提高一国尤其是发展中国家劳动标准水平的有效途径。此外，主张劳工标准与贸易挂钩的支持者认为大多数发展中国家的劳动标准低，违法侵害劳动者人权的现象相当严重，基于人道主义观点，应当提高人权的保障水平。

发展中国家反对将劳工标准与国际贸易挂钩，他们认为：劳动力低廉是发展中国家出口的唯一优势，发达国家企图将劳工标准与国际贸易挂钩，实施贸易制裁，实际上是变相的贸易保护主义行为，为正常的国际贸易交流活动设置了非关税性障碍，与国际贸易自由原则相冲突。从国际组织的职能来看，WTO的宗旨是促进自由竞争和自由贸易，其主要职能是协调各国的商品和服务贸易关系，而《费城宣言》中明确表示"劳动不是商品"，因此核心劳

---

① See Deepak Lal, Social Standards and Social Dumping, paper prepared for the Egon-Sohmen-Symposium, "The Merits of Markets: Critical Issues of the Open Society", August 29-30, 1997.

② 该理论认为，一个高工资的工业化国家进口价格相对低廉的国外产品，而这些产品的价格之所以低廉是因为劳工的工资、利益以及对劳工其他方面的保护在该出口产品的生产成本中所占的比较相对较低；或者，由于其他国家国内廉价的劳动力和劳工的低水平保护，吸引工业化国家内的跨国公司转移资金和生产工厂，导致本国国内劳工失业、工资下降以及劳工的低水平保护，而且还使本国国内生产的产品在贸易竞争中处于不利地位，由此造成的出口或者贸易竞争优势，就是劳动力的倾销。参见曾令良、余敏友主编：《全球化时代的国际法——基础、结构与挑战》，442页，武汉，武汉大学出版社，2005。

③ See Bob Hepple, *Labour Laws and Global Trade*, Oregon: Oxford and Portland, 2005, p. 9.

动标准不属于 WTO 的任务，国际劳工标准的执行应由国际劳工组织来完成。

2. 争议的焦点

从发达国家与发展中国家在劳工标准与贸易问题上的分歧来看，争议焦点在于是否需要就国际劳工标准达成全球性协议并通过 WTO 或其他机制在国际层面上加以强化[①]，其实质问题是全球化背景下双方在价值观与经济利益方面的冲突。一方面，核心劳工标准不同于国际贸易，它所保障的对象是人的基本权利，属于人权范畴，由于历史文化、经济水平、社会制度等因素，各国对于人权有不同的理解。将劳工标准与贸易挂钩，实际上是试图通过贸易在他国推行本国人权。另一方面，发达国家提出将劳工标准与贸易挂钩，对违反社会条款者实施贸易制裁，在客观上确实能改善劳动条件，但是发达国家的主张背后是利益的驱动，通过劳工标准实行贸易保护主义，这是继技术性贸易壁垒后另一种非关税壁垒形式。

美国是积极推动劳工标准与国际贸易挂钩的发达国家的典型代表，但美国实际上采用的是双重标准：一方面，要求发展中国家提高劳工标准，否则将实施贸易制裁；另一方面，在对待国内问题上则持宽松态度，例如，美国要求其他国家尽快消灭滥用童工问题，但国内却经常爆发剥削童工的丑闻，美国劳工部 1989 年的一份年度报告中显示，全年美国共发生两万两千多件违反《1937 年公平劳动基准法》保护童工权利条款的案件，是该法通过以来的最高纪录。[②] 在参与国际劳工组织活动中，美国的态度并不积极，对批准国际劳工公约和建议书事宜也相当冷淡[③]，但却极力推动国际公约中所规定的核心劳工标准并要求其他国家严格遵守。以我国《劳动合同法》的制定为例，美国等发达国家认为中国的劳动标准过低，造成对发达国家的社会倾销，故要求中国提高劳动标准，而当我国《劳动合同法（草案）》向社会征集意见时，欧盟商会和上海美国商会两大外商组织反应强烈，认为草案的实行限制了用人单位的灵活性，而且增加了企业用工成本："目前几个欧洲国家现行的劳动法造成了劳动成本增高，这导致了大量的欧洲公司将其生产线转移到欧洲之外的国家，或是劳动法规更松一些的欧洲国家。因此，如果中国选择实行该草案中的规定，无疑也将经受类似的挑战。"并声称如果草案通过，外资将撤

① 参见黄河涛、赵健杰：《经济全球化与中国劳动关系重建》，357 页，北京，中国社会科学文献出版社，2007。

② 参见焦兴铠：《劳工法与劳工权利之保障——美国劳工法论文集》（一），471 页，台北，月旦出版社股份有限公司，1995。

③ 截止到目前，美国批准的国际劳工公约仅 14 项，其中属于核心劳工公约的只有 1957 年《废除强迫劳动公约》（第 105 号）和 1999 年《最恶劣形式的童工劳动公约》（第 182 号）。参见国际劳工组织网站，http：//www.ilo.org/ilolex/english/newratframeE.htm，最后访问时间：2010-03-05。

走资金。可见利益的考量在其中起着重要作用。

3. 对社会条款问题的理性思考

从WTO在职能和管辖范围有所扩大方面来看，劳工标准与贸易挂钩可能成为一种趋势。WTO作为一个专门性国际组织，为协调成员国的多边贸易关系提供了一个重要的框架机制，WTO的宗旨在《建立世界贸易组织的马拉喀什协定》序言中作了阐明，其中包括“提高生活水平”、“保证充分就业”、“大幅度稳定提高实际收入和有效需求”，这为将劳工标准纳入WTO框架提供了可能。WTO名为世界贸易组织，但它所管辖的事务已从货物贸易进入服务贸易、投资、知识产权等领域，并有可能进一步纳入环境、劳工、全面的投资、竞争政策等，因而有可能改名为世界经济组织（World Economic Organization，WEO)。① 从西雅图会议到多哈会议，国际社会已经广泛地讨论了将环境与贸易、劳工标准、竞争法等新议题纳入WTO首轮多边贸易谈判的可能性。事实上，WTO早已成立了直属总理事会领导的贸易与环境委员会、贸易与竞争行政工作组等机构，研究在WTO框架内协调这些问题的具体步骤。如果WTO多边贸易谈判最终取得成功，那么WTO肯定会演变成事实上的WEO，将会渗透到经济生活的方方面面。② 事实上在一些双边贸易领域，劳工标准与国际贸易的挂钩已有了实质性进展，如美国与约旦、新加坡、智利签署的自由贸易协议，已经把劳工保护条款列入其中。1994年美国、加拿大、墨西哥三国缔结北美自由贸易协定，成立北美自由贸易区，在附属协定“北美劳动合作协定”中规定了贸易与劳动基准的联系，会员国如违反相关义务，将受到罚款和贸易制裁。在非官方层面，跨国公司生产守则中也交织着贸易与劳工标准问题。

但是，我认为在目前的经济发展体系下，不应将劳工标准与国际贸易挂钩，主要基于以下考虑：

(1) 将劳工标准纳入贸易体系，对违反者实施贸易制裁，其基础至少是各国之间主体地位上的平等，但由于历史原因、经济基础和发展水平、社会制度等因素，各国经济发展不平衡，贫富分化不均。而经济全球化并未使所有国家和劳动者受益，反而加深了发达国家和发展中国家之间经济差距的鸿沟，“富者更富，贫者更贫”，一些发展中国家逐渐被边缘化，如果再通过贸易制裁的方式，将使它们被迫退出国际统一市场。世界的发展应该是世界各国的共同发展，缺少任何一方的参与都是不完整的。

(2) 各国的经济发展处于不同程度，所具有的优势也是有差别的。根据

---

①② 参见林嘉、杨飞、林海权：《劳动就业法律问题研究》，13页，北京，中国劳动社会保障出版社，2005。

大卫·李嘉图的比较优势理论，国家间的贸易应建立在比较优势原则之上，如果各国专门生产和出口其生产成本相对较低的产品，就会从贸易中获利；反之，如果各国进口其生产成本相对较高的产品，也将从贸易中获利。通过比较优势，可以发挥各自的长处，共同发展。发达国家的优势是资金、技术，而对于发展中国家而言，劳动力低廉确实是它的优势，这种优势不能被抹杀，如果抹杀发展中国家的比较优势，其结果是不公平的。

(3) WTO与国际劳工组织有着不同的职能和分工，如果将劳工标准与贸易问题挂钩，产生的问题是：谁有权执行和监督劳工标准？谁有权实施和如何贸易制裁？这种实施是否具有合理性？WTO的大国原则是否会因此损害发展中国家的利益？发达国家和发展中国家作为世界的成员，都应充分享受经济全球化带来的利益，将劳工标准纳入贸易体系并非上策，建立公平、合理的国际经济新秩序，促进发展中国家和发达国家的共同发展才是真理。

当然，发展中国家也不能拒绝本国劳工标准的提高，经济发展与劳工标准有密切的关系，国家不可能通过降低劳工标准来求得经济的高速发展，因此，发展中国家也应根据自身情况主动与国际劳工标准衔接，逐步提高劳动基准水平。

（二）劳动法领域的“放松管制”趋势对劳动基准立法的影响

在经济全球化背景下，由于高科技的发展以及国际市场环境的变化，劳动关系弹性化（Labor Flexibility）[①] 的趋势越来越明显。它的发展缘于立法应当在维护劳动者权益和发挥市场经济机制的功能之间寻得一个为大多数人所接受的平衡点，为劳资双方追求各自的需求提供平台。为适应劳动关系弹性化的发展，为雇主的人力资源管理提供充分的空间，许多国家相应修法，出现了劳动去形式化以及要求劳动保护去管制化或去规范化的“放松管制”趋势，“采取解除管制的途径，减低劳动保护法的规范水准，提高劳动市场当事人自治能力，促使劳动契约制度增加弹性符合多样的现实”[②]。

劳动关系弹性化主要表现为：在劳动关系的形成和内容的确定上，主张法律以及政府不应过多地介入、干预，而应听任市场的机制来决定。这种弹性化的对象包括劳动关系的形成、劳动力的支配过程以及劳动关系的消灭，如对部分工时契约进行松绑、在工时限制上有所松动、在劳动力方面随机调

① 劳动关系弹性化最早由约翰·艾京生（John Atkinson）等人在1984年提出，用来描述一些为企业所广泛使用的人力资源管理措施，包括数量弹性化（Numerical Flexibility）、功能弹性化（Functional Flexibility）、距离策略（Distancing Strategy）、区隔策略（Segmentation Strategy）、报酬弹性化（Pay Flexibility）等人力资源管理措施。参见台湾地区“行政院劳工委员会”委托研究报告：《各国劳动契约法规制度之研究》，30页，“劳工委员会”编印，2003。

② 黄越钦：《劳动法新论》，修订3版，12页，台北，翰芦图书出版有限公司，2006。

整供应、解雇自由，等等。[①] 对于企业而言，弹性化意味着法律上的约束相对宽松，企业享有更多经营上的自由，从而增加经营的灵活性。

劳动去形式化，是随着非全日制用工等非典型劳动关系的广泛运用而出现的，主张把劳动及劳动关系从现有国家法律、社会及经济中的具体模型中摆脱出来。这实际从根本上挑战了欧美国家统合主义时代所建立的典型劳动关系，以及以其为基础与中介的周边保护机制——包括劳动法、社会法或其他如家庭、社会生活领域中的既有模式，去除法律形式上对劳动的保护，劳资关系的形成不再被视为国民国家内的阶级妥协，而是拉回至企业内的控制模式。[②]

劳动保护去管制化，就德国学者 Spiros Simitis 先生的理解，主要是指所谓的“去国家化”，即国家逐步“退出”对劳动力市场的干预，使劳动力市场“再私有化”，委由当事人通过个别协商自主形成劳动关系；不再严守国家赋予强制性的行为规范，不论是国家的法律，如劳动保护法，还是在国家法律建立的框架之下的社会自主规范，如集体性契约。[③]

在放松管制趋势下，企业人力资源管理因劳动关系弹性化的发展有了更多的空间，为应对这一趋势，各国立法也作出回应。

1. 英国[④]

英国是劳动基准法的发源地，也是经济全球化“放松管制”趋势中劳动法律制度改革的急先锋。英国调整劳动关系的基本体制是当事人自治和集体谈判机制，由国家制定劳动基准立法则处于次要、从属、辅助性的地位。20世纪 60 年代以来，英国面临了通货膨胀和高失业率的双重压力，如何缓解双重压力是英国政经界所力图寻求对策解决的难题。1979 年保守党在选举中获胜，撒切尔政府认定是工会的“强制”造成了通货膨胀和失业，而工会的这种“强制性权力”又来自于法律的授权，要解决这些问题只有恢复自由市场的作用。[⑤] 因此，为了削弱工会的权力，让劳动力市场更多地受市场调控，英国在 1980 年至 1990 年的 10 年间 5 次修订了《就业法》，并将其与《工会法》、《工会与劳动关系法》、《就业保护法》中有关集体劳动关系的法律制度进行整合，颁布了《工会与劳动关系法》。在这一系列立法措施中，英国废除了许多

---

① 参见黄程贯：《21 世纪劳动法制架构的转变》，载《21 世纪劳动法范式的转变国际研讨会论文集》(2008 年 10 月韩国劳动法学会主办)，33 页。

② 参见上书，34 页。

③ 参见林佳和：《劳动关系去管制化的宪法界限——以德国法为中心之国家学尝试》，台湾大学法律学研究所 2005 年博士论文，32 页。

④ 参见周永平：《当代劳动关系法律制度研究》，80～81 页，北京，中国方正出版社，2010。

⑤ 参见上书，80 页。

保护工人权利的制度，尤其是削弱了工会的权力并限制其集体行动的范围，如通过施加压力迫使雇主只与工会会员谈判，与工会协商均为非法，而雇主设法不与工会谈判则并不违法，改变了集体谈判保护雇员权利的本来意义和作用。此外，英国 1980 年废除了公路运输业的最低工资制度，1983 年废除了自 1891 年以来一直实施的“公平工资决议”，1986 年将工资委员会的职能缩减至保护 21 岁以下的劳动者，对 21 岁以上的劳动者只能设立小时工资率和简单的加班工资率。英国为消除劳动法对经济影响的去管制化措施和行动在短期内取得了明显的效果：一方面，失业率有所下降，经济增长率回升；另一方面，工会会员数量剧减，工会力量被大幅削弱。上述放松管制措施因违反至少 5 项国际劳工公约而招致国际劳工组织的调查[①]，但英国决意要将变革进行下去。

2. 美国[②]

美国与英国同为英美法系国家，对劳动法律关系的调整实行成文法和判例法相结合的模式。国家制定有《公平劳动基准法》、《职业安全卫生法》等劳动法律保护劳动者权益，但 1935 年《国家劳资关系法》和 1947 年《劳动关系管理法》奉行的理念是通过劳资双方的谈判，可以实现适当的劳动保护措施和协调双方之间的利益，因此政府无须过多地干预劳动关系，在这种理念下的劳动法律制度本身具有柔性的特点，放松管制措施也就主要在有限的层面，针对法律的执行和实施而展开。1985 年美国修改《公平劳动基准法》，允许公共部门可以用补休方式代替现金支付来补偿雇员的加班行为。联邦和各州有立法建议要求将这一修改扩大到所有部门、所有企业，因雇员强烈反对而未能实现。《职业安全卫生法》由联邦主导和控制，作为强行性的劳动基准法对雇员提供实质性保护，由于它增加了企业的用工成本，在放松管制过程中首当其冲，受到抨击。该法连同实施主体职业健康局，自颁行/成立以来就受到雇主团体和保守政治势力的强烈反对，20 世纪 90 年代民众曾提出要废除该法。迫于压力，国会先后数次修改法律，缩减职业健康局的预算经费，限制其开展执法活动以及制定安全健康标准。为改善职业安全健康局执法严酷形象，克林顿政府还发动了“再造职业安全健康局形象”活动。

3. 德国

20 世纪 70 年代以来，德国出现了大量的失业现象。新自由主义派认为，只有充分开放市场，才能达到供求关系平衡、消灭失业，因此强烈主张要求

① 这 5 项国际公约涉及最低工资确立机制、工资保护规定、妇女夜间工作禁止等内容。

② 参见周永平：《当代劳动关系法律制度研究》，85 页，北京，中国方正出版社，2010。

减少被贬为“与市场格格不入的”劳动法保护规范。[①] 德国 1985 年曾通过了《就业促进法》，主要措施有：第一，创造更弹性化的机会，定期劳动合同由原来的 6 个月放宽为 18 个月，派遣劳动者的雇用由原来的 3 个月延长为 6 个月。第二，工作时间安排弹性化发展。1987 年 6 月建立了一项弹性工时制度，规定雇主可以就工时作弹性安排，如果企业委员会不反对且事先通知劳工检查机构，有关弹性工时的方案就可以实施。[②] 第三，《解雇保护法》放宽小型企业和新成立的企业在雇用员工上的限制。德国放松管制措施最明显的是改变了对雇员患病时工资的给付，从原法规定的雇员患病离岗 6 个月内可获全部工资降低为仅能获全部在岗工资的 80%。[③] 针对劳动者被雇主在各欧盟成员国之间的暂时派往而来源国的劳动法在此期间仍然有效，使得其他国家的低廉薪酬也被带进德国这一现象，为防止大量廉价劳动力的提供危及改善劳动者生活和工作条件的目的，德国颁布了《雇员派遣法》，规定了一些适用于所有行业雇员的基本保护条款，包括最长工作时间、休息日、法定带薪休假、劳动保护权利、反就业歧视权利等。

随着企业用工弹性化的需求，非全日制劳动者的人数增多，他们较标准工时劳动者的弱势地位更明显，实际的劳动条件和社会保险方面的保障更低。为保护和改善这类劳工的权利，也为了兼顾雇主和劳动者的需要，德国于 2000 年 2 月通过了《部分工时工作及定期劳动契约法》，成为德国规范部分工时工作和定期劳动契约的主要法律依据。

对部分工时劳工提供的保护措施主要有：一是部分工时劳工享有不受歧视的权利。部分工时劳工与标准工时劳工应享受均等待遇。均等待遇原则并非要求雇主对部分工时劳工的措施必须与对全部工时劳工的措施完全一致，而是要求雇主只有在具有正当事由的前提下才能实行差别待遇。二是部分工时劳工享有填补职位空缺等权利。雇主对于空缺的工作岗位，如适合部分工时劳工，应当予以公告，并通知曾表示有此意愿的劳工及工会；部分工时劳工有权要求雇主为其提供在职培训和职业教育，以促进劳工职业上的发展和适应力。三是部分工时劳工享有劳动条件保护的权利：(1) 在劳动报酬方面，实行比例计算原则，根据与可比的标准工时劳工的工作时间的比例来确定。(2) 关于加班问题，德国的《工作时间法》规定法定的正常工作时间为每日 8

---

① 参见［德］沃尔夫冈·多依普勒：《德国雇员权益的维护》，唐伦亿、谢立斌译，140 页，北京，中国工人出版社，2009。

② 在德国，弹性工时的安排可以有 3 种形式：一是损失时间的补足，适用于紧急状况；二是工时相互抵冲；三是周期的工作弹性调整。

③ See Roger Blanpain, *Deregulation and Labour Law*, Kluwer Law International, 2000, p. 63.

小时，最长不能超过10小时，这一规定也适用于部分工时劳工，每天工作不得超过8小时，如有延长，则延长部分应当在其他工作日缩短。德国通说认为只有在部分时间劳动者超过法律所定或企业所定之工作时间时，始有加班费。[①]（3）在休假权方面，部分工时劳工享有同等的周休日休息权和法定休假日的权利，周休日工作一般无工资给付义务，其理由是周休日“无工作无报酬”原则，法定休假日工资应当支付；部分工时劳工有权享受带薪休假，劳动关系存在6个月以上即可取得法定的带薪休假的完全请求权，并不受工作时间长短的影响，因为带薪休假权的目的是保障劳工的体力和健康。（4）劳动契约解雇保护，部分工时劳工与标准工时劳工在劳动契约的解雇保护上享有同等的权利，并无差别，部分工时劳工也享有解除权。（5）享有社会保险权利。《工作时间法》第22、23条还针对该法的效力作了规定，即一般情况下当事人双方不能超出该法的规定而作出不利于劳工的约定，其他法律有关规定的效力不受该法的影响。可见该法具有基准性。

4. 瑞典

在瑞典，在弹性劳动关系发展的时代，劳动力市场规制放松的现象比较明显：一是私人职业介绍所由禁止到允许发展。根据瑞典1935年的法律，劳动力外雇被认为构成雇用交易，为法律所禁止；1991年修改法律时对使用“临时雇员”进行限制，仅允许公共职业介绍所的存在。[②] 随着社会现实的发展以及就业灵活性的需求，“劳动力提供是一种自由提供服务”的观念为法院所主张，也为世人所接受，因此1993年政府采取措施，废除了仅允许公共职业介绍所使用临时雇员的条款，结束了公共职业介绍所的垄断地位，具有营利性的私人职业介绍所得以建立和发展起来。二是在劳动合同期限方面，期限缩短明显，固定期限劳动合同适应劳动力市场灵活用工的需求，比例迅速增加。在瑞典以无固定期限劳动合同为主，固定期限合同主要存在于如替代雇用、假期雇用、季节性工作、试用性工作、退休后的雇用等形式中。面对这一形势，瑞典立法并无太大的变化，1982年《就业保护法》规定了固定期

① 参见杨通轩：《德国部分时间劳动法制之探讨——兼论台湾部分工时之法制化》，“国政”研究报告，2005年，载http://old.npf.org.tw/PUBLICATION/SS/094/SS-R-094-014.htm，访问时间：2009-04-03。在加班费的支付问题上，德国联邦劳动法院采“统一负担界限”的观点，认为团体协约中的加班费是对劳工身体特别负担的补偿并防止雇主过度利用劳工，因此部分工时劳工与全部工时劳工一样，都必须超过全部工时劳工每周的工作时间而提供劳动，才能请求加班费的给付，这并非对部分工时劳工的不公平对待。这一观点在德国有争议，相关讨论可参见林炫秋：《部分工时劳工之加班与休假问题——德国经验》，载《2008年台湾“劳动基准法工资与工时实务研讨会”论文集》，119页。

② 参见Ronnie Eklund：《劳动法的解除规制——瑞典的例子》，载叶静漪、［瑞典］Ronnie Eklund主编：《瑞典劳动法导读》，29页，北京，北京大学出版社，2008。

限劳动合同的类型，为方便小企业用人方便，引入了协商一致的固定期限劳动合同条款，依据该规定，只要双方协商一致，雇主有权在任何情况下雇用，限制条件是雇主只能同时使用 5 名该种形式的雇员，并且合同限制期相应缩短。与立法不同的是，瑞典劳动力市场上的集体合同已作出很大让步，使雇主可以更灵活地选择固定期限合同形式而不受法律的限制。

但劳动力市场上的放松管制并不意味着劳动法的放任。瑞典 1995 年 1 月 1 日加入欧盟，为落实和回应欧盟的指令而对国内法律进行了修改，涉及同酬、集体解雇、非典型劳动关系雇员的健康与安全、工作时间等内容。此外，瑞典还修改了《性别歧视法》中关于性骚扰的规定，进行了 3 项反歧视立法，即关于性别定位的歧视、对残疾人的歧视以及种族歧视。从劳动立法的动向和社会实践来看，尽管瑞典的雇主联盟发起了一次次对现存的劳动法律的攻击，但均遭失败，还未发生对保护性立法的损害。[①]

5. 日本

第二次世界大战后《劳动基准法》的颁布和实施使日本很快走上经济复兴的道路，尤其是劳动关系上终身雇佣制的确立，在劳动者和雇主之间所形成的和谐劳动关系，对经济的复苏和迅速发展发挥了重要的作用。日本的放松管制运动始于 20 世纪 90 年代初，其初期目标主要是针对经济、社会规制，劳动关系调整并不在此范围内。20 世纪 90 年代末期，劳动关系的法律制度也成为改革对象[②]，改革措施主要包括改革劳动力市场规制制度，增加市场的自我调节力度；在劳动者个人权利保护方面有所放松，如改变了过去根据工作时间长短支付加班工资的规定，允许雇主在协商一致的情况下根据雇员的工作质量和成果支付加班工资。

为解决劳动市场中部分工时劳工数量攀升带来的严重社会问题，日本于 1994 年制定了《部分工时劳动法》，并于 2007 年进行了修正。立法的修正与部分工时劳动的发展相关。日本在 20 世纪 60 年代便开始出现部分工时的用工形式，且一直持续增长。部分工时用工之初，出现的主要问题是与标准工时劳工在工资上的差别待遇，但随着社会的发展尤其是经历了经济危机后，部分工时劳动所产生的影响不仅仅针对劳工本身，甚至影响到了整个劳动力市场。为此，日本修订了《部分工时劳动法》，修改的重点主要有：确保部分工时劳工取得均等待遇，免受差别对待。均等待遇的前提是该劳工属于“应与标准工时劳工同等对待的部分工时劳工”，通常依工作内容及负担的责任、

① 参见 Ronnie Eklund：《劳动法的解除规制——瑞典的例子》，载叶静漪、[瑞典] Ronnie Eklund 主编：《瑞典劳动法导读》，47 页，北京，北京大学出版社，2008。

② See Roger Blanpain, *Deregulation and Labour Law*, Kluwer Law International, 2000, p. 87.

劳动合同的期限、人事变动范围等来判断。符合相应条件的，雇主不能因其是部分工时劳工而在工资、提供职业训练、利用福利设施等待遇上差别对待。[①] 此外，该法第12条规定，部分工时劳工在符合条件的情况下可以转为标准工时劳工。为保证部分工时劳工的该项权利，雇主应当采取下列措施之一：（1）招用标准工时劳工时，应当将工作岗位、工资、工时等信息一并通知到部分工时劳工；或者（2）设置新的工作岗位时应给予部分工时劳工申请该工作岗位的机会；或者（3）设立标准工时劳工转换制度。

6. 小结

劳动关系弹性化和放松管制运动的实行，给各国的劳动立法带来了重大影响，主要表现为：第一，不断呼吁"劳动法中应有更多的市场机制"，"少一点政治，多一点经济"，实行"去法规化"，废除劳动法令中对劳工的重重保护。[②] 对应这一口号的行动即是有关劳动及就业市场法律规范的限制减少，对定期劳动合同期限的放松规范等。第二，减少团体契约的作用，鼓励通过契约方式增强劳动者的个人化趋势。第三，雇主企业通过劳动契约手段自由形成较不受劳动保护且合乎企业自有调度需求的劳动关系形式[③]，如非全日制用工、劳动派遣等灵活用工形式。

我国劳动基准法应如何回应这一趋势？如何坚持"保障劳动者的合法权益"的立法宗旨？在全球化背景下，放松管制是一个趋势，这是劳动者的劳动权、雇主的经营权和财产权以及经济发展三者之间的利益协调结果，但放松管制只是适应弹性劳动关系发展而出现的对劳动关系的一种松绑，并非以牺牲劳动者的利益为代价，在关乎劳动者生存权的劳动条件上，劳动基准法仍然加以保护，放松管制"有所为、有所不为"。这也给我们的劳动法，包括劳动基准法的发展提供了重要的参考。从各国劳动立法发展动向中可以看出，放松管制的领域主要集中在劳动力市场方面，但在劳动条件基准方面仍有强化的趋势，如日本在立法中增加了带薪休假的期间，对加班时间予以限制等。因此在劳动基准方面其立法趋势不是放松而是加强，在给予当事人协商空间的基础上保有底限。劳动基准法的规定尽管可能给雇主增加成本负担，但在更大的程度上，对劳动者基本人权的保护，是雇主创新发展的前提，对生产力的维持和提高大有裨益。

---

① 参见周兆昱：《部分工时劳动相关法律问题之研究——以日本法制与实务之检讨为中心》，载《2008年台湾"劳动基准法工资与工时实务研讨会"论文集》，139页。

② 参见黄程贯：《劳动法》，修订再版，40页，台北，空中大学印行，2001。

③ 参见黄程贯：《我国劳动法发展趋势之观察与展望》，载《月旦法学》，2003（100）。

三、我国劳动基准法的发展趋势

(一) 劳动基准立法总体思考

在经济全球化背景下，如何继续改善工作条件，让全世界劳动者能在安全、有尊严和体面的环境下工作，仍然是国际劳动立法以及各国劳动立法所共同致力的方向。国际劳工组织及其制定的国际劳动标准虽然也不可避免地受到经济全球化挑战，但其发挥的作用越来越重要，尤其是国际劳动标准中保障劳动者基本人权的核心劳动标准，在社会条款之争、国际社会责任运动的发展中已体现出对劳动基准立法产生深远影响。近年来，除了西方发达国家、WTO等国际经贸组织试图将国际所承认的劳动基准纳入规范以外，地区间的组织如欧洲联盟、北美自由贸易协定也曾先后将保护劳工权益的所谓社会条款正式纳入，以规范其会员国以外的国家。经济合作与发展组织虽然本身尚未公布国际劳动基准，但也利用国际劳工组织的7项核心公约作为会员国或非会员国是否遵守此类基准的标准。[①] 顺应国际劳动立法的发展趋势，各国应思考国内劳动立法与国际社会的基准或潮流趋势如何相互接轨。

我国受经济发展、历史传统、社会现状等因素的制约，批准的国际劳工公约数量相对有限，批准进度也相对缓慢，劳动基准法上所确定的劳动基准与国际劳工标准尚存在差距，如何加快公约的批准进度，借鉴国际劳动标准中劳动人权理念与制度设计的创意，提高劳动基准水平，逐步缩小与国际劳动标准之间的差距，应当是未来我国劳动基准法努力的方向。

在劳动关系放松管制的趋势下，各国其实都面临着一个共同的问题，即：劳动法的发展趋势如何？现有方向是否会发生改变，重新走向私的路径？前面已经分析到，尽管各国劳动法在不同的程度上出现了放松管制的趋势，但这种放松管制并非涉及劳动法的方方面面，主要集中在对劳动力市场劳动关系的形成和确定上，运行劳动关系的多元化发展，但法律同时也加强了对禁止就业歧视的规定；而在以保障劳动者基本生存权为价值目标的劳动基准法方面，劳动保护功能并没有发生变化，各国总的趋势不是降低而是加强了。这些劳动法的保护性规定被看作社会稳定器，在充满危机

① 参见黄程贯：《我国劳动法发展趋势之观察与展望》，载《月旦法学》，2003 (100)。

的时代应当有助于克服社会震荡。[①] 事实上，去管制化本身并非解决劳动力市场的最佳措施，而是作为一种实现劳动法灵活化体系的方式，以维持雇主在市场竞争中的竞争力。去管制化与灵活性往往是有限和受控制的，在某一层面去管制化的同时在另外层面加强管制，去管制化与再管制化是紧密相关、不可分割的。因此，面对劳动关系弹性化时代下的放松管制趋势，劳动法的回应不应当是降低或解除劳动保护的基准，而应是在统一基准外增加选择自由，满足劳动者重视劳动条件规范的自我决定以及多样化的选择自由的需求。[②]

劳动关系自身具有私的因素，由劳动者和雇主之间通过平等协商的方式来建立劳动关系和确定劳动权利、义务，可以说是应有之义。从这个层面来说，劳动合同法调整微观劳动关系，是劳动法上的核心内容。由于劳动关系中双方地位实质不平等，为保障弱势一方劳动者的权益，各国通常都设置了两种模式作为劳动合同制度顺利实施的补充手段：一是通过集体谈判制度，由劳动者组成工会，代表单个劳动者与雇主进行集体谈判，争取更好的劳动条件；二是从法律规范的功能出发，通过国家立法制定劳动基准，规定雇主的劳动基准义务并通过制裁性手段来约束违法者，保护劳动者的基本生存权益。集体合同法和劳动基准法的发达与否，与各国的国情相关，二者之间可以说是相互制衡的关系：集体合同法的发达意味着在劳动基准法方面可以不作过多干预，反之，集体合同法的功能不能有效发挥，则需要强化劳动基准立法。由于劳动基准法只是规定最低基准，而劳动者团体在与雇主的抗衡中可以为劳动者争取更优越的劳动条件，因此依靠集体合同法来调整劳动关系应是理想状态，也是其他国家劳动立法的发展趋势。但考察我国的现实情况，劳动法是在国家全面、统一规范、管理的基础上产生的，集体合同法的基础不发达，由于工会作为集体合同法的主体在实践中所处的地位，集体合同法更是难以担任如此重大的职能。是故，从长远发展来看，我国应当充分发挥集体合同法的功能；但就目前而言，加强劳动基准立法，守住劳动基准底线，以保障劳动者的基本生存权，仍然具有重要意义。

（二）我国劳动基准立法理念和指导思想

在学理上，法的价值目标往往涉及各种因素的考量，这种考量使得在进行关系调整或行为安排的背后，“总有对各种互相冲突和互相重叠的利益进行

---

① See Stiglitz，“The Global Crisis，Social Protection and Jobs”，*International Labour Review* 148 (2009)。转引自 Rüdiger Krause：《管制与放松管制——德国劳动法在全球化金融危机背景下的变革》，吴文芳译，载林嘉主编：《社会法评论》，第4卷，337页，北京，中国人民大学出版社，2010。

② 参见黄程贯：《我国劳动法发展趋势之观察与展望》，载《月旦法学》，2003 (100)。

评价的某种准则"[①]。劳动法领域涉及多种利益，其中既有劳动者的人身权和财产权，也有用人单位的财产权和管理权；既有社会利益，也有经济发展因素，如何在各种互相冲突的利益之间进行衡量和平衡，决定着劳动基准法的价值目标。

劳动基准法从产生以来就以保障劳动者的生存权为价值理念，保障劳动者的生存权仍应当确定为劳动基准立法的首要理念和指导思想。

早期有关劳动的法律作用十分消极，因为从产业立场来看，劳动者的保护只是"劳动力再生产"的保障，但近世劳动法从人本立场出发，认为对劳动者人格的完成（完整保护）、社会地位的提高以及经济地位的改善，才是劳动法基本宗旨所在。[②] 现阶段，生存权的内涵已由保护劳动者的生命、健康延伸到保护人格尊严方面。2008 年 1 月，胡锦涛主席在北京举行的"2008 经济全球化与工会"的国际论坛上指出：让各国广大劳动者实现体面劳动，是以人为本的要求，是时代精神的体现，也是尊重和保障人权的重要内容。让广大劳动者实现体面劳动，最根本的是要保重他们的权益，特别是要致力于改善广大劳动者的劳动条件、劳动收入、劳动保障、生活质量，让广大劳动者更多地分享经济社会发展成果。[③]

我国未来的劳动基准立法应当反映生存权发展的趋势，重视与人格尊严相关的权利保护。劳动者的人格权保护规定，并非历来传统理解上的劳动基准法范畴，但由于近年来各种科技、信息技术的发达与普遍，劳动者的人格权受侵害的可能性大幅度提高，故劳动者的人格权、个人信息的保护等为重要议题，国家亦多以公法性质的规定来保护劳动者。[④]

(三) 劳动基准法的立法模式选择

考察世界各国（地区）的立法模式，主要有统一立法模式和单行立法模式两大类。根据劳动基准与其他劳动制度的安排体例，统一立法模式又可细分为制定统一的劳动基准法模式和将劳动基准法内容纳入综合立法模式。（见下表）

---

① ［美］罗·庞德：《通过法律的社会控制：法律的任务》，沈宗灵、董世忠译，55 页，北京，商务印书馆，1984。

② 参见黄越钦：《劳动法新论》，修订 3 版，25 页，台北，翰芦图书出版有限公司，2006。

③ 参见《"体面劳动"：体现以人为本保障人权的时代精神》，载人民网天津视窗，http://www.022net.com/2008/1-23/482159332273625.html，访问时间：2009-08-24。

④ 参见黄程贯：《劳动基准法之公法性质与私法转化》，载周永坤主编：《东吴法学》，第 13 卷，6 页，北京，法律出版社，2007。

劳动基准立法模式分类

<table>
<tr><th colspan="2">统一立法模式</th><th rowspan="2">单行立法模式</th></tr>
<tr><th>以“劳动基准法”为名，制定统一的劳动基准法</th><th>将劳动基准法内容纳入综合立法</th></tr>
<tr><td>以美、日、韩、我国台湾地区为代表。集体合同法与劳动基准法具有互相制衡的关系，工会团体力量强大，集体合同的作用发挥突出，国家制定劳动基准法来保护劳动者的要求就相对宽松，反之，则需要加强劳动基准法，通过国家强制力来保障劳动者的权益。</td><td>如早期英国《工厂法》，瑞典 1949 年《劳动保护法》，加拿大、土耳其《劳工法》，法国《劳动法典》。以“劳动法典”命名的劳动立法涵盖的领域很宽，涉及方方面面，劳动条件多元，以并列的形式被规定在其中，没有统一的“劳动基准法”概念。</td><td>以德国、瑞典为代表。受立法制度思想的影响，劳动者团体和雇员团体的力量相对强大，国家的干预相对有限，没有统一的劳动基准立法，而是分别就各种劳动条件出台相应立法，立法具有强制性，但在条件的限制上也并非绝对，劳雇联盟双方通过谈判达成的集体合同原则上可以改变法律的这种强制性。</td></tr>
</table>

在上述立法模式中，统一立法模式将各项劳动基准制度规定在同一法律中，具有系统、体系化之优势，可以对各具体劳动基准制度概括出共同原则予以规定，作为指引。但由于劳动基准制度各部分的较大差异性以及内容的庞杂性，统一立法易出现的问题是只能对各项劳动基准制度作出原则性规定，在可操作性上有所欠缺，在具体适用上还需配套单行法来细化规定。单一模式针对某项内容制定立法，比较具体、细致，但体系化、系统化方面有所欠缺，造成立法分散，各部分之间也缺乏逻辑联系性。这两种立法模式孰优孰劣，并非绝对，采取何种模式还应当考虑各国的具体情况。

我国目前劳动基准法所采取的是统一立法模式的综合立法。《劳动法》是调整劳动关系的基本法，将劳动基准法的各项制度与劳动合同制度、集体合同制度、劳动争议处理制度等内容统一规定在其中，此外，针对具体劳动基准制度配以单行法律、法规。统一立法模式具有系统化、体系化的优势，在同一法中规定各项劳动基准制度，有利于从具体制度中概括出共同原则，作为立法指引，如日本《劳动基准法》第 1 条的规定就指出了劳动基准法所规定的劳动条件基准性，从而引导劳动关系的调整。但从我国的规定来看，《劳动法》并未针对劳动基准法的特点和性质制定相应的原则，从立法中看不出劳动基准各项制度之间的联系，也看不出劳动基准法与其他法之间的区别。由于对劳动基准法的定位不明，实践中劳动者和用人单位对劳动基准法的作用不甚了解，这在一定程度上影响了劳动基准法的实施。

笔者认为，劳动基准法和劳动合同法、集体合同法同为劳动法体系的有机组成部分，都承继了劳动法的倾斜保护等基本原则，但在价值目标、性质、效力等方面不同于劳动合同法和集体合同法：一方面，劳动基准法以保障劳动者的基本生存权为价值目标，国家介入劳动关系中；而劳动合同法和集体合同法主要是当事人确定劳动者和用人单位之间的权利、义务，其目标是追求更优的劳动条件，属于劳动关系协调的范畴。另一方面，劳动基准法具有替代性、最低保障性、补充性等特点，是相对于劳动合同法、集体合同法更基础的劳动条件保障。

劳动基准法在当代社会生活中所发挥的重要作用与其立法地位并不相协调。我国已制定了《劳动合同法》、《集体合同规定》等单行法律、法规以调整个别劳动关系和集体劳动关系，而劳动基准法的各项制度散见于各法中，具体制度之间的逻辑性和联系性并未有所体现出。因此，为突出劳动基准法的作用，应当制定统一的劳动基准法，可以分 6 章，其中第一章“总则”应首先界定劳动基准法的范畴，其次概括出劳动基准法的价值目标、性质、效力以及其他劳动基准制度共通的一般原则；第二章“工资制度”主要从工资基本理论、最低工资制度、工资支付保障制度等方面规定；第三章“工时和休息、休假制度”，从最高工时，工时的类型，休息、休假体系等方面作出规定；第四章“劳动保护制度”，规定一般原则、劳动安全卫生制度，职业卫生制度；第五章“特殊群体保护制度”，首先规定一般原则，其次对女工和未成年工的特殊保护进行规定；第六章规定了“法律责任”。

当然，由于劳动基准法内容的庞杂以及各劳动基准制度之间存在较大的差异，要制定统一的劳动基准法有很大的难度。统一立法需以单行立法为基础，目前可行的方式是，首先，修订《劳动法》，在总则中分别对劳动基准法、劳动合同法、集体合同法各自的价值、功能等内容作出原则规定；其次，针对具体劳动基准制度的问题和实践，制定或修订相应的单行法。在立法条件成熟的基础上再制定统一的劳动基准法。

劳动争议案件审理过程中若干问题探讨

唐荣娜*

随着《劳动合同法》、《劳动争议调解仲裁法》的颁布实施，劳动争议案件数量显著上升，随之而来，审判领域也出现了疑难复杂、亟须解决的新情况、新问题，笔者谨对审判实践中遇到的一些典型、争议性较强的问题作一分析、探讨，以就教于同仁。

一、对小额劳动争议案件"一裁终局"的理解与认定

《劳动争议调解仲裁法》第 47 条规定，对于小额劳动争议案件，即追索劳动报酬、工伤医疗费、经济补偿或者赔偿金，不超过当地月最低工资标准 12 个月金额的争议适用一裁终局。但是，这一金额是以劳动者仲裁请求的数额还是以仲裁机构最终确定的数额为准？如果仲裁裁决涉及数项，是以数项之和还是以分项计算作为判断依据？在同一仲裁裁决中，如果仲裁裁决涉及数项，既有终局裁决事项又有非终局裁决事项的，是否意味着当事人仅能对仲裁裁决中的非终局裁决事项起诉，还是都能起诉？这些都是审判实践中面临的问题。针对"一裁终局"案件的种种理解与实务中的不同做法，最高人民法院于 2010 年 9 月 13 日出台了《关于审理劳动争议案件适用法律若干问题的解释（三）》（以下简称司法解释三），对一裁终局的认定标准及处理作出了细化规定，该司法解释第 14 条规定："劳动人事争议仲裁委员会作出的同一仲裁裁决同时包含终局裁决事项和非终局裁决事项，当事人不服该仲裁裁决向人民法院提起诉讼的，应当按照非终局裁决处理。"但是劳动者在追索劳动报酬、工伤医疗费、经济补偿或者赔偿金之余，还要求确认劳动关系的案件是否就一概为非终局裁决案件，尚值得探讨。

举一案例加以说明：2009 年 9 月，梁某为个体工商户陈某从事木板排板工作，约定每月平均工资为 573 元，双方未签订书面劳动合同。2010 年 11

* 唐荣娜，广西壮族自治区南宁市中级人民法院法官。

月，陈某辞退梁某，梁某要求陈某支付经济补偿金，遭到陈某拒绝，梁某遂向劳动仲裁委提请仲裁，要求裁决确认其与陈某存在事实劳动关系；陈某支付2009年9月至2010年11月未签订劳动合同双倍工资1 719元、解除劳动合同经济补偿金286.5元及额外经济补偿143.3元。劳动仲裁委受理后，作出如下裁决：确认梁某与陈某存在事实上的劳动关系；陈某支付2009年9月至2010年月11月期间未签订劳动合同双倍工资差额889.1元；陈某支付梁某解除劳动关系经济补偿金286.5元及额外经济补偿金143.3元。陈某不服劳动仲裁委的裁决，向法院提起诉讼，要求确认其与梁某不存在劳动关系，并且不需向梁某支付相关费用。梁某则辩称其提起的是追索劳动报酬、经济补偿金、赔偿金案件，根据《劳动争议调解仲裁法》第47的规定，属于"一裁终局"案件，法院应当裁定驳回陈某的起诉。

本案的关键在于如何理解"一裁终局"案件。表面上看，根据司法解释三第14条的规定，仲裁裁决中包含"确认存在劳动关系"的非终局裁决事项，因此本案应该按照非终局裁决处理，当事人起诉后，仲裁裁决不发生法律效力。

但仔细分析却发现有失妥当之处，理由是：

第一，与立法目的不符。确立"一裁终局"制度的立法目的是解决劳动争议处理周期长、效率低、劳动者维权成本高的问题，因此对于小额标的额和执行国家标准的劳动争议案件，《劳动争议调解仲裁法》突破了"一裁二审"的模式，确立了"一裁终局"制度，有利于及时保护劳动者的合法权益。实践中，如果用人单位与劳动者签订了书面的劳动合同，在劳动关系没有争议的情况下，劳动者一般不会要求劳动仲裁委确认存在劳动关系。但在双方未签订书面劳动合同，存在事实劳动关系或者对劳动关系有争议的情况下，劳动者在请求用人单位支付劳动报酬等费用之余，往往要求劳动仲裁委确认双方之间存在劳动关系。如果认为包含了非终局裁决事项的案件不属于"一裁终局"，则《劳动争议调解仲裁法》第47条的立法初衷有可能被违背，大量的纠纷并没有解决在仲裁阶段，"一裁终局"制度发挥的空间会受到很大的限制，会导致"一裁终局"仲裁案件大幅减少，甚至该制度很大程度上将流于形式，在实践中的作用大打折扣。"一裁终局"制度的立法宗旨主要是通过仲裁裁决迅捷获得执行，保障劳动者对基本生存的需求。它一方面赋予劳动者诉权，另一方面对用人单位的诉权进行限制，在一定程度上使用人单位丧失诉权。可见该制度是侧重维护劳动者的权益，偏向弱势群体劳动者一方的。如果认定为非"一裁终局"案件，实际上是变相赋予了用人单位起诉权，经过漫长的一、二审诉讼程序，劳动者的维权时间成本依然很高，对劳动者权利的保护实际上是弱化了，同时也加大了法院的审判压力。另外，对于用人单位而言，认定为“一裁终局”只是限制其诉权，并没有完全剥夺其诉权，用人单位还可以通过向中级人民法院申请撤销仲裁裁决来保护其利益。

第二，追索劳动报酬等费用案件自然地包括了对劳动关系是否存在的认定。追索劳动报酬、工伤医疗费、经济补偿或者赔偿金案件的前提条件是劳动者与用人单位存在劳动关系，否则，追索劳动报酬等费用是无源之水。也就是说，追索劳动报酬等费用的请求自然包含了对劳动关系是否存在的认定。在处理该类案件时，劳动仲裁委必须审查双方是否存在劳动关系，如果不存在劳动关系，用人单位自然无须支付相应费用。

第三，退一步来说，劳动者直接要求用人单位支付劳动报酬、工伤医疗费、经济补偿或者赔偿金，不要求劳动仲裁委确认劳动关系，当追索的标的额不超过当地月最低工资标准 12 个月金额时，如果仅仅认定此种情形才属于“一裁终局”案件，可以发现，是否属于“一裁终局”案件主要取决于劳动者的仲裁请求或表述，而这需要劳动者熟悉关于“一裁终局”的法律规定，提起仲裁时具有相应的技巧，知道如何提出仲裁请求才能得到“一裁终局”的裁决。也就是说，是否属于“一裁终局”案件由劳动者“选择”，这显然不符合“一裁终局”的立法目的，也不是劳动者所希望的“选择”结果。

第四，在无其他劳动争议的情况下，劳动关系只不过是劳动者为了达到追索劳动报酬等费用的目的而需先确立的基础法律关系。如果拘泥于司法解释三第 14 条的规定，忽略《劳动争议调解仲裁法》第 47 条的立法目的、立法精神，则有废除《劳动争议调解仲裁法》第 47 条规定的嫌疑。

因此，如果劳动者的仲裁请求不涉及劳动关系其他争议，只要是追索劳动报酬、工伤医疗费、经济补偿或者赔偿金，无论劳动者是否请求确认存在劳动关系，都属于“一裁终局”案件。

二、劳动合同的“中止”履行问题

1987 年陈某被招录到某国有企业上班，1992 年陈某向单位申请停薪留职，单位批准了该申请。此后陈某一直未回单位上班，单位就此未作出任何处理，陈某的人事档案关系依然保留在单位。2009 年陈某向劳动仲裁委申请仲裁，要求继续与单位履行劳动合同，并要求单位补缴 1992 年至 2009 年的养老、医疗、工伤、生育、失业保险费。劳动仲裁委驳回陈某的全部申诉请求，陈某不服仲裁裁决，遂诉至法院。对于此类非正常劳动关系案件，应该如何处理？实践中大量的“两不找”现象也是非正常劳动关系，即劳动者长期不到用人单位处上班，也不联系、不找用人单位，而用人单位也不联系或者无法联系劳动者，不找劳动者，这种非正常状态多持续数年。对此，一种观点认为劳动合同应该事实上终止，理由是如果劳动合同不终止，劳动者向用人单位主张生活费、社会保险费、经济补偿金，则产生劳动者不履行合同义务却享有合同权利的不公平后果；另一种观点认为劳动合同不能事实上终止，劳动合同效力的消灭须符合法律规定和合同约定，一方当事人未提出解除劳动合同，双方之间的劳动关系依然存在。[①]

劳动关系最本质、最核心的内容是劳动者向用人单位提供劳动，用人单位对劳动者进行管理并支付劳动报酬，只有在此基础上才能够派生出劳动者与用人单位一系列的劳动权利和劳动义务。对于上文中非正常劳动关系案件，笔者不赞同劳动关系自然终止的观点。虽然劳动者长期不向用人单位提供劳动，但是劳动合同一旦成立即具有法律效力，对双方均有约束力，该效力不能凭空消灭，这种效力的消灭必须要符合法律规定及当事人约定。用人单位完全可以根据《劳动合同法》第 39 条的规定，以劳动者严重违反用人单位规章制度为由解除劳动合同。如果单位决定解除劳动合同，则应履行一定的解约手续，将解除劳动合同的书面通知送达劳动者本人；如果无法送达的，则应该采取公告送达的方式送达。劳动关系并不能因为一方不履行劳动合同的约定而自然终止，只有当事人履行法定手续解除劳动合同，才能导致劳动关系的消灭。

如果认定此类案件中劳动合同自然终止，或者劳动者与用人单位事实上已经解除劳动关系，则不但存在法理上的障碍，而且也会导致大量劳动者的权益得不到保障，容易引发群体性事件，不利于社会和谐稳定。但是，也要看到，毕竟劳动者长期未提供劳动，用人单位不存在用工行为，如果依然按照正常的劳动关系处理此类案件，责令用人单位承担非正常劳动关系期间对劳动者的社会保险、福利等义务，并将该期间计入劳动者的工作年限而计算经济补偿金，则劳动者获得的是一种额外利益，这对用人单位也有失公平，也与劳动关系本质以及劳动法的立法目的相悖。当前，针对实践中大量非正常劳动关系存在的客观事实，笔者认为，可尝试构建劳动合同中止履行制度以解决该问题和回应现实的司法需求，即由于某种特殊情形的出现致使用人单位与劳动者之间在该期间互不享有劳动权利、互不履行劳动义务，可以视为劳动合同中止，在特殊情形消除后，劳动合同恢复履行。

---

① 参见俞宏武：《劳动法理论研究的几个基本问题》，载最高人民法院民事审判第一庭编：《民事审判指导与参考》，总第 21 集，38 页，北京，法律出版社，2007。

其实，虽然现行劳动法律、法规中没有劳动合同中止履行的概念，但是类似概念早已经存在于我国的正式法规文件中，早在1995年，原劳动部制定的《关于贯彻执行〈中华人民共和国劳动法〉若干问题的意见》（劳部发[1995] 309号）第28条就规定："劳动者涉嫌违法犯罪被有关机关收容审查、拘留或逮捕的，用人单位在劳动者被限制人身自由期间，可与其暂时停止劳动合同的履行。暂时停止履行劳动合同期间用人单位不承担劳动合同约定的相应义务。"该条文所规定的暂停劳动合同履行事实上就是劳动合同中止履行。针对现实中此类情况的大量出现，一些地方纷纷出台地方性法规，对劳动合同的中止履行作出了规定。如《山东省劳动合同条例》第14条规定，于双方协商一致、劳动者涉嫌违法犯罪而被限制人身自由、发生不可抗力这三种具体情况以及法律、法规规定的其他情形，当事人可以中止履行劳动合同。2008年5月，国务院法制办公布《劳动合同法实施条例（草案）》，该草案在借鉴、吸收地方性法规的情况下，对劳动合同中止履行作了较为完备的规定，有利于统一对非正常劳动关系案件的处理，也可避免长期不确定劳动关系给劳动者、用人单位造成的不利影响。但遗憾的是，最终通过的《劳动合同法实施条例》却删除了该条规定。

针对实践中大量出现的劳动合同中止履行情形，笔者认为有必要建立合同中止履行制度，以解决法律空白和法律依据不足的问题。综合各地方性法规及《劳动合同法实施条例（草案）》的规定，笔者认为可对劳动合同中止履行的情形、法律后果作出规定。就劳动合同中止履行的情形而言，大体包括：(1) 当事人协商一致中止劳动合同。双方当事人协商一致，自愿中止合同，法律应当尊重当事人的意思自治。(2) 劳动者应征入伍或者履行其他法定义务导致劳动合同中止。如上海、浙江、辽宁、湖南、宁波等地均有类似规定。(3) 劳动者被依法限制人身自由，导致劳动合同中止。只有在劳动者被依法拘留或逮捕或其他被限制人身自由的情形下，劳动合同才中止。对于劳动者因犯罪被追究刑事责任而被限制人身自由的，不能适用劳动合同中止。因为根据《劳动合同法》第39条的规定，当劳动者被依法追究刑事责任时，用人单位可以解除劳动合同，因此，此种情况下不适用劳动合同中止履行。(4) 劳动者失踪，但是尚未被人民法院宣告失踪、宣告死亡的。(5) 非因劳动者的过错，致使劳动者暂时无法履行劳动合同的义务，但仍有继续履行条件和可能的，可以中止劳动合同。典型的如不可抗力，非因工负伤医疗期满后仍须继续治疗的等情形即为此种情形。[①] 当然，需要注意的是，如果符合解

① 详细论述请参见法律快车网，http://www.lawtime.cn/info/laodonghetongfa/lunwen/2010110471214.html，最后访问时间：2010-12-10。

除或者终止劳动合同条件的，也不适用劳动合同中止。对于劳动合同中止履行产生的法律后果，可以规定如下两个方面：首先，该中止履行期间不能计算入劳动期限；其次，劳动者在该期间未提供劳动，用人单位自然无须支付劳动报酬，缴纳社会保险。中止情形消除后，应当恢复合同的履行。

三、劳动者违反有关竞业限制、保密约定时案由如何确定

劳动者违反保密条款和竞业限制条款，泄露了单位的商业秘密或者从事同业竞争行为，该类案件是劳动争议案件还是民事侵权案件？对此理解不一，有的认为是劳动争议案件，有的认为是侵权案件。如果认为是劳动争议案件，则法院不能直接受理，当事人必须先申请仲裁。如果认为是侵权案件，则当事人可以直接起诉。可见对案由的确定，直接关系到法院的处理。笔者认为，究竟此类案件是劳动争议案件还是侵权案件，应该具体问题具体分析，不能一概而论。

（一）违约责任和侵权责任竞合时的处理

劳动者与用人单位约定竞业禁止条款、保密条款，劳动者违反该约定，同时构成违反劳动合同和侵犯用人单位商业秘密，也即违反劳动合同的行为同时构成侵权行为，出现违约责任和侵权责任竞合时，对于争议性质的认定，有的做法是以劳动者的违约、侵权行为是否在劳动合同期内发生为准进行判断：如果在劳动合同期内发生，则认定为劳动争议，否则，认定为侵权纠纷。笔者认为，此种做法并不妥当。根据《最高人民法院关于审理劳动争议案件适用法律若干问题的解释》第 1 条的规定，劳动者与用人单位在履行劳动合同过程中发生的纠纷为劳动争议。虽然劳动合同期满后，侵权人不具有用人单位职工的身份，但是该争议依然是在履行劳动合同过程中发生的纠纷。如同劳动者被解雇后要求用人单位支付解除劳动关系的补偿金，虽然起诉时其不具备用人单位职工的身份，但是不能否认该纠纷为劳动争议。笔者认为，应当以用人单位起诉的诉讼请求、事实和理由确定案由，并以此确定法院能否直接受理案件及案件管辖的依据。同一行为既构成违约又构成侵权时，原告有权选择是提起违约之诉还是提起侵权之诉。如果用人单位以违反劳动合同为由起诉，要求劳动者支付违约金，则为劳动争议案件，应当经过劳动仲裁的前置程序后才能向法院起诉，用人单位直接起诉，要求劳动者承担违约责任，法院应不予受理；如果用人单位以侵犯商业秘密为由要求停止侵权并赔偿损失，则属于侵权法律关系，法院可直接受理，由于涉及不正当竞争纠纷，应当由知识产权庭审理。

（二）未发生竞合时的认定

劳动合同中明确约定了有关保守商业秘密的内容，劳动者违反保密条款，披露、使用或者允许他人使用其所掌握的商业秘密，造成用人单位商业秘密被侵害，一般会发生违约责任和侵权责任的竞合。但是劳动者违反竞业禁止条款并不一定会侵犯商业秘密。虽然承担竞业禁止义务的劳动者根据约定在劳动合同期间以及终止劳动合同关系后，不得自营或者为他人经营与用人单位有竞争的业务，但是如果劳动者只是单纯从事竞业行为，并未侵犯用人单位的商业秘密，则违反竞业禁止条款不构成侵犯商业秘密，不存在违约行为和侵权行为竞合，为履行劳动合同过程中发生的纠纷，属于劳动争议。同时需要注意的是，侵权之诉和违约之诉证明标准不同，侵权之诉需要证明损害事实、违法行为、因果联系、过错等因素的存在，而违约之诉只需要证明行为人有违约行为，显然，侵权之诉的证明标准要高于违约之诉。因此，如果用人单位以劳动者违反保密条款、竞业禁止条款起诉，要求其承担赔偿责任，即使用人单位主张侵权，但在缺乏损失事实、因果联系、过错以及被控侵权事实，仅有被控违约事实的情况下，用人单位直接向法院起诉的，法院应该不予受理，应当告知用人单位先申请劳动仲裁。

（三）劳动者违反单独的竞业禁止协议、保密协议时的认定

如果当事人未在劳动合同中约定竞业禁止条款、保密条款，而是另行约定了保守商业秘密、禁止竞业协议书，用人单位仅仅依据协议书起诉劳动者违约，是一般违约案件还是劳动争议案件？实践中有不少法院按照一般违约处理，理由是竞业禁止协议、保密协议是单独的协议，独立于劳动合同而存在，该协议不包含基本的劳动权利义务关系，并非因劳动合同法律关系而发生的争议，因此应该按照一般违约行为处理。笔者认为，此种情况依然为劳动争议。根据我国《劳动法》第 17 条和《劳动合同法》第 23 条的规定，竞业禁止条款、保密条款不是劳动合同的必备条款，属于任意条款，劳动者与用人单位既可以在劳动合同中约定，也可以另行约定。以竞业禁止条款、保密条款是否纳入劳动合同来判断纠纷的性质，过于形式和简单。判断劳动争议的性质并非以相关条款是否纳入劳动合同为准，而是以法律关系的性质为准，以协议的内容为准。某些协议虽然没有纳入劳动合同中，但如果协议的内容涉及劳动关系内容，则依然是劳动争议。虽然竞业禁止条款、保密条款未直接表现为基本的劳动权利和劳动义务，但与一般合同不同的是，上述条款与劳动关系是密切相关的，是由劳动关系所衍生而出的，是知悉用人单位秘密的劳动者对单位所负有的诚信义务，从本质上而言，依然是劳动合同的重要组成部分。退一步而言，如果因为上述条款载入劳动合同即认定为劳动争议，一旦劳动合同中未载明上述条款，就不是劳动争议，对于内容相同的协议仅仅因为表现形式不同，就认定为性质截然不同，这种做法是值得商榷的。

四、利润分红争议性质的认定问题

用人单位为了招揽专业技术人才，往往与劳动者约定以利润分配作为劳动者的特殊待遇，在劳动合同中约定劳动者的薪酬由基本工资和企业利润或者所完成项目利润的一定比例即分红构成。如果因用人单位未依约支付利润分红而产生争议时，该类争议是劳动争议案件还是一般的民事案件?

对利润分红争议性质的正确界定，关键在于分红款的性质。利润分红在实践中一般有两种情况。第一种情况是利润分红属于单位福利或者劳动报酬。如实践中较为流行的“工资加劳动分红”机制，就是单位给员工增加福利待遇的具体表现。这种有关福利待遇的许诺往往出现在招聘启事或者单位内部的规章制度中，很多用人单位为吸引高素质劳动者，在工资之外承诺给劳动者优厚的利润分配，或者用人单位为鼓励劳动者积极工作而以分配利润作为对表现优秀的劳动者的奖励。这些都可以被视为用人单位给劳动者的福利。第二种情况是利润分红属于特殊的劳动报酬。比如，用人单位为了向发挥关键作用的技术管理人员支付基本工资以外的劳动报酬，约定以一定比例的利润作为支付这种特殊报酬的方式。国务院转发劳动部、国家计委、财政部、国家税务局《关于加强城镇集体所有制企业职工工资收入管理的意见》(国发【1990】59号文件)第1条规定：“集体企业职工的基本工资、奖金、津贴、补贴和劳动分红等全部工资收入，不论其资金来源及支付形式如何，均应加强管理。”由此可见，劳动分红属劳动者的工资收入。根据《劳动争议调解仲裁法》第2条的规定，用人单位与劳动者之间关于福利或劳动报酬的争议属于劳动争议，因此，这两种情况下用人单位与劳动者之间关于利润分红的争议实际上是劳动争议。

利润分红还有可能属于股东因出资而获得的股息。这种情况不由劳动法调整而应该由民法调整。按照《公司法》第27条的规定，股东可以用货币出资，也可以用实物、知识产权、土地使用权等可以用货币估价并可以依法转让的非货币财产作价出资。如果用人单位和劳动者约定具有专业技术的劳动者一方以具有知识产权的专有技术出资并按照出资比例进行分红，那么这种利润就不属于劳动报酬，实际上属于以技术作价出资。即使此时有关利润分配的条款写在劳动合同之中，也不等于当事人根据合同享有的利润属于劳动报酬。在劳动合同既约定基本工资又约定技术出资的情形中，一方面，劳动合同文本实际上混合了两种合同：一部分是劳动合同，一部分是出资合同；同时，劳动者也同时具有两个身份：劳动者和股东。因技术出资约定的利润分配不属于劳动者和用人单位之间劳动关系的范畴，而属于股东与公司之间的民事合同关系。因此，此种情形下有关利润分红的争议不属于劳动法调整的范围，属于普通的民事案件。

社会保障法学

社会保险权的规范建构*

杨　飞**

关于社会保险权，我国学界在《中华人民共和国社会保险法》(以下简称《社会保险法》)出台之前已有不少研究①，主流的观点包括：社会保险法的首要宗旨、核心任务在于对公民的社会保险权的确认、保护与实现；社会保险权属于公民的基本人权，具体来说属于我国宪法上规定的物质帮助权；社会保险权具有复合性，是一种公权与私权相结合而形成的社会权；社会保险权不同于自由权，是一种受益权，国家负有相应的义务或责任。

《社会保险法》在一定程度上吸收了学界前述主流观点，是新中国成立以来社会保险领域第一部综合性的基本法律，体系比较完整，确立了我国社会保险制度的框架。该法比较明确地规定了公民的社会保险权以及其他主体相应的法律义务②，在具体制度设计中较多考虑到公民社会保险权的实现，“以

---

* 本文是教育部人文社会科学重点研究基地重大项目“社会保障立法研究”(项目批准号：05JJD820008)的阶段性研究成果。本文部分内容参考了林海权2007年博士论文《社会保险法律关系分析》的相关内容。

** 杨飞，中国政法大学民商经济法学院社会法研究所讲师，法学博士。

① 参见许建宇：《社会保险法应以保障社会保险权为核心理念》，载《中国劳动》，2010(3)；谢德成：《劳动者社会保险权法律救济程序之探讨》，载《河南省政法管理干部学院学报》，2010(3)；杨思斌：《社会保险权的法律属性与社会保险立法》，载《中州学刊》，2010(3)；李志明：《社会保险权：一项初步的研究述评》，载《社会保障研究》，2010(1)；郭捷：《论社会保险权的司法救济》，载《法治论坛》，2009(4)；吴萍、毛军华：《社会保险权法律救济刍论》，载《江西社会科学》，2007(9)；李运华：《论社会保险法治与社会保险权的实现》，载武汉大学社会保障研究中心：《社会保障问题研究(2005)——养老基金管理与生活质量国际论坛论文集》；常凯：《论社会保险权》，载《工会理论与实践：中国工运学院学报》，2002(3)；常凯：《论社会保险权》，载《中国人力资源开发》，2002(5)等。

② 全国人大常委会法工委行政法室副主任张世诚指出：“2007年12月《社会保险法(草案)》提交全国人大常委会审议的时候，我们感觉这部法案的权利、义务不是特别明确，所以我们当时修改的思路就是尽可能使权利和义务比较清楚，使每一个普通公民能够明白，《社会保险法》赋予了自己什么权利，自己应当履行什么样的义务。最终公布的《社会保险法》虽然没有能完全实现这一点，但是已经比较明确地规定了公民的社会保险基本权利，规定了公民及其他责任主体应当履行的基本社会保险义务。”[向春华：《以社会保险权为核心——访全国人大常委会法工委行政法室副主任张世诚》，载《中国社会保障》，2010(12)。]

保护参保人的权利、提供政府服务为重点”[①]。

尽管《社会保险法》主要是一部权利法[②]，但《社会保险法》中关于社会保险权的规定仍有零散、不够完整之处，需要在学理上进行体系化的建构。本文拟在《社会保险法》条文具体规定的基础上，进行细致的分析，将权利主体享有的社会保险权利和相对应的义务主体承担的相应义务整合在一个框架内，建构一个比较完整的社会保险权规范体系，为社会保险行政执法、司法以及下一步的立法完善提供参考性意见。

一、社会保险权概述

社会保险（social insurance），是指国家通过立法建立社会保险基金，在社会成员或劳动者因年老、患病、工伤、生育等原因丧失劳动能力或失业时给予必要物质帮助的制度，包括养老保险、医疗保险、失业保险、工伤保险和生育保险等险种。社会保险是社会保障（social security）制度的核心内容，与社会救助、社会福利、社会优抚等由财政转移支付的非缴费型社会保障制度[③]的最大区别在于它是一种缴费型社会保障制度，即由可能遭受某种社会风险的社会成员及其所在单位按照规定缴费形成社会保险基金，在参保社会成员遭受风险时由基金支付各种社会保险待遇。

相应地，社会保险权是公民依法享有的参加社会保险并在年老、疾病、工伤、失业、生育时享受社会保险待遇的权利。社会保险权是社会保障权的重要组成部分，社会保障权是公民依法享有的在年老、疾病、伤残、失业、生育、死亡、遭遇灾害、面临生活困难时从国家和社会获得物质帮助的权利，包括社会保险权、社会救助权、社会福利权、社会优抚权等。

国际人权公约明确规定社会保障权为人权的一种，并将社会保险权规定为社会保障权的重要组成部分。1966 年联合国《经济、社会和文化权利国际公约》在第 9 条规定：“本公约缔约各国承认人人有权享受社会保障，包括社会保险。”我国已于 2001 年批准加入该人权公约，因此该条对我国亦有拘束力。我国《宪法》第 33 条规定：“国家尊重和保障人权。”这宣示了对于人权

① 全国人大常委会法制工作委员会副主任信春鹰答记者问。参见《全国人大常委会办公厅 10 月 28 日新闻发布会》（文字直播），载中国人大网，http：//www.npc.gov.cn/npc/zhibo/zzzb18/node_5827.htm，访问时间：2010-10-28。

② 参见信春鹰主编：《中华人民共和国社会保险法释义》，2 页，北京，法律出版社，2010；尹蔚民：《中华人民共和国社会保险法》，23 页，北京，中国劳动社会保障出版社，2010。

③ 社会救助、社会福利、社会优抚均不需要社会成员缴费，资金来源主要是财政拨款。参见林嘉：《社会保障法的理念、实践与创新》，9、12 页，北京，中国人民大学出版社，2002。

理念的认同以及国家尊重和保障人权的义务。《社会保险法》的出台，意味着我国人权保障立法的一个重大进步。

《社会保险法》确立了维护公民社会保险权的立法目的，并围绕此目的来构建社会保险制度体系。我国《社会保险法》第1条规定："为了规范社会保险关系，维护公民参加社会保险和享受社会保险待遇的合法权益，使公民共享发展成果，促进社会和谐稳定，根据宪法，制定本法。"第2条规定："国家建立基本养老保险、基本医疗保险、工伤保险、失业保险、生育保险等社会保险制度，保障公民在年老、疾病、工伤、失业、生育等情况下依法从国家和社会获得物质帮助的权利。"由此可见，我国立法机关已经明确规定社会保险法的立法目的是维护公民的社会保障权，立法依据是我国《宪法》第45条规定的获得物质帮助权（学理上又称社会保障权)："中华人民共和国公民在年老、疾病或者丧失劳动能力的情况下，有从国家和社会获得物质帮助的权利。国家发展为公民享受这些权利所需要的社会保险、社会救济和医疗卫生事业。"① 再进一步来说，社会保险法的立法目的为维护公民社会保障权中的社会保险权，即《社会保险法》第1条规定的"公民参加社会保险和享受社会保险待遇的合法权益"。该条明确了社会保险法律关系中被保险人享有的主要社会保险权利：参加社会保险的权利和享受社会保险待遇的权利。《社会保险法》第4条一般性地规定了用人单位和个人的权利、义务："中华人民共和国境内的用人单位和个人依法缴纳社会保险费，有权查询缴费记录、个人权益记录，要求社会保险经办机构提供社会保险咨询等相关服务。个人依法享受社会保险待遇，有权监督本单位为其缴费情况。"第8条一般性地规定了社会保险经办机构的职责（义务)："社会保险经办机构提供社会保险服务，负责社会保险登记、个人权益记录、社会保险待遇支付等工作。"分则中的大量条文则对公民社会保险权的具体内容进行了比较细致的规定。

在权利性质方面，社会保险权是一种复合性权利，既包含公法权利，也包含私法权利。与公法、私法区分相对应，权利可分为公法权利（简称公权利、公权）与私法权利（简称私权利、私权）两大类。其区分标准说法不一，纷争之大不下于公、私法之分类，但通说采法律根据说，以权利所根据的法律为区分标准，即根据公法之规定者为公权，根据私法之规定者

① 过去的宪法教科书一般称获得物质帮助权，如董和平：《宪法学》，312页，北京，法律出版社，2004；周叶中主编：《宪法学》，2版，282页，北京，高等教育出版社、北京大学出版社，2005。目前有的宪法教科书称其为社会保障权，如胡锦光、韩大元：《中国宪法》，287页，北京，法律出版社，2004；张千帆主编：《宪法学》，218页，北京，法律出版社，2004。

为私权。民法为私法，故民法上之权利当然为私权。[①] 也有的主张采取法律保障说，即公法所保障的权利为公权，私法所保障的权利为私权。如此，则民法所保障的权利为私权，行政法所保障的权利为公权。[②] 笔者主张将法律根据说和法律保障说结合起来区分，首先，依法律根据说，公法上规定的权利为公权，私法上规定的权利为私权；其次，以法律保障说为辅助，虽公法上未规定但为公法所保障的权利仍为公权，虽私法上未规定但为私法所保障的权利仍为私权。具体来说，公法权利（德语 Subjektive offentliche Rechte），一般又称主观公权利，是公民或法人依据公法所享有的，针对公权力机关或其他公法人的权利。[③] 私法权利，是自然人或法人等私法主体依据私法所享有的，针对其他私法主体的权利。一般认为社会保险法是公法和私法混合法，兼有公法规范和私法规范，因此社会保险权中既有公法权利的内容，也有私法权利的内容。

社会保险权利主体在学理上统称为被保险人，是指直接对社会保险标的具有保险利益并享有社会保险待遇请求权的主体，一般是指用人单位的职工即强制被保险人，也包括本人自愿参保的劳动者即任意被保险人，而养老保险和医疗保险中的被保险人可能包括全体公民。

与社会保险权利主体对应的义务主体主要包括：

（1）征缴主体，是指负责征收社会保险费的机构，即《社会保险法》所称的社会保险费征收机构。社会保险费征收机构在性质上是具有行政职权的公法人，其本身没有独立的利益，没有实质意义上的权利，在社会保险费征缴法律关系中负有法定职责，该职责也可以表述为义务，但实际上包含权力（职权）和义务两方面的内涵。《社会保险法》没有对社会保险费征收机构进行明确规定，其第 59 条规定，社会保险费实行统一征收，实施步骤和具体办法由国务院规定。在国务院出台办法之前，依据《社会保险法征缴暂行条例》第 6 条的规定，社会保险费征收机构由省、自治区、直辖市人民政府规定，可以是税务机关，也可以是社会保险经办机构。

（2）给付主体，是指负责社会保险待遇给付的机构，即《社会保险法》

---

① 参见郑玉波：《民法总则》，65 页，北京，中国政法大学出版社，2003；梁慧星：《民法总论》，78 页，北京，法律出版社，2001。

② 林来梵先生认为：宪法权利乃宪法所保障的权利，而非宪法所赋予的权利。可视为采取此说。参见林来梵：《从宪法规范到规范宪法——规范宪法学的一个前言》，79 页，北京，法律出版社，2001。

③ 参见张翔：《基本权利的双重性质》，载《法学研究》，2005（3）；徐以祥：《耶里内克的公法权利思想》，载《比较法研究》，2009（6）；徐以祥：《论社会保障制度中的可诉性公法权利》，载《法学杂志》，2009（12）。

所称的社会保险经办机构，该给付主体还提供社会保险登记、个人权益记录等其他社会保险服务。社会保险经办机构是由社会保险行政主管部门按照国务院有关规定设立的，受其管理，相对独立的、事业性的、非营利性的法人机构。社会保险经办机构在性质上是公法人，可以作为行政主体直接行使一些与社会保险业务经办有关的行政职权。

（3）用人单位，是与劳动者（职工）建立劳动关系的国家机关、事业单位、社会团体、企业、个体经济组织、民办非企业单位等组织，其为被保险人的利益而参加社会保险，缴纳社会保险费。

（4）给付辅助机构，是指《社会保险法》所称的医疗机构、药品经营单位等社会保险服务机构。

征缴主体和给付主体对社会保险权利主体主要承担公法义务，用人单位和给付辅助机构对社会保险权利主体主要承担私法义务。

二、作为公法权利的社会保险权

（一）被保险人在社会保险登记中的公法权利

1. 被保险人在社会保险登记中享有的公法权利

（1）自己办理社会保险登记的权利。该权利首先是任意被保险人享有的公法权利，也是其应承担的公法义务。《社会保险法》第 58 条第 2 款从义务角度进行了规定："自愿参加社会保险的无雇工的个体工商户、未在用人单位参加社会保险的非全日制从业人员以及其他灵活就业人员，应当向社会保险经办机构申请办理社会保险登记。"

该权利也是被保险人在用人单位不为其办理登记时享有的公法权利。职工在用人单位不为其办理登记时是否有权自己办理登记，《社会保险法》未作明确规定，笔者认为，在这种情况下应当允许职工自己办理登记，而职工办理登记手续后有权请求用人单位支付其因办理登记手续而支出的费用。

（2）请求社会保险经办机构依法办理社会保险登记的权利。《社会保险法》未明确规定该权利，但第 83 条第 2 款规定，用人单位或者个人对社会保险经办机构不依法办理社会保险登记、核定社会保险费的行为，可以依法申请行政复议或者提起行政诉讼。由此规定可解释出被保险人有请求社会保险经办机构依法办理社会保险登记的权利，或称请求社会保险经办机构履行登记职责的权利。

（3）损害赔偿请求权。社会保险经办机构没有履行登记义务，被保险人有权请求损害赔偿。《社会保险法》第89条规定，社会保险经办机构及其工作人员未履行社会保险法定职责，给个人造成损失的，依法承担赔偿责任。

2. 社会保险经办机构在社会保险登记中的公法义务

与被保险人在社会保险登记中享有的公法权利相对应，社会保险经办机构负有审核和依法办理社会保险登记的法定职责，其性质为公法义务。《社会保险法》第57条第1款规定："用人单位应当自成立之日起三十日内凭营业执照、登记证书或者单位印章，向当地社会保险经办机构申请办理社会保险登记。社会保险经办机构应当自收到申请之日起十五日内予以审核，发给社会保险登记证件。"社会保险经办机构如违反该法定职责应承担法律责任，包括民事赔偿责任和行政责任。依据《社会保险法》第89条的规定，社会保险经办机构及其工作人员未履行社会保险法定职责的，由社会保险行政部门责令改正；给社会保险基金、用人单位或者个人造成损失的，依法承担赔偿责任；对直接负责的主管人员和其他直接责任人员依法给予处分。

《社会保险法》第83条第2款规定，用人单位或者个人对社会保险经办机构不依法办理社会保险登记的行为，可以依法申请行政复议或者提起行政诉讼。由此规定也可解释出被保险人有依法办理社会保险登记的义务。

（二）被保险人在社会保险费征收中的公法权利①

1. 被保险人在社会保险费征收中享有的公法权利②

（1）自己缴费的权利。该权利是任意被保险人享有的权利，也是其应承担的义务。《社会保险法》第10条第2款从义务角度进行了规定："无雇工的

① 我国现行立法把社会保险费征缴法律关系中征缴主体和用人单位、征缴主体和被保险人之间的法律关系界定为公法关系。根据《社会保险费征缴暂行条例》的规定，社会保险费的征收机构由省、自治区、直辖市人民政府规定，可以由税务机关征收，也可以由劳动保障行政部门设立的社会保险经办机构征收，用人单位和劳动者缴纳社会保险费（劳动者应缴纳的由所在用人单位代扣代缴），处罚争议应通过行政复议和行政诉讼寻求救济。司法实践中绝大多数法院认为社会保险费的征收属行政法律关系，不属于民事案件的受理范围，故对用人单位与劳动者之间的社会保险费缴纳争议不予受理。如符玉花与中国人民财产保险股份有限公司三亚市分公司劳动争议纠纷案，海南省三亚市中级人民法院（2008）三亚民一终字第19号民事判决书，载北大法律信息网，http：//vip.chinalawinfo.com/Newlaw2002/SLC/slc.asp？db=fnl&gid=117561581，访问时间：2010-03-20。另参见林海权：《养老保险的案例研习》，载《判解研究》，2006（5）。

② 社会保险费征收是社会保险给付的前提和基础，因此，社会保险费征收不仅属于社会公共利益的内容，也关系到被保险人个人利益的内容。社会保险费征收制度的设计除了要对相关人员课以客观法上的义务之外，还应该在特定情况下赋予被保险人主观权利，使其可以请求有关主体履行义务，促使社会保险制度顺利运行。

个体工商户、未在用人单位参加基本养老保险的非全日制从业人员以及其他灵活就业人员可以参加基本养老保险，由个人缴纳基本养老保险费。”第23条第2款亦有类似规定：“无雇工的个体工商户、未在用人单位参加职工基本医疗保险的非全日制从业人员以及其他灵活就业人员可以参加职工基本医疗保险，由个人按照国家规定缴纳基本医疗保险费。”

该权利也是被保险人在用人单位不为其缴费时享有的公法权利。职工在用人单位不为其缴纳社会保险费时是否有权自己缴费，《社会保险法》未作明确规定，笔者认为，在这种情况下应当允许职工自己缴费，而职工缴费后有权请求用人单位支付其应承担的社会保险费份额。

（2）请求社会保险费征收机构履行职责的权利。社会保险费征收机构负责社会保险费的征收，该法定职责属于公法义务。《社会保险法》第83条第1款规定，用人单位或者个人认为社会保险费征收机构的行为侵害自己合法权益的，可以依法申请行政复议或者提起行政诉讼。由此规定可解释出被保险人有请求社会保险费征收机构履行职责的权利。

（3）损害赔偿请求权。社会保险费征收机构没有履行征收职责，被保险人有权请求损害赔偿。《社会保险法》第89条规定，社会保险经办机构及其工作人员未履行社会保险法定职责，给个人造成损失的，依法承担赔偿责任。但《社会保险法》没有明确规定税务机关的损害赔偿责任，职工是否有权向其请求损害赔偿还不明确。笔者认为应予以明确规定。

2. 社会保险费征收机构在社会保险费征收中的公法义务（职责）

（1）确定社会保险费数额的职责、征收职责和告知义务。征收保险费是社会保险费征收机构的主要职责。《社会保险法》第61条规定：“社会保险费征收机构应当依法按时足额征收社会保险费，并将缴费情况定期告知用人单位和个人。”第62条还规定了确定社会保险费数额的职责：“用人单位未按规定申报应当缴纳的社会保险费数额的，按照该单位上月缴费额的百分之一百一十确定应当缴纳数额；缴费单位补办申报手续后，由社会保险费征收机构按照规定结算。”

社会保险费征收机构违反征收职责，少收或者多收社会保险费，均应当承担法律责任。《社会保险法》第90条规定：“社会保险费征收机构擅自更改社会保险费缴费基数、费率，导致少收或者多收社会保险费的，由有关行政部门责令其追缴应当缴纳的社会保险费或者退还不应当缴纳的社会保险费；对直接负责的主管人员和其他直接责任人员依法给予处分。”但《社会保险法》并未明确规定社会保险费征收机构违反征收职责和告知义务的损害赔偿责任。《社会保险法》第89条规定，社会保险经办机构及其工作人员未履行社会保险法定职责的，由社会保险行政部门责令改正；给社会保险基金、用人单位或者个人造成损失的，依法承担赔偿责任；对直接负责的主管人员和其他直接责任人员依法给予处分。然而问题在于，目前我国的社会保险费征缴主体包括税务机关和社会保险经办机构两类，各地做法不统一，《社会保险法》第 59 条仍未明确规定由哪一个机构统一征收社会保险费。社会保险经办机构作为社会保险费征收机构违反征收职责和告知义务，可以适用《社会保险法》第 89 条追究其法律责任，但税务机关作为社会保险费征收机构违反征收职责和告知义务，就很难适用《社会保险法》第 89 条追究其法律责任，笔者建议对此应予以明确。

（2）采取行政强制等措施的职权。为有效履行征收职责，针对用人单位未按时足额缴纳社会保险费的行为，《社会保险法》赋予了社会保险费征收机构采取行政强制等措施的职权，如第 63 条规定社会保险费征收机构可责令其限期缴纳或者补足、查询其存款账户并申请划拨、要求该用人单位提供担保，直至申请人民法院强制执行（即扣押、查封、拍卖其价值相当于应当缴纳社会保险费的财产），第 86 条规定了滞纳金和罚款等。

（三）被保险人在社会保险待遇给付中的公法权利[①]

1. 被保险人在社会保险待遇给付中的公法权利

（1）社会保险待遇请求权。社会保险待遇请求权是指符合法律规定条件的被保险人在遭受社会风险时可以依据法律规定的程序请求给付主体依照有关规定提供社会保险待遇的权利。这是社会保险待遇给付法律关系的核心，也是整个社会保险法律关系的核心。从性质上看，该请求权属于公法权利，其产生的依据在于法律的直接规定。《社会保险法》明确规定了被保险人的社会保险待遇请求权，其第 1 条规定立法目的之一是“维护公民参加社会保险和享受社会保险待遇的合法权益”，这里“享受社会保险待遇的合法权益”即社会保险待遇请求权；第 4 条规定“个人依法享受社会保险待遇”，第 73 条第 2 款规定：“社会保险经办机构应当按时足额支付社会保险待遇”。通过文义解释、体系解释和目的解释，可以认为依据《社会保险法》被保险人享有公法权利——社会保险待遇请求权。

社会保险待遇请求权具体包括：

---

① 给付主体和被保险人之间是公法关系，准确地说是行政法律关系，是直接依据法律规定产生的公法上法定之债。社会保险待遇请求权的产生依据是法律的直接规定，在法律规定的构成要件成就时产生社会保险待遇给付法律关系，该法律关系的债权人是被保险人及其家属，债务人为给付主体。《社会保险法》第 83 条第 2 款规定给付主体和被保险人之间的法律救济途径为行政救济：“用人单位或者个人对社会保险经办机构不依法办理社会保险登记、核定社会保险费、支付社会保险待遇、办理社会保险转移接续手续或者侵害其他社会保险权益的行为，可以依法申请行政复议或者提起行政诉讼。”

第一，养老保险待遇请求权。《社会保险法》第16条规定：“参加基本养老保险的个人，达到法定退休年龄时累计缴费满十五年的，按月领取基本养老金。参加基本养老保险的个人，达到法定退休年龄时累计缴费不足十五年的，可以缴费至满十五年，按月领取基本养老金；也可以转入新型农村社会养老保险或者城镇居民社会养老保险，按照国务院规定享受相应的养老保险待遇。”第21条规定：“新型农村社会养老保险待遇由基础养老金和个人账户养老金组成。参加新型农村社会养老保险的农村居民，符合国家规定条件的，按月领取新型农村社会养老保险待遇。”第17条明确规定了被保险人遗属的待遇请求权：“参加基本养老保险的个人，因病或者非因工死亡的，其遗属可以领取丧葬补助金和抚恤金；在未达到法定退休年龄时因病或者非因工致残完全丧失劳动能力的，可以领取病残津贴。所需资金从基本养老保险基金中支付。”①

第二，医疗保险待遇请求权。《社会保险法》第27条规定：“参加职工基本医疗保险的个人，达到法定退休年龄时累计缴费达到国家规定年限的，退休后不再缴纳基本医疗保险费，按照国家规定享受基本医疗保险待遇；未达到国家规定年限的，可以缴费至国家规定年限。”第28条规定：“符合基本医疗保险药品目录、诊疗项目、医疗服务设施标准以及急诊、抢救的医疗费用，按照国家规定从基本医疗保险基金中支付。”第30条第2款规定，医疗费用依法应当由第三人负担，第三人不支付或者无法确定第三人的，由基本医疗保险基金先行支付。

失业人员仍享有基本医疗保险待遇请求权。《社会保险法》第48条第1款规定：“失业人员在领取失业保险金期间，参加职工基本医疗保险，享受基本医疗保险待遇。”

第三，工伤保险待遇请求权。《社会保险法》第36条第1款规定：“职工因工作原因受到事故伤害或者患职业病，且经工伤认定的，享受工伤保险待遇；其中，经劳动能力鉴定丧失劳动能力的，享受伤残待遇。”第38条规定：“因工伤发生的下列费用，按照国家规定从工伤保险基金中支付：（一）治疗工伤的医疗费用和康复费用；（二）住院伙食补助费；（三）到统筹地区以外就医的交通食宿费；（四）安装配置伤残辅助器具所需费用；（五）生活不能自理的，经劳动能力鉴定委员会确认的生活护理费；（六）一次性伤残补助金

① 这里的遗属属于社会保险法律关系中的特殊主体——受益人。受益人是基于与被保险人一定关系而享有一定保险利益的主体，其范围一般限于法定范围内的被保险人亲属。由于受益人的受益权是被保险人权利的延伸和发展，本文将受益人并入被保险人中一并论述。《社会保险法》第17、38、49条分别规定了基本养老保险、工伤保险和失业保险中被保险人遗属的待遇请求权。

和一至四级伤残职工按月领取的伤残津贴；（七）终止或者解除劳动合同时，应当享受的一次性医疗补助金；（八）因工死亡的，其遗属领取的丧葬补助金、供养亲属抚恤金和因工死亡补助金；（九）劳动能力鉴定费。”这里明确规定了因工死亡职工遗属的待遇请求权。

法律特别规定了工伤保险基金先行支付制度，即使用人单位未依法缴纳工伤保险费，或由于第三人的原因造成工伤，被保险人也可以依法行使工伤保险待遇请求权。《社会保险法》第41条第1款规定：“职工所在用人单位未依法缴纳工伤保险费，发生工伤事故的，由用人单位支付工伤保险待遇。用人单位不支付的，从工伤保险基金中先行支付。”第42条规定，由于第三人的原因造成工伤，第三人不支付工伤医疗费用或者无法确定第三人的，由工伤保险基金先行支付。

关于工伤保险待遇请求权与基本养老保险待遇请求权的竞合，《社会保险法》第40条规定：“工伤职工符合领取基本养老金条件的，停发伤残津贴，享受基本养老保险待遇。基本养老保险待遇低于伤残津贴的，从工伤保险基金中补足差额。”

第四，失业保险待遇请求权。《社会保险法》第45条规定：“失业人员符合下列条件的，从失业保险基金中领取失业保险金：（一）失业前用人单位和本人已经缴纳失业保险费满一年的；（二）非因本人意愿中断就业的；（三）已经进行失业登记，并有求职要求的。”

《社会保险法》第49条规定了失业人员遗属的待遇请求权，以及基本养老保险、工伤保险和失业保险中被保险人遗属的丧葬补助金请求权的竞合：“失业人员在领取失业保险金期间死亡的，参照当地对在职职工死亡的规定，向其遗属发给一次性丧葬补助金和抚恤金。所需资金从失业保险基金中支付。个人死亡同时符合领取基本养老保险丧葬补助金、工伤保险丧葬补助金和失业保险丧葬补助金条件的，其遗属只能选择领取其中的一项。”

第五，生育保险待遇请求权。需要特别注意的是，职工和职工未就业配偶都享有生育保险待遇请求权。《社会保险法》第54条规定：“用人单位已经缴纳生育保险费的，其职工享受生育保险待遇；职工未就业配偶按照国家规定享受生育医疗费用待遇。所需资金从生育保险基金中支付。生育保险待遇包括生育医疗费用和生育津贴。”

（2）损害赔偿请求权。社会保险待遇给付主体在提供给付时没有尽到法定义务和应有的注意义务，给被保险人造成损失的，被保险人对给付主体享有损害赔偿请求权，该损害赔偿请求权的法律性质为公法权利。

《社会保险法》第89条规定，社会保险经办机构及其工作人员有违反社会保险法律、法规的行为，如克扣或者拒不按时支付社会保险待遇，给个人造成损失的，依法承担赔偿责任。被保险人由此获得了损害赔偿请求权。

2. 给付主体在社会保险待遇给付中的公法义务

(1) 给付义务（社会保险待遇支付义务）。给付义务，是指给付主体——社会保险经办机构必须向符合条件的被保险人及时、足额支付社会保险待遇。该义务在性质上属于公法义务，其依据是法律的直接规定，被保险人对该义务的履行享有主观权利即社会保险待遇请求权。《社会保险法》第 8 条规定：“社会保险经办机构提供社会保险服务，负责社会保险登记、个人权益记录、社会保险待遇支付等工作。”第 73 条第 2 款规定：“社会保险经办机构应当按时足额支付社会保险待遇。”给付主体违反该义务应当承担法律责任。第 89 条规定，社会保险经办机构及其工作人员克扣或者拒不按时支付社会保险待遇，给个人造成损失的，依法承担赔偿责任；对直接负责的主管人员和其他直接责任人员依法给予处分。

(2) 支付费用义务。如果给付主体没有直接提供社会保险待遇给付，而是由给付辅助机构代为提供，则给付主体对该给付辅助机构承担支付费用的义务。该义务产生于给付主体与辅助机构之间的行政合同。《社会保险法》第 29 条第 1 款规定：“参保人员医疗费用中应当由基本医疗保险基金支付的部分，由社会保险经办机构与医疗机构、药品经营单位直接结算。”

(3) 损害赔偿责任。《社会保险法》第 89 条规定，社会保险经办机构及其工作人员有违反社会保险法律、法规的行为，如克扣或者拒不按时支付社会保险待遇等，给个人造成损失的，依法承担赔偿责任。

(四) 被保险人在社会保险服务和管理监督中的公法权利

1. 被保险人在社会保险服务和管理监督中的公法权利

(1) 查询权和社会保险服务请求权（请求提供社会保险服务的权利）。《社会保险法》第 4 条规定，个人有权查询缴费记录、个人权益记录，要求社会保险经办机构提供社会保险咨询等相关服务。第 74 条第 4 款规定，个人可以免费向社会保险经办机构查询、核对其缴费和享受社会保险待遇记录，要求社会保险经办机构提供社会保险咨询等相关服务。

(2) 损害赔偿请求权。《社会保险法》第 89 条规定，社会保险经办机构及其工作人员有违反社会保险法律、法规的行为，如未履行社会保险法定职责、未将社会保险基金存入财政专户、克扣或者拒不按时支付社会保险待遇、丢失或者篡改享受社会保险待遇记录等社会保险数据和个人权益记录等，给个人造成损失的，依法承担赔偿责任。被保险人由此获得了损害赔偿请求权。

此外，《社会保险法》第 92 条还规定被保险人信息泄露时的损害赔偿请求权："社会保险行政部门和其他有关行政部门、社会保险经办机构、社会保险费征收机构及其工作人员泄露用人单位和个人信息，给用人单位或者个人造成损失的，应当承担赔偿责任。"

(3) 知情权。与该知情权对应的是《社会保险法》第 70 条规定的公布义务："社会保险经办机构应当定期向社会公布参加社会保险情况以及社会保险基金的收入、支出、结余和收益情况。"

(4) 监督权（举报、投诉的权利）。《社会保险法》第 4 条规定，个人"有权监督本单位为其缴费情况"。第 82 条第 1 款规定："任何组织或者个人有权对违反社会保险法律、法规的行为进行举报、投诉。"对社会保险费用征收、待遇给付等过程中的违法行为，被保险人等个人可以向社会保险行政主管部门、卫生行政主管部门、社会保险经办机构和财政部门、审计机关等进行举报、投诉。

(5) 提请法律救济的权利。在社会保险费征收过程中，作为行政主体的公法人在行使职权过程中的行政行为大都直接关系到被保险人的社会保险权益，被保险人对这些行政行为应当享有提起行政救济的权利。同时，个人也应当享有针对用人单位提请社会保险争议处理的权利，以及要求社会保险行政主管部门或者社会保险费征收机构依法处理的权利。《社会保险法》第 83 条第 2、3 款规定："用人单位或者个人对社会保险经办机构不依法办理社会保险登记、核定社会保险费、支付社会保险待遇、办理社会保险转移接续手续或者侵害其他社会保险权益的行为，可以依法申请行政复议或者提起行政诉讼。个人与所在用人单位发生社会保险争议的，可以依法申请调解、仲裁，提起诉讼。用人单位侵害个人社会保险权益的，个人也可以要求社会保险行政部门或者社会保险费征收机构依法处理。"

2. 公权力机关在社会保险服务和管理监督中的公法义务

(1) 提供咨询等社会保险服务的职责。为方便被保险人行使社会保险待遇权，社会保险经办机构应对所有社会成员承担提供咨询等社会保险服务的职责，对与社会成员（包括用人单位和个人）相关的权利义务关系以及相关法律和事实问题进行说明，并从社会成员的角度出发提供建议。《社会保险法》第 4 条规定，中华人民共和国境内的用人单位和个人有权要求社会保险经办机构提供社会保险咨询等相关服务。第 74 条第 4 款规定："用人单位和个人可以免费向社会保险经办机构查询、核对其缴费和享受社会保险待遇记录，要求社会保险经办机构提供社会保险咨询等相关服务。"与该权利相对应的就是社会保险经办机构提供咨询等服务的义务。

社会保险经办机构及其工作人员违反提供咨询等社会保险服务的法定职责，应当依据《社会保险法》第 89 条的规定承担法律责任。

（2）对个人的记录和告知义务，或称个人权益记录和告知义务。该义务是公法义务。《社会保险法》第 74 条第 3 款规定："社会保险经办机构应当及时、完整、准确地记录参加社会保险的个人缴费和用人单位为其缴费，以及享受社会保险待遇等个人权益记录，定期将个人权益记录单免费寄送本人。"

违反该义务应当承担法律责任，包括民事赔偿责任和行政责任。《社会保险法》第 89 条明确规定，"社会保险经办机构及其工作人员丢失或者篡改缴费记录等社会保险数据和个人权益记录的，由社会保险行政部门责令改正"，给个人造成损失的，依法承担赔偿责任；对直接负责的主管人员和其他直接责任人员依法给予处分。

（3）保密义务。《社会保险法》第 81 条规定："社会保险行政部门和其他有关行政部门、社会保险经办机构、社会保险费征收机构及其工作人员，应当依法为用人单位和个人的信息保密，不得以任何形式泄露。"

违反保密义务的，应当承担法律责任，包括行政责任和民事赔偿责任。《社会保险法》第 92 条规定："社会保险行政部门和其他有关行政部门、社会保险经办机构、社会保险费征收机构及其工作人员泄露用人单位和个人信息的，对直接负责的主管人员和其他直接责任人员依法给予处分；给用人单位或者个人造成损失的，应当承担赔偿责任。"

（4）公布义务，或称信息公开（披露）义务。该义务的性质为公法义务。《社会保险法》第 70 条规定："社会保险经办机构应当定期向社会公布参加社会保险情况以及社会保险基金的收入、支出、结余和收益情况。"

（5）受理举报、投诉的职责。《社会保险法》第 82 条第 2 款规定："社会保险行政部门、卫生行政部门、社会保险经办机构、社会保险费征收机构和财政部门、审计机关对属于本部门、本机构职责范围的举报、投诉，应当依法处理；对不属于本部门、本机构职责范围的，应当书面通知并移交有权处理的部门、机构处理。有权处理的部门、机构应当及时处理，不得推诿。"

三、作为私法权利的社会保险权[①]

（一）被保险人在社会保险登记、社会保险费缴纳中的私法权利

1. 被保险人在社会保险登记、社会保险费缴纳中的私法权利[②]

（1）请求用人单位履行登记、缴费义务的权利

在我国，社会保险费征缴法律关系中用人单位和职工之间的法律关系被界定为私法关系，《劳动合同法》规定社会保险为劳动合同的必备条款，用人单位未依法为劳动者缴纳社会保险费的，劳动者可以解除劳动合同。[③] 在劳动关系中，用人单位对其全部职工承担办理社会保险登记和缴纳社会保险费的义务，缴费范围不仅指用人单位承担的社会保险费份额，也包括职工承担的份额。职工请求用人单位履行登记、缴费义务的权利的性质为私法权利。

（2）损害赔偿请求权

用人单位拒绝或者迟延履行登记、缴费义务可能或者已经致使职工不能享受社会保险待遇或者享受的社会保险待遇减少的，应当承担损害赔偿责任，职工相应地享有损害赔偿请求权。《最高人民法院关于审理劳动争议案件适用法律若干问题的解释（三）》（法释［2010］12 号，2010 年 9 月 14 日起施行）第 1 条规定："劳动者以用人单位未为其办理社会保险手续，且社会保险经办机构不能补办导致其无法享受社会保险待遇为由，要求用人单位赔偿损失而发生争议的，人民法院应予受理。"我国有的地方明确规定了社会保险待遇赔偿标准，如《重庆市失业保险条例实施办法》（渝府发［2004］29 号，2004 年 3 月 23 日发布施行）规定了失业保险待遇赔偿标准："单位未按规定参加失业保险，或者单位因欠缴失业保险费在限期一年内仍未缴清欠费，造成失业人员不能享受失业保险待遇，单位应比照失业人员工作年限应享受失业保险金的 120%予以赔偿。"

---

① 需要注意的是，社会保险法律关系既包括国家与被保险人之间、国家与用人单位之间的公法关系，也包括劳动者与用人单位之间、被保险人与社会保险给付辅助机构之间的私法关系等。与一般的民事关系等纯粹的私法关系不同，社会保险法中的私法关系并不适用意思自治原则。社会保险法的实施和社会保险权的实现完全建立在立法强制性的基础上，不允许当事人之间自由设立权利、义务。凡依照法律规定必须参保的劳动者和用人单位都必须参加社会保险，当事人没有任意选择的权利，也不能任意退出保险，社会保险的险种和社会保险费的缴纳也必须按法律规定执行，不能由当事人自由协商。

② 社会保险费征缴是社会保险给付的前提和基础，因此，社会保险费征缴不仅属于社会公共利益的内容，也关系到被保险人个人利益的内容，社会保险费征缴制度的设计除了要对相关人员课以客观法上的义务之外，还应该在特定情况下赋予被保险人主观权利，使其可以请求有关主体履行义务，促使社会保险制度顺利运行。

③ 参见《劳动合同法》第 17、38 条。

此外，有的地方规范性文件比较全面地规定了社会保险待遇赔偿标准。如《湖北省人力资源和社会保障厅关于审理劳动争议案件若干问题处理意见》（鄂人社发［2009］35号）规定，对用人单位未为劳动者办理社会保险而又无法补办、补缴的，劳动争议仲裁机构可以裁决用人单位补偿劳动者相应损失：养老保险，可裁决用人单位按劳动者在本单位的工作年限，工作每满1年，计发相当于2个月工资的养老补偿费；医疗保险，可裁决由用人单位按当地城镇职工基本医疗保险政策规定，报销劳动者在劳动关系存续期间的医疗费；失业保险，可裁决用人单位赔偿劳动者相当于失业保险金的损失；工伤和生育保险，可裁决用人单位依据当地工伤保险和生育保险规定，支付职工工伤保险待遇和生育保险待遇。①

2. 用人单位在社会保险登记、社会保险费缴纳中的私法义务

（1）登记义务

从性质上看，登记义务既是用人单位对职工承担的私法义务，也是用人单位对征缴主体承担的公法义务。

用人单位有办理社会保险登记、变更或者注销登记的义务。《社会保险法》第57条规定，用人单位应当自成立之日起30日内凭营业执照、登记证书或者单位印章，向当地社会保险经办机构申请办理社会保险登记。用人单位的社会保险登记事项发生变更或者用人单位依法终止的，应当自变更或者终止之日起30日内，到社会保险经办机构办理变更或者注销社会保险登记。第58条规定了用人单位为职工办理社会保险登记的义务："用人单位应当自用工之日起三十日内为其职工向社会保险经办机构申请办理社会保险登记。未办理社会保险登记的，由社会保险经办机构核定其应当缴纳的社会保险费。"

用人单位违反该义务，不办理社会保险登记应当承担法律责任。《社会保险法》第84条规定："用人单位不办理社会保险登记的，由社会保险行政部门责令限期改正；逾期不改正的，对用人单位处应缴社会保险费数额一倍以上三倍以下的罚款，对其直接负责的主管人员和其他直接责任人员处五百元以上三千元以下的罚款。"

（2）申报义务

用人单位有自行申报应当缴纳的社会保险费数额的义务，违反该义务，应当承担不利的法律后果。《社会保险法》第60条规定，用人单位应当自行

① 参见潘荷花：《社保没办，责任在谁?》，载《工友》，2011（3）。笔者在网络上仅检索到《湖北省人力资源和社会保障厅关于审理劳动争议案件若干问题处理意见（征求意见稿）》，两者内容大体相同。

申报应当缴纳的社会保险费数额。第 62 条规定:“用人单位未按规定申报应当缴纳的社会保险费数额的,按照该单位上月缴费额的百分之一百一十确定应当缴纳数额;缴费单位补办申报手续后,由社会保险费征收机构按照规定结算。”

(3) 缴费义务,包含代扣代缴义务

从性质上看,该义务是用人单位向职工承担的私法义务,如果用人单位没有履行缴费义务给职工造成损害,职工有权解除劳动合同和请求用人单位承担损害赔偿责任①;也是用人单位向征缴主体承担的公法义务,如果用人单位违反该义务,征缴主体可以采取行政强制和行政处罚措施。用人单位的缴费义务范围包括社会保险费以及因违反缴费义务而产生的滞纳金。

《社会保险法》第 60 条规定:用人单位应当按时足额缴纳社会保险费,非因不可抗力等法定事由不得缓缴、减免。职工应当缴纳的社会保险费由用人单位代扣代缴。第 12、23、33、35、44、53 条则分别具体规定了用人单位缴纳养老保险费、医疗保险费、工伤保险费、失业保险费、生育保险费的义务。

用人单位违反缴费义务应当承担不利的法律后果,包括行政强制(含行政强制措施、行政强制执行)和行政处罚等。②《社会保险法》第 63 条规定:“用人单位未按时足额缴纳社会保险费的,由社会保险费征收机构责令其限期缴纳或者补足。用人单位逾期仍未缴纳或者补足社会保险费的,社会保险费征收机构可以向银行和其他金融机构查询其存款账户;并可以申请县级以上有关行政部门作出划拨社会保险费的决定,书面通知其开户银行或者其他金融机构划拨社会保险费。用人单位账户余额少于应当缴纳的社会保险费的,社会保险费征收机构可以要求该用人单位提供担保,签订延期缴费协议。用人单位未足额缴纳社会保险费且未提供担保的,社会保险费征收机构可以申请人民法院扣押、查封、拍卖其价值相当于应当缴纳社会保险费的财产,以拍卖所得抵缴社会保险费。”第 86 条规定:“用人单位未按时足额缴纳社会保

① 参见《劳动合同法》第 38 条和《最高人民法院关于审理劳动争议案件适用法律若干问题的解释(三)》(法释〔2010〕12 号,2010 年 9 月 14 日起施行)第 1 条。

② 《行政处罚法》第 8 条规定:“行政处罚的种类:(一)警告;(二)罚款;(三)没收违法所得、没收非法财物;(四)责令停产停业;(五)暂扣或者吊销许可证、暂扣或者吊销执照;(六)行政拘留;(七)法律、行政法规规定的其他行政处罚。”2009 年 8 月公布征求意见的《行政强制法(草案)》(三次审议稿)第 2 条第 1 款规定:“本法所称行政强制,包括行政强制措施和行政强制执行。”第 9 条规定:“行政强制措施的种类:(一)限制公民人身自由;(二)查封场所、设施或者财物;(三)扣押财物;(四)冻结存款、汇款;(五)其他行政强制措施。”行政强制执行则分为具有行政强制执行权的行政机关采取的行政强制执行和没有行政强制执行权的行政机关申请人民法院强制执行两种。

险费的，由社会保险费征收机构责令限期缴纳或者补足，并自欠缴之日起，按日加收万分之五的滞纳金；逾期仍不缴纳的，由有关行政部门处欠缴数额一倍以上三倍以下的罚款。”

(4) 告知义务

用人单位有对职工的告知义务，其性质为私法义务。《社会保险法》第60条规定：“职工应当缴纳的社会保险费由用人单位代扣代缴，用人单位应当按月将缴纳社会保险费的明细情况告知本人。”

(5) 协助义务

协助义务是用人单位对职工的私法义务，违反该义务应承担损害赔偿责任。《社会保险法》第50条规定：“用人单位应当及时为失业人员出具终止或者解除劳动关系的证明，并将失业人员的名单自终止或者解除劳动关系之日起十五日内告知社会保险经办机构。”① 用人单位违反该义务应当承担法律责任，包括对劳动者的损害赔偿责任。第85条规定：“用人单位拒不出具终止或者解除劳动关系证明的，依照《中华人民共和国劳动合同法》的规定处理。”而《劳动合同法》第89条规定：“用人单位违反本法规定未向劳动者出具解除或者终止劳动合同的书面证明，由劳动行政部门责令改正；给劳动者造成损害的，应当承担赔偿责任。”

(二) 被保险人在社会保险待遇给付中的私法权利

1. 被保险人在社会保险待遇给付法律关系中的私法权利

(1) 被保险人对用人单位享有的部分工伤保险待遇请求权

需要特别注意的是，工伤保险待遇中有一部分由用人单位支付，此时给付主体是用人单位，被保险人和用人单位之间法律关系的性质是私法关系。这是社会保险待遇给付法律关系中一项比较独特的权利、义务配置。《社会保险法》第39条规定：“因工伤发生的下列费用，按照国家规定由用人单位支付：(一) 治疗工伤期间的工资福利；(二) 五级、六级伤残职工按月领取的伤残津贴；(三) 终止或者解除劳动合同时，应当享受的一次性伤残就业补助金。”

(2) 用人单位未依法缴纳工伤保险费时被保险人对用人单位享有的工伤保险待遇请求权

在用人单位未依法缴纳工伤保险费时，被保险人也依法针对用人单位享有工伤保险待遇请求权。《社会保险法》第41条第1款规定：“职工所在用人单位未依法缴纳工伤保险费，发生工伤事故的，由用人单位支付工伤保险待

---

① 《劳动合同法》第50条规定：“用人单位应当在解除或者终止劳动合同时出具解除或者终止劳动合同的证明，并在十五日内为劳动者办理档案和社会保险关系转移手续。”

遇。用人单位不支付的，从工伤保险基金中先行支付。”但为了避免工伤职工无法及时获得工伤待遇，法律特别规定了工伤保险基金先行支付制度，即使用人单位未依法缴纳工伤保险费，或由于第三人的原因造成工伤，被保险人也可以依法行使工伤保险待遇请求权。

（3）自由选择给付辅助机构的权利

法律应当规定被保险人对医疗机构等给付辅助机构享有自由选择权。①

（4）损害赔偿请求权

给付辅助机构在提供给付时没有尽到法定义务和应有的注意义务，给被保险人造成损失的，如因医疗过失给被保险人造成人身伤害的，被保险人对给付辅助机构如医疗机构享有损害赔偿请求权。该损害赔偿请求权的法律性质为私法权利。

2.用人单位、给付辅助机构在社会保险待遇给付中的私法义务②

（1）给付义务

给付义务包括用人单位依法向工伤职工支付部分工伤保险待遇，在未依法缴纳工伤保险费时，用人单位应当支付全部工伤保险待遇。

给付义务还包括医疗机构、药品经营单位等社会保险服务机构必须根据有关规定以及其与给付主体订立的行政合同提供社会保险服务。从法律性质上看，该义务兼具公、私双重性质，包括对给付主体承担的公法义务和对被保险人承担的私法义务。医疗服务必须足够、合乎医疗目的以及符合经济效益，并且不得超过必要限度。《社会保险法》第31条第2款规定：“医疗机构应当为参保人员提供合理、必要的医疗服务。”但这里的“合理、必要”仍过于抽象，缺乏可操作性。

（2）注意义务

注意义务是指不使有害结果发生，而使意识集中，谨慎行事之义务，具体包括预见义务与回避义务。③ 从法律性质上来说，该义务也兼具公、私双重性质。违反该义务造成医疗事故的，给付辅助机构应承担损害赔偿责任。

---

① 参见夏丹、马育璇、彭韩伶、吕金花：《医疗保险定点医疗机构与参保人的权利和义务》，载《中国卫生事业管理》，2005（7）。

② 给付辅助机构和被保险人之间既有私法关系，也有公法关系。一方面，给付辅助机构和被保险人之间存在私法关系，从医疗服务机构向被保险人提供医疗服务本身来看，二者之间的关系与普通的医患关系没有区别，医疗服务机构必须尽到诚信义务、注意义务，必须对其造成的医疗事故承担赔偿责任；另一方面，给付辅助机构和被保险人之间存在公法关系，医疗服务机构在向被保险人提供服务时，必然会对涉及社会保险待遇法律关系的一些问题作出决定，例如被保险人是否有权享受该医疗服务以及享受的医疗服务的范围等，此时医疗服务机构在性质上就应该属于履行辅助人，其作出的决定行为应该由给付主体负责，存在的争议应该通过行政程序解决。

③ 参见黄丁全：《医事法》，327页，北京，中国政法大学出版社，2003。

此外，给付辅助机构还有记载义务，如医疗机构必须制作病历，并保存一定期限以备审查。

四、作为社会法权利的社会保险权

目前国内学界主流的观点认为，包括劳动法、社会保险法在内的社会法都是公法和私法的混合法，综合使用公法与私法的技术来调整各种需要进行特殊保护的社会关系。德国法学家拉伦茨亦指出：“今天，在劳动法中，公法与私法的交错最为明显，劳动法中既有公法的成分，也有私法的成分……区分公法和私法是否能够适当地把握所有的法律关系，这的确是很成问题的……总的说来，劳动法已发展成为一个独立的法律领域，在这里，社会(福利)原则具有重要的意义……劳动法作为一个整体，已不再仅仅是私法的一个组成部分了，但我们又无法将它毫无遗漏地划分为公法和私法两个部分。毋宁说，劳动法有它自己所独有的特色。”[①] 可以说，20 世纪法律的一个重大变化是“私法公法化”(对应“社会国家化”)和“公法私法化”(对应“国家社会化”)两股潮流同时涌现，私法与公法的相互融合导致了兼具私法和公法因素的社会法的出现，劳动法和社会保险法均属于这种意义的社会法。

但是，这种社会法是公法和私法混合法的观点表明社会法的独立仅限于价值理念和法律制度上的独立，并没有在法律技术上独立，即没有独特的法律主体、权利与义务、法律责任以及实施机制等一系列基本范畴。社会法的独立性没有法律技术上的支持，在法律的具体适用上也就仍需拆分为公法和私法，相应地，法律关系也就拆分为公法关系和私法关系，这样的社会法只是在价值理念和法律文本上有独立性，没有获得真正的独立，因此也就无法与公法、私法真正分立。

有学者认为：社会法在法律技术上的独立性是成立的，社会法是独立于公法与私法外的第三法域，而非公法与私法的混合(综合)法领域。在私法与社会法中，“人”是两种完全不同的类型，“人与人之间的法律关系”也具有完全不同的性质，法律关系主体之权利、义务与责任及诉讼程序均有本质性区别，据此，才形成两个相互独立的法域，需要确立两套不同的基本理论范式，以具体指导人们的法律实践。[②] 笔者基本赞同该学者关于社会法是具有

---

① ［德］卡尔·拉伦茨：《德国民法通论》(上册)，王晓晔等译，7、74 页，北京，法律出版社，2003。

② 参见赵红梅：《私法与社会法——第三法域之社会法基本理论范式》，12、49 页，北京，中国政法大学出版社，2009。

法律技术上的独立性的观点，并建议以此为理论基础构建社会保险权的社会法保护制度。这样，就需要考察作为社会法权利的社会保险权。

我国工会可以依法通过仲裁和诉讼履行集体合同、维护职工社会保险权益。《工会法》第 20 条第 4 款规定：“企业违反集体合同，侵犯职工劳动权益的，工会可以依法要求企业承担责任；因履行集体合同发生争议，经协商解决不成的，工会可以向劳动争议仲裁机构提请仲裁，仲裁机构不予受理或者对仲裁裁决不服的，可以向人民法院提起诉讼。”这一条值得引起高度关注，因为它实际上赋予了工会作为企业劳动者群体利益的代表直接提起公益诉讼的权利，这和集体协商一样，都属于典型的社会法保护途径：集体行动。这一途径所保护的社会保险权就是作为社会法权利的社会保险权。

社会保险法律关系中用人单位和职工个人之间的法律关系一般被认为是私法关系，但是，用人单位和职工群体之间的法律关系不应当是私法关系，而应当界定为独立于公法关系和私法关系的社会法关系，由此可以建立一套完整的社会法独特的法律技术，实现对劳动者社会保险权的有力保护。以社会保险费征缴法律关系中的社会保险权为例，具体理论分析如下：

第一，在社会法关系的法律主体方面。社会法中的人是集体之人而非（私法上的）个体之人。社会法中的人是以集体即“社群”（简称“群”，又称“社会共同体”）的形态存在的，每一“群”人都有共同的诉求和利益，“群”内成员具有共同归属和利益关联，且这种归属和利益关联不是由成员个人自主选择的。社团是“群”的典型代表。[①] 在劳动法上，一个用人单位的所有劳动者就构成了一个“群”，就属于这样的集体之人，而工会就是法律认可的代表劳动者群体利益的社团。《工会法》第 2 条规定：“工会是职工自愿结合的工人阶级的群众组织。中华全国总工会及其各工会组织代表职工的利益，依法维护职工的合法权益。”第 6 条规定：“维护职工合法权益是工会的基本职责。工会在维护全国人民总体利益的同时，代表和维护职工的合法权益。”

第二，在社会法上人与人之间关系的特征方面。劳动者相对于用人单位的经济弱势地位决定了其应当在社会管束中得到扶助。与私法强调自由、自治不同，社会法强调管制、他治，社会法他治的基本形态包括国家立法干预和社会治理，社会治理表现为一些代表集体公益的组织（最典型为社团）对人民关系加以治理，也表现为一些其他适格的组织（如工会）或个人作为法

① 参见赵红梅：《私法与社会法——第三法域之社会法基本理论范式》，83～88 页，北京，中国政法大学出版社，2009。

律所认可的某种集体公益的恰当代表，对人民关系作出“社会治理”[①]。而工会就是法律认可的对劳动者关系加以治理的集体公益组织。《劳动法》第 88 条规定：“各级工会依法维护劳动者的合法权益，对用人单位遵守劳动法律、法规的情况进行监督。”《社会保险法》第 9 条亦明确规定“工会依法维护职工的合法权益”。

第三，在独立的社会法权利、义务方面。与私权利是个体权利不同，社会法权利是一种集体性权利，是作为人民与人民之间关系的集体权利。集体权利是与私人权利和国家公共权力相区别的权利，集体权利不被特定于具体个体，但个体在一定条件下可作为集体的代表。社会法设定权利、义务的目的是实现和维护集体公益（这种集体公益受法律保护即转化为“集体权利”或“集体法益”）。在一个具体的社会法关系中，权利主体是一定数量的（大多是人数不确定）的多数人组成的集体，义务主体则是确定的社会个体或特定群体。[②] 例如，在社会保险费征缴法律关系中，义务主体用人单位是对该单位的全体劳动者（职工）承担缴费义务的，其应缴纳的社会保险费的计算方法均为本单位职工工资总额乘以单位缴费费率之积。[③] 由此，确定的义务主体（即用人单位，《社会保险费征缴暂行条例》称缴费单位）与一定数量的多数人（即劳动者，《社会保险费征缴暂行条例》称缴费个人）所组成的“群”（即集体）这一权利主体之间形成具体、确定的法律关系，而且这属于一种独特的法律关系，即社会法关系，不同于用人单位和劳动者个人之间的私法关系。

第四，在社会法义务、权利的实施机制方面。社会法义务、权利的实施机制为强制义务履行、集体利公行为。在社会法上，集体公益首先通过社会立法设定强制性义务并要求义务人实际履行得以实现，法律设定的强制性义务维护了集体公益，也普遍维护了集体中个体的利益。这种安排基本上排除了适用私法的可能，义务人大多不可能通过与立法保护的对象个别沟通而另外形成私法关系（免除其法定义务）。具体来说，社会保险费征缴法律关系中

---

① 赵红梅：《私法与社会法——第三法域之社会法基本理论范式》，207～219 页，北京，中国政法大学出版社，2009。

② 参见赵红梅：上书，229～232 页。而依据公法、私法二元分立的传统理论，在法律技术层面上，人们通常将上述集体性法律关系作出公、私法二元切分：其一，当义务主体与具体、确定的市民个体（私法的权利主体）发生利益关系时，形成具体的私法权利义务关系；其二，当义务主体所负担的义务仅为针对国家公权力（如行政权）设定的公法义务时，形成具体的公法权利义务关系。关于社会保险费征缴法律关系的传统分析就是依据这一思路，并无独立的社会法权利、义务存在的必要。

③ 例如，《社会保险法》第 12 条规定：“用人单位应当按照国家规定的本单位职工工资总额的比例缴纳基本养老保险费，记入基本养老保险统筹基金。”第 35 条规定：“用人单位应当按照本单位职工工资总额，根据社会保险经办机构确定的费率缴纳工伤保险费。”《失业保险条例》第 6 条规定：“城镇企业事业单位按照本单位工资总额的百分之二缴纳失业保险费。”

用人单位的法定缴费义务是不能通过和个别劳动者协商约定免除的。而且，法院也应当判决用人单位履行对单位全部职工的缴费义务，而不能判决用人单位履行对提起诉讼的劳动者个人的缴费义务。集体利公行为是指集体行动，包括集体协商和集团公益诉讼。在“群”中集体行动对于实现和维护集体公益的重要性大于集体中个体的行动。集体行动维护了集体公益，也普遍维护了集体中个体的利益。劳动者个体针对处于强势地位的用人单位所采取的维权行动犹如“杯水车薪”、“飞蛾扑火”，很难发挥充分的作用，只有通过社团组织实施的联合性、协调性行动才能最终有效地对抗强势用人单位不履行缴纳社会保险费义务的违法行为。[①]

第五，在诉讼保护方面。与私人为实现主观私权利而进行的民事诉讼不同，集体为实现社会法权利或法益而进行的诉讼是集团公益诉讼。集团公益诉讼的主要诉讼形态包括以下三类：集体诉讼[②]、团体直接诉讼和示范诉讼[③]，其中团体直接诉讼是指团体（如工会）以自己的名义，直接依据法律规定（基于法律的授权），就组织（如用人单位）侵害集体公益行为（如欠缴社会保险费）请求法院判令该违法者履行法定缴费义务，甚至处以惩罚型赔偿金（性质为公益罚金）的特别诉讼制度。[④]

具体来说，在中国，工会是法定的代表劳动者群体利益的社团。工会代表职工与企业以及实行企业化管理的事业单位进行平等协商，签订集体合同，集体合同包括社会保险等事项。依据《劳动法》第 3 条的规定，社会保险权利属于劳动者享有的劳动权利，当然属于“职工劳动权益”。企业违反集体合同中关于社会保险的内容，即因违反法定的社会保险费缴纳义务而侵犯职工社会保险权益时，工会可以依据《工会法》第 20 条作为劳动者（职工）集体利益的代表直接与企业协商、提请仲裁和提起诉讼，这种诉讼显然是团体直接诉讼，其性质属于集团公益诉讼。这时，我们可以发现这种意义的社会保险权与前述作为公法权利的社会保险权和作为私法权利的社会保险权迥然不同，此即为作为社会法权利的社会保险权。

① 参见赵红梅：《私法与社会法——第三法域之社会法基本理论范式》，236～239 页，北京，中国政法大学出版社，2009。

② 集体诉讼是指众多的受害者（如劳动者）因被告（如用人单位）实施的同一个违法行为而受到损害，将众多的小额诉讼请求合并在一起，允许一个或数个原告代表所有的受害者提起诉讼的一种诉讼模式。以美国的集团诉讼（class action）最为典型。参见上书，394 页。

③ 示范诉讼又称典型诉讼，是指法院从存在共同原告（如消费者、劳动者）或共同被告，且事实和证据相同，所要解决的法律问题也相同（如产品责任、就业歧视）的数量众多的同类案件中选出一个典型案件作为示范案件，对该案件首先进行审理并作出裁判，其他案件当事人均受该裁判约束的诉讼形式。英、美、德等国家均存在这种诉讼形式，值得我国借鉴。参见上书，408～409 页。

④ 参见上书，379～380、404 页。

论我国工伤认定的一般条款及其运用*

袁圣韵乐**

工伤保险是对在工作中遭受人身伤害的劳动者提供及时救济的一项社会保险制度，而劳动者能否享受工伤保险待遇的关键在于是否能依法被行政机关认定为工伤。在《社会保险法》制定前，我国工伤认定的法律依据主要是《工伤保险条例》，该条例第14、15、16条对工伤认定范围作了明确规定。这种立法模式被学界称为全面列举型立法。而《社会保险法》设专章对工伤保险制度进行了规范，其中第36条第1款规定："职工因工作原因受到事故伤害或者患职业病，且经工伤认定的，享受工伤保险待遇；其中，经劳动能力鉴定丧失劳动能力的，享受伤残待遇。"该条可被视为我国工伤认定的一般条款规定。这也意味着我国工伤认定的立法模式将由全面列举型转为一般条款与部分列举相结合型。立法模式的转变也意味着未来行政机关的工伤认定依据必须作出相应的调整。为此，需要在学理上对工伤认定一般条款及其运用进行分析，以为实务提供一定的参考。

一、确立工伤认定一般条款的进步意义

工伤保险制度的设立初衷在于为劳动者提供广泛、全面、及时的救济，其法律建构和实践操作都应该以此目的为出发点和依据。而工伤认定制度构建的第一步——工伤认定的立法模式选择，则是实现这一目的的重要且关键的立法技术手段之一，因为不同的工伤认定立法模式下的工伤认定操作是截然不同的。换言之，判断这一立法技术手段优劣的唯一标准就是看不同模式下的工伤认定实践是否最大限度地体现了保护劳动者的原则。就此观之，《社会保险法》所确立的工伤认定一般条款无疑具有十分重要的进步意义。

（一）全面列举型立法模式的弊端

我国过去工伤认定立法采取的是全面列举型立法模式，《工伤保险条例》

* 本文是教育部人文社会科学重点研究基地重大项目"社会保障立法研究"（项目批准号：05JJD820008）的阶段性研究成果。

** 袁圣韵乐，中国人民大学法学院09级民商法博士，研究方向：劳动法和社会保障法。

第 14 条具体列举了 7 种应当认定为工伤的情形，第 15 条具体列举了 3 种视为工伤的情形，第 16 条列举了 3 种排除工伤的情形。在此种模式下，工伤认定机关在进行工伤认定时所采用的主要方法是对法条进行文义解释，例如对工作时间、工作地点、上下班途中等法条中的关键概念进行阐释，借此来对劳动者所受伤害是否属于工伤作出判断。从表面上看，此种模式明示了工伤的具体情形，有利于工伤认定机构操作的便利，因此一定程度上亦有其积极意义。但是，基于文义解释方法本身的限制性，这种立法模式在实践中所体现出的弊明显大于利。

由于人的认识能力的有限性和语言文字所固有的局限性，立法者不可能穷尽列举所有的工伤情形，全面列举式规定在应对现实时显得“捉襟见肘”。从现实生活来看，随着科学技术的发展、社会日新月异的变迁、先进设备的使用，劳动者面对的职业风险也在不断变化，各类新型事故和伤害不断涌现。面对新情况，工伤认定机关固然可以通过对关键概念进行扩张解释的方法来扩展现行法的适用范围，但按照法律解释的基本原理，对概念的解释不能超过该词语通常所可能具有的字义界限，“一般的语言用法不能提供很多资讯。但是它可以指出一定的界限，意义只能在此中寻获”①。如果工伤认定机关超越字义界限进行阐释，其所从事的将不再是法律解释，而是通过漏洞填补、类推适用或目的论限缩等方法进行法律的续造。然而，“为保障法律作为优先适用的决定标准之地位，只有在满足特定条件的情况下，才可以从事法的续造”②。在没有法律明确授权或存在其他法律依据的前提下，工伤认定机关是不能擅自进行法律续造的。因此，对于那些明显超出现行法字义，但又确实因工作引起的伤害案件，工伤认定机关无法通过文义解释方法对受害劳动者进行保护。在此种情况下，全面列举模式的弊端暴露无遗。

虽然《工伤保险条例》在第 14 条第 7 项设置了“法律、行政法规规定应当认定为工伤的其他情形”这一“兜底性条款”，但是一方面，该条规定仅指示工伤认定机关在法律有新规定时应适用新法，仍然没有授权其在特定情况下可以从事法律续造工作；另一方面，由于法律、行政法规的效力层次较高，具有相当的稳定性，不俟时机或条件成熟时不能随时制定或修改，由此导致无法迅速地适应社会的变迁以及时为劳动者提供救济。

（二）工伤认定一般条款的优越性

所谓工伤认定一般条款，是指“规定工伤的法律概念或者对工伤进行抽象的、概括的规定的一种具有普适性、开放性的法律规范，是认定工伤的一

---

①② ［德］卡尔・拉伦茨：《法学方法论》，202 页，北京，商务印书馆，2003。

个基础性条款”[1]。据此，一般条款的特征即在于其具有抽象性和开放性。而依照《社会保险法》第36条第1款的规定，职工只要是因工作原因受到事故伤害或者患职业病，并且经过工伤认定的，就可以享受工伤保险待遇。可见，该法明确将工伤定义为劳动者因工作原因而遭受的事故伤害或者职业病，显然是对工伤认定的概括性立法，符合一般条款的特征，当然应被视为工伤认定的一般条款。

早在《社会保险法》制定前就有学者建议，为了克服全面列举模式僵化、落后的弊端并真正实现工伤保险制度的目的，有必要在立法中增设工伤认定一般条款。从功能上看，一般条款有如下优越性[2]：

第一，可以避免法律漏洞的产生。意图穷尽地列举工伤的情形容易造成法律规范的不周延、不圆满，继而产生法律的规范漏洞，不能实现法律逻辑要求的自足性。而工伤认定一般条款作为一项立法技术，通过一般性、概括性的语词对工伤的法律概念进行界定，使工伤的法律概念具有开放性，从而能有效避免法律漏洞的产生。

第二，可以保持法律的安定性，节约立法成本。工伤认定一般条款通过归纳工伤的一些共同特征将工伤情形作类型化处理，可以免去逐一列举的烦琐；同时一般条款的概括性语词使工伤保险法律通过工伤认定机关的能动性在面对社会变迁时体现出了极大的适应能力，可以及时调整新出现的工伤情形，从而缓解社会变迁带来的压力，实则起到了缓冲器的作用。

第三，可以实现个案正义。通过设定一般条款赋予工伤认定机关一定的自由裁量权，对于法律没有明确列举的工伤情形，认定人员或法官可以斟酌具体案情并结合立法目的，根据工伤认定一般条款的指引进行解释适用，使受伤劳动者的应然权利转变为实然权利，为劳动者提供及时、迅速的救济，以实现个案正义。

基于工伤认定一般条款在功能上所具有的优越性，此种模式下的工伤认定操作实践能有效避免全面列举模式所存在的问题。如前所述，全面列举模式下的法律适用受到字义界限的严格限制，而工伤认定一般条款则提供了另一种法律适用框架，即工伤的构成要件事实。所谓工伤构成要件事实，是在对实践中的工伤案例进行总结、归纳的基础上提炼出其共同的要素，经过立法者价值判断、取舍后纳入立法以此作为工伤认定的抽象要件。较之各类具体情形，构成要件事实显然更具有包容性和延展性，工伤认定机关适用时的解释余地也得以大大扩展。当然，由于不存在具体的概念表述，从表面上看

① 林嘉、魏丽：《工伤认定一般条款之立法思考》，载《法学杂志》，2008（1）。
② 参见上文。

工伤认定机关在适用一般条款时似乎不再受到字义的限制，但这并不意味着工伤认定机关就享有无限的自由裁量权。实质上，工伤认定机关在对个案是否符合工伤构成要件事实进行认定时会受到文义解释、目的解释、历史解释等多种解释方法的制约，加之我国未来所采取的将会是一般条款与部分列举相结合的模式，工伤认定机关也必须遵循和参照立法者所具体列举的工伤情形的规定。因此，工伤认定一般条款下的法律适用仍将会是有章可循的。

二、我国工伤认定一般条款解析

工伤认定在我国由劳动保障行政主管部门负责，因此属于行政行为，但就其实质而言，与司法裁判相类似，是将具体生活事实涵摄入法定事实构成要件的过程。某一具体事故能否被认定为工伤事故，要看其是否符合法定的工伤构成要件。在一般条款型立法模式中，通常可以从一般条款中直接推导出工伤的构成要件，这也是一般条款最大之作用和功能所在。

在确立工伤认定一般条款之前，《工伤保险条例》以及相关法律规范并没有就工伤构成要件作出规定，只是划定了工伤事故的大致范围。在实践中认定机构多依赖部门规章、复函、文件乃至通知等作出决定，不仅有违公开行政、依法行政的原则，而且使劳动者能否被认定工伤存在极大的偶然性和不确定性。为此，学者曾尝试从理论上对我国工伤事实的构成要件进行归纳，以求在一定程度上减缓全面列举模式所带来的不利影响。有学者认为，构成工伤保险责任必须具备以下要件：(1) 职工与企业或雇主之间必须存在劳动关系；(2) 职工必须遭受人身损害事实；(3) 职工的损害必须在其履行工作职责的过程中发生；(4) 事故须是职工受到损害的原因。① 有学者则认为："享受工伤保险待遇的条件是：其一，伤害发生在职业劳动过程中或法定的准劳动环境中；其二，人身伤害不能是受害人的自害所致；其三，当事人对受害没有明确的预知性。"②这些思考为工伤认定一般条款的创设奠定了一定的理论基础。

而在工伤认定一般条款已经为《社会保险法》所确立的当下，根据法条的表述，同时结合我国学者的学说，可以将工伤事故的构成要件概括为：(1) 劳动者与用人单位间存在劳动关系；(2) 劳动者遭受人身伤害；(3) 劳动者遭受的人身伤害与其工作存在因果关系。兹分述如下：

(一) 劳动者与用人单位间存在劳动关系

在我国，受到伤害的劳动者只有与用人单位存在劳动法上的劳动关系时

---

① 参见杨立新：《工伤事故的责任认定和法律适用(上)》，载《法律适用》，2003 (10)。

② 郑尚元：《工伤保险法律制度研究》，71 页，北京，北京大学出版社，2004。

才具备申请工伤待遇的资格条件。而在一些国家如德国，符合法定条件的雇员、学徒、残疾人、独立经营者、幼儿园儿童、中小学和大学的学生等都能享受工伤事故保险待遇。① 可见，我国工伤保险覆盖面较为狭小，一方面是因为我国坚持责权统一原则，工伤保险基金主要是由用人单位为其劳动者缴纳的保费组成，因此只有与用人单位建立了劳动关系的劳动者才有权利享受，其他主体由于没有缴纳保费而不能申请工伤待遇；另一方面则是因为我国工伤保险尚处于起步阶段，制度运行时间尚短，工伤保险基金积累虽然可观，但是否足以支付劳动者以外的待遇需求需要建立在进一步的数据统计和精算分析的基础上，不宜贸然对保障对象范围进行扩张。

值得注意的是，国务院在《工伤保险条例》修订稿中拟将事业单位、社会团体、民办非企业单位等组织的全体职工都纳入工伤保险中，而这些组织的职工除劳动法上的劳动者外还可能包括公务员或比照公务员法管理的人员以及事业编制人员，这些人员与其单位之间建立的是人事关系而非劳动关系，但同样可以享受工伤待遇。因此，未来的工伤构成要件必然要相应扩展到部分的法定人事关系以适应立法变化。

(二) 劳动者遭受人身伤害

按照一般条款的表述，劳动者因受事故伤害或患职业病的，可以被认定为工伤。而无论是事故伤害还是职业病，其实质都是对劳动者人身所造成的伤害。换言之，劳动者因工作原因所遭受的财产损失不属于工伤保险的保障范围。通常而言，人身伤害是指生命权、健康权、身体权受侵害而导致的疾病、伤残或死亡。有些学者将身体伤害与健康损害作了区分，认为“身体伤害指的是人的外在表现形态的破坏。而健康损害则是指导致了身体内部机能的障碍或精神上的损害”，大部分身体伤害同时也构成健康损害，但是有些没有造成健康损害的身体伤害如人体毛发的减损就不构成健康损害。② 应当明确，工伤认定中的人身伤害应当仅指影响了劳动者的劳动能力，如暂时、长期丧失劳动能力或者死亡的健康损害，而不包括身体损害。同时，此处人身伤害不仅包括身体组织器官的缺损、身体机能的失调，而且包括精神上的伤害，如由于目击工厂火灾的惨状受惊吓而导致的精神创伤，或由于工作压力过大导致的精神障碍等。③ 另外，如果人体辅助器具已经起到替代人体某一组

① 参见［德］霍尔斯特·杰格尔：《社会保险入门——论及社会保障法的其他领域》，刘翠霄译，134～136页，北京，中国法制出版社，2000。

② 参见［德］克雷斯蒂安·冯·巴尔：《欧洲比较侵权行为法》（下卷），焦美华译，77页，北京，法律出版社，2004。

③ 参见林嘉、魏丽：《工伤认定一般条款之立法思考》，载《法学杂志》，2008（1）。

织器官功能的作用，那么，正如德国《国家保险法》第 548 条第 2 项规定的，对身体辅助器或重要的整形辅助物之损害视同人身伤害。

就人身伤害的起因而言，包括由事故引起以及罹患职业病两大类。所谓事故，是指经由外部作用有害于人身的突发性事件。“‘事故’这个词在普遍和平常意义上使用是代表了一个意想不到的灾难或者一次非预谋或设计的不幸事件。”[①] 因此，事故最基本的特征是突发性、有害性及外部性。而所谓职业病，则是指劳动者因工作原因长期接触各类原料、材料、化学物质、气体、粉尘等有毒有害物体或由于长期从事作业活动本身所引发的特殊疾病。与事故的突发性不同，职业病是由有害因素慢性侵蚀、积累所导致的，因此具有长期性。

（三）劳动者遭受的人身伤害与其工作存在因果关系

早期工伤事故认定标准经历了由民事过错责任到无过错责任的发展历程，其后进入社会保险领域，依据社会连带思想而建立起工伤保险制度，并继续采纳无过错补偿为基本原则。然而，无过错责任并非等同于结果责任，其中之关键区别就在于对因果关系的要求，只有损害与工作之间存在因果关系时方由工伤保险基金支付补偿和待遇。因此，因果关系可说是工伤认定中的核心要素，它直接决定着个案中工伤认定的成立与否，更重要的是，因果关系还是借以调整全社会总体工伤事故认定的数量、规模和范围的“阀门”。由于工伤认定直接关系到工伤保险基金的支出水平，进而决定着全社会用人单位的总体缴费费率水平高低，因此，为保证社会负担不致过重，对工伤事实的认定必须进行总量控制，以体现社会政策的考量，而在法律调整手段上则主要通过对因果关系认定标准的把握来实现此种目标。正如有学者所说：“出于实务的考虑，法律责任必须被限制于那些与结果紧密相连的原因，这些原因必须能为法律确立责任提供正当化理由。”[②] 此论虽是对侵权责任而言，但在工伤认定中同样适用。当然，此种把握既不能在客观上背离事物间因果关系的规律，更不能在主观上违背社会所公认的公平、正义理念，否则，仍将回到任意裁量乃至肆意妄断的危险境地。因此，关于因果关系的认定标准就显得尤为重要，在下文将对此展开详细论述。

（四）关于是否应继续将“事故”作为构成要件的思考

现行法律对属于工伤的情形的列举中无一例外地强调劳动者的伤害必须是由事故造成的。而在《社会保险法》中仍采取“职工因工作原因受到事故伤害或者患职业病”的表述，《工伤保险条例》修订稿亦保留了原有工伤认定中的事故要求。可见立法者至今仍认为应将事故要素作为工伤事实认定的构

---

① Wikeley, Ogus & Barendt, *The Law of Security*, 5th edition, Buttenvorths, 2002, p. 722.

② Prossser, *Handbook of the Law of Torts*, West Publishing Company, 1971, p. 237.

成要件之一。

从国外工伤认定立法发展来看，在早期工伤认定中确实强调事故因素。比如，英国判例法基于制定法的原则发展出一套理论，即在工伤认定时区分“事故”和“过程”所造成的伤害，一个“事故”是不包括一个不断发展的过程所导致的劳动能力的逐渐丧失。根据相关判例，有学者指出事故的最基本特征“必须是一段有限时间内发生的可以确认的事件……这可以包括在具备这两个特征的内部生理变化恶化时所遭受的伤害本身”①。例如：一个人由于每天从事搬运重物导致的胸肌劳损就不属于一个“事故”而是一个“过程”，但是，如果一个人在特定的某天因为搬运很重的设备而胸部感到剧烈的疼痛，最终患上冠状动脉栓塞症，那么就构成一次事故。②

然而，随着经济活动范围和内容的不断扩张，劳动者所承担的工作内容也日益精细、复杂，在劳动中可能导致遭受伤害的因素亦呈现出新的发展趋势。在工业社会早期，由于劳动者更多从事的是体力劳动，劳动过程中的各类器械、设备、物件等引发的事故是对劳动者身体造成损害的主要原因。而随着信息化时代的到来，越来越多的劳动者开始从事各类脑力劳动，劳动者的身体开始受到各种慢性损耗的威胁。大多数人身伤害固然仍是由各类事故引起的，然而非因事故致害的现象亦愈来愈多，例如在长期从事文案工作的文职人员中普遍存在的颈椎病、鼠标手、腰椎间盘突出等疾病。如果仍固守事故为工伤认定的要件之一，势必会将各类非因事故但确实是与劳动密切相关的损害排除在工伤认定之外，使得工伤保险的覆盖范围与时代发展需要相比显得过于滞后。

随着事故理论局限性的日益显露，各国立法都开始突破事故这一限制，其重要的发展方向便是逐渐开始模糊“事故”和“过程”的界限。在美国，“工伤认定中对‘事故’的要求也越来越宽松。最初，工伤赔偿主要适用于‘意外事件’，现在工伤扩大到那些非意外事件导致的‘意外结果’……美国一些州甚至已经完全放弃了‘事故’这一要求”③。相应地，工作过程逐渐成为工伤认定的主要标准。在欧盟 27 个成员国中，除了 4 个没有建立专门的工伤保险制度的国家④，在其余 23 个成员国对工伤的定义中，有 2 个国家认为

---

① ［英］内维尔·哈里斯等：《社会保障法》，李西霞、李凌译，508 页，北京，北京大学出版社，2006。

② See Wikeley, Ogus & Barendt, *The Law of Social Security*, 5th edition, Butterworths, 2002, p. 723.

③ 谢增毅：《“工作过程”与美国工伤认定——兼评我国工伤认定的不足与完善》，载《环球法律评论》，2008 (5)。

④ 分别是爱沙尼亚、希腊、匈牙利、荷兰。

事故或与工作相关的损害皆可[①]，其余近半数国家则明确放弃了对事故的要求，只要损害是由工作引起或在工作过程中或与工作相关，就可以认定为工伤。[②] 如英国规定工伤是指“在工作过程中并由工作引起的人身伤害”，法国更是无论其原因，只要是由工作引起或与工作相关的人身伤害，都可以予以认定。日本也适用了劳动过程理论，例如在工作过程中由于吃饭、饮水或者其他身体行为导致的伤害都被列入工伤范畴。[③]

可见，事故要素的存在失之严格，阻碍了劳动者原本应当享有的工伤待遇请求权的行使，不应继续作为工伤事故认定标准而存在。放弃事故要素不会引发工伤事故认定的爆炸式增长而导致工伤保险基金的巨额支出，因为不要求事故并非等同于结果责任，无论是由工作引起或是在工作过程中或是与工作相关，都仍然要求损害与工作间必须存在因果关系，因果关系依然可以发挥对工伤事故总量控制的“调节阀”作用。《社会保险法》在工伤认定一般条款中未能就此问题作进一步的推进可谓是一个不小的遗憾，当然，一般条款的确立本身就具有不小的进步意义，为未来立法的发展留下了充分的空间。后续立法应在结合《社会保险法》颁布后工伤认定的新实践的基础上，将继续扩展保护范围、淡化事故因素作为新的发展方向。

三、工伤认定一般条款中的因果关系认定标准研究

如前所述，工伤认定中的核心要素即在于损害与工作间的因果关系，其应当被视为工伤认定的唯一标准而无须考虑引致损害的事件性质为何。当然，关于因果关系的认定本身在法学领域便是一个理论与实践的难题。对于因果关系讨论最多的是在民法侵权领域，在大陆法系有条件说、相当因果关系说和盖然因果关系说等，在英美法则有事实上的因果关系与法律上的因果关系之区分，具体操作则交由法院行使裁量权。工伤认定在我国虽由行政机关负责，但就其本质而言类似司法裁判，况且工伤保险责任与侵权责任本身即具有“亲缘性”和一定的同构性，因此侵权法上的因果关系理论可资借鉴。

（一）工伤认定中因果关系的一般原理

从各国的理论和实践来看，可以将工伤认定中的因果关系区分为事实上

---

① 分别是拉脱维亚、瑞典。

② 关于欧盟部分资料参见 Questions and answers about EU Member State work injury insurance，载“中欧社会保障合作项目”网站，http：//www. eucss. org. cn/index. php? id＝105，访问时间：2010-05-07。

③ 参见翟玉娟：《职业灾害救济法律制度研究》，112页，厦门，厦门大学出版社，2009。

的因果关系和法律上的因果关系：事实上的因果关系是指从纯粹客观的事实角度观察工作与损害之间的客观联系；法律上的因果关系则是指在确认事实上的因果关系存在的基础上，进一步确认其是否能够根据法律被评价为工伤。此种区分并不是任意的创设，它之所以在各国司法制度中得到普遍接受和运用，是因为它符合因果关系分析框架的基本要求。事实上的因果关系强调的是工作与损害之间的引起与被引起关系，例如甲由于每天从事搬运重物导致胸肌劳损，其损害在客观上与其工作存在着必然联系。反之，A因私人纠纷而至B单位并在B工作期间将其打成重伤，则难谓此处有事实上因果关系之存在。而法律上的因果关系则是从法律政策出发肯定或否定此种客观联系在法律上的效力，例如当工伤认定要求包括事故要素时，甲的损害就不能被评价为工伤。事实上的因果关系有时是广泛的，而法律上的因果关系就是决定从何处阻断因果链条并截取出在法律上有效的那部分。通过此种两分法实现“经验世界和法律世界的不同判定，进而实现法律所欲实现的价值观和特定社会的法律政策，具有较强的说服力”。

在因果关系两分法的基础上，对于两种因果关系亦采取不同的判定标准。就事实上的因果关系而言，各国司法实践一般采用必要条件理论，可表述为如果不是在从事工作，损害不会发生，则工作是损害的原因；反之，即使不是在从事工作，损害仍会发生，则工作并非损害之原因。就法律上的因果关系而言，德国法上的相当因果关系理论被广为采纳。在工伤领域，该理论可表述为：工作只有在满足以下两个条件时才是损害的相当原因：第一，它必须是这一损害的一个必要条件；第二，它必须极大地增加了这一损害发生的客观概然性。简言之，如果工作没有显著地增加损害发生的可能性，那么工作就不是损害得以发生的相当原因。至于如何判断损害可能性是否增加，因果关系理论本身并不能提供答案，需要依赖于依据法律价值观念或社会生活经验的考量。以上这些标准都并非确认因果关系的唯一依据，根据不同的现实需求，各国司法实践有着相应的回应。

（二）工伤认定中因果关系的判断标准

对于如何判断事故与工作之间的因果关系，英美法上有“由工作引起并在工作过程中发生”，日本法上有“业务起因性”和“业务遂行性”，法国法上有“隶属”概念，等等。实际上，这些标准在判断因果关系时内容基本相同，只是对于因果关系判断一般原则的不同表述而已。因此，不妨以“由工作引起并在工作过程中发生”的表述为基础展开分析。通过分析可知，“由工作引起并在工作过程中发生”是工作与伤害间是否存在事实上因果关系的表面判断标准，而在这一表面判断标准的背后，尚存在着“风险增加因素”作为法律上因果关系的判断标准。

1. 由工作引起并在工作过程中发生

“由工作引起”表明事故与工作之间存在一种引起与被引起的直接因果关系，这根据事实上因果关系的必要条件标准很容易判断，如被工厂机器扎伤了手等。“在工作过程中”则是一个十分模糊的表述，实践中一般认为包含3个要素——时间、地点、行为，即劳动者在工作时间内且在工作场所从事与工作有关的事情时发生的事故即被视为“在工作过程中”发生的事故。可见，时间、地点、行为等因素实质上被用来作为判断法律上因果关系的基准，以此来推定事故与工作之间的因果关系。在此，“工作时间”、“工作地点”应当从劳动关系的“从属性”本质来界定，即劳动者在雇主明示或默示指挥、支配下从事工作的时间和地点。在各国实践中，“工作时间”不仅指日常的工作时间、加班时间，也应当包括劳动者基于生理需要于作业时间内的中断或休息时间，如去盥洗室、饮水、抽烟的时间，及由于工作职责需要或者雇主临时指派从事工作的时间如出差时间、陪客户吃饭的时间，等等。“工作地点”不仅指日常的工作场所，而且包括工作场所的附属建筑如职工食堂、职工宿舍、盥洗室等，以及由于工作职责需要或者雇主临时指派从事工作的地点。因此，凡是由工作引起并且是发生在工作时间、工作地点以及执行职务过程中所受的伤害，可以认为其与劳动者的工作间存在事实上的因果关系。

2. 工作增加了劳动者遭受伤害的风险

“由工作引起并在工作过程中发生”是对事实上的因果关系的判断标准，对法律上因果关系的判断则需考察工作是否增加了劳动者遭受伤害的风险。而如何判断“由工作引起并在工作过程中发生”是否增加了劳动者受到伤害的风险，美国法上将与工作有关的风险分为3种：(1) 职业风险，即因工作而产生并广泛存在的风险，由此产生的损害当然属于工伤。(2) 个人风险，即因劳动者自身行为所引发的风险。此种风险因与工作无关而当然不受工伤保护。(3) 中性风险，即伤害的原因不能清楚地被界定为职业因素或个人风险，或者伤害本身原因不明，包括不可抗力、自然灾害、被陌生人袭击、公共场合的风险以及无法解释原因的死亡等。可见，中性风险是引发现实中各类争议和疑难案件的“灰色地带”，早期美国司法实践中曾有近似原因原则、特殊风险原则等，皆因对劳动者过于严苛而先后被废弃，如今主要采用三种原则：1) 风险增加原则，需证明工作增加了风险，但不要求此风险是该职业所特有的。2) 实际风险原则，即使在雇佣中面临的风险并未高于普通公众，但是在工作中发生，该风险导致的伤害就是可赔偿的。3) 位置风险原则，因雇佣关系而使雇员处在风险发生的位置，由此导致的伤害可获得赔偿。[①] 具体适用何种原则由法官视具体案件而决定。该种分类以及相应的确定原则值得我国借鉴。

（三）工伤认定因果关系的类型化

虽然“由工作引起并在工作过程中”是一个通用的判断因果关系的标准，并可依据相应的理论原则进行确认，但是，即使在英、美这样的判例法国家这一认定标准也引起了很多的争议和复杂的诉讼。这一认定标准虽然概括的程度比较高，涵盖的外延比较广，作为一般原则而言能够覆盖相当数量的工伤案件，然而对于一些诸如“工作时间”、“工作地点”等基准因素的理解仍存在许多界限不清之处，因此仅有一般原则仍不足以解决所有问题。为避免工伤认定机关的妄断和不公，有必要对工伤认定中的因果关系进行类型化处理。

所谓因果关系的类型化，就是将现实中涌现的各类工伤案件予以分类，确定不同类型案件中因果关系的相应判断标准，在此基础上确立因果关系认定标准的类型体系，并将其运用到同类案件以及未来可能出现的新类型案件中。类型化与法律解释和法律续造一样，是法律适用过程中的一项重要方法。需注意者有三：其一，类型化主要是针对法律上的因果关系展开，盖事实上的因果关系受法政策和价值判断影响较小，依据经验法则即可确立，而法律上的因果关系自由裁量余地更大，更有规制之必要；其二，类型化不同于我国现有的全面列举模式，其更为强调每种类型中所适用的判断因果关系是否存在的原理和方法，而我国现有认定模式导致认定机构严格限于文义解释而按图索骥，以致失于变通而有违正义；其三，类型化是在经验基础上对实践中经常、反复出现的情况尝试进行归类的，并不能穷尽所有案件，对于无法归类的以及新出现的案件在不能适用现有因果关系判断标准时，仍需认定机构基于公平、正义以及一般条款行使自由裁量权。

四、工伤认定一般条款适用中的若干具体问题研究

工伤认定一般条款的设立明确了因果关系作为工伤认定的核心标准的地位。然而，应当注意到，我国最新的工伤认定立法中仍存在着工伤情形的列举性条款。《社会保险法》本身就在第 37 条对不能被认定为工伤的情形作了详细规定，而修订后的《工伤保险条例》则仍保留了原有认定工伤、视同工伤、不认为工伤的规范格局，只是将“在上下班途中，受到机动车事故伤害

---

① See Steven L. Willborn, Stewart J. Schwab, John F. Burton, Jr, *Employment Law Cases and Materials*, 3rd edition, LexisNexis, 2002, p. 912.

的”修改为“在上下班途中，受到非本人主要责任的交通事故或者城市轨道交通、客运轮渡、火车事故伤害的”，并对不认定为工伤的情形作了相应调整。而对如何处理工伤认定一般条款与列举条款之关系这一关键问题，条例却未作回应。此外，按照因果关系认定标准，《社会保险法》第 37 条以及《工伤保险条例》的修订亦存在值得商榷之处。为此有必要在理论上梳理这几者之间的关系，为一般条款的适用铺平道路。

（一）工伤认定一般条款与列举条款的关系

工伤认定一般条款的设定并不排斥立法中另行规定工伤的列举性规定。事实上，较之单纯的一般条款型立法，一般条款与部分列举相结合的模式更有利于工伤认定的实践操作。在已有的工伤认定一般条款的基础上，进一步在立法中将日常生活中常见的以及立法者认为重要的情形明确规定为工伤，一方面弥补了一般条款过于抽象导致适用困难的不足，另一方面保留了列举模式在认定机关具体适用时的便利性和快捷性。况且，从《工伤保险条例》的规定来看，除视同工伤部分外都符合一般条款所确立的因果关系判断标准，而视同工伤则是对工作与伤害间因果关系的拟制，本就属于法律拟制的一种，是立法者贯彻其价值判断的立法技术手段之一。因此完全可以认为，我国工伤认定一般条款与现有列举条款是自洽的，基本不存在矛盾、冲突之处，两者可以和谐共存。

当然，既然一般条款得到了确立，则法律、法规中的列举就不能再被视为是排他的全面列举，而应被理解为有限的列举。此时一般条款与列举条款应当被视为一般和特殊的关系。法律中的列举通常具有两种作用：一是作为指导性规范而仅具有较弱的拘束力，二是作为特别法规范而具有较强的拘束力。所谓指导性规范，是指立法者所作的列举规定是为了使法律适用者能够通过具象化规定更为准确地理解抽象规范的意义；而特别法规范则是立法者意图将一般条款作为一般原则，而列举规定作为特别法优先于一般条款适用。考虑到我国在此之前一直采取的是全面列举模式，工伤认定机关长期禁锢于法定工伤情形之中，其思维方式的改变需要相当的时间，加之我国工伤保险仍处于起步阶段，不宜在短期内迅速扩张其保护范围，因此应当将法律中的列举理解为特别法规范，即工伤认定机关在认定工伤时应首先适用列举性规定，检索法律规范并确定相应个案是否能被纳入法定工伤情形中。只有在个案虽不属于法定工伤情形，但确实与工作间存在因果关系，不将其认定为工伤明显有违立法原旨时，工伤认定机关才可根据工伤认定一般条款作出认定。也就是说，列举性条款是对工伤认定机关行使自由裁量权的限制措施，这种适用方式也符合“禁止向一般条款逃避”的法律适用准则。

(二) 上下班途中交通事故所致工伤的适用问题

关于上下班途中交通事故所引起的伤害，少数国家如英、美对此原则上不予认可，依照美国法院判例，雇员在“准备出发”以及往返于工作场所途中因事故受到的伤害通常无法主张工伤赔偿，即使雇主为雇员提供了交通补助，雇员也不能主张工伤赔偿[①]，但在特殊情况下，例如伤害的发生是由雇主工作场所附近特殊的危险引起的，由于法院认为这种危险和工作有关，法院有时会认定伤害为工伤。而其他多数国家则认为上下班途中的交通事故原则上属于工伤，除非有其他因素阻断因果关系。例如，欧盟 23 个实行工伤保险的国家中有 17 国明确规定工伤保险范围包括上下班途中交通事故[②]，日本将之称为通勤事故并纳入保障。

修订前的《工伤保险条例》仅将上下班途中受到机动车事故所致伤害列为工伤。然而，国务院在其公布的修订稿中曾拟将此条删去，一时间引起极大争议。实则该做法不能不说是工伤立法之倒退，其虽列有 5 条理由以论修改之正当性，却存在颇多值得商榷之处：第一，机动车交通事故责任强制保险虽属强制性责任保险，但其性质仍属商业保险，与依照社会连带思想建立的工伤保险并无重复。受害人能够通过商业保险、社会保险、民事赔偿获得多种救济途径是现代社会发展的趋势，亦是社会文明进步的重要体现。当前立法应着力解决的是诸种救济手段间的协调、衔接问题，而非简单地删减救济途径了事。第二，修订前的条例仅规定机动车事故伤害属于工伤应被视为立法时表述不严谨所致疏漏，本该借此修法之际予以完善，将非机动车致害一并纳入。然修订稿却反以该条引起争议为由将其删去，似误解了民间“要求修改”之真意。第三，既然可将上下班途中视为工作时间、工作场所的延伸，就应提供保护，如此方符合“建立工伤保险制度的原理”。如以所谓“工伤保险核心情形”为标准，则工伤保险几无存在之必要。第四，以“争议繁多、操作难度大”为由更属荒谬，直接与法治国理念下的“有法可依”要求相悖。正因为现实关系复杂，引发争议不断，才更需要有明确的法律依据来进行调整，法官不能以法无明文规定为由拒绝裁判，法律制定者更不能逃避其责任。第五，从上述世界各国立法看，仅少数国家对在途事故作了除外规定，大部分国家仍认可其工伤性质。工伤保险立法不是为了简便、可行，简便、可行应当是为了更好地为劳动者提供保护，否则，便是本末倒置。

---

① 参见谢增毅：《“工作过程”与美国工伤认定——兼评我国工伤认定的不足与完善》，载《环球法律评论》，2008 (5)。

② 参见 Questions and answers about EU Member State work injury insurance，载“中欧社会保障合作项目”网站，http：//www. eucss. org. cn/index. php? id=105，访问时间：2010-05-07。

值得欣慰的是，在2010年最终修订并公布的《工伤保险条例》中不仅保留了该条，还进一步将保护范围扩张至城市轨道交通、客运轮渡、火车事故等所造成之伤害。伴随着城市交通系统的发展，劳动者上下班的手段和途径日益多样，可能遭受的伤害来源也呈多元化，该条的修订不仅顺应了现实发展需要，更充分体现了工伤保险立法倾斜保护劳动者的立法原则。而从学理上分析，之所以应将上下班途中的交通事故伤害认定为工伤，是因为劳动者在上下班途中遭遇交通事故与工作之间存在因果关系。就事实上的因果关系而言，工作构成交通事故的必要条件，即若不是因为需要经过交通系统从住宅到达工作场所，劳动者就不会受到交通事故风险的威胁。就法律上的因果关系而言，上下班途中多被认为是工作时间和工作地点的延伸，劳动者在此间遭遇的伤害被推定与工作具有因果关系，其同样增加了劳动者遭受伤害风险的可能性。然而，既然是基于法律拟制的“工作时间”、“工作地点”而作出的推定，其“因果链条”较之通常情况更为脆弱，更易被介入因素阻断。因此，在具体适用时应注意如下几点：

第一，劳动者须对交通事故的发生承担非主要责任。新《工伤保险条例》在扩张上下班途中保护范围的同时也对其作了一定的限定，劳动者只有受到非本人主要责任的交通事故或者城市轨道交通、客运轮渡、火车事故而遭受伤害，才能被认定为工伤。如果劳动者对事故的发生承担主要责任，则不能认为是工伤。之所以如此规定，主要是考虑到劳动者在对事故承担主要责任时通常存在故意或重大过失，从而将自己的生命、健康安全置于不合理的危险中，例如乱闯红灯、强行登上轨道交通而被轧伤等，这种主观心态的存在足以切断伤害与工作间的因果关系，因此在这种情况下不能将劳动者的伤害纳入工伤保护。对劳动者责任程度的认定，应当以有关部门对交通事故所出具的责任认定结论为准。

第二，对“上下班途中”的范围应作适当理解。“上下班途中”既包括职工正常工作的上下班途中，也包括职工加班加点的上下班途中。考虑到现代交通工具的多样性以及可供选择路径的多元性，为了更好地保护劳动者，不应将“上下班途中”限制在上下班的“规定时间”和“必经路线”等，只要劳动者是在上下班的合理时间内、合理路线上，选择了合理的交通手段即可。对合理性的判断应当按照“合理人”的标准，即通常情况下一般人在同样情况下所可能选择的路线。

第三，上下班途中交通事故以外的其他事故所造成的伤害不能认定为工伤。上下班途中就其本质来说已经超出了用人单位对于劳动者的控制和指挥的范围，只是考虑到劳动者上下班途中遭遇交通事故的风险概率较大，且与工作联系较紧密，才从法律上将其拟制为“工作时间”和“工作地点”。而上下班途中的其他非交通事故由于其与工作间几乎没有因果关系，所以不能纳入工伤保险所保障的风险范围，例如在上下班途中因高空坠物被砸伤而导致的伤害。

(三) 关于不能认定为工伤的情形的思考

从因果关系角度来看，某些情形下所造成的伤害与工作之间固然可能存在事实上之因果关系，但出于法政策等因素的考量否定其存在法律上的因果关系，这些情形就属于对因果关系的除外规定。根据修订前的《工伤保险条例》第 16 条，因犯罪或者违反治安管理伤亡的、醉酒导致伤亡的、自残或者自杀的，不认定为工伤。但该条在实践中被指过于严苛和宽泛，有不尽合理之处。《工伤保险条例》修订稿将其修改为犯罪的、醉酒或吸毒的、自残或者自杀的，《社会保险法》则规定了故意犯罪、醉酒或者吸毒、自残或者自杀以及法律、行政法规规定的其他情形这 4 项。从历次修订来看，除外规定日趋限缩且合理，但仍有不足之处。

1. 关于第一项故意犯罪

首先，《工伤保险条例》修订稿和《社会保险法》都不再将违反治安管理的行为排除在工伤外。对此，《工伤保险条例》修订稿认为“对于违反治安管理行为和违反道路交通安全管理行为，与犯罪相比社会危害性较小，不宜将因这两种行为导致的事故伤害排除在工伤认定范围之外”。该项修正及其理由实值称赞。但需注意的是，违法治安管理所致伤亡仍须与工作存在因果关系方能被认定为工伤。其次，《社会保险法》三审稿将责任事故犯罪纳入工伤范畴。我国刑法所设责任事故犯罪主要见于交通领域、生产作业领域、危险物品管理领域以及公共卫生管理领域等，这些领域通常与劳动者所从事的工作密切相关，因此，劳动者纵使因责任事故而构成犯罪，其自身所受伤害仍能享受工伤待遇。最后，《社会保险法》最终将过失犯罪所致损害亦纳入工伤保护范围中。而根据刑法原理，过失犯罪包含所有责任事故犯罪，因此较之三审稿，除外规定进一步受到限缩。此种变迁所体现的扩大保护范围的立法精神对实践具有重要的指导意义。

2. 关于第二项醉酒和吸毒

学者认为将醉酒一律排除在工伤之外并不妥当，劳动者醉酒存在多种原因，如果“雇主由于工作需要要求雇员喝酒或者强烈建议雇员喝酒，雇员因此遭受伤亡的，完全禁止其主张工伤赔偿也不尽合理”[①]。因此仍应考量饮酒

① 谢增毅：《“工作过程”与美国工伤认定——兼评我国工伤认定的不足与完善》，载《环球法律评论》，2008 (5)。

与工作间的因果关系，如果劳动者醉酒既非雇主所期待，也非为了雇主利益，而纯粹是因为个人贪杯，则由此引起的损害不能认定为工伤。反之，如果劳动者为了雇主的公关需要等工作原因而醉酒以致伤亡的，则即使并非在工作时间、工作场所，仍应受到工伤保护。此外，《工伤保险条例》修订稿以及《社会保险法》新增吸毒作为除外因素，其合理性值得商榷。劳动者吸食毒品本身既存在故意或过失，又显然难谓与工作相关，盖任何企业都不会以吸毒作为其工作内容。但吸毒本身并不当然阻断伤害与工作间的因果关系。如果劳动者因吸食毒品而导致产生幻觉、行为失控等后果并因此而受到伤害的，即使是在工作时间、工作场所内，亦不能认为与工作相关。但如果劳动者虽吸食毒品，但其后所受伤害主要仍是由于工作原因而导致，此时的检验标准应为一个未吸毒的劳动者在当时情况下是否会遭受同样的损害：如是，仍应认定为工伤，反之，若非因为吸毒就不会导致或可能避免损害的，则即使是工作原因引起的，亦不能归入工伤。

3. 关于第三项自杀或自残

迄今为止的条文都明令自杀、自残不能作为工伤事由，其主要目的在于防止劳动者骗保而引发道德风险。此项初衷无可厚非，然而随着社会生活节奏的加快，职场竞争日趋激烈，劳动者在工作中所受压力越来越大，以致引发相当数量的自杀、自残行为，能否对此通过工伤进行保护争议甚多。自杀、自残终究是劳动者自我意志使然，从法理而言很难断言自杀、自残与工作间必然有或没有因果关系，也不能以一般合理人之标准来衡量个案，故此完全是一个法政策问题。权衡各方面因素，可考虑由工伤保险基金按标准支付一次性伤残补助金或丧葬补助金，而其他津贴、供养亲属抚恤金和一次性工亡补助金等则不宜支付。此外，可允许相关人员通过民事诉讼手段获得民事救济，尤其是精神损害赔偿。

社会救助法的立法架构及法律规则选择

朱勋克

社会救助法是构建社会主义法律体系的支架性法律。① 自2005年“社会救济法”改名为“社会救助法”以来，有关部门起草了《社会救助法（草案)》，并向社会公开征求修改意见。之后，有关部门又对《社会救助法（草案)》进行修改，前后达十余次。本文选取具有代表性的2006年部门讨论稿、2007年送审稿、2008年国务院法制办公开征求意见稿和2009年部门讨论稿(参见表1）共4个版本进行系统的研究，分析其立法架构、法律规则的得失和补救措施。

一、《社会救助法（草案)》的主要架构及缺失

综观4部草案，其规定都涵盖了当前社会救助的主要内容，多数条文规定比较详细，体例布局各有特色，对于规范和推进社会救助事业健康、快速发展具有十分重要的意义。

一是明确规定国家责任。2007年、2008年和2009年草案均在“总则”中规定了国家建立和实施社会救助制度的责任。草案规定，国家建立社会救助制度，承担为公民提供社会救助的基本责任，为开展社会救助提供必要的物质条件和组织保障。这一规定是对《宪法》关于社会救助权的细化②，明确了开展社会救助是国家的职责，各级政府是社会救助的直接责任主体。

二是灾害救助规定日益完善。2006年草案没有规定灾害救助，2007年草案规定的灾害救助主要是灾民应急救助、灾后救助和救灾物资储备，2008年草案规定了灾民救助、恢复重建、春荒冬令救助；2009年草案规定了救助事由、救灾物资储备、灾害预警、灾民生活救助、过渡性安置、永久性安置、

① 参见全国人民代表大会内务司法委员会：《全国人民代表大会内务司法委员会关于第十一届全国人民代表大会第一次会议主席团交付审议的代表提出的议案审议结果的报告》。

② 我国《宪法》第45条规定，“中华人民共和国公民在年老、疾病或者丧失劳动能力的情况下，有从国家和社会获得物质帮助的权利。国家发展为公民享受这些权利所需要的社会保险、社会救济和医疗卫生事业”。

春荒冬令救助、灾后经常性救助。事实上，我国是世界上自然灾害最严重的少数国家之一，灾害种类多、发生频率高、分布地域广、造成损失大，如何建立完善的减灾、救灾制度，预防和减轻公民生命、财产损失，保障受灾人员基本生活，是我国灾害管理的当务之急。[①] 草案的规定及时、全面，应予充分肯定。

表 1　　　　2006 年—2009 年《社会救助法（草案）》内容架构

2006 年草案 共 7 章、33 条	2007 年草案 共 10 章、39 条	2008 年草案 共 7 章、34 条	2009 年草案 共 11 章、65 条
第一章为总则(6 条)：立法目的、社会救助含义、救助原则、权利义务、发展规划及保障、社会参与	第一章为总则(6 条)：立法目的、社会救助含义、国家责任和社会参与、救助原则、权利义务、主管机关	第一章为总则(10 条)：立法目的、国家责任、社会救助含义、救助原则、权利义务、主管机关、其他组织参与、就业救助、救助资金、社会参与	第一章为总则(9 条)：立法目的、国家责任、社会救助含义、救助原则、主管机关、其他组织参与、信息系统、救助资金、社会参与
第二章为社会救助内容（10 条）：最低生活保障、五保供养、流浪乞讨救助、医疗救助、教育救助、住房救助、法律救助、急难救助、其他救助、社会互助	第二章为居民最低生活保障救助(7 条)：资格条件、低保标准、申请程序、救助给付、动态管理、劳动自救、专项救助	第二章为居民最低生活保障（5 条）：含义、低保标准、申请程序、救助给付、动态管理	第二章为贫困孤残供养（5 条）：对象界定、供养标准、申请程序、供养机构及形式、供养终止
第三章为社会救助程序（4 条）：一般救助程序、特殊救助程序、动态管理、社会监督	第三章为低收入家庭专项救助（6 条）：救助资格、救助程序、医疗救助、教育救助、住房救助、法律救助	第三章为专项救助（6 条）：救助资格、救助程序、教育救助、医疗救助、住房救助、法律救助	第三章为最低生活保障（6 条）：含义、低保标准、申请程序、救助给付、动态管理、就业救助

① 国务院法制办 2009 年 6 月公布《中华人民共和国救灾条例（征求意见稿）》，向社会征求意见，该条例（征求意见稿）共 7 章、45 条。

续前表

2006 年草案 共 7 章、33 条	2007 年草案 共 10 章、39 条	2008 年草案 共 7 章、34 条	2009 年草案 共 11 章、65 条
第四章为社会救助机构（3 条）：主管机关、基层组织、服务机构	第四章为三无人员供养救助（4 条）：供养对象、申请程序、供养形式和标准、供养救助终止	第四章为自然灾害救助（4 条）：含义、灾民救助、恢复重建、春荒冬令救助	第四章为教育救助（6 条）：教育救助权利、义务教育救助、高中和中等职业教育救助、高等教育救助、对象认定和申请程序、社会力量救助
第五章为社会救助资金（4 条）：财政投入、社会筹资、工作经费、资金监管	第五章为灾民救助（3 条）：应急救助、灾后救助、救灾物资储备	第五章为临时救助（3 条）：救助事由和标准、申请程序、流浪乞讨人员救助	第五章为医疗救助（6 条）：含义、救助对象、救助内容、申请程序、给付方式、医疗互助
第六章为法律责任（4 条）：救助机关及其工作人员法律责任、申请人和救助对象法律责任、其他组织的法律责任、行政复议及行政诉讼	第六章为流浪乞讨人员救助（2 条）：申请程序、救助内容	第六章为法律责任（4 条）：救助机关及其工作人员法律责任、申请人和救助对象法律责任、其他组织的法律责任、行政复议及行政诉讼	第六章为住房救助（7 条）：含义、救助标准、廉租住房、农村住房救助、村集体救助、取暖补助、救助程序
第七章为附则(2 条)：行政法规和地方法规规章、施行日期	第七章为临时救助（2 条）：资格与救助基金、救助标准	第七章为附则(2 条)：五保供养、施行日期	第七章为自然灾害救助（8 条）：事由、救灾物资储备、灾害预警、灾民生活救助、过渡性安置、永久性安置、春荒冬令救助、经常性救助

续前表

2006年草案 共7章、33条	2007年草案 共10章、39条	2008年草案 共7章、34条	2009年草案 共11章、65条
	第八章为经费保障与监督管理（3条）：财政投入和社会捐赠、专项基金、监督管理		第八章为临时救助（6条）：含义、救助申请、救助审核批准、救助标准和内容、社会力量救助、流浪乞讨人员救助
	第九章为法律责任（4条）：救助机关及其工作人员法律责任、申请人和救助对象法律责任、其他组织的法律责任、行政复议及行政诉讼		第九章为监督检查（6条）：监督机关、信息公开、监督措施、监督方式、审计监督、社会监督
	第十章为附则（2条）：行政法规和地方法规规章、施行日期		第十章为法律责任（5条）：行政处分、警告罚款、申请人和救助对象处罚、刑事责任、行政复议及行政诉讼
			第十一章为附则（1条）：施行日期

三是专项救助制度更加完善。2009年草案对医疗救助、教育救助、住房救助等专项救助分别以专章规定，而在前3部草案中，一项救助制度均规定为1条，且条文内容较为抽象、可操作性差。社会救助的根本目的，不仅要解决救助对象的温饱问题，而且要充分支持和发挥救助对象潜在能力的发展，协助他们自立。[①] 获得基本的教育、卫生服务和劳动力培训等，是救助对象自我发展的基本条件，因此，如何获得这些服务和支持，是《社会救助法》的

① 日本《生活保护法》第1条规定，本法律依据日本宪法第25条的有关规定制定，目的在于对于生活贫困的所有国民，由国家按其困难程度对其实施必要的保护措施，保障其最低生活水平，使其逐渐具备自立的能力。我国台湾地区“社会救助法”第1条规定，为照顾低收入及救助遭受急难或灾害者，并协助其自立，特制定本法。

题中之意。草案以专章规定了各专项救助制度，保障了救助对象潜在能力的发展。

四是保障措施更加有效。2009 年草案增加了信息系统和经办机构，即县级以上人民政府民政部门应当建立和完善社会救助信息系统，会同有关部门完善社会救助信息和居民收入、家庭财产信息共享机制。县级人民政府可以在乡、镇和城市街道设立社会救助经办机构，负责贫困孤残供养、最低生活保障以及医疗救助、自然灾害救助的受理、初审及其他有关的管理服务工作。此规定确保救助政策落实到位：一方面，信息系统可以提高社会救助的监管水平和效率；另一方面，设立经办机构，从根本上解决了当前基层社会救助工作“无人办事、无钱办事”的困局。

五是救助监管有法可依。2009 年草案新增“监督检查”一章，规定了监督机关、信息公开、监督措施、监督方式、审计监督、社会监督等内容，开社会救助行政执法之先河，为加强社会救助监管提供法律依据，并赋予基层民政部门或授权的经办机构行政执法权，为预防和处置福利欺诈、“人情保”、“关系保”等不正之风，以及虚报、冒领、诈取低保金等“寻租”腐败现象①，提供了强有力的手段，有利于社会救助制度在基层的实施精准到位。

六是法律责任规定更详细。2006 年—2008 年草案规定了救助机关及其工作人员、申请人和救助对象，以及其他组织的法律责任、行政复议及行政诉讼。2009 年草案则将法律责任细化，分别为行政处分、警告罚款、申请人和救助对象处罚、刑事责任、行政复议及行政诉讼。

(一)《社会救助法（草案)》现有规定的瑕疵

1. 社会救助含义不清

2006 年草案规定，社会救助是指公民因自然和社会等原因导致难以维持基本生活，由国家和社会给予必要的物质帮助和服务。2007 年草案规定，社会救助是指国家对依靠自身努力难以满足其生存发展基本需求的公民给予的物质帮助和社会给予的援助。2008 年草案规定，社会救助是指国家和社会对依靠自身努力难以满足其生存基本需求的公民给予的物质帮助和服务。2009 年草案规定，社会救助是指国家和社会对依靠自身努力难以维持基本生活的公民给予的物质帮助和服务。各草案对社会救助的定义虽不同，但都没有回

① 近年来，新闻媒体报道了多起有关涉嫌社会救助腐败的案件，如《女公务员贪污低保金赌博抛夫弃子》(孟锦阳，《辽宁法制报》，2007-07-09)，《虚报低保名单　街道干部贪污 14 万低保金获刑五年》(周贤忠，《沈阳日报》，2007-12-20)，《侵吞国家低保款　主动自首判八年》(刘德华、吴明远，《检察日报》，2008-12-23)，《广西三起低保金腐败事件　农村低保该“保”谁》(王勉、闫祥岭，《北京日报》，2009-05-05) 等。

答最紧要、最核心的问题，即：什么是基本生活以及如何测量？什么是生存（发展）基本需求以及如何测量？二者与最低生活是什么关系？

2. 社会救助基本原则不突出

所谓社会救助基本原则就是贯穿社会救助全过程，各项社会救助工作所应当遵循的根本规则和要求。美国著名法学家德沃金指出，“当我们说某一条原则是我们法律制度的原则时，它的全部含义是：在相关情况下，官员们在考虑决定一种方向时，必须考虑这一原则”①。各年草案都规定，社会救助的原则包括：保障基本生活；与经济社会发展相适应；与其他社会保障制度相衔接；公正、公平、公开。在此基础上，2008年增加鼓励劳动自救和及时原则，2009年草案又增加社会互助原则。笔者认为，草案对社会救助原则的规定比较详细，但是，社会救助作为一种行政管理行为，必然遵循行政行为所必需的公平、公开、公正，依法行政、合理行政等基本原则。同时，社会救助又有其特殊性，社会救助基本原则应当体现社会救助“之所以是社会救助而不是其他社会保障制度”的特性。

3. 社会救助资金规定有遗漏

2006年和2007年的草案均以专章规定社会救助资金，具体包括财政投入和社会捐赠资金；2006年草案还规定了社会救助的工作经费，2007年草案规定社会救助基金；2008年和2009年草案则在总则中设1条规定社会救助资金，如2009年草案规定，“社会救助所需资金，由地方各级人民政府列入财政预算，专项管理，专款专用；对财政困难地区以及发生特大自然灾害和重大突发公共卫生事件的地区，中央财政按规定给予补助”。显然，草案对社会救助资金的规定有明显的遗漏，救助基金、社会捐赠资金等没有规定。而在实践中，除医疗救助基金、法律援助基金等外，尚有许多专门基金组织设立社会救助基金，《社会救助法》对此应予以规范。

4. 临时救助事由不确切

2006年草案规定，国家实行急难救助制度，对因遭遇自然灾害及其他突发事件导致基本生活难以维持的家庭或个人给予应急救助。2007年至2009年草案均以专章规定临时救助，以之取代了急难救助。2007年草案规定，国家对遭遇突发性困难的低收入家庭实施临时救助，县级以上地方人民政府应建立临时救助基金。2008年规定，对因交通事故等意外事件或者其他特殊原因，导致基本生活暂时出现较大困难的家庭，由县级以上地方人民政府民政部门给予资金、物资、服务等临时救助。2009年草案规定，国家建立健全临时救

① ［美］罗纳德·德沃金：《认真对待权利》，信春鹰、吴玉章译，北京，中国大百科全书出版社，1998。

助制度，对基本生活出现临时性重大困难的低收入家庭，由县级人民政府民政部门给予物质救助。各草案对临时救助事由的规定大体相同，但问题在于，临时性重大困难（突发性困难）用语模糊，具体的含义和界限不清。

5. 基本生活救助规定重复

最低生活保障和“五保”供养在2006年草案中分别以1条规定；2007年分别设“居民最低生活保障救助”、“三无人员供养救助”两章；2008年草案规定“居民最低生活保障”一章，在“附则”中以1条规定“五保”供养；2009年草案则是分别设立“贫困孤残供养”和“最低生活保障”两章，并在“总则”中明确规定，社会救助以贫困孤残供养和最低生活保障为基本内容。笔者认为，农村“五保”对象和城市“三无”人员（无劳动能力、无生活来源又无法定扶养义务人，或其法定扶养义务人无扶养能力）是最困难的群体，将农村“五保”供养和城市“三无”人员供养合并规定为贫困孤残供养，对于推进社会救助制度的城乡统筹协调发展、维护城乡“三无”人员的合法权益具有积极的作用。但是，贫困孤残供养和最低生活保障均重在生活救助，且二者的申办程序基本相同，可合并之，统称为基本生活救助，以不同条文规定即可。

6. 法律救助缺失

2006年草案规定，国家实行法律救助制度，对在诉讼和非诉讼过程中无力负担相关费用、影响基本生活的家庭或个人给予司法救助和法律援助。2007年草案规定，低收入家庭成员需要获得法律援助的，可以通过当地法律援助机构获得法律咨询、代理、刑事辩护等法律无偿服务；向人民法院提起民事、行政诉讼的，受理案件的人民法院应当实行诉讼费用的缓交、减交、免交等司法救助。2008年草案规定，对符合专项救助标准的家庭的法律援助和司法救助，按照国家有关规定执行。2009年草案没有规定法律救助。笔者认为，法律救助是困难群众“最后的武器”，目的在于帮助他们定纷止争，主张和维护其合法权益。《社会救助法》应当明确规定法律救助制度。

(二)《社会救助法（草案)》的重大缺失

4个版本的《社会救助法（草案)》的最大缺陷在于没有对社会救助制度的一些基础性、技术性，直接影响到社会救助规范管理和可持续发展的制度，如贫困的界定、家庭收入调查、救助给付标准等进行规范——这也是当前社会救助工作中普遍反映和要求解决的问题。如果《社会救助法》不能有效解决这些问题，那么，从某种意义上说，《社会救助法》是不成功的。

1. 贫困界定不清晰

贫困是指公民由于事实因素（如疾病、残疾、缺乏劳动力、不可抗力、自然环境恶劣等）或社会制度（如城乡二元结构、社会保障制度缺失等）的原因，处于对社会性资源占有的不利地位，导致不能维持其最低生活水平，影响自身发展能力，甚至危及其生存的一种社会状态。目前，测量贫困的相关概念有绝对贫困线、生存贫困线、发展贫困线①、最低生活保障标准等，因各自的标准不同，计算的贫困人口规模也不相同，导致中国的贫困人口重复计算或分散计算。中国的贫困标准应该是多少？全国有多少贫困人口？目前尚无有效的、令人信服的答案。毋庸置疑，最低生活保障对象属于贫困人口的范畴，而最低生活保障标准不仅考虑了救助对象的食品支出，还考虑了他们的穿、住、用等生活消费支出，反映了救助对象的基本生活需要，一般由县级以上人民政府制定。因此，笔者建议，应当将最低生活保障标准列为界定贫困的主要指标，即公民不能维持最低生活水平即为贫困，各地的最低生活保障标准即为当地的贫困线。

2. 家庭收入调查制度不完善

在国际上，社会救助普遍被称为家计调查或收入调查（Means Testing or Income Assessment）型转移支付制度。家庭收入调查是社会救助的核心内容之一，也是确定救助对象获得救助待遇的主要依据。如果家庭收入调查全面、准确，就能对申请人是否符合救助条件作出准确判断和决定，从而确保较高的救助瞄准率；反之，家庭收入调查不全面或不准确，符合条件的申请人可能得不到救助，或者不符合条件的申请人获得救助，则社会救助制度瞄准机制的准确率大大降低。当前，家庭收入调查难是社会救助工作中普遍存在的“老大难”问题，考虑到我国城乡居民收入的隐蔽性、复杂性，笔者认为，家庭收入调查应当有法可依，建议对家庭收入计算范围、不列入家庭收入计算范围的收入、家庭人口计算范围、不列入家庭人口计算范围、劳动能力界定等作出详细规定。

3. 救助给付标准不明确

社会救助作为“最后一道安全网”，其基本的目的在于帮助救助对象渡过急难时期，回归到能够自我救助的状态。② 救助给付标准过低，不利于维持救

---

① 各种贫困的含义如下：绝对贫困又叫生存贫困，是指在一定的社会生产方式和生活方式下，个人和家庭依靠其劳动所得和其他合法收入不能维持其基本的生存需要，这样的个人或家庭就称之为贫困人口或贫困户。相对贫困是指与社会平均水平相比其收入水平少到一定程度时维持的那种生活状况，通常是把人口的一定比例确定生活在相对的贫困之中。发展贫困线是在生存贫困线之上的一条收入线或消费支出线，它不仅包括了维持基本生存水平所需要的收入，也包括了社会平均水平的教育、医疗保障所需要的支付能力。参见中国发展研究基金会：《在发展中消除贫困》，北京，中国发展出版社，2007。

② 参见林莉红、孔繁华：《社会救助法研究》，北京，法律出版社，2008。

助对象的基本生活，无法帮助他们渡过难关；给付标准过高，则导致福利依赖，出现“养懒汉”等现象，不利于促进救助对象就业，产生新的不公平情势。在很多地方，专项救助、节日慰问、结对帮扶等都专门指向低保对象，使他们获得了很高的福利待遇，与未纳入低保范围的困难群众形成鲜明对比，有人将此形容为“两重天”：前者是“阳光普照”，后者是“抬头不见天”。为避免此类现象，笔者建议对救助的给付标准进行限制。

4. 申请人和救助对象的权利、义务不规范

获得社会救助是公民的基本权利。早在两百多年前，著名思想家潘恩就指出，社会救济“不是施舍而是权利，不是慷慨而是正义”[①]。近代宪政理论也认为，社会救助是专属救助对象的“新财产”（new property)[②]。然而，社会救助对象多为低收入人群，在经济地位上处于社会底层，主张和维护他们的基本权利的能力和手段也相对处于弱势。目前，天津、重庆出台的地方性法规和地方政府规章分别规定了救助对象的权利、义务。[③] 因此，笔者建议明确规定申请人、救助对象的权利和义务。

二、《社会救助法》的架构及法律规则选择

《社会救助法》是社会救助的基本法，是救助对象的权利保障法，是救助机构的权力控制法，是社会救助监管的程序规则法。“尽管法律不能穷尽一切，但是尽可能地去穷尽一切是立法应有的追求”[④]。考虑到各地的立法实践，借鉴日本和我国台湾地区等的社会救助“立法”，笔者建议对 2009 年草案作进一步的修改和完善，即修改“总则”的部分内容，将贫困孤残供养与最低生活保障合并为一章，将社会救助资金独立为一章，将临时救助修改为急难

---

① 潘恩曾在其代表作《人权论》中提出一项社会改革方案，主要内容是：第一，彻底废除济贫税，对穷人实行免税；第二，为 25 万贫困家庭提供赡养金；第三，给每个儿童每年 10 先令补助，供为期 6 年的每年上学费用，让儿童的父母能送他们上学，使 103 万儿童受到教育；第四，为 14 万老年人提供过舒适生活的赡养金；第五，给 5 万婴儿每人赠送 20 先令；第六，给 2 万对新婚夫妇每对赠送 20 先令；第七，拨 2 万镑作为外出谋生、在远离亲友的地方死去的人的安葬费；第八，为伦敦和威斯敏斯特等大城市无业游民随时提供就业机会。参见龚向和：《作为人权的社会权》，北京，人民出版社，2007。

② “新财产包括社会福利和公共职业等政府馈赠”。张千帆：《宪法学导轮——原理与应用》，2 版，北京，法律出版社，2008。

③ 《天津市最低生活保障办法》（2001 年）第 11 条规定，保障对象应履行下列义务……《重庆市城乡居民最低生活保障条例》（2008 年）第三章为“保障对象及其权利义务”。

④ 黎四奇：《对中国浪漫式立法实践的批判与反思——兼析应有的立法观》，载《法理学·法史学》（中国人民大学报刊复印资料），2008 (8)。

救助，新增最低生活水平及标准、法律救助、申请人和救助对象的权利与义务、救助资金筹集与监管 4 章。修改后的《社会救助法》共 14 章，依次为：总则、最低生活水平及标准、基本生活救助、自然灾害救助、医疗救助、教育救助、住房救助、急难救助、法律救助、权利和义务、救助资金筹集与监管、监督检查、法律责任、附则。具体的法律规则建议如下①：

（一）明确社会救助的含义

建议将“总则”中有关社会救助的含义修改为：本法所称社会救助，是指国家和社会对依靠自身努力难以维持最低生活水平的公民给予的物质帮助和服务。社会救助以基本生活救助为主要内容，并包括教育救助、医疗救助、住房救助、自然灾害救助、急难救助、法律救助，以及国家确定的其他救助。

（二）完善社会救助原则

考虑到社会救助的特殊性，建议将社会救助的基本原则修改为：

“第＊条（救助原则）

社会救助遵循下列原则：

（一）保障最低生活水平；

（二）坚持属地管理、分类救助；

（三）鼓励劳动自救、社会互助；

（四）以家庭为单位。”

（三）在总则中明确界定社会救助申请人和救助对象

考虑到草案已经明确规定了申请人和救助对象的法律责任，以及申请人和救助对象在社会救助过程中享有不同的权利，履行不同的义务，建议“总则”中专设一条，明确界定申请人和救助对象：

“第＊条（申请人和救助对象）

本法所称申请人为已向户籍所在地的乡、镇人民政府或者城市街道办事处、受委托的村民委员会或居民委员会提交社会救助书面申请，但尚未获批准享受社会救助的公民。

本法所称救助对象为已获准享受社会救助的公民。”

（四）明确规定社会救助给付标准和限额

给付标准即救助对象的实际获益水平，是承接救助对象合法权益和国家

① 本部分中“申请人及救助对象”、“社会救助给付标准和限额”、“最低生活标准”、“急难救助”、“权利和义务”等内容曾在“社会救助法研讨会”（北京，2008 年）上公开，并被收入《中国社会保障研究》2009 年第 1 期［张秀兰、朱勋克《对〈中华人民共和国社会救助法（征求意见稿）〉的修改建议》］。考虑到对社会救助法草案修改意见的完整性和一致性，本文收录上述内容并对其进行进一步的修改和完善。

责任之间的桥梁，也是检验社会救助功能和效果的最主要的指标。同时，考虑到社会救助的基本目标是保障救助对象的“最低生活”，对其给付水平应有必要的限制。因此，建议草案在“总则”中明确规定社会救助的给付标准和限额：

“第＊条（给付标准和限额）

社会救助给付标准根据当地的最低生活保障标准和救助对象的人均家庭收入确定。

社会救助以现金给付为原则，也可发放实物券或给付实物。

救助对象每人每月所领救助金或实物折价的总和，不得超过当地规定的最低工资标准。”

（五）对救助权利的行使进行限制

社会救助对象所获现金、物资或服务为其基本生活所需，不可或缺，也不可改作他用，否则，救助对象将生计难为而陷入贫困。因此，草案应当对救助对象行使其权利进行限制。建议在“总则”中增加一条，予以专门规定：

“第＊条（救助权利限制）

低收入家庭依本法所享有的领取各项救助现金、物资或获得服务的权利，不得扣押、让与或提供担保。”

（六）设“最低生活水平及标准”一章

“最低生活”是社会救助的核心要义，如何有效测量最低生活则是《社会救助法》最重要的议题。从实践中来看，有效甄别救助对象资格条件，确定救助对象受益水平，主要依靠两个指标：当地的最低生活保障标准和家庭收入调查。因此，应当设立专章，界定最低生活保障标准，规定家庭收入调查的相关细节：

“第二章　最低生活水平及标准

第＊条（最低生活保障标准）

本法所称最低生活水平是指能够维持公民健康和基本尊严的生活水平。

最低生活保障标准由维持公民最低生活水平所必需的食品、衣物、住房费用，并适当考虑水、电、燃煤（燃气）费用以及未成年人的义务教育费等构成。

最低生活保障标准由县级或县级以上人民政府参照当地最近一年年平均每人消费支出的适当比例确定，并报省级主管机关备案。

第＊条（低收入家庭）

本法所称低收入家庭，指经户籍所在地县级人民政府民政部门审核认定，家庭月人均收入低于当地最低生活保障标准，且家庭财产总额未超过省级主管机关公告的一定金额的家庭。

第＊条（家庭收入计算范围）

本法所称家庭收入计算范围包括：

（一）工资、薪金和劳务报酬；

（二）从事生产、经营、转包、转租及有偿服务活动所得收入；

（三）从事种植业、养殖业、捕捞业生产所得收入；

（四）利息、股息、红利；

（五）财产租赁、转让所得收入；

（六）赡养费、扶养费、抚养费；

（七）离退休金、失业保险金及各类养老保险金；

（八）人身伤害赔偿中的生活补助；

（九）继承性所得、赠与所得；

（十）省、自治区、直辖市规定的其他收入。

第＊条（不列入家庭收入计算范围的收入）

下列财产或费用不列入家庭收入计算范围：

（一）优待、抚恤金；

（二）因工作、学习优秀而获得的非报酬性奖励；

（三）因劳动合同终止（包括解除），职工所获得的经济补偿金、生活补助费或一次性安置费；

（四）计划生育奖励扶助金、助学金；

（五）人身伤害赔偿中生活补助费以外的部分；

（六）由单位统一扣缴的社会保险费、住房公积金及个人自行缴纳的社会保险费；

（七）用于疾病治疗、住房修缮、学业开支等的社会救助金；

（八）省、自治区、直辖市规定的其他不应计入家庭收入范围的收入。

第＊条（家庭人口计算范围）

本法所称家庭成员是指同一户籍内且共同生活的下列人员：

（一）申请人；

（二）申请人的配偶；

（三）申请人的直系血亲；

（四）兄弟姐妹；

（五）其他具有扶养事实的人员。

第＊条（不列入家庭人口计算范围）

下列人员不列入家庭成员计算范围：

（一）非同一户籍的直系血亲或兄弟姐妹；

（二）正在服兵役的；

（三）入狱服刑，或正在羁押可能被判处两年以上有期徒刑的；

（四）宣告死亡的；

（五）宣告失踪一年以上的。

第＊条（劳动能力）

本法所称有劳动能力，指公民十六岁以上，未满六十岁，且无下列情形之一：

（一）中度以上残疾而不能工作的；

（二）在中学、中等职业技术学校、高等职业技术学院、高等院校或具有招生资格的研究机构脱产就读的；

（三）罹患严重伤、病，须经三个月以上的治疗或疗养的；

（四）独自照顾生活不能自理且共同生活的家庭成员的；

（五）怀胎六个月以上至分娩后二个月内的妇女；

（六）法律、法规规定的其他情形。”

（七）将贫困孤残供养和最低生活保障合并为一章

将草案的“贫困孤残供养”和“最低生活保障”两章合并为“基本生活救助”一章，并作为法案的第三章。具体调整如下：

“第三章　基本生活救助

第＊条（贫困孤残供养对象）

低收入家庭中无劳动能力、无生活来源又无法定扶养义务人，或其法定扶养义务人无扶养能力的老年人、残疾人和未成年人，可申请供养救助。

申请农村五保供养的，按照《农村五保供养工作条例》执行。

第＊条（贫困孤残供养标准）

供养救助标准，由县级以上地方人民政府参考本地居民平均生活消费水平制定，在本行政区域内公布执行。供养救助标准由县级或者设区的市级人民政府制定的，在公布执行前应当报所在的省、自治区、直辖市人民政府备案。

供养救助的内容在城市、农村可以因地制宜，但是供养救助标准不得低于当地居民的平均生活水平，并应当根据当地居民平均生活水平的变化适时调整。

第＊条（贫困孤残供养形式）

供养救助对象可以在当地的供养服务机构集中供养，也可以在家分散供养。供养救助对象可以自行选择供养方式。

国家兴办敬老院、福利院等供养服务机构，或者向社会组织购买服务，为集中供养的贫困孤残人员提供生活照料和物质帮助。

对分散供养的贫困孤残人员，县级人民政府民政部门除按规定的标准提供供养救助费用外，还可以通过购买服务的方式委托村民委员会、居民委员会或者其他社会组织提供生活照料等方面的供养服务。

第＊条（最低生活保障）

低收入家庭成员可申请最低生活保障。

获准享受最低生活保障的低收入家庭成员为最低生活保障对象。

最低生活保障对象中的老年人、残疾人、未成年人和重病患者等特殊人员，可以适当增发最低生活保障金。增发标准由省、自治区或直辖市规定。

第＊条（就业支持）

县级人民政府人力资源社会保障等有关部门应当为最低生活保障对象中有劳动能力的成员提供就业指导、职业介绍、技能培训等方面的服务，并通过扶持个体经营、鼓励企业吸纳就业、实行公益性岗位安置等方式促进其就业。

最低生活保障对象中有劳动能力尚未就业的，应当接受当地人民政府人力资源社会保障部门介绍的工作，无正当理由连续三次拒绝所介绍的工作的，应当停发或者减发其本人的最低生活保障待遇。积极就业而使家庭收入增加，不再符合最低生活保障条件的家庭，可适当享受一定期限的最低生活保障待遇，享受的标准和期限由省、自治区或直辖市规定。

第＊条（资助参加社会保险）

县级人民政府民政部门应当资助低收入家庭成员参加基本养老保险或新型农村养老保险，或其他社会保险。资助标准由省、自治区或直辖市规定。

第＊条（申请审批程序）

申请基本生活救助，由户主向户籍所在地的乡、镇人民政府或者城市街道办事处，或者受委托的村民委员会、居民委员会提出，经审核后，报县级人民政府民政部门批准。

县级人民政府民政部门可以通过信息查证、入户调查、邻里访问以及信函索证等方式对申请人的家庭成员、家庭收入、财产状况和实际生活水平进行调查核实。申请人以及有关单位、组织或个人应当配合调查，如实提供相关信息。

第＊条（基本生活救助终止）

低收入家庭成员经济条件、生活状况发生变化，不符合本法规定的基本生活救助情形的，供养服务机构、提供供养服务的村民委员会、居民委员会或者其他社会组织应当报告乡、镇人民政府或者城市街道办事处，情况核实后，由县级人民政府民政部门依法终止基本生活救助。”

（八）将“临时救助”章改为“急难救助”章

草案关于临时救助的规定不尽详细，可操作性差。建议改为急难救助，明确规定以下内容：

“第＊章　急难救助

第＊条（丧葬救助）

公民具有下列情形之一，国家协助予以办理死亡鉴定、遗体火化、葬埋等事项：

（一）家庭成员死亡而无力殓葬的；

（二）公民死亡而无遗属与遗产的；

（三）公民死亡而无抚养人、扶养人、赡养人，且其遗产不足以支付丧葬费用的。

第＊条（流浪乞讨救助）

公民具有下列情形之一的，国家依其申请给予流浪乞讨救助：

（一）流落异地，缺乏车资返乡的；

（二）生活无着流浪乞讨的。

流浪救助的内容为：

（一）临时收容；

（二）劝返回乡。

流浪乞讨救助的具体办法由国务院规定。

第＊条（临时救助）

公民具有下列情形之一的，国家给予临时救助：

（一）家庭成员遭受意外伤害或死亡，导致基本生活暂时出现较大困难的；

（二）家庭主要劳动力罹患重病、失业、失踪、入狱服刑、财产遭强制执行或冻结、因经济性因素有自杀之虞，以及其他原因，导致基本生活暂时出现较大困难的。

临时救助的标准和内容，由省、自治区、直辖市规定。”

（九）增加“法律救助”一章

法律救助是社会救助的重要组成部分。目前，国家出台了《法律援助条例》和《诉讼费用交纳办法》。建议草案专设“法律救助”一章，具体内容如下：

“第＊章　法律救助

第＊条（法律救助对象）

公民有下列情形之一的，可申请法救助：

（一）符合本法规定的低收入家庭；

（二）符合《法律援助条例》规定条件的；

（三）符合《诉讼费用交纳办法》规定条件的。

第*条（法律救助内容）

法律救助的内容包括：

（一）法律咨询；

（二）法律文书撰写；

（三）缓交、减交或者免交诉讼费用；

（四）诉讼或仲裁的代理或辩护；

（五）其他法律服务；

第*条（法律救助的实施）

法律救助的实施，按照《法律援助条例》、《诉讼费用交纳办法》的规定执行。

第*条（法律救助的终止）

有下列情形之一，可终止法律救助：

（一）当事人因继承、赠与或其他原因，已不符合救助条件的；

（二）获准法律救助后死亡的；

（三）因情事变更或请求救助的标的毁损、灭失，无继续救助的必要的；

（四）无正当理由不配合执行法律救助要求，致使法律救助无法进行的；

（五）其他原因致使无法律救助的必要的。”

（十）设定申请人和救助对象的权利和义务

申请人和救助对象具有不同的法律地位，在社会救助过程中享有不同的权利，履行不同的义务。建议《社会救助法》专设“权利和义务”一章，具体内容如下：

“第*章　权利和义务

第*条（申请人的权利）

申请人享有下列权利：

（一）向主管机关咨询社会救助制度内容和办理程序；

（二）对主管机关作出的决定提出申辩；

（三）对主管机关的管理工作提出批评和建议；

（四）法律、法规规定的其他权利。

第*条（救助对象的权利）

救助对象享有下列权利：

（一）知晓救助政策及所获待遇；

(二) 对救助资金或物资具有所有权;

(三) 申请放弃社会救助待遇;

(四) 对主管机关或救助机构变更、中止或终止救助内容的,提出申辩;

(五) 对主管机关的救助工作提出批评和建议;

(六) 法律、法规规定的其他权利。

第＊条 (申请人的义务)

申请人应当履行下列义务:

(一) 如实提供真实证明材料;

(二) 告诉义务;

(三) 接受家庭收入调查;

(四) 法律、法规规定的其他义务。

第＊条 (救助对象的义务)

救助对象应当履行下列义务:

(一) 不得将享受救助的权利转让给他人;

(二) 坚持节俭和自立原则,努力提高生活水平;

(三) 家庭收入或支出,以及家庭成员、居住地等发生变化时,必须及时如实告知当地主管机关;

(四) 遵守主管机关和救助机构的管理制度;

(五) 返还所获得的不当救助资金或物资;

(六) 法律、法规规定的其他义务。"

(十一) 进一步完善救助资金筹集与监管制度

救助资金是社会救助制度有效运行的物质保障,也是救助对象获益的前提,明确规定社会救助资金的筹集是各国法律普遍做法。"对于权利保障而言,资源投入和财政支出往往比权利意识和法治观念更加迫切。"[①] 因此,建议草案专设"救助资金筹集与监管"一章,具体内容如下:

"第＊章　救助资金筹集与监管

第＊条 (社会救助预算)

社会救助所需资金,由地方各级人民政府列入财政预算,专项管理,专款专用。

中央财政对财政困难地区的社会救助工作给予适当补助。

社会救助工作经费,由各级人民政府财政部门根据实际需要列支,确保救助工作正常开展。

---

① 桑本谦:《反思中国法学界的"权利话语"》,载《法理学·法史学》(中国人民大学报刊复印资料),2008 (10)。

第 * 条（社会救助基金）

各级人民政府根据需要建立社会救助专项基金，实行专户储存，专款专用。

社会救助专项基金管理办法，按照国家有关规定执行。

各级人民政府鼓励社会组织建立社会救助公益基金，开展社会救助活动。

第 * 条（定期联合劝募）

鼓励公民、法人和其他组织为社会救助提供捐赠、资助。

主管机关可定期联合各界举行劝募社会救助金。具体办法由国务院主管机关制定。

第 * 条（救助资金监管）

社会救助资金的管理使用应当接受财政、审计、监察及其他有关部门的监督，确保资金使用合法、公开。

主管机关应当将社会救助资金的支付情况定期向社会公布。”

企业年金法律制度研究*

范 围**

一、企业年金概述

(一) 企业年金的概念

企业年金是指在政府强制实施的基本养老保险制度之外，在国家政策的指导下，企业根据自身经济实力和经济状况建立的旨在为本企业职工提供一定程度退休收入保障的制度。① 企业年金是养老保险的第二支柱，是整个社会保障体系的重要组成部分。然而，由于各国制度的差异，企业年金的称谓及其内涵也不尽相同，如欧盟国家，多称补充养老金计划或职业年金计划，而美国则称私人养老金计划。但严格说来，美国的私人养老金实际上包括个人养老金和职业养老金；欧洲职业年金实际上还包括公务员退休金。因此，企业年金概念的外延比职业养老金和私人养老金要狭窄。②

(二) 企业年金的理论基础

1. 企业年金的经济学基础

对于企业年金设立的理论基础，经济学家提出了诸多观点，其中较为有代表性的观点有以下几种：

(1) 雇主恩赐理论

雇主恩赐理论认为，企业年金是雇主对于长期忠诚服务员工的一种酬劳，是一种恩惠性给付。一方面，雇主对于企业年金享有较大的自主权和处分权；另一方面，雇员所获得年金数额与服务期限的长短具有密切联系。因此，基于雇主恩赐理论，雇主建立企业年金的目的通常是控制员工，提高员工的生产效率，而雇员并不享有相应的权利。

---

* 本文是教育部人文社会科学重点研究基地重大项目“社会保障立法研究”（项目批准号：05JJD820008）的阶段性研究成果。

** 范围，首都经济贸易大学劳动经济学院讲师，法学博士。

① 参见邓人松、刘吕平：《中国企业年金制度研究》，3页，北京，人民东方出版社，2004。

② 参见高战胜：《企业年金法律制度研究》，中国政法大学2005年博士学位论文，6页。

（2）人力折旧理论

人力折旧理论认为随着劳动者年龄的增长，劳动力的再生产率逐步下降，如同厂房、机器等的折旧，因此，当员工达到退休年龄后，雇主应该提供相应的折旧补偿。“在政府计划不够的情况下，所有产业部门都有义务为工人提供医疗等福利以及老年退休的折旧，就像目前为厂房和机器所作的那样以维持人力。”[①] 然而，劳动者所提供的劳动力并非能够完全物化，等同于工厂、机器等，其具有人身属性，且劳动力的价值与经验积累、教育等密切相关，因此，人力资本折旧与固定资产的折旧不同。

（3）延期工资理论

延期工资理论是由阿伯特·德·拉得（Albert de Roode）在1913年提出的，“把企业年金作为工人的真实工资的一部分更好理解……作为真实工资一部分的企业年金制度实际上是由雇员来支付的，也许不是以货币的方式，而是以放弃若不建立企业年金本来可获得的增加的工资”[②]。因此，无论是货币工资还是退休金延期给付的工资，均为雇主雇佣劳动力的要素成本。雇主可以根据生产经营的需要对即期的工资给付和延期工资给付比例进行调整。延期工资的概念比较符合雇主经营、管理上的需要，又能对劳动所得进行雇员生命周期时间上的再分配。

（4）生命周期理论

生命周期理论是从储蓄和消费的角度来分析企业年金的，其认为，消费者的收入呈抛物线状，即青年及老年时期收入较低，壮年时期最高，并且消费者偏好呈现刚性，因此，消费者在作长期储蓄与消费决定时，通常会将其终身所得适当分配到每一时期，使其终身总效用最大。因此，理性的消费者，会在其生命的不同时期合理地协调其收入与消费。

2. 企业年金的法学基础

从法学的视角来看，作为养老保险体系的第二支柱的企业年金，其理论基础包括以下两点：

（1）国家基于生存权对公民负有的保护、照顾义务

“所谓生存权，就是人为了像人那样生活的权利。所谓像人那样生活，就是说人不能像奴隶和牲畜那样生活，是保全作为人的尊严而生活的权利。”[③]

---

① ［美］埃佛里特·T·艾伦等：《退休金计划》，8版，杨燕绥等译，16～20页，北京，经济科学出版社，2003。

② 转引自范海东：《我国企业年金制度研究》，厦门大学2007年博士学位论文，21页。

③ ［日］三浦隆：《实践宪法学》，李力、白云海译，158页，北京，中国人民公安大学出版社，2002。

而生存权作为基本人权包括了社会保障权、劳动权以及受教育权等，而国家对于公民生存权的保障体现在以下两个方面：一方面，防止或除去国家对个人生存的危害，此乃生存权的自由权本质；另一方面，应该采取积极措施改善各种与生存相关的条件与环境，确保国民的生存权得以落实和不断发展。因此，从根本上而言，企业年金制度的建立是国家对于公民生存权的积极保障的具体体现，是国家基于生存权而对公民负有的保护、照顾义务的履行。

(2) 雇主基于劳动关系对雇员负有的保护、照顾义务

自用工之日起，劳动者与雇主之间建立劳动关系，双方各自享有相应的权利，承担相应的义务。在劳动关系履行过程中，用人单位除了承担劳动报酬的给付义务外，还对劳动者负有相应的保护、照顾义务，通常而言，雇主对劳动者承担的保护、照顾义务应该仅限于劳动关系存续期间，而不覆盖劳动关系的终止、解除之后的期限。然而，由于工业时代社会结构的改变，劳动者面临老年的生存风险，而雇主则在劳动关系履行过程中享受了劳动者所创造的剩余价值，当劳动者因为年老退休时，雇主不得置之不顾，因此，法律要求雇主为员工办理养老保险，包括建立企业年金，而这可以视为雇主保护、照顾义务的扩张。

二、我国企业年金制度存在的问题及原因

(一) 我国企业年金制度存在的问题

我国的企业年金制度自 20 世纪 90 年代至今已经过了二十多年的发展，尽管制度框架初步形成、年金基金积累逐年提高，但是相比较而言，我国的企业年金制度仍然存在诸多的问题：

1. 企业年金的覆盖面相对狭窄

我国参加企业年金的职工人数占企业职工总数的比例只有 15%，在世界上 167 个实行养老保险制度的国家中，有 1/3 以上国家的企业年金覆盖了约三分之一的劳动人口，丹麦、法国、瑞士的企业年金覆盖率几乎达到 100%，英国、美国、加拿大等国在 50%左右。[①]《2009 年度人力资源和社会保障事业发展统计公报》的统计数据显示，截至 2009 年年末，参加企业基本养老保险人数为 21 567 万人，而参加企业年金职工人数为 1 179 万人。[②] 企业年金作为

① 参见范海东：《我国企业年金制度研究》，厦门大学 2007 年博士学位论文，30 页。

② 参见人力资源和社会保障部：《2009 年度人力资源和社会保障事业发展统计公报》，载中华人民共和国政府网，http：//www.gov.cn/gzdt/2010—05/21/content _ 1611039.htm，访问时间：2010-08-30。

社会保障的第二支柱，其参保人数仅为参加基本养老保险人数的5.5%。因此，无论是与国外企业年金的覆盖面相比，还是跟我国基本养老保险的参保情况相比，我国企业年金的覆盖面太窄，难以真正发挥养老保障的第二支柱的作用。

2. 企业年金基金积累不断增加，但规模仍然有限

截至2009年年末，全国参保人数达到1 179万人，积累基金2 533亿元，其中最近4年时间就新增了1 853亿元。然而，国家统计局《关于2009年年度国内生产总值（GDP）数据修订的公告》称，2009年国内生产总值现价总量为340 507亿元，因此，企业年金基金所积累的资金占GDP的比重约为7.4%，而美国2005年就达到98.9%，英国为66.2%，加拿大为50%。在荷兰、冰岛、瑞典等实行准强制性的国家，企业年金资产远远超过GDP。[①]

3. 企业年金替代率低，难以发挥补充基本养老保险的作用

"在OECD国家，企业年金的目标替代率一般达到20%～30%。经验数据显示，一国养老保险体系中'三个支柱'的替代率较为合理的比例是4∶3∶2。但中国企业年金的替代率约为5%。"[②]

4. 投资渠道狭窄，影响基金的投资收益

《企业年金基金管理办法》第47、48条对企业年金基金财产的投资范围以及各项投资的比例都作出了明确的规定。企业年金基金财产限于境内投资，投资范围包括银行存款、国债、中央银行票据、债券回购、万能保险产品、投资连结保险产品、证券投资基金、股票，以及信用等级在投资级以上的金融债、企业（公司）债、可转换债（含分离交易可转换债）、短期融资券和中期票据等金融产品。投资银行活期存款、中央银行票据、债券回购等流动性产品以及货币市场基金的比例，不得低于投资组合企业年金基金财产净值的5%；清算备付金、证券清算款以及一级市场证券申购资金视为流动性资产；投资债券正回购的比例不得高于投资组合企业年金基金财产净值的40%。投资银行定期存款、协议存款、国债、金融债、企业（公司）债、短期融资券、中期票据、万能保险产品等固定收益类产品以及可转换债（含分离交易可转换债）、债券基金、投资连结保险产品（股票投资比例不高于30%）的比例，不得高于投资组合企业年金基金财产净值的95%。投资股票等权益类产品以及股票基金、混合基金、投资连结保险产品（股票投资比例高于或者等于30%）的比例，不得高于投资组合企业年金基金财产净值的30%。其中，企业年金基金不得直接投资于权证，但因投资股票、分离交易可转换债等投资

① 参见高战胜：《企业年金法律制度研究》，中国政法大学2005年博士学位论文，20页。

② 范海东：《我国企业年金制度研究》，厦门大学2007年博士学位论文，30页。

品种而衍生获得的权证，应当在权证上市交易之日起10个交易日内卖出。①

5. 企业年金制度发展不均衡，公平缺失

目前我国企业年金制度发展不均衡，在一定程度上公平缺失：一是企业年金制度在发达城市和中西部城市间发展不均衡，二是企业年金制度在大型垄断型企业和中小企业间发展不均衡。上海、广东、浙江、福建、山东、北京等经济发展较快的地区依然是企业年金发展较快的地区，仅上海一市，2002年年底就积累基金74亿元；在电力、石油、石化、民航、电信、铁道、银行等传统国有垄断性大型企、事业单位，年金规模依然明显高于其他行业。②三是部分企业的企业年金制度还存在高管、核心员工和普通员工之间发展不均衡现象，即企业仅针对高管和核心员工建立了企业年金制度，而未将普通员工纳入年金计划。

企业年金发展的行业、所有制、区域以及职位的不均衡，严重违背了其促进社会公平的制度初衷，“客观上扩大了行业间、企业间、城乡间的居民收入差距。在这种情况下，如果再给企业年金计划以比较高的税收优惠政策，则税收优惠的受益对象将主要是高收入的企业及其员工，这无疑是非常不公平的，与当前公共财政的导向与职能也不吻合”③。

(二) 我国企业年金制度存在问题的原因

1. 企业年金法律制度不完善

《社会保险法》中未有企业年金的相关规定，现行的企业年金的制度基础主要是《企业年金试行办法》、《企业年金基金管理办法》等，而相关制度不完善，存在以下问题：

第一，规范体系不完善。目前企业年金法律法制度主要以人力资源和社会保障部所颁布的部门规章以及相应的政策性文件为主，一是法律规范的层级不高，缺乏相应的效力；二是部分规章尚处于试行解决，已经远远落后于企业年金实践运行的需求；三是法律规范缺乏体系的完整性，目前仅有《企业年金试行办法》、《企业年金基金管理试行办法》等，而对于企业年金基金

① 人力资源和社会保障部、银监会、证监会、保监会等部门于2011年2月12日颁布了新修订的《企业年金基金管理办法》，而2004年2月23日发布的《企业年金基金管理试行办法》(劳动和社会保障部令第23号) 同时废止。比较而言，新修订的《企业年金基金管理办法》拓宽了企业年金基金的投资渠道，并且提高了相应品种的投资比例，如投资股票的比例由不高于基金净资产的20%提高至30%。

② 参见商业银行基金托管部“企业年金”课题组：《企业年金基金——正在浮出水面的大市场》，载《中国城乡金融报》，2003-10-14。

③ 朱俊生：《公平缺失、税收困境与企业年金发展预期》，载《中国保险报》，2008-04-30；魏素艳、姜杉：《我国企业年金税收优惠模式的探讨》，载《会计之友》，2009 (21)。

的监管等缺乏相应的法律规范。

第二，规范缺乏操作性。目前企业年金的运行是根据企业与工会或职工代表通过集体协商所确定的年金计划进行。整体而言，相关规范缺乏操作性，如未建立工会或者职代会的企业员工如何建立企业年金等。此外，相关规范缺乏配套制度，如《企业年金试行办法》第 22 条规定："因履行企业年金合同发生争议的，当事人可以依法提请仲裁或者诉讼；因订立或者履行企业年金方案发生争议的，按国家有关集体合同争议处理规定执行。"事实上，目前关于集体合同的争议处理，并未有较为完善的程序规范与之配套。

第三，规范存在制度空白或者不完善。与域外的企业年金法制相比较，目前《企业年金试行办法》中还存在部分的制度空白，包括：

A. 等待期制度。等待期是指雇主与雇员可以在年金计划中明确雇员在劳动关系建立多久后可以参加计划。等待期制度的目的主要是避免雇员在企业短期工作后离职，增加年金计划的管理负担。因此，年金计划可以限定雇员在工作一定时间后，才能参加计划。各国均规定了是否允许设定等待期的问题；如果允许设定等待期，法律也要限制等待期的最长时间。一般来说，等待期不超过 1 年，最长不超过 2 年。有些国家的法律甚至禁止等待期。如比利时规定，所有计划对于年龄大于 25 岁的职工，等待期是禁止的。[①]

B. 缴费最高额限制。由于需要自己缴费，一方面容易使得低收入雇员缺乏参加计划的动力；另一方面年金缴费可以享受相应的税收优惠，因此，年金计划往往容易吸引高收入雇员参加，因此，真正需要年金保障的普通雇员却难以享受相应制度保障。所以诸多国家对于企业年金的缴费往往设定了最高限额，如美国等。

C. 提前支取以及紧急情况下从基金中借贷规则。《企业年金试行办法》第 12 条规定，职工未达到国家规定的退休年龄的，不得从个人账户中提前提取资金；出境定居人员的企业年金个人账户资金，可根据本人要求一次性支付给本人。该规定仅规定出境定居可以提前支取，而未规定其他情形，亦未规定紧急情况下雇员可从个人账户中借贷，使得个人账户资金管理缺乏灵活性，雇员对个人账户资金缺乏可预期性，可能会打击雇员参与年金计划的积极性。

D. 既得受益权进度表（vesting schedule）。既得收益权是指雇员已经取得并能享受其利益的权利，既得收益权进度表则是指雇员何时对年金计划中雇主缴费部分享有完全的受益权。"美国企业年金计划发展初期，雇员对退休

① 参见《全球企业年金（2003）》，张树新等译，20 页，北京，中国劳动社会保障出版社，2004。

金计划获得既得受益权的条件是 5 年～10 年。近几年，美国政府才规定，雇员对退休金计划具有即时的既得受益权。目前，我国企业补充养老保险的很大一部分投保了企业年金保险。许多保险公司的企业年金合同规定，职工为企业工作 5 年～10 年才能真正获得未来领取养老金的权益。如果职工中途发生变故，未工作期满就不能获得既得收益权。但是，目前我国企业年金保险对于一些企业因破产、雇员工伤、死亡等其他原因造成的既得收益权的丧失规定的并不十分明确，有待进一步细化既得受益权的有关规定，保障职工的合法权益。”① 而既得受益权进度的长短对雇员的流动具有一定的影响，据美国布鲁金斯学院的几位经济学家就《雇员退休收入保障法》的执行及社会影响进行的一项调查表明，如果某一项退休金计划将其 10 年的既得受益权进度表改变成 15 年，雇员为某一雇主所工作的平均年限将从 6.48 年增长到 6.84 年。②

第四，制度规范缺乏灵活性。目前我国在筹资模式、企业年金的建立以及企业年金基金运营组织的形态方面都比较单一，仅规定了采取自愿型 DC 模式以及信托运营方式，使得企业和员工缺乏必要的选择空间。

2. 基本养老保险与企业年金之间缺乏协调

基本养老保险、企业年金以及个人储蓄构成完整的养老保障体系，相互之间应该分工协作，确保参保人在退休时能够获得充足的生存保障。然而，目前我国的基本养老保险与企业年金之间缺乏协作，基本养老保险的替代率过高。2005 年 12 月 3 日，国务院发布了《关于完善企业职工基本养老保险制度的决定》（国发［2005］38 号），确定养老保险的目标替代率为 59.2%，因此，导致企业以及员工对于企业年金的需求欲望不甚强烈。

3. 企业社保负担过重，导致企业年金建立的动力不足

“雇主负担大，供给不足。从市场供给的角度来看，企业保险的供给者是其发起人即雇主，但在目前社会保险的缴费中，雇主的负担已经很大，以北京为例，已达其工资支出总额的 31.9%，缴费空间已所剩无几，否则，势必要加剧雇主的成本，严重影响企业竞争力，‘杀鸡取卵’无异于扼杀社会基本经济细胞。”③

4. 资本市场不完善

年轻雇员自参加年金计划到其退休领取退休金时间较长，为了确保账户积累资金的保值增值，企业年金基金需要在安全性的基础上投资收益。因此，

① 刘均：《社会保障理论与实务》，169 页，北京，清华大学出版社，2005。

② 参见张祖平：《企业年金对人力资本的影响研究》，载《现代管理科学》，2004（12）。

③ 郑秉文：《我国企业年金发展掣肘何在》，载《中国证券报》，2004-01-13。

企业年金基金与资本市场之间可以相互促进。但是由于我国资本市场的不健全，无法确保年金基金的安全性，从而，限制了企业年金基金的投资范围。而近年来，诸多国家都不断地调整企业年金基金的投资范围及比例，提高企业年金基金在股市的投资比例，降低存款和债券的投资比例，如智利：在1981—1985年的5年间，智利几乎全部企业年金基金都投资于固定收入证券（政府债券、抵押债券、定期存款）。1990年，开始投资于股票，1994年开始投资于外国证券，1998年达到6%的比例。而存款比例从1981年的62%下降到1998年的14%。①

5. 税收优惠不合理

一是我国的税收优惠仅针对企业缴费，而员工缴费未享受税收优惠。国务院《关于完善城镇社会保障体系的试点方案》（国发［2000］42号）规定，“企业年金实行基金完全积累，采用个人账户管理，费用由企业和职工个人缴纳，企业缴费在工资总额4%以内的部分，可从成本中列支”。2009年6月2日，财政部、国家税务总局《关于补充养老保险费、补充医疗保险费有关企业所得税政策问题的通知》规定，自2008年1月1日起，企业根据国家有关政策规定，为在本企业任职或者受雇的全体员工支付的补充养老保险费、补充医疗保险费，分别在不超过职工工资总额5%标准内的部分，在计算应纳税所得额时准予扣除；超过的部分，不予扣除。因此，税收优惠仅针对企业缴费部分，而不包括员工缴费部分。

二是缺乏税收优惠的审查机制，使得企业年金成为大型企业以及高级员工的逃税手段，缺乏公平性。“企业年金的税收优惠政策相当于国家给予的税收补贴，由于高收入人群本身适用的边际税率很高，如果企业年金享有非常优惠的税收政策，则相当于国家给予高收入人群的税收补贴最多。相反，低收入人群本身适用的边际税率很低，甚至无须纳税，国家给予的税收补贴也就最少，甚至没有。”②

三是企业年金运行的征收、积累收益以及领取三个环节几乎重复征税。在企业年金积累收益环节，我国没有明确的税收优惠政策，因此除了国债利息收入外，其他均不能免税。对股票、投资基金等分红按20%征收资本利得税。而对年金领取环节，我国亦没有税收优惠政策，职工领取补充养老保险时须比照工资薪金所得计算并缴纳个人所得税。因此，我国的企业年金在税收制度方面近似于采取“TTT”模式，企业和员工建立企业年金计划的动力

① 参见范海东：《我国企业年金制度研究》，厦门大学2007年博士论文，18页。

② 朱俊生：《公平缺失、税收困境与企业年金发展预期》，载《中国保险报》，2008-04-30；魏素艳、姜杉：《我国企业年金税收优惠模式的探讨》，载《会计之友》，2009（21）。

不足，导致我国企业年金的覆盖率较低、基金规模有限。

6. 企业年金的监管不完善

企业年金基金涉及社会保险、银行、证券、基金、信托、保险不同的行业，年金的投资范围包括债券、基金、股票、保险等多种产品，因此，企业年金监管涉及多个部门，而目前监管的不完善主要体现为：一是企业年金监管的法律规范不完善。《企业年金基金管理办法》第 80 条规定：“受托人、账户管理人、托管人、投资管理人开展企业年金基金管理相关业务，应当接受人力资源社会保障行政部门的监管。法人受托机构、账户管理人、托管人和投资管理人的业务监管部门按照各自职责对其经营活动进行监督。”其中对于劳动保障行政主管部门的监管范围等未作明确规定，而且对于与其他相关的监管机构之间的沟通、协调也缺乏明确的规范基础。二是监管机构资源有限。“长期以来，我国企业年金监管人员数量太少，监管力量十分薄弱，监管负荷十分沉重，隐藏着较大的金融风险。最有可能的一种情形是，只有在企业年金市场出现一定的金融丑闻之后，监管资源不足的状况才有可能引起足够的关注。”①

三、世界主要国家企业年金制度的比较

(一) 美国的 401 (K) 计划

美国的企业补充养老保险可分为给付确定型（DB）计划和缴费确定型（DC）计划两大类。其中 DB 计划长期占据主导地位，但是由于 DB 计划的不可持续性，“养老金待遇担保公司”（PBGC）陷入巨亏，因此，近年来，DB 计划逐渐衰落，而以 401（K）计划为代表的 DC 计划迅速发展。401（K）计划因《国内税收法》中的 401 条第（K）项而得名，其是一系列退休计划的组成部分，该系列计划叫作固定分担额退休金计划。其他固定分担额退休金计划包括：利润分享计划、个人退休金账户（IRA）、小型企业雇员配款（Simple IRA）、简易雇员退休金（SEP）和货币购买计划。这些计划之所以称为固定分担额退休金计划，是因为分担额是由雇员（又称参与者）或雇主规定的。

1. 401（K）计划的缴费

401（K）计划建立个人账户，以雇员缴费为主，雇主则会提供雇员缴费的 25%～100%作为匹配缴费。雇员通常每月缴费最高为工资的 15%，雇主有权限制该金额，且该缴费为税前列支，因此，美国国税局每年都会设定全

① 王强：《企业年金基本问题研究》，载《中国社会保障》，2009 (6)。

年总缴款限额，如2002年雇员个人缴款限额为11 000美元。同样，雇主的缴费也受到美国国税局的限制，但是该金额并不包括在雇员缴费总额中。

雇主的缴费并不必然归属于雇员个人，其通常会负有期限限制，称为“权利归属时间表”，只有当期限经过时，雇员才能完全享有相应的雇主缴费。如雇主可以设定为期3年的权利归属时间表，规定雇员对其相应缴费的所有权每年增加1/3，3年期满后，才能享有完全的所有权。

2. 账户资金支取或转移

个人账户的资金领取必须符合以下条件：年满59.5岁；死亡或永久丧失工作能力；发生大于年收入7.5%的医疗费用；55岁以后离职、被解雇或提前退休。若提前取款，则不仅补缴相应的税款，还将被征收10%的罚款，但是允许借款和困难取款，但是借款时，雇员应该支付利息，且该利息也将存入个人账户。

当雇员工作变动时，对于其已积累的个人账户中的资金有以下几种处理方式：（1）转移到新的雇主的401（K）计划中或者个人的养老金账户中；（2）提前支取，但是需要支付相应的税款以及罚款；（3）继续保留在原雇主的计划中，但是需满足以下两个条件：一是个人账户中完全归雇员所有的资产总额不得低于5 000美元，二是雇员的年龄不能达到401（K）计划规定的正常退休年龄（通常为65岁）。

401（K）计划中限制雇员提前支取养老金，同样也督促符合条件的雇员即时支取账户资金。雇员在年满70.5岁时，必须开始从个人账户中取款，否则，将对应取款额征税50%，以刺激退休者当期消费，避免消费不足。

3. 个人账户资金的投资收益

401（K）计划的资产主要由员工个人自主选择投资方式，一般的401（K）计划可能会提供20种以上的投资方案，包括：股票共同基金、债券共同基金、稳定价值账户 、货币市场账户等。其中，货币市场账户和稳定价值账户通常由存款凭证和美国国债组成。它们非常安全，增值幅度小，但很稳定。而债券共同基金由投资于债券的资金汇集而成。债券简单来说就是公司或政府发行的借据，债券返还时支付利息，利息通常是购买金额的某一固定比例。当共同基金中的债券到期时，获得的收益将用于购买不同的债券组合。股票共同基金是众多公司股票的组合。“统计数据显示，在所有的401（K）计划中，有56%的比例将其中资金投资到美国股市，即有4.7万亿个人养老金投资于股票市场。”①

---

① 胡金华：《美国2万亿美元个人养老金蒸发401（K）计划告急》，载《华夏时报》，2008-11-01。

尽管个人账户资金的投资风险由雇员个人承担，但是雇员缺少投资的专业知识，因此，雇主应该提供相应的专业培训。

4. 401（K）的监管

401（K）计划的监管涉及各金融监管机构、国内税务局和劳工部。各金融监管机构的主要职责是对偿付能力、市场行为、公司治理、投资行为、信息披露等进行监管。国内税收局的主要职责是防止税收收入流失和税收待遇被滥用。劳动部的主要职责是：确认计划发起人、计划参与者、计划本身的合格性；严格贯彻落实“非歧视”原则；监督受托人履行职责。

（二）日本的企业年金

企业年金建立以前，日本企业多采取非基金式的一次性给付的退职金制度，到20世纪50年代，由于职工工资的增长、人口老龄化，退休金数额也不断扩大，使得诸多日本企业无法承受传统退职金一次性给付所导致的财政压力，因此，1961年4月开始施行《国民年金法》，1962年，日本政府修改了部分法人税法及所得税法，退休年金的优惠税制得到了完善，并创立了税制合格退休年金制度。至此，日本逐步由传统的退职金制度过渡到企业年金制度。

日本的企业年金主要有以下两类：（1）厚生年金基金。厚生年金基金计划建立于1966年，目的是让企业提供与退休者收入相关的收益，确保雇员退休收益高于政府提供的收入相关年金。厚生年金基金计划主要由那些雇员人数超过500人的雇主建立（单个企业至少要有500名雇员才能够建立厚生年金计划。联合企业拥有800名雇员也可以组织厚生年金基金计划。拥有3 000名参与者的多个企业联合计划发起人可以建立厚生年金计划）。这个计划允许部分地通过向政府年金体制缴费来获行协议转让，换取其承诺提供价值厚生年金保险收益的130%。历史上，厚生年金基金支付了3.2%～3.8%的工资来资助协议转让的厚生年金保险的资本组成。①（2）适格退职年金。适格退职年金于1962年导入企业，多由一般的中小企业实行，其资金的运用必须委托信托银行或社会保险公司进行。企业必须有15名以上雇员才能建立该种计划。尽管从理论上讲，雇员是可以向计划缴费的，但是绝大多数的适格计划是完全通过雇主供款来进行筹资的。② 此外，针对未建立退职金制度的企业、

---

① 参见刘云龙、傅安平：《企业年金——模式探索与国际比较》，258页，北京，中国金融出版社，2004。日本的厚生企业年金是为了避免公共年金的厚生年金和企业年金之间的重复，以及调整二者之间的关系而创设的，因此，又被称为“调整年金”。

② 参见毛慧红、戴维周：《日本企业年金制度及其对我国的启示》，载《日本研究》，2004（4）；吕学静：《日本企业年金的改革与启示》，载中国社会保险学会网站，http：//www.csia.cn/hknr/200807/t20080725_195794.htm，访问时间：2010-05-07。

中小企业以及小型企业的雇主和管理者，日本还分别建立了特定退职金共济制度、中小退职金共济制度以及小型企业共济制度。

厚生年金以及适格退职年金作为日本主要的年金类型，其区别在于：厚生年金基金代管着厚生年金（公共年金）的积累金，因而在税制上有较多的优惠；适格退职年金由于没有代管的部分，故必须交纳1%的法人税和0.173%～0.207%的地方居民税，且操作比较简单，运用比较灵活。二者的相同之处是两者都享受一定的税收优惠，企业员工缴纳的保险费可以作为损失金处理，不纳入税收范围。①

1. 覆盖范围

日本企业年金由各企业自主设立，属于企业福利的范畴，目的是供职工退休后作为养老之用。日本退休养老制度的成功很大程度上得益于第二支柱企业年金制度的有力支持。根据统计，约90%的日本私营企业实行了企业年金制度，大企业几乎全部实施了企业年金制度。据企业年金联合会统计，截至2007年11月，全日本有636个企业年金，共有484万名加入者。

2. 支付方式

日本的企业年金主要是作为基础年金的补充，数额多少视企业经济效益而定，主要采取三种方式给付：第一种是一次性连本带利给付；第二种是以年金方式给付，也就是逐年给付；第三种是混合给付方式，也就是既有一次性给付，也有年金式的给付。根据日本政府1989年的统计，约近半数的日本企业采取一次性给付，其中小企业多采取第一种方式，大企业多采取第三种方式。

3. 税收优惠

日本政府为了鼓励建立补充年金计划，往往在税收上给予一定程度的优惠，例如政府出台有关政策，规定企业可以在税前缴费、基金投资收入免税。这些税收优惠、倾斜政策，对企业年金计划的普遍实施起到了推动作用。日本企业年金制度的典型代表是税制合格退休年金制度。企业在满足了一定的必要条件后可以享受免税优惠政策，即在满足了《法人税法》规定的合格条件，取得国税局局长的认可后，企业年金的缴费享受全额列入成本、运用收益按非课税项目处理。

4. 投资限制

日本在对企业年金基金的投资运营、管理上主要采取的是政府直接管制的办法，由政府制定统一的政策、制度和管理方法，规定养老基金的投资领

① 参见毛慧红、戴维周：《日本企业年金制度及其对我国的启示》，载《日本研究》，2004（4）。

域及各种投资收益率。在投资运营上遵循谨慎原则，日本对企业年金基金资产组合作了以下严格的限制和数量规定：企业年金投资债券不低于50%，投资股票不超过30%，房地产不超过20%，外国资产不超过30%，投资单一公司的资产不超过10%。并对基金投资的最低收益率和信息披露机制都作了具体的规定，从而很好地兼顾了企业年金的收益性和安全性。

但是，由于近年日本经济形式低迷，人寿保险公司虽然将企业年金的资金运用最低保证利率定为5.5%，却在1994年调降为4.5%、1996年调降为2.5%，且大部分的公司在1999年陆续调降为1.5%。

5. 企业年金监管

在日本，主要有两个企业年金监管的部门：一是厚生劳动省。成立于2001年，由厚生省和劳动省合并而成。其“养老金管理局”有6个部门，包括法人养老金管理处、国家养老金管理处、临时性的给付确定型养老金计划筹备处等。二是金融服务机构，包括信托银行、保险公司以及资产管理机构，其职责是与厚生劳动省共同监管定义捐纳金型养老金的运营管理。在法律规范方面，日本没有专门的监管法案，涉及企业年金监管的法律规范存在于多部法律之中，主要有《劳动标准法》、《公司税收法》、《员工养老金保险法》等。此外，近年来，在简化法规的驱动下，通过注册的养老金保险公司、工会、员工养老金协会进行间接监管的作用正日益提高。

20世纪90年代的“泡沫经济”导致养老金制度严重赤字，使其养老金支付的水平逐渐下降。而日本终身雇佣制度的逐渐瓦解和职业流动的增加，以及日本会计制度国际化所带来的“时价会计基础”的推广，使企业背负的中长期年金负债问题表面化。因此，2001年日本对企业年金进行了改革，国会通过了《确定缴费型企业年金法案》[也称日本版401（K)]。

（三）澳大利亚的超级年金制度①

澳大利亚的超级年金在其实施之初是采取自愿的方式，但是为了缓解养老保障的财政压力，从1992年开始，澳大利亚政府立法强制要求雇主为雇员设立企业年金。1994年，政府颁布了《超级年金行业监管法》[Superannuation Industry (Supervision) Regulations 1994]，对年金行业实行全面监管。截至2006年年底，澳大利亚的超级年金资产规模已经接近万亿澳元大关，达到9 120亿澳元，较2005年增长19.5%。②

---

① 参见Jane Barrett，Keith Chapman：《澳大利亚的超级年金计划》，载中国养老金网，http://www.cnpension.net/index_lm/2009—06—30/news1246321821d914158.html，访问时间：2010-05-15。

② 参见朱威至：《澳大利亚超级年金：养老理财两不误》，载《中国保险报》，2007-07-16。

1. 超级年金的类型

澳大利亚的超级年金计划有以下几种类型。(1)公司基金：由单个或几个雇主发起，参保人员仅限于该雇主的雇员；可以采取基金制或非基金制，可为确定给付模式或确定缴费模式。(2)行业年金：由多个雇主发起，仅对特定的行业开放，多为确定缴费制，在超级年金基金资产中比重较小，适合于中小型企业。(3)公共部门基金：向政府部门提供养老金，多为确定给付制，采用一次性给付和年金给付混合的方式。(4)集成信托年金（又称零售基金)：由金融机构作为受托人提供给公众和雇主，成员通过购买投资产品即可参加该基金，向自雇者和不愿建立自有超级年金基金的雇主提供。(5)自我管理的超级年金：主要由少于5人的公司建立，采取家庭式公司方式，家庭成员任托管人，不受行业监管的要求。

2. 超级年金的缴费

在强制性超级年金担保制度的安排下，在盈利的情况下，雇主必须为所有雇员缴纳最低的缴费。具体而言，超级年金担保制度要求雇主为所有月收入超过450澳元的雇员支付最低养老金缴费，否则，雇主将向澳大利亚税务局支付更高的罚金。这一最低的养老金缴费水平将逐步提高，目前雇主最少为每位雇员缴纳其工资额的9%，而且有条件的雇主可以为其雇员增加缴费额度，增加的比例可以自己决定，而且超过9%的部分也照样享受税收优惠待遇。雇员也可以与雇主商议，通过雇主的名义，为自己的超级年金账户增加缴费，而且缴费金额可以免缴个人所得税。

3. 超级年金的支付

雇员支取年金需年满55岁退休之后（1960年6月以后出生的雇员，退休年龄限制为60岁。这一规定将在2015年至2024年分阶段引入)；一般情况下，超级年金不得提前领取，只有在规定事件（例如退休、死亡或残疾）发生时，超级年金才能被领取。上述领取限制，被称为“保护安排”。

根据不同的方案条款，超级年金计划既可以分次部分给付，也可以一次性全部给付。需要强调的是，澳大利亚大多数的超级年金计划的给付方式都是一次性给付。从1983年起，政府实行了一系列税收方面的措施，以鼓励人们从一次性领取养老金转向定期分次领取。

4. 超级年金的税收

澳大利亚超级年金采取了ETE的税收优惠模式[①]，即对雇主和雇员向超级年金计划的缴费和退休雇员从超级年金计划领取的款项都给予免税待遇，

① 参见张明莉：《澳大利亚超级年金对我国企业年金的启示》，载《河北大学学报（哲学社会科学版)》，2009(3)。

仅在获得投资收益的时候缴纳税款。澳大利亚每年对于超级年金在税收方面的支持在 100 亿澳元左右。[①]

5. 超级年金的监管

超级年金的运作受到以下几个全国性政府部门的监管：

一是澳大利亚审慎监管局（Australian Prudential Regulation Authority，APRA），负责安全性和有效性的监管，以及退休收入标准的合规性监管。

二是澳大利亚证券与投资委员会（Australian Investments & Securities Commission，AISC），负责经营行为和信息披露的监管，包括对销售行为的监管以及争议的解决。

三是澳大利亚税务局（Australian Taxation Office，ATO），负责超级年金担保制度与税收制度的监管，以及对小型的、自我管理的超级年金基金的监管。

四是家庭与社会服务部（Department of Family & Community Services，DFACS），负责福利方面的监管，包括与政府基本养老金的关系。

（四）英国的职业年金制度

英国的职业年金计划最初源自行业的以及大企业的养老金计划，自 1986 年养老制度市场化改革开始，企业年金计划得到快速发展。1995 年的《养老金法案》（The Pension Act 1995）、《1925 年受托人法》（The Trustee Act 1925）和《 1961 年受托人投资法》（The Trustee Investment Act 1961）是英国规范职业年金的主要法案。

1. 职业年金的模式

英国职业年金作为养老保障的第二支柱采取多元化的筹资模式，包括缴费确定型（DC）和待遇确定型（DB）两种制度，但越来越多的职业年金计划正在从待遇确定型（DB）转向缴费确定型（DC）。

2. 职业年金的监管[②]

英国的养老金监管体系由养老金计划办公室、职业养老金监管局（OPRA，从 2005 年 4 月起由年金监管局替代）。英国职业养老金监管局是职业养老金计划的法定监管者，其主要功能包括确保职业养老金计划合法运行和按计划兑现承诺，阻止和预防职业养老金计划受托人出现不当行为，调查那些对职业养老金计划稳健经营有损害的活动以及不诚实的受托人行为，并可以采取相应的行动。

---

① 参见张明莉：《澳大利亚超级年金对我国企业年金的启示》，载《河北大学学报（哲学社会科学版）》，2009 (3)。

② 参见刘子兰、刘雪梅：《英国职业养老金计划的监管探析》，载《国际经贸探索》，2006 (3)。

英国在《2004年养老金法》中创建了一个新的监管机构——养老金监管局，以替换职业养老金监管局，该机构已在2005年4月6日正式行使权力。养老金监管局吸取了OPRA的经验教训，对职业年金的监管更加有力。议会通过立法制定目标，使养老金监管局的主要活动集中于使成员利益面临最大风险的计划上。养老金监管局以保护职业年金计划成员的利益和促进职业年金计划的良好监管为目的。与OPRA消极等待计划违法行为的呈报不同，养老金监管局比OPRA更主动、积极收集相关信息。这使其与受托人等的合作更为有效，从而降低成员利益的风险并且能有效改进计划运行方式。

为加强对英国的职业年金计划的监管，英国政府还建立了两大辅助性监管制度。一项是“仲裁”机制，引进专业裁判或者仲裁员，代表委托人的利益，可以对受托人的不当行为进行有效的约束。另一项是“申诉”机制，鼓励广大成员通过该机制，直接将自己的意见或者不满反映给监管机构。

3. 英国职业年金税收制度

为了鼓励雇主和雇员建立职业年金计划，英国为相关计划提供了税收优惠，但是，该税收优惠受到以下限制：一是职业年金计划须在英国皇家税务及海关总署注册，才可以获得减免税资格。二是免税的阶段受到限制。英国采取的是EET模式的免税计划，即在缴费和投资收益阶段免税，但是在职业年金的领取阶段需缴纳相关税款。三是限制职业年金的缴费额，避免雇主和雇员通过职业年金避税。

4. 职业年金的投资运营

英国绝大部分职业年金计划采取信托基金的方式建立，因此企业年金法律体系主要基于这种形式建立框架。如受托人的行为必须与信托契约和计划原则一致，并遵循《信托法》和养老金监管局的监管规则。

（五）域外经验的启示

从上述4国关于企业年金制度的介绍中，可以概括出以下特点：

1. 建立了与多元化的企业年金模式相配套的制度，雇主和雇员可以根据需要选择模式，如美国和日本DB模式和DC模式的企业年金计划并存，并且正逐步从DB模式向DC模式转变。澳大利亚的企业年金制度则是经历了从自愿型向强制型转变的过程。

2. 根据中小企业的特点，设立了具有针对性的企业年金计划。中小企业能够更加有利于促进就业，但是受其规模及盈利能力的影响，负担能力有限，因此，上述各个国家针对中小企业设立了相应的企业年金计划。如美国为小企业设立了众多独特的小企业年金计划，主要包括4种：基奥计划（Keogh Plan）、简化的雇员养老金计划（Simplified Employee Pension Plan，SEP）、雇员储蓄激励配套计划之个人退休账户（Savings Incentive Match Plans for Employees，Individual Retirement Arrangement，SIMPLE IRA）和雇员储蓄激励配套计划之401（K）［SIMPLE 401（K）］，其中脱胎于401（K）的SIMPLE 401（K）比较典型。而SIMPLE 401（K）计划无须进行相关检查(No Testing)，可以减轻雇主的负担，且它允许贷款（loans allowed）。[①] 而日本的适格退职年金是针对雇员人数在15人以上的企业所设立的，针对小型企业，日本建立了特定退职金共济制度、中小退职金共济制度以及小型企业共济制度。澳大利亚亦是如此，其针对少于5人的公司建立了自我管理的超级年金，其主要采取家庭式公司方式，家庭成员任托管人，不受行业监管的要求。[②]

3. 完善的企业年金法律体系、严格的监管执法。上述国家多建立了较为完善的企业年金法律体系，从企业年金的建立、投资运营、监管到争议的处理等都建立了相应的法律制度；而且明确了相关的机关负责执法、监督，多个机关之间分工合作、各司其职：年金主管部分负责年金计划的设置及监督，金融主管部分则负责年金基金投资以及信托的监管，税务部分则负责税收优惠的监管等。

4. 税收优惠，鼓励和引导雇主和雇员建立企业年金计划。从企业年金运行的整个过程来看，整体上区分为缴费、投资收益以及退休金支取三个阶段，法律可能规定的企业年金税收待遇法律制度形态就有8个：TEE、EET、TTE、ETT、EEE、TTT、ETE和TET。其中E代表Exempting（免税），T代表Taxing（征税）。其中美国、英国采取的是EET模式，即在缴费、投资收益阶段免税，以鼓励雇员和雇主参加年金计划，并缴费；而日本采取的则是ETT模式，即在缴费阶段免税，在投资收益、领取阶段收税；而澳大利亚采取的是ETE模式。

5. 严格支付条件，限制提前支付，鼓励年金给付。为了规范企业年金基金的管理，确保基金的可持续性，上述各国对年金的支取条件都进行了明确的规定。除法定情形外，严格限制提前支取，若提前支取，则需补缴相应金额的税款，且要缴纳罚款。为了鼓励达到退休年龄取款，澳大利亚对于达到60岁退休年龄之后取款的参加者予以税收优惠。[③] 而各个国家为了减少一次性给付，也纷

① 参见卢江、董登新：《美国小企业年金计划及其启示》，载《武汉科技大学学报（社会科学版）》，2006（4）。

② 参见刘丹丹、王冲：《澳大利亚的超级年金计划及对我国中小企业集合年金的启示》，载《中国集体经济》，2008（16）。

③ 参见朱威至：《澳大利亚超级年金：养老理财两不误》，载《中国保险报》，2007-07-16。

纷通过税收优惠等方式鼓励雇员采取年金给付的方式领取退休金。

美国为了避免因过度延迟领取导致消费不足，设定了强制性提款日（Required Beginning Day），即企业年金计划参加者在实际退休之后下一年的4月1日，或者如果该计划参加者已经退休，但还没有从计划提款，就在其达到70.5岁之后的下一年的4月1日强制提款，需满足最低数额的提款要求。此外，计划参加者在强制性提款日前死亡的情况下，其账户中的所有资产必须在去世之后的第五年的12月31日前提出。违反强制提款要求要支付高额的惩罚税。①

四、我国企业年金制度的完善

（一）企业年金模式的比较

1. 缴费确定型（DC）和待遇确定型（DB）的比较

根据积累和缴费方式划分，可以将企业年金的模式区分为缴费确定型（DC）和待遇确定型（DB）两种：前者是指参保员工和雇主向企业年金计划的缴费是事先确定的，参保员工退休时可获得的养老金数额取决于个人账户的积累额，包括缴费及积累基金投资收益的总额，属于“以收定支”的模式。而后者则是指企业预先通过一定的收入替代率确定年金给付额，再通过精算计算出每期的缴费金额，按照这一缴费额出资建立养老基金并进行积累，基金的积累规模和水平随工资增长幅度进行调整，在企业职工退休后定期向退休职工按固定金额支付退休金的一种退休金计划，属于“以支定收”的模式。比较而言，二者各有利弊，具体的区别详见下表。

缴费确定型企业年金计划与待遇确定型企业年金计划的比较

类型	缴费确定型	待遇确定型
缴费	雇员缴费，雇主提供匹配缴费	雇员原则上不缴费，雇主承担全部缴费
账户管理	个人账户管理	集体账户管理
便携性	高	低
精算	简单	复杂
年金风险	雇员承担	雇主承担
投资决策	雇员选择投资管理人	雇主作出投资决策
管理成本	低	高
给付方式	通常为一次性给付	通常为年金给付
提前退休	较为普遍	通常较少

① 参见林羿：《美国的私有退休金体制》，171～176页，北京，北京大学出版社，2005。

DB或者DC模式各有利弊，但是整体而言，工人偏向于选择DB型模式，雇主则相反，倾向于选择DC模式。为了促进企业年金制度的发展，有些国家采取以下方式平衡上述两种模式的优、缺点：一是DB与DC混合型的企业年金计划，即将相应的风险在雇主与雇员之间进行合理的分配，如在DB计划中，可以规定在特殊情况下雇主责任的减免；或者在DC计划中对最低收益给予担保，这种担保可能来自雇主，也可能来自管理公司、保险公司等。[①] 二是雇主同时建立DB和DC两种年金计划，两种计划平行，员工根据个人情况进行选择，或者针对不同的计划设定不同的条件，从而限定员工适用其中某种年金计划。两种计划也可以是补充的，用DC计划来补充DB计划。

各个国家企业年金计划的模式并非固定的，而是根据经济发展状况而变化。美国最初以DB模式为主，然而，在DB模式下，当主办企业破产时，员工的企业年金积累可能出现供款不足，为保证员工退休金安全，美国联邦政府1974年成立了“养老金待遇担保公司”（PBGC），为员工的退休金待遇提供担保。企业若选择了DB模式，每年缴费应分为两部分：一部分是向企业年金基金供款，另一部分按参加人数向PBGC交纳担保保险费。但是由于道德风险以及DB模式的自身风险，担保公司陷入巨亏，在2003年被美国政府责任署（GAO）列入需要高度关注的“高风险”机构，近年来赤字更是急剧膨胀，达到三百多亿美元。[②] 因此，20世纪80年代美国开始实施401（K）计划，而该计划则是采纳DC模式。

2. 强制型计划与自愿型计划的比较

根据年金建立的强制程度，可以将企业年金计划区分为强制型和自愿型：前者是指法律强制性要求企业和职工必须建立企业年金计划，如澳大利亚的超级年金制度；后者则是指企业和职工根据法律规定以及企业的经营状况自主决定是否建立企业年金，如美国401（K）计划。强制型企业年金与自愿型企业年金各有优劣。与自愿型企业年金计划相比，强制型的企业年金覆盖面更广，如采取强制型企业年金计划的丹麦、瑞典以及澳大利亚，其企业年金

① 参见高战胜：《企业年金法律制度研究》，中国政法大学2005年博士学位论文，27页。

② 参见郑秉文、黄念：《美国待遇确定型企业年金计划担保机制的困境与前景》，载《美国研究》，2006（4）。

所覆盖的人群分别占全国就业人口的80%、90%[①]和92%。[②] 然而，自愿型年金计划尽管覆盖面相对较窄，但是相对而言，此种模式更为灵活，更能够体现企业的经营自主。整体而言，世界上采取自愿型年金计划的国家和地区比采取强制型年金计划的国家和地区要多。

（二）我国企业年金制度的完善建议

1. 完善企业年金法律制度

为了规范企业年金的征缴、投资运营以及支取，我国应该加快企业年金的相关立法：一是要提高企业年金立法的层级，强化其效力；二是要通过立法增强企业年金法律制度的可操作性，使得制度更加具体；三是要逐步完善相关的制度，填补漏洞，使得企业年金运行的各个环节都有法可依。笔者以为，目前我国企业年金法律制度要强化以下几个制度：

（1）等待期制度

《企业年金试行办法》关于企业年金计划的内容的规定中未明确是否可约定等待期，但是其规定“企业年金方案适用于企业试用期满的职工”。因此，从某种意义上来说，试行办法并未意识到等待期的制度价值，从而为当事人双方预留协商自治的空间。因为，若企业和工会或职工代表大会经过集体协商确定了1年的等待期，则意味着处于最长不超过6个月的试用期的员工不能参加年金计划，因此，笔者以为，我国的相关法律规范中应该明确企业和工会或职工代表大会可以通过集体协商在年金计划中约定等待期。企业年金计划的内容从其性质上应属于特殊的集体合同条款，而立法应该可以参照《劳动合同法》以及《集体合同规定》的相关条文的内容，以列举的方式明确必备条款和任意条款，如：企业年金计划应包括以下内容：1）参加人员范围；2）资金筹集方式；3）职工企业年金个人账户管理方式；4）基金管理方式；5）计发办法和支付方式；6）支付企业年金待遇的条件；7）组织管理和监督方式；8）中止缴费的条件；9）法律、法规规定的其他应纳入年金计划的内容。除前述必备条款外，当时人双方还可以约定等待期等其他事项。

（2）设定缴费最高额限制

为了确保企业年金制度的公平性，我国应该限定个人和企业缴费的最高限额。其方式包括：一是直接规定允许免税的最高缴费额。如西班牙规定，

---

① See Dietvorst, Gerry, *Pensions: Uniform or Coordinated*, *Pension System in the European Union*, *London*, Kluwer Law International, 1999, pp. 39-41; “Internal Market Directorate-General”, *Study on Pension Schemes of the Member States of the European Union*, MART/2005-EN Rev. 2, May 2000, pp. 61-64.

② 参见张明莉：《澳大利亚超级年金对我国企业年金的启示》，载《河北大学学报（哲学社会科学版）》，2009（3）。

对雇员缴费，52 岁（含）以下雇员的缴费一年不能超过 8 000 欧元，对 53 岁的封顶线是 9 250 欧元，以此逐渐增加并在 65 岁时达到最大值 24 250 欧元；对雇主缴费的最高限额同上。美国规定，对 401（K）计划的雇员缴费，年免征税额最高为 12 000 美元，50 岁（含）以上的雇员为 14 000 美元，要以社会保障的缴费为条件。[①] 二是规定缴费占工资的最高比例。这包括采用月工资和年度工资标准，但一般以年度工资为标准。英国规定，对于保证不参与职业年金计划，最高为收入的 15%免税，而 2003 年 6 月起最高年收入限额为 97 200英镑。对于个人年金计划，缴费免税比例与年龄相关，从 35 岁（含）以下的 17.5%到 61 岁（含）以上的 40%。[②] 三是混合模式。即将上述两项结合起来，以工资比例为原则，同时辅以最高数额限制。

根据财政部、国家税务总局《关于补充养老保险费、补充医疗保险费有关企业所得税政策问题的通知》的规定，我国目前采取的是第二种模式，即在不超过职工工资总额 5%标准内的部分，在计算应纳税所得额时准予扣除；超过的部分，不予扣除。然而，其问题在于：一是对于员工缴纳的部分没有限制，不合理；二是我国目前工资收入分配不公的矛盾比较突出，处于垄断行业的企业的工资收入畸高，采取此种模式更加使得中小企业缺乏建立企业年金的动力。因此，笔者以为，我国可以考虑采取混合模式，根据职工工资状况、工龄、企业年金计划目标替代率等确定以工资比例为原则，同时辅以最高数额限制。

（3）提前支取制度以及紧急情况的借贷制度

《企业年金试行办法》仅规定出国定居可以提前支取，但是笔者以为，应该增加提前支取的情形及配套制度：1）提前退休，在达到退休年龄前 5 年退休的，可以提前领取，但是领取的数额应予以限制；2）在退休前 5 年被解雇，导致失业的；3）伤残，部分丧失劳动能力的。

我国企业年金基金由投资管理人予以投资运营，而事实上，年金计划从开始加入到最终领取之间需要经过数十年，期间参与计划的员工可能会因紧急情况而急需用钱，因此，美国建立了年金参与者从个人账户中借贷的制度，其利息作为基金收益存入其个人账户。笔者以为，此种制度较为合理，我国可以考虑引进：一方面，其能够增加年金基金的灵活性，发挥其应急解困的作用，增强年金计划对普通员工的吸引；另一方面，向年金参与者贷款而获得收益，比从资本市场投资而收益更加安全。

① 参见《全球企业年金（2003）》，张树新等译，248、308 页，北京，中国劳动社会保障出版社，2004。

② 参见上书，294 页。

（4）应完善既得受益权及其保障的相关制度

1）应该明确既得受益权的进度表。美国《雇员退休金保障法》所确定的既得受益权进度表主要有以下几种：一是立即获得100％的既得受益权（immediate full vesting），即参加者从参加计划那天起，就对其账户的退休金有100％的既得受益权。二是一次性获得100％既得受益权（cliff vesting），即规定参加者在工作一定的年限之后，就会一次性获得其退休金账户的100％的既得受益权。三是渐次性既得受益权进度表恤（graduate vesting schedule），即雇员们对其退休金计划所提供的退休金的既得受益权随着其工作年限的增长而增长。目前美国法律允许规定的进度表是3年以下不能获得受益权，3年获得20％，4年获得40％，5年获得60％，6年获得80％，7年以上获得100％。[①]

上述三种进度表中，第一种不利于实现雇主对雇员的控制，因此较为少见。而第二种由于雇员工作未满指定年限离职的都无法获得相关受益权，对雇员极为不利，所以法律严格限制该年限。如美国1974年法律允许工作10年的一次性获得100％既得受益权，但1986年修法时改为最长5年。

我国《企业年金试行条例》对此未作规定，而事实上雇员在加入年金计划后即可获得雇主缴费部分，因此，应该属于立即获得100％受益权。笔者认为，我国在今后立法中也应该规定相关的既得受益权进度表，平衡企业与员工双方的利益。

2）应建立受益权的保障制度，包括禁止转让和剥夺（anti-alienation）、“反削减”（anti-cutback）规则。其中禁止转让和剥夺规则是指在任何情形下，年金计划的参与者都不能被剥夺或者强行转让其计划的既得的以及期待性的受益权。如在Patterson，Trustee v. Shumate[②]中，美国联邦最高法院判决认为，破产人年金受益权并不属于破产清算的财产。

反削减规则是普遍禁止对退休金计划的任何修改削减参加人的积累权益。如年金计划的修改等，雇主通过修改年金计划，可能降低相应的权益，但是修改的年金计划不能追溯适用，改变已有的计划参与者的权益。[③]

目前我国未建立受益权保障的相关制度，员工参与企业年金后其受益权受到侵害的情形较多，因此，今后立法应该考虑吸纳上述规则，确保员工的受益权受到应有的保障。

（5）强化企业年金相关制度的灵活性

---

① 参见林羿：《美国的私有退休金体制》，58～60页，北京，北京大学出版社，2005。

② 504 U.S. 753（1992）.

③ 参见林羿：《美国的私有退休金体制》，73～77页，北京，北京大学出版社，2005。

随着经济社会的发展，企业及其员工需求呈现多样化的趋势，因此，我国的企业年金制度也应该提供多样化的方案，在基本制度框架下，由企业和员工自助选择包括筹资模式、基金管理模式等，因此，我国的企业年金立法应该确定DC模式、DB模式以及混合模式，而在年金基金的管理模式方面，除了信托型，还可以增加契约型、公司型等，以使得企业和员工能够各取所需。

2. 妥善协调基本养老保险与企业年金的关系

一方面，在基本养老保险缴费和企业年金缴费方面合理地分担企业负担，确保企业建立年金计划的积极性，从而增加企业年金计划的供给；另一方面，要逐步降低基本养老保险的替代率，提高企业年金的替代率，从而刺激员工对于企业年金的需求。

3. 完善税收优惠制度

不同的税收优惠模式实际上是对国家、雇主以及雇员三者责任以及雇主与雇员建立企业年金的积极性的协调。如EET模式以及EEE模式虽有利于鼓励企业和员工参与企业年金计划，但却减少国家的财政收入，给政府带来财政压力。而TEE模式和TTE模式虽不会影响国家即期的财政收入，但是对企业和员工的吸引力较小。

尽管目前EET模式较为普遍，亦有学者建议我国采取此种模式，但是，由于我国收入分配不均的矛盾比较突出，企业年金制度不完善，采取此种模式很可能会强化这种缺陷，扩大社会不公平。因此，笔者认为，就我国目前现状而言，采取TEE模式是一个比较公平的选择。以后，随着各项制度的健全和年金制度的普及，再逐步过渡到EET模式。

此外，为了避免企业利用税收优惠实施差别待遇，或仅针对特定群体雇员建立年金计划，导致社会不公，我国还应在年金税收优惠中确立不歧视原则。如美国雇主要想通过建立企业年金获得税收优惠，必须通过计划的覆盖率、平均给付率、实际延迟比例及实际缴费比例等规定的检查。

4. 规范资本市场的发展

为了确保年金基金投资的安全，逐步提高年金基金的收益率，使得年金基金能够保值增值，我们应规范、完善资本市场，为企业年金的基金营运提供良好的投资环境和多元化的投资渠道，增加投资收益，降低投资风险；同时，也要利用大量补充养老保险基金进入资本市场保值增值的契机，实现资本市场自身结构的调整和效率的提高，使其运作与管理技术日趋成熟，从而使企业年金与资本市场形成良性互动的关系。随着企业年金制度的发展和完善，未来企业还可以考虑将个人账户资金的投资决策权给予员工个人，这样能够满足不同年龄段、不同职务、不同风险偏好的员工对投资选择的不同取向。

5. 加强企业年金的监管

基于企业年金的安全性的需要，我们应该要强化监管体系的建设：一是应该要通过立法明确各个监管主体的职责及责任，确保各个环节都有监管主体，并且能够切实发挥监管的作用，预防风险；二是应该要建立协作、互动的监管流程，由于涉及多个行业、多个环节以及多个监管主体，各个监管主体在不同的环节或行业发挥监管职能时，应该注意与其他监管主体进行协调、沟通，确保相互之间的监管不会出现空隙，或者出现重复。

域外法学

欧盟中的社会福利国家*

［德］乌尔里奇·贝克尔**著
刘冬梅***译

［摘要］　欧洲一体化的进程影响到了成员国内部的社会保障制度，并引起了社会福利国家制度是否会因此遭到损害的担心。通过分析欧共体与欧盟重要条约中关于社会政策的规定以及欧洲法院在此领域的判决可得出结论：社会政策的关键性决定权仍然掌握在成员国手中，社会保障自始被明确认定属于国家责任的范畴。欧盟无意改变这一状况。欧盟社会法是在比较与协调各国制度的基础上发展起来的。

［关键词］　欧洲一体化　社会福利国家　欧盟社会政策　相互影响

一、引　言

欧洲一体化是否正在损害社会福利国家制度的基础？这个问题常常被提出来，一些成员国中所存在的对欧盟宪法条约①的抵触态度中也包含了对国内社会保障会因此削弱的担心。在对欧洲法院社会政策领域最新判决的激烈批评的背后其实是这样的观点：欧盟的法律权限不应过大。承担着扫除欧盟制度化改革障碍②任务的《里斯本条约》遭受抨击，也是由于批评者们担心国家

* 本文最初以“Der Sozialstaat in der Europäischen Union”的标题发表于 Ulrich Becker/Hans Günter Hockerts/Klaus Tenfelde（Hrsg.），Sozialstaat Deutschland-Geschichte und Gegenwart，Verlag J. H. W. Dietz Nachf. GmbH，Bonn 2010，SS. 313-335。

** 乌尔里奇·贝克尔，德国马普外国与国际社会法研究所所长。

*** 刘冬梅，慕尼黑大学法学博士，德国马普外国与国际社会法研究所助理研究员。

① 欧盟宪法条约，ABL. C 310/2004，S. 1。

② 尼斯条约（2001. 2. 26，ABL. C 80/2001，1）之前所犯下的拖延的影响并未因事过境迁而消除，主要表现在欧盟扩张后推迟的组织法改革上。Amsterdam left-overs Klemens Fischer，Der Vertrag von Nizza，Baden-Baden 2001，S. 11ff..

自主性是否还能保持得住，批评者认为，这部条约对成员国的自由裁量空间限制过多，以至于各国议会从政治决策者变成了欧盟法令的执行人。

这个问题触及了社会福利国家制度的核心领域，并进而牵涉到一国的主要制度构造。德国联邦宪法法院在关于《里斯本条约》的判决中再次强调了这一点[①]并得到普遍赞同。然而，社会福利国家制度在欧洲一体化的框架中究竟处于一个什么样的位置？仅是认定迄今的欧洲一体化中也包括了社会福利方面的内容，尚不足以充分回答这一问题[②]，也同样不能回答欧盟对成员国社会法影响的日趋增大是否会动摇社会福利国家基础的问题。

实际上若干年前就已经可以确定，欧洲一体化对社会福利国家制度的威胁性确实存在，这种威胁性存在于社会权利的扩张和经济法的可能作用力，其背景是欧洲一体化的支柱之一：共同体法高于内国法的效力。这种效力一方面保证了共同体范围内对欧洲法的重视，另一方面也可导致重心的转移，而这种转移同样涉及了对市场的保护规定和社会福利规定，也即对市场予以修正的措施的关系。在我对这种威胁性进行总结（第三部分）并分析其后果之前（被证明是国家与超国家层次间一种非常特殊的共同作用的结果，第四至第七部分），作为出发点，首先对成员国作为社会福利政策责任人的角色作一概述，从合宪性的角度解释其因权限划分而形成的特性（第二部分）。

二、宪法出发点：国家作为社会福利制度的责任人

某些方面，欧盟的情况接近于19世纪末的德意志帝国。那时，社会福利国家制度诞生，只是还没有被冠以这样的名称。[③] 欧盟公民在欧盟范围内享有在国家间自由往来和停留的权利，迁徙自由得到法律上的保障，并从大约十

---

① 德国联邦宪法法院2009年6月30日判决，2 BvE2/08（www. bundesverfassunggericht. de），Rdnr. 252："因此社会福利政策领域的关键性决定必须由德国立法机构自己作出。尤其是个人生存保障，作为不仅是由社会福利国家原则，而且由基本法第一条第一款所确定的国家任务，必须继续作为国家的首要任务看待，虽然这不排除国家间协调与平衡的必要。这是由于在社会福利国家结构的形式上，欧盟不管在法律上还是实际上的可能性都是有限的。"

② Ulrich Becker，Die soziale Dimension des Binnenmarktes，in：Jürgen Schwarze，Der Verfassungsentwurf des Europäischen Konvents，Baden-Baden 2004，S. 201ff..

③ 关于社会福利政策概念的历史及所对应的国家任务，参见 Franz Xaver Kaufmann，Der Begriff Sozialpolitik und seine wissenschaftliche Deutung，in：Geschichte der Sozialpolitik in Deutschland，第1卷，Grundlage der Sozialpolitik，Baden-Baden，2001，S. 3ff.。

五年前开始，不需再以从事经济活动为由。① 欧盟公民身份问题由各成员国国籍法予以规定。② 这令人联想到北德意志联邦及其后于 1871 年成立的德意志帝国，当时的联邦或帝国属民身份同样也是借由成员国属民身份取得③，也即是说公民的身份归属是经推导得出的。④ 引人注目的是，自 20 世纪 80 年代以来，如同 19 世纪的德国，欧共体就社会法与劳动法问题颁布了一系列法律，尤其是在劳动保护领域⑤——从雇员的健康保护⑥到集体解雇时的保障措施⑦乃至生育假期的规定。⑧⑨这是否会令人觉得，就如德意志帝国一样，欧盟将从劳动保护立法中发展出社会保险，并由此而建立起自成体系的社会保障制度?

在这里并不想讨论历史是否有重演的可能——事实上不管是《里斯本条

---

① Guido Schulz, Freizügigkeit für Unionsbürger, Frankfurt a. M, 1997; Ulrich Becker, Freizügigkeit in der EU-auf dem Weg vom Begleitrecht zur Bürgerfreiheit, Europarecht (EuR) 1999, 522ff.; Dieter H. Scheuing, Freizügigkeit als Unionsbürgerrecht, EuR 2003, S. 744ff. 欧洲法院的有关判决见页注。

② Art. 17 Abs. 1 S. 2 Vertrag zur Gründung der Europäischen Gemeinschaft (EGV) = Art. 20 Abs. 1 S. 2 Vertrag über die Arbeitsweise der Europäischen Union (AEUV)。欧盟公民身份“基于国家公民身份而取得，但并不取代国家公民身份”(Art. 17 Abs. 1 S. 3 EVG = Art. 20 Abs. 1 S. 3 AEUV)。

③ 参见 1871 年帝国宪法第 3 条第 1 款有关“各联邦成员国所有属民的共同籍属”，以及北德意志联邦宪法第 3 条第 1 款，1864. 4. 16；魏玛帝国宪法第 110 条第 1 款第二句：“各邦属民同时也是帝国属民”。Fritz Stier-Somlo, Deutsches Reichs-und Staatsrecht, Berlin 1924, 419：“成员国国籍与帝国国籍属性相同……成员国国籍是首要的关系，帝国国籍在此基础上并未注入更多内容。”

④ 共同原则产生自北德意志联邦《联邦与成员国国籍取得与丧失法》(1870. 6. 1, Bundesgesetzblatt, p. 355), Ferdinand v. Martitz, Das Recht der Staatsangehörigkeit im internationalen Verkehr, Annalen des dt. Reichs 1875, S. 794, 796ff。

⑤ 在《欧洲经济共同体条约》第 118 条 a 款的基础上产生了《单一欧洲议定书》(1986. 2. 28, ABl. 1986, L 169, S. 1) 中所规定的充分的首位法原则。

⑥ 欧共体指令 (RL) 89/391/EWG, 1989. 6. 12。关于改善雇员工作安全和健康保护措施的实施，ABl. 1989, L 183, 1。

⑦ RL 98/59/EG, 1998. 7. 20，对成员国集体解雇规定的适调，ABl. L 225/1998, 16。

⑧ RL 96/34/EG, 1996. 6. 3, UNICE (Union of Industrial and Employers' Confederation of Europe), CEEP (European Centre of Employers and Enterprises) 和欧洲工会联盟 (EGB) 缔结的有关生育假期的框架性协议，ABl. L 145/1996, S. 4；目前已被 RL2010/18/EU, 2010. 3. 8, ABl. L 68/2010 取代，13。

⑨ 有关欧洲劳动法的文献：Peter Hanau/Heinz/Dietrich Steinmeyer/Rolf Wank, Handbuch des Europäischen Arbeits-und Sozialrechts, München 2002, 337ff., Maximilian Fuchs/Franz Marhold, Europäisches Arbeitsrecht, 2. Aufl., Wien, 2006; Martin Henssler/Axel Braun (Hrsg.), Arbeitsrecht in Europa, 2. Aufl., Köln, 2007; Roger Blanpain, *European Labour Law*, 11. Aufl., Den Haag u. a., 2008。

约》签订之前还是之后，都未表现出这种趋势①，虽然社会保障制度的协调与合作②一直③都是欧共体用来消除妨碍迁徙自由的一个重要手段。当共同体成立时所出现的对经济法和社会法关系的争论逐渐消失④，共同的社会福利政策自20世纪70年代开始日渐形成⑤，欧洲共同体在这个领域的立法权限通过《单一欧洲议定书》⑥、《马斯特里赫特条约》⑦ 和《阿姆斯特丹条约》⑧ 明显得到扩张。然而上述条约中的社会保障规定不仅在制定时十分慎重，具体执行时亦同样非常克制。《里斯本条约》签署后，正式取代欧共体的欧盟仅被允许出于保护特定人群的目的而颁布社会保障方面的规定，只有在医疗政策协调化上可以例外⑨，在这个范围内也只能颁布最低限度的规定。⑩ 所以即便是已

① 见 Ulrich Becker，Nationale Sozialleistungssysteme im Europäischen Systemwettbewerb，in：ders. /Wolfgang Schön（Hrsg.），Steuer-und Sozialstaat im Europäischen Systemwettbewerb，Tübingen 2006，S. 1 ff.。

② VO 1408/71：关于社会保障制度对在欧共体内迁徙的雇员、自雇者及其家庭成员的适用问题（ABl. L 149/1971，S. 2）以及 VO 574/72：关于 VO 1408/71（ABl. 1972 Nr. L 74，S. 1）的执行，有大量修改。新的合作规定 VO 883/2004（ABl. L 166/2004，S. 1）目前已生效并替代了 VO 1408/71。

③ 20世纪70年代的规定可上溯至 VO Nr. 3：关于迁徙雇佣劳动者的劳动保障（ABl. 1958，561）以及 VO Nr. 4：对 VO Nr. 3 补充规定的执行（ABl. 1958，S. 597），这些都是以有关的国际社会法规定为范本制定的。

④ 20世纪50年代基尔世界经济研究所就认为社会法对一体化具有重要意义：一方面，通过在欧洲国家普遍认可并常超越边界的社会保障标准的制定，社会保障立法可以获得一种一致性，这会在各国有差别的措施上施加强烈的整合影响。另一方面，一国内部社会政策和经济政策措施的协调也会变得越来越紧密和必要。因此，通过制定规则，将各个国家的社会保障标准向一个均等水平对齐的努力会有助于消除经济发展的障碍。Gustav Hampel，Die Bedeutung der Sozialpolitik für die Europäische Integration，Kiel 1955，S. 2 f..

⑤ 见欧洲委员会关于社会福利政策行动的决定，1974. 1. 12. ABl. C 13/1974，1. Linda Hantrais，*Social Policy in the European Union*，2. Aufl. London，2000，S. 4 f.。

⑥ Art. 117 EWGV，在单一欧洲议定书文本框架内，ABl. L 169/1986，1。

⑦ 欧洲联盟条约 1992. 2. 7，ABl. C 191/1992，S. 1. 不过首先是与社会政策公约有关，由此产生了一种独特的有区分的一体化形式。Gunnar Schuster，Rechtsfragen der Maastrichter Vereinbarungen zur Sozialpolitik，Europäische Zeitschrift für Wirtschaftsrecht（EuZW）1992，178 ff；Philippa Watson，"Social Policy after Maastricht"，*Common Market Law Review*（CMLR）1993，481ff；Elaine Whiteford，"Social Policy after Maastricht"，*European Law Review*（ELR）1993，S. 202 ff..

⑧ 对欧盟条约、欧共体条约以及与此有关的法律文件的修正条约，1997. 10. 2.（ABl. C 340/1997，1）。通过这个条约，上述协定被放入 Art. 136 ff. EGV；Robert Rebhahn，in：Jürgen Schwarze（Hrsg.），EU-Kommentar，1. Aufl.，Baden-Baden 2000，Art. 136 EGV，Rdnr. 1。根据他的观点，通过《阿姆斯特丹条约》"社会政策权限首次大范围写入欧盟条约"。

⑨ Art. 152 Abs. 4 lit. c），Abs. 5 EGV；目前是 Art. 168 Abs. 5 und 7 AEUV。

⑩ Art. 137 Abs. 4 EGV = Art. 153 Abs. 4 AEUV.

形成的法律，如关于企业职工代表会的指令 94/95[①] 和关于受雇佣者知情与听证权的指令 2002/14[②]，以及体现现有劳动合同协议保留权的关于劳动时间的指令 2003/88[③] 等，也几乎不能确定有决定性意义的雇佣劳动者保护条款。因此，这些规定仅是在一些国家有选择性地被转化成内国法。非常清楚的是在具备约束力的欧盟法律中并没有对社会保障水平和组织的规定[④]，《里斯本条约》再次确证了这一点，该条约并未扩大欧盟的权限。目前存在的局部性规定这种形式在社会保障领域也迄今未被使用过。

在欧盟的多层次政治体系中，权限划分体现了责任的规范性归属。根据欧盟各条约，社会保障从来都属于国家责任的范畴。社会福利国家不仅是民族国家的成就，也应继续是民族国家的事务。这意味着社会福利制度的建立与形成是由各国通过民主的政治决策程序决定的。[⑤] 作为其根基的合法性要件须顺应国家的模式，国家宪法则为其提供规则框架。因此，欧盟是否会承担更多的社会福利国家的功能[⑥]，取决于源自民主原则的对合法性的充分要求是否仍会长期排斥其在此领域的主权性行为。

三、欧洲一体化对社会福利国家制度基础的威胁性

合宪性基础上的权限划分保证了国家在社会福利规则，也即是雇佣劳动者特别保护和社会保障方面的决定性角色，然而并无法排除对这一角色的实际上的威胁。欧共体条约中所包含的经济自由和经济政治的基本原则并不仅针对特定的生活领域而是普遍适用，因此它们也有可能涉及社会法领域。实际上自 20 世纪 90 年代中期开始，经济法与社会法之间的联系愈发紧密，出现了两个对社会福利国家意义重大的新现象：一是社会福利权利的扩张，二

---

① RL 94/45/EG 1994.9.22。关于设立欧洲职工代表会或者在成规模经营的企业和企业集团中设立雇佣劳动者知情与听证程序的规定，ABl. L 254/1994，64。

② RL 2002/14/EG v. 2002.3.11，关于在欧共体范围内确定受雇佣者知情与听证一般性框架的规定，ABl. 2002，L 80，29。

③ RL 2003/88/EG，欧洲议会与欧洲委员会 2003 年 11 月 4 日关于劳动时间的某些方面的规定，ABl. L 299/2003，9。

④ 其他方面则已被成员大会“社会福利欧洲”小组在欧盟宪法（见注一）的制定框架中多次提出过，参见“社会福利欧洲”小组的总结性报告 2003.2.4，CONV 516/1/03 Rev 1，3。

⑤ 这并不是说，在一个多层次体系中，社会福利决策的合法性除了通过国家授权外就没有其他产生的可能。对这方面联邦宪法法院则是另一种意见，参见 BVerfG v. 2009.6.30，2 BvE 2/08，(www.bundesverfassungsgericht.de)，Rdnr. S. 270 ff.。

⑥ Hans F. Zacher 对此持怀疑态度，参见 Wird es einen Europäischen Sozialstaat geben? EuR 2002，S. 147 ff.。

是封闭的社会保障市场的开放。

1. 在欧共体内部，在协调法的基础上①，同时也是出于平等原则所导致的对社会保险预付的重视②，缴费型的现金福利待遇越来越多地被采用，而实物福利待遇却是另一番光景：只有在特殊情况下才有可能在其他成员国得到实物保障待遇。这种情况主要发生在医疗和护理保险中，康复待遇也包括在内。由于社会保障待遇水平由国家决定，实物待遇因此是与属地原则挂钩的。③ 然而，现在欧洲法院通过一系列判决颠覆了这种状况。④ 根据欧洲法院的判决，医疗保障待遇属于经济待遇，所以接受者和提供者都可以以服务自由权为依据提出要求。⑤ 因此判决中允许受保障者在外国接受治疗并有权要

---

① Art. 10 VO 1408/71 = Art. 7 VO 883/2004. 在首位法的基本规定中有广泛采用缴费型待遇的要求，Art. 42 EGV = Art. 48 AEUV。

② 联邦宪法法院的判决（BVerfGE）51，1（Rentenexport）。

③ 特殊情况是指在紧急状态下或者在外国进行已经认可的治疗，Art. 22 VO 1408/71 = Art. 19 und 20 VO 883/2004。

④ 认可欧共体法影响的评论很多，参见 Stephan Zechel，Die territorial begrenzte Leistungserbringung der Krankenkassen im Lichte des EG-Vertrages，Berlin，1995；Hagen Lichtenberg，Ärztliche Tätigkeiten，klinische Leistungen und freier Dienstleistungsverkehr im Gemeinsamen Markt，Vierteljahresschrift für Sozialrecht（VSSR）1978，125，145 ff.；Bernd v. Maydell，in：ders./Friedrich E. Schnapp（Hrsg.），Die Auswirkungen des EG-Rechts auf das Arbeits-und Sozialrecht der Bundesrepublik，Berlin，1992，25，32 ff.；Karl-Jürgen Bieback，Marktfreiheit in der EG und nationale Sozialpolitik vor und nach Maastricht，EuR 1993，150，163；Matthias Everling，Rechtswidriges Sozialrecht，Die Ortskrankenkasse（DOK）1993，584，588；Rainer Pitschas，Inhalt und Reichweite des Mandats der Europäischen Gemeinschaft auf dem Gebiet der Gesundheitspolitik，Zeitschrift für Sozialreform（ZSR）1993，S. 468，478 f.；Ute Kötter，in：Rupert Scholz（Hrsg.），Deutschland auf dem Weg in die EU -Wieviel Eurozentralismus，wieviel Solidarität，Köln，1994，S. 269，275；Gerhard Plute，Dienstleistungsfreiheit und Leistungserbringer im Binnenmarkt der EU，DOK 1994，S. 421 ff.。

⑤ 欧洲法院 1998 年 4 月 28 日判决 Rechtssache（Rs.）C-120/95（Decker），Sammlung（Slg.）1998，I-1831，以及 Rs. C-158/96（Kohll），Slg. 1998，I-1931；Ulrich Becker，Brillen aus Luxemburg und Zahnbehandlung in Brüssel，Neue Zeitschrift für Sozialrecht（NZS）1998，S. 359 ff.；Ute Kötter，Die Urteile des Gerichtshofs der Europäischen Gemeinschaft in den Rechtssachen Decker und Kohll，VSSR 1998，S. 233 ff.；Meinhard Novak，EG-Grundfreiheiten und Europäisches Sozialrecht，EuZW 1998，S. 366；Yves Jorens/Bernd Schulte（Hrsg.），Grenzüberschreitende Inanspruchnahme von Gesundheitsleistungen im Gemeinsamen Markt，Baden-Baden，2003。

求其参加的医疗保险[1]或健康保障机构[2]为此支付费用，至少是支付门诊治疗费用。至于提供医疗保险或健康保障的国家因此而无法再控制医疗待遇水平的问题，欧洲法院认为，由于欧洲范围内已经实行统一的医疗教育和医疗职业标准，这已不成其为问题了。[3]

2. 通过欧洲法院最近几年的判决，不仅是社会保障权的适用空间，其所涉及对象的范围也得到了扩展。社会保障权的衡量依据不再是保护经济活动的需要，而是禁止由于国籍原因的歧视。这种歧视禁止是与经《马斯特里赫特条约》而获得首位法地位的欧盟公民身份权联系在一起的。[4]

这种结构化由于欧洲法院在关于自由迁徙权的新决定中承认了一项直接适用的公民个人的主体性权利而具有重大意义。[5] 根据这个决定，欧盟公民也即是欧盟成员国的公民享有在其他成员国居留的权利，居留的权利与在居留地的权利通过禁止国籍歧视的规定而结合在一起。[6] 因此不允许居留国将居

---

① 关于医疗保险实物支付原则见欧洲法院2003年5月13日判决，Rs. C-385/99 (van Riet und Müller-Fauré), Slg. 2003, I-4509; Ulrich Becker, Gesetzliche Krankenversicherung im Europäischen Binnenmarkt, Neue Juristische Wochenschrift (NJW) 2003, S. 2272 ff.; Walter Frenz, Arztdienstleistungen und Sozialversicherungen, Neue Zeitschrift für Verwaltungsrecht (NVwZ) 2003, S. 947 ff.; Thorsten Kingreen, Das Leistungserbringungsrecht der gesetzlichen Krankenversicherung nach dem EuGH-Urteil Müller-Fauré/van Riet, Zeitschrift für Europäisches Sozial-und Arbeitsrecht (ZESAR) 2003, S. 199 ff.; Ute K? tter, Die Entscheidung des EuGH in den Rechtssachen Müller-Fauré/van Riet - Harmonisierung der sozialen Sicherung im Krankheitsfall durch die Rechtsprechung des EuGH?, ZESAR 2003, S. 301 ff.。

② 欧洲法院2006年5月16日判决，Rs. C-372/04 (Watts), Slg. 2006, I-4325; 2007年4月19日判决，Rs. C-444/05 (Stamatelaki), Slg. 2007, I-3185。

③ 对这个决定的批评见 Susanne Hollmann/Wolfgang Schulz-Weidner, Der Einfluβ der EG auf das Gesundheitswesen der Mitgliedstaaten, Zeitschrift für ausländisches und internationales Arbeits-und Sozialrecht (ZIAS) 1998, 180 ff.; Maximilian Fuchs, Das neue Recht der Auslandskrankenbehandlung, NZS 2004, 225 ff.; zu den Schwierigkeiten, die Regulierung vertragsärztlicher Tätigkeit aufrecht zu erhalten, Björn M. Harich, Das Sachleistungsprinzip in der Gemeinschaftsrechtsordnung, Baden-Baden, 2006。

④ 欧洲法院的判决同样导致了地域性扩张，因为目前一些非缴费型的社会福利待遇也越来越多被引进了。不过本文对这个方面不作更多论述。参见欧洲法院2006年10月26日判决，Rs. C192/05 (Tas-Hagen), Slg. 2006, I-10451。

⑤ 在欧洲法院1998年5月12日判决中尚不清晰，Rs. C-85/96 (Martínez Sala), Slg. 1998, I-2691; 在2001年9月20日判决中就很明确了，Rs. C-184/99 (Grzelczyk), Slg. 2001, I-6193, 以及2002年7月11日判决，Rs. C-224/98 (D' Hoop), Slg. 2002, I-6191。

⑥ 欧洲法院2005年7月7日判决，Rs. C-147/03 (Kommission/Österreich), Slg. 2005, I-5969, Rdnr. 45; 判决中，职业教育和高等教育方面的同等对待权仍然十分不明确。Peter Hilpold, Hochschulzugang und Unionsbürgerschaft - Das Urteil des EuGH vom 7.7.2005 in der Rechtssache C-147/03, Kommission gegen Österreich, EuZW 2005, 647 ff.; für unproblematisch erachtet von Andreas Tinhofer/Ingomar Stupar, Studenten-Tsunami " nach EuGH-Urteil zum Universitätszugang? ZESAR 2006, SS. 149, 151.

留其国内的其他成员国公民由于其外国人身份而排除于该国社会福利措施之外。获得社会福利待遇的居住地前提由于具有间接歧视①色彩而遭到合法性认可的压力，因为相较于外国人来说，本国人满足这些条件通常要容易得多。提供给来自其他成员国的欧盟公民的福利待遇也包括了非缴费型的社会救助与社会促进措施如基本生活保障②、就业促进③和教育促进。④ 这是有决定性意义的判决，因为不同于由受雇佣者的自由迁徙权、自由经营权和自由劳务权而产生的居留权⑤，一般性的自由迁徙权是同劳动能力脱钩的。⑥ 那种认为社会保障措施实质上是对生产营利活动的制衡的观念因此而不再直接适用了。不同于空间性扩张，适用对象范围的扩张会导致产生新的待遇要求权并因此而加重财政负担，这样就触及了社会福利国家的基本构造⑦——以国籍为基础的国家对个人的责任、由此而产生的社会福利责任以及民主参与权利所形成的结合体。⑧

3. 有例子表明欧盟经济法已有可能打破国家在福利社会某些领域的垄断。如以前劳动中介服务是由国家机构垄断的，虽然这种垄断在德国常遭批评⑨，

---

① Ulrich Becker，Die Bedeutung des gemeinschaftsrechtlichen Diskriminierungsverbots für die Gleichstellung von Sachverhalten im koordinierenden Sozialrecht，VSSR 2000，S. 221 ff.

② 欧洲法院 2001 年 9 月 20 日判决，Rs. C-184/99 (Grzelczyk)，Slg. 2001，S. I-6193；2004 年 9 月 7 日判决，Rs. C456/02 (Trojani)，Slg. 2004，I-7573。

③ 过渡费用问题见欧洲法院 2002 年 7 月 11 日判决，Rs. C-224/98 (D' Hoop)，Slg. 2002，I-6191；失业金问题见欧洲法院 2009 年 6 月 4 日判决，Rs. C-22/08 und 23/08 (Vatsouras und Kupatantze)，www. curia. europa. eu；对这个判决中福利待遇程度问题的批评见 Elaine Fahey，Interpretative Legitimacy and the Distinction between "Social Assistance" and "Work-seekers' Allowance"：Comment on Vatsouras，ELR 34 (2009)，S. 933 ff. 。

④ 有关教育促进的判决见欧洲法院 2005 年 3 月 15 日判决，Rs. C-209/03 (Bidar)，Slg. 2005，S. I-2119。对此的评论见 Ferdinand Wollenschl? ger，Studienbeihilfen für Unionsbürger?，NVwZ 2005，S. 1023 ff. 。

⑤ 这种居留权始终是特殊化了的，参见欧洲法院 1999 年 1 月 19 日判决，Rs. C-348/96 (Calfa)，Slg. 1999，I-11。

⑥ 涉及"社会福利"方面，较早就有了有利于被雇佣者及其家属的广泛的平等对待权规定，Art. 7 VO 1612/68，欧洲法院 1998 年 5 月 18 日判决，Rs. C-85/96 (Martínez Sala)，Slg. 1998，I-2691，Rdnr. 25 ff. (根据这个判决，也包括了社会保障方面的"一体化"待遇)。

⑦ 有些观察者对此持很大的批评意见：Kay Hailbronner，Unionsbürgerschaft und Zugang zu den Sozialsystemen，Juristen Zeitung (JZ) 2005，S. 1138 ff. 。

⑧ 这同样触及了延伸至外国人的权利保障责任的基础，这种基础是由广泛的属地主权、接受决定或特殊保障需要的认可所形成的集合体所产生，其法律保障是人权保护。Ulrich Becker，"The Challenge of Migration to the Welfare State"，in：Eyal Benvenisti/Georg Nolte (eds.)，*The Welfare State, Globalization, and International Law*，Berlin u. a. 2004，1，S. 10 ff..

⑨ Maximilian Fuchs，in：Alexander Gagel (Hrsg.)，Kommentar zum Sozialgesetzbuch III，München Stand 2008，Vorb. zu § § 292-301，Rdnr. 4 ff..

但是用来反对它的武器——基本法中所规定的职业自由却被证明还不够锋利。欧洲法院在此则适用了竞争法。欧洲法院的看法是，垄断只有在必要的时候才可以存在，前提是垄断的效果比商业中介更有效率和更好。[①] 于是乎国家垄断的命运就这样注定了，目前私人机构已被允许从事劳动中介活动。[②]

四、经济法中的社会法：例外与选择

1. 然而如果有人因为这些变化就认定欧盟经济法日益扩大的影响必然侵蚀成员国的社会保障体系，那他是弄错了，成员国的行动空间仍然非常充足。[③] 用以保证其权限的工具是对合法性的要求以及对消极事实的认定权，也即是对例外情况的承认权，这可称为消极性一体化的消极一面。这就像是欧盟即便把市场之手伸到了成员国社会福利体系之内，但是并不想因为这种入侵而破坏其结构。

支持这个论点的第一个证据是，虽然欧洲法院承认公民有在整个欧盟范围内选择服务提供者的自由，这种自由在社会福利领域却是受限制的。首先，住院治疗就被作为例外看待[④]——显然这是出于让成员国可以继续实施其基本设施规划的目的，虽然对同时设定的门诊与住院治疗分离的前提有些不利。[⑤] 其次，当社会保障制度因被保险人的自由权而受到威胁时[⑥]，允许国家对自由权进行限制以保护该制度的财政基础——不过目前这方面的原则是对基本自由权的限制不能用经济上的原因来合法化。[⑦]

---

① 欧洲法院 1991 年 4 月 23 日判决，Rs. C-41/90 (Höfner-Elser/Macroton GmbH-Vermittlungsmonopol der BA)，Slg. 1991，I-1979。

② 参见《劳动促进改革法》(AFRG) 第 4 条，1997 年 3 月 24 日。

③ 不排除实际上的影响。比如这种假设：对劳动费用的持续压力将导致由财政支付部分的持续增多。Fritz W. Scharpf/Vivien A. Schmidt，"Conclusions"，in：dies. (eds.)，*Welfare and Work in the Open Economy*，Oxford，2000，S. 336 ff..

④ 住院治疗仍需经过批准程序，欧洲法院 2001 年 7 月 12 日判决，Rs. C-157/99 (Smits und Peerbooms)，Slg. 2001，I-5473。Karl-Jürgen Bieback，Etablierung eines Gemeinsamen Marktes für Krankenbehandlung durch den EuGH，NZS 2001，561 ff.；Thorsten Kingreen，Zur Inanspruchnahme von Gesundheitsleistungen im Europäischen Binnenmarkt，NJW 2001，S. 3382 ff.

⑤ 详见 Ulrich Becker/Christina Walser，Stationäre und ambulante Krankenhausleistungen im grenzüberschreitenden Dienstleistungsverkehr -von Entgrenzungen und neuen Grenzen in der EU，NZS 2005，S. 449 ff.。

⑥ 欧洲法院 1998 年 4 月 28 日判决，Rs. C-120/95 (Decker)，Slg. 1998，S. I-1831，Rdnr. 39 ff.。

⑦ Ulrich Becker，in：Jürgen Schwarze，EU-Kommentar，2. Aufl.，Baden-Baden，2009，Art. 30 EGV，Rdnr. 61.

在欧盟竞争法和成员国社会法之间的关系问题上，欧洲法院更进一步：社会保障提供者的行为不是作为企业性质也就是经济行为看待，而是划归于社会性行为。[①] 这种认证与私人因素是否被作为社会保障的潜在提供者完全无关，而只与一国的服务体系结构相关。[②] 欧洲法院以此而否定了一个在学术界颇为流行的观点：将社会福利制度的特殊竞争法性质在（从欧洲的角度来说）必要性前提下合法化。[③] 此外，把一种服务划归社会性行为也包括了服务实施前的必要准备工作[④]，也就是说，这种定性涉及了服务的整个层面。结论是：欧洲法并不强迫国家开放市场，而是让国家自己在市场形式和非市场形式的产品与服务提供者间作出选择。[⑤]

2. 值得注意的是，对成员国社会法有利的例外不仅通过司法判例具体化为了首位法，也越来越多地出现在次位法中。这说明它们脱离了消极的一体化而体现了积极的一体化。

最重要的例子是欧盟理事会关于员工派遣和劳务的指令，其次是欧盟采购法。采购法在某种程度上就是公共部门的卡特尔法，它在欧洲经历了决定性的长足发展，在这个过程中，有的成员国曾在其从承包商到投标竞争参与者的转变中长期处于不法采购组织的状态。修改了的欧盟采购法[⑥]建立在透明

---

① 先是欧洲法院 1993 年 2 月 17 日判决，Rs. C-159/91 und C-160/91 (Poucet und Pistre - Sozialversicherung für Selbständige)，Slg. 1993，S. I-637；之后是欧洲法院 1999 年 9 月 21 日判决，C-219/97 (Maatschappij Drijvende Bokken BV/Stichting Pensioenfonds voor de Vervoer-en Havenbedrijven -Betriebsrenten)，Slg. 1999，I-6121；欧洲法院 2002 年 1 月 22 日关于意大利工伤保险的判决，Rs. C-218/00 (Cisal/INAIL)，Slg. 2002，I-691；欧洲法院 2004 年 3 月 16 日关于德国法定医疗保险的判决，Rs. C-264/01 (AOK Bundesverb. u. a.)，Slg. 2004，I-2493。

② 较新的有欧洲法院 2009 年 3 月 5 日关于德国工伤保险的判决，Rs. C-350/07 (Kattner)，评论见 Andreas Penner，Die Entscheidung des EuGH zum Monopol der Unfallversicherung - Wird der Schutz sozialer Ziele zu gut gemeint?，ZESAR 2009，S. 411 ff. 。

③ Richard Giesen，Sozialversicherungsmonopol und EGV，Baden-Baden 1995；Andreas Hänlein/Jürgen Kruse，Einflüsse des Europäischen Wettbewerbsrechts auf die Leistungserbringung in der gesetzlichen Krankenversicherung，NZS 2000，165 ff. ；Daniela Neumann，Kartellrechtliche Sanktionierung von Wettbewerbsbeschränkungen im Gesundheitswesen，Baden-Baden 2000；Thorsten Kingreen，Das Gesundheitsrecht im Fokus von Grundfreiheiten，Kartell-und Beihilferecht，Gesundheitsrecht (GesR) 2006，S. 193 ff.

④ 欧洲法院 2006 年 7 月 11 日判决，Rs. C-205/03 (Fenin)，Slg. 2006，I-6295。

⑤ 这种状况肯定不是毫无问题，因此而无法对社会福利经办机构的竞争行为进行完整调整，如德国医疗保险中的问题。Ulrich Becker，Funktionen und Steuerung von Wahlmöglichkeiten und Wettbewerb im Gesundheitswesen，in：ders. /Friso Ross/Markus Sichert (Hrsg.)，Wahlmöglichkeiten und Wettbewerb in der Krankenhausversorgung - Steuerungsinstrumente in Deutschland，den Niederlanden，der Schweiz und den USA im Rechtsvergleich，Baden-Baden，2010，S. 11 ff..

⑥ 目前主要规定在欧盟 2004 年 3 月 31 日指令中，RL 2004/18/EG，关于公共建筑订单、采购订单和劳务服务订单发包程序的协调，ABl. L 134/2004，14。

与非歧视原则的基础上，由于这些原则的适用在社会法领域亦十分重要[①]，因而也部分在国内法中得到采纳。[②] 采购法原则上适用于社会保障方面的服务[③]，也就是说在适用范围内并没有对此领域的特殊有利规定。但是委托人的义务是按照招标对象来分级的。修改后的采购法准许在作出采购决定时考虑社会标准。[④] 采购决定从此不再是只与价格相关，套在服务提供方头上的严格的经济效益考量的紧箍咒因此而放松了。

欧盟劳务指令[⑤]出台前曾历经长时间的讨论，它的立法目的是与欧洲法院的判决[⑥]一道共同改善欧盟内部的劳务自由。旷日持久的立法过程尘埃落定后，这个指令既不适用于“健康服务”[⑦] 和特定的“社会服务”[⑧]，也不适用于“公益性质的非经济服务”[⑨]。也即是说，社会保障领域并不在其适用范围之内。[⑩] 此外曾有一个有关病患的欧盟指令列入立法计划，其中包含了调整对象为跨国界医疗服务要求的特殊规定[⑪]，但是最终还是被放弃了。[⑫] 所以目前

① 采购法很具体地被适用在一些医疗保险机构的选择性合同上，参见欧洲法院2009年6月11日判决，Rs. C-300/07 (Oymanns - orthopädische Schuhe)。

② 其中规定了一定的招标程序，或者直接引用采购法。

③ RL 2004/18/EG; Richard Giesen, Wettbewerbsrecht, Vergaberecht und soziale Dienste, in: Christoph Linzbach/Uwe Lübking/Stephanie Scholz/Bernd Schulte (Hrsg.), Die Zukunft der sozialen Dienste vor der Europäischen Herausforderung, Baden-Baden 2005, S. 424, 446 ff..

④ RL 2004/18/EG,“标准必须与委托对象相关联”，Nina Meyer, Die Einbeziehung politischer Zielsetzungen bei der äffentlichen Beschaffung, Berlin, 2002; Alexander Schäfer, öffentliche Belange im Auftragswesen und Europarecht, Berlin, 2003; Peter F. Bultmann, Beihilfenrecht und Vergaberecht, Tübingen, 2004, S. 94 ff.; Ariane Wiedmann, Die Zulässigkeit sozialer Vergabekriterien im Lichte des Gemeinschaftsrechts, Baden-Baden, 2007。

⑤ RL 2006/123，关于内部市场中的劳务服务，ABl. L 376/2006，36。

⑥ 欧洲法院的判决也在服务自由的框架内要求，不仅是歧视行为，即使是程度适当的限制行为也必须要通过“必要的整体利益”和合法的公益要求得到合法化。Michael Holoubek, in: Schwarze u. a., EU Kommentar (注 57), Art. 49/50 EGV, Rdnr. 68 ff..

⑦ Art. 2 Abs. 2 lit. f) RL 2006/123:“……健康服务，无论是否通过健康服务机构提供，无论在国家层面上是如何组织与融资的，也无论其是属于公共服务还是私人性质的。”

⑧ Art. 2 Abs. 2 lit. j) RL 2006/123:“……与社会住房、儿童抚育及家庭与贫困人群支持有关的社会保障服务由国家通过国家委托的服务提供者或者由国家认可的公益机构提供。”

⑨ Art. 2 Abs. 2 lit. a) RL 2006/123.

⑩ 由于概念不清，关于特殊状况的确切范围存在疑问。Stephan Rixen, Die Dienstleistungsrichtlinie - ein trojanisches Pferd zur “Deregulierung” sozialer Dienstleistungen?, ZESAR 2010, S. 5 ff..

⑪ 欧洲委员会关于跨国健康保障中的患者权利的指令[KOM (2008) 414 endg. v. 2. 7. 2008]。这个建议也包含了所有成员国都应遵守的健康保障基本原则。Thorsten Kingreen, Der Vorschlag der Europäischen Kommission für eine Patienten-Richtlinie, ZESAR 2009, S. 09 ff..

⑫ 成员国卫生部长们在2009年12月1日未能就一个修改过的草案达成一致。

也没有这方面的次位法。在员工派遣指令[①]中倒是有一些关于劳务自由的特别规定[②]，其目的是将一国劳动市场的某些基本条件的适用延伸至来自其他成员国的雇员。[③] 然而这个规定的立法本意是保护雇佣劳动者[④]和自由竞争，而非保护内国劳动市场不受雇员在服务提供范围内的暂时性活动的影响。[⑤] 因此员工派遣指令的作用仅在于在国家劳资协商政策和节省劳动费用之间进行平衡。[⑥]

五、社会福利国家要素在欧洲层面的奠基

不同法律领域之间的碰撞很可能会导致原有平衡被打破的危险，因此，欧盟经济法和成员国社会法之间的问题必须小心权衡。这在欧洲法院近期关于基本自由权和集体劳动法之间关系的三个判决中得到了反映。[⑦]这些判决，以及涉及个人劳动法[⑧]的 Mangold 案[⑨]的审理结果引起轩然大波，判决的某些

① RL 96/71/EG über die Entsendung von Arbeitnehmern im Rahmen der Erbringung von Dienstleistungen, ABl. L 18/1997, 1.

② Art. 49 EGV = Art. 56 AEUV.

③ 根据判决，对企业有利的劳务自由同样也保护在本国从业的劳动者的加入。参见欧洲法院 1990 年 3 月 27 日判决，Rs. C-113/89 (Rush Portuguesa), Slg. 1990, S. I-1417, Rdnr. 12："因此欧共体条约第 59 条和第 60 条的目的在于，防止某个成员国禁止在其他成员国居住的劳务提供者及其雇员自由进入前者的国土范围，或者为相关人等的进入设置限制条件，比如设置员工招聘的地点和岗位条件或者劳动许可限制。由于这些限制，来自其他成员国的服务提供者相对于那些不受雇用限制的国内竞争者受到了歧视对待，其服务提供能力因此而受到了影响。"关于被雇佣者的自由迁徙权，参见欧洲法院 1994 年 8 月 9 日判决，Rs. C-43/93 (Vander Elst), Slg. 1994, I-3803, Rdnr. 21。

④ 关于派遣员工的社会法问题，参见 Jacob Joussen, Sozialrechtliche Probleme der Arbeitnehmerentsendung, in: Becker/Schön, Steuer-und Sozialstaat im Europäischen Systemwettbewerb (注 15), S. 257 ff.。

⑤ GA Tesauro 的总结性结论见 Rs. C-43/93 (Vander Elst), Slg. 1994, I-3805, Rdnr. 24 ff.；欧洲法院 2004 年 10 月 21 日判决，Rs. C-445/03 (Kommission/Luxemburg), Slg. 2004, I-10191, Rdnr. 20 ff.。

⑥ Ulrich Becker, Anmerkung zu EuGH v. 3. 4. 2008, Rs. C-346/06 (Rüffert), JZ 2008, S: 891 ff..

⑦ 欧洲法院 2007 年 12 月 11 日判决，Rs. C-438/05 (Viking), Slg. 2007, I-10779, 2007 年 12 月 18 日判决，Rs. C-341/05 (Laval), Slg. 2007, I-11767, 2008 年 4 月 3 日判决，Rs. C-346/06 (Rüffert), Slg. 2008, I-1989。

⑧ 并非主要是由于判决结果，而是由于产生了一个首位法意义上的禁止老年歧视，令判决遭到法学界的批评。欧洲法院以"基本权利"为由，用一种走钢丝式的方法来弥补 2000/78 号指令（注 96）所欠缺的直接适用性，而这个指令的转化期限在判决当时还未过期。

⑨ 欧洲法院 2005 年 11 月 22 日判决，Rs. C-144/04, Slg. 2005, I-9981。

部分甚至遭到愤怒声讨。[①] 但是就批评的程度和范围而言，在很多方面都有些过分[②]，因为判决结果至少在涉及集体劳动法的部分是可以理解的，而且方式上也是恰当的。

至于这种批评能对传统国家法和欧洲经济法之间的关系产生多大影响[③]，看起来却是非常有限。把目光放在欧洲法院判案的整体发展趋势而不是放在单个判决上，得出的体会是：写入条约的基本自由权的实践本身就是一个过程。对一个曾被所有专业人士认为是欧洲法"碰不得"的领域所下的最初一系列判决，其影响不啻对根基的撼动：看起来像是要损害到已装潢完毕的大厦。由于这种威胁是新的，不为人们所了解的，从而就显得更有威胁性。即使是欧洲法院的法官们有时也不太清楚新冲突领域判决的后果。通过对一系列单独案件作出审判，欧洲法院逐渐积累经验并发展出指导方针和系统化考量的基本原则。由于早先的判决引发讨论，其后的案件审理得以立足于一个更广阔的信息基础上，因此结论可能会更清晰。这个过程充满矛盾：它既丰富了政治权衡的法律决策，但是也将这种缺了开创性法律判断就无法作出的

---

① Klaus Dräger/Janeta Mileva, Der Europäische Weg zur Knechtschaft. Wie der Europäische Gerichtshof das Streikrecht aushebelt und sozialpolitische Handlungsspielräume einengt, Sozialismus Heft 7-8, 2008, S. 28 ff. (www. schattenblick. de/infopool/europool/recht/eurgr004. html); Martin Höpner, Usurpation statt Delegation: Wie der EuGH die Binnenmarktintegration radikalisiert und warum er politischer Kontrolle bedarf, Max-Planck-Institut für Gesellschaftsforschung (MPIfG) Discussion Paper 08 / 12.

② Martin Franzen, Europäische Grundfreiheiten und nationales Arbeitskampfrecht, in: Jobst-Hubertus Bauer/Michael Kort/Thomas M. J. Möllers/Bernd Sandmann (Hrsg.), Festschrift für Herbert Buchner, München, 2009, 231 ff.; Peter Hanau, Tariftreue nicht überall vor dem Aus, Neue Zeitschrift für Arbeitsrecht (NZA) 2008, 751 ff.; Frank Bayreuther, Tariftreue vor dem Aus -Konsequenzen der Rüffert-Entscheidung des EuGH für die Tariflandschaft, NZA 2008, S. 626 ff.; Andreas Bücker, Die Rosella-Entscheidung des EuGH zu gewerkschaftlichen Maßnahmen gegen Standortverlagerungen: der Vorhang zu und viele Fragen offen, NZA 2008, 212 ff.; Jacob Joussen, Schritte zum Europäischen Streikrecht - die Entscheidung Laval, ZESAR 2008, S. 333 ff.; Eva Kocher, Kollektivverhandlungen und Tarifautonomie - welche Rolle spielt das Europäische Recht?, Arbeit und Recht (ArbuR) 2008, S. 13 ff.; Sebastian Krebber, Soziale Rechte in der Gemeinschaftsrechtsordnung, Recht der Arbeit (RdA) 2009, S. 224 ff.; Vassilios Skouris, Das Verhältnis der Grundfreiheiten zu den Gemeinschaftsgrundrechten, RdA-Beil. 2009, S. 25 ff.; Bertram Zwanziger, Nationale Koalitionsfreiheit vs. Europäische Grundfreiheiten - aus deutscher Sicht, RdA-Beil. 2009, 10 ff.; Bernd Rüthers, Arbeitskampf in einer veränderten Wirtschafts-und Arbeitswelt, NZA 2010, S. 6 ff.; Olaf Scholz/Ulrich Becker (Hrsg.), Die Auswirkungen der Rechtsprechung des Europäischen Gerichtshofs auf das Arbeitsrecht der Mitgliedsstaaten, Baden-Baden, 2009.

③ Robert Rebhahn, Grundfreiheit vor Arbeitskampf - der Fall Viking, ZESAR 2008, S. 108 ff.; Claire Kilpatrick, "Laval's Regulatory Conundrum: Collective Standard-setting and the Court's New Approach to Posted Workers", ELR 34 (2009), S. 844 ff..

判决[①]反过来置于更大的讨论声浪中，受到更大的可接受度和结论合法性检验。回到社会法的问题上：一开始成员国专家们把卢森堡的法官大人们当作粗暴的门外汉。[②] 然而如前所述[③]，对较近的判决进行一下比较，会觉出其实欧洲法院对成员国社会政策还是颇多考虑的。[④]

但是这种路径算是基本的方式吗？它是稳定的而不是仅出于欧洲政治的短期波动吗？上述立法与司法案例反映出社会福利在欧盟层面的发展已走出法制化奠基的重要一步，欧盟不再只是对成员国发布立法指导意见，在其规则体系中出现了越来越多实质性的社会福利目标。为这个体系添砖加瓦的过程已经持续不短的时间了。让我们回想一下欧共体条约中的男女薪酬平等[⑤]：一开始这个规定只是出于保障国家间平等竞争的目的[⑥]，自 20 世纪 70 年代起通过其他欧盟指令得到发展和扩充[⑦]，直到工作中的性别平等成为一个独立的欧盟政策目标。最终这个目标通过上升为首位法而得到强化[⑧]并成为欧洲反歧视政策的一个组成部分。[⑨]

类似的还有欧洲基本权利宣言。[⑩]《里斯本条约》生效后它方成为有法律约束力的文件，在此之前先是欧洲法院的佐审官们，然后欧洲法院也开始引

---

① 从法学角度看，法官造法的行为本身并非不可接受，但是方式上必须适当。

② 早期对欧洲法院社会政策的看法尤其如此，如“对迁徙劳动者的过度保护……对正常的人类头脑来说简直不可理喻”［Peter Clever，Binnenmarkt'92：Die “soziale Dimension”，Zeitschrift für Sozialhilfe und Sozialgesetzbuch（ZfSH/SGB）1989，SS. 225，230］，以及一些相对客观，但是仍然担心判决会导致适得其反影响的看法，Michel Laroque，Coordination et convergence des systèmes de Sécurité sociale des États membres de la CEE，Dr. social 1993，S. 792，794 f.。

③ 参见上一部分。

④ 非常明显的是对德国药剂业垄断的判决，欧洲法院 2009 年 5 月 19 日判决，Rs. C 171/07 und C/172/07（Apothekerkammer des Saarlandes）。

⑤ Art. 119 EWGV，《阿姆斯特丹条约》生效后是 Art. 141 EGV，目前是 Art. 157 AEUV。

⑥ 这是出于法国的坚持。法国当时已经有了保障男女工资平等的规定。Christine Langenfeld，Die Gleichbehandlung von Mann und Frau im Europäischen Gemeinschaftsrecht，Baden-Baden，1990，S. 36 ff..

⑦ 通过 1976 年至 1986 年间颁布的一系列指令：RL 76/207，关于就业、职业教育、职业提升以及劳动条件上男女平等对待原则的实现（ABl. L 39/1976，40）；RL 79/7，关于社会保障领域男女平等原则的逐步实现（ABl. L 6/1979，S. 24）；RL 86/378，关于企业社会保障中男女平等原则的实现（ABl. L 255/1986，40）；RL 86/613，关于自雇从业和农业从业中的男女平等原则的实现以及生育保障（ABl. L 359/1986，56）。

⑧ 通过 Art. 13 EGV（目前 Art. 19 AEUV）和《阿姆斯特丹条约》（注 22）。

⑨ 通过欧洲委员会 2000 年 11 月 27 日指令，RL 2000/78/EG，关于确定一个实现就业平等的基本框架的指令，ABl. L 303/2000，S. 16 ff.。

⑩ 欧洲基本权利宣言有两个版本：2000 年的原始版本和根据里斯本改革框架稍作修改的版本。Matthias Knecht，in：Schwarze，EU-Kommentar（注 57）GRC Präambel，Rdnr. 17.

用当时尚无约束力的基本权利宣言来解释法律。[①]具备法律约束力之后，它为欧洲基本权利保障，包括“社会团结”一章中规定的社会保障权保障[②]提供依据的功能加强了。[③] 欧洲基本权利宣言同时也是对通过欧洲法院判例[④]而形成的共同体基本权利规定的补充。[⑤]共同体基本权利被归入法律基本原则和 acquis communautaire（共同所有）一类，但是由于其司法指导性特征，并没有形成完整的体系。[⑥] 在此基础上，除了对社会法有重要意义的歧视禁止[⑦]之外，欧洲法院还通过判决推导出了一系列社会福利权（在劳动法范围内）。[⑧]

众所周知，对于将社会权纳入基本权利宪章，在德国出现了强烈的批评

---

① Ulrich Becker, Schutz und Implementierung von EU-Sozialstandards, in: ders. /Bernd v. Maydell/Angelika Nußberger (Hrsg.), Die Implementierung internationaler Sozialstandards, Baden-Baden, 2006, S. 139 ff..

② Eibe Riedel, in: Jürgen Meyer (Hrsg.), Kommentar zur Charta der Grundrechte der Europäischen Union, 2. Aufl., Baden-Baden, 2006, 321 ff.; Heinrich Lang, Stephan Rixen, Angelika Nußberger und Peter J. Tettinger, in: Peter J. Tettinger/Klaus Stern (Hrsg.), Kölner Gemeinschaftskommentar zur Europäischen Grundrechte-Charta, München, 2006, Art. 27 ff..

③ Julia Iliopoulos-Strangas (Hrsg.), La protection des droits sociaux fondamentaux dans les États membres de l'Union européenne, Baden-Baden u. a. 2000.

④ 欧洲法院 1969 年 11 月 12 日判决，Rs. 29/69 (Stauder), Slg. 1969, 419（由此产生了欧共体的一个社会政策措施，见 Johanna Kübler, Die Säulen der Europäischen Union: einheitliche Grundrechte? Baden-Baden, 2002, S. 46 f.）；欧洲法院 1970 年 12 月 17 日判决，Rs. 11/70 (Internationale Handelsgesellschaft), Slg. 1979, S. 1125。

⑤ Thomas Oppermann, Europarecht, 2. Aufl., München, 1999, Rdnr. 489 ff.; Thorsten Kingreen, Die Gemeinschaftsgrundrechte, Juristische Schulung (JuS) 2000, S. 857 ff. 从民族国家角度看待欧洲一体化进程合法化的意义，参见联邦宪法法院判决 73, 339 (Solange II)；判决 89, 155 (Maastricht)；102, 147 (Bananenmarktordnung)；以及德国基本法第 23 条第 1 款。

⑥ 即便欧洲法院判决通过欧盟条约第 6 条获得了首位法地位并在形式上相应作了改变。Klaus Ritgen, Grundrechtsschutz in der Europäischen Union, Zeitschrift für Rechtspolitik (ZRP) 2000, S. 371 f.; Theodor Schilling, Bestand und allgemeine Lehren der bürgerschützenden allgemeinen Rechtsgrundsätze des Gemeinschaftsrechts, Europäische Grundrechte Zeitschrift (EuGRZ) 2000, 3, S. 11 ff.; Bengt Beutler, in: Hans v. d. Groeben/Jürgen Schwarze (Hrsg.), Kommentar zum Vertrag über die Europäische Union und zur Gründung der Europäischen Gemeinschaft, Bd. 1, 6. Aufl., Baden-Baden, 2003, Art. 6 EU, Rdnr. 76 ff..

⑦ 歧视禁止的判例可以通过成文法（条约法或者次位法）获得支持与发展，结论见第二部分。尤其是在关于与年龄有关的劳动合同期限和 2000/78 号指令的一致性问题的 Mangold 判决中，欧洲法院突出了一个一般基本原则（注 83）。关于这个问题的整体发展过程，参见 Rainer Pitschas, Europäische Grundrechte-Charta und soziale Grundrechte, VSSR 2000, 207, 210; Schilling（注 103），EuGRZ 2000, 3, S. 14 ff.。

⑧ Koen Lenaerts/Petra Foubert, "Social Rights in the Case-Law of the European Court of Justice", *Legal Issues of Economic Integration* 28 (2001), 267, S. 285 ff.. 这些权利涉及劳动权、建立工会权以及职工代表参与权。社会福利待遇问题不是判决对象。

意见。[①] 德国基本法比较精练[②]，在宪法中只列举可执行的主体性权利[③]的做法被很多人认为是较好的做法。[④] 上述批评同时也是基于社会权实现的特殊性：社会权主要不是为确定个人权利，而更多的是为明确国家任务而设。考虑到社会法的具体执行不是在欧盟层面而是在成员国层面，以及前面所提到的对国家责任实际履行的威胁，社会权应起的作用很清楚：基本权利宪章中的社会权并不赋予欧盟为此而采取新行动的责任[⑤]，而是完全相反，要求对已存在的社会法予以充分尊重。从目前的发展来看，当基本自由权和竞争法与成员国社会政策产生冲突时，社会权对自由权和竞争法的适用起到了克制作用。[⑥]

六、欧盟的社会政策目标

在制定经济法和扩大其普遍性基础的同时，欧盟在社会法立法和公民社会保护上也从未停下脚步。通过在就业政策框架中获得公约基础的[⑦]，以“开放式合作方式”（offene Methode der Koordinierung，OMK）[⑧] 命名的战略，

① Meinhard Heinze，Soziale Grundrechte in Europa - Chancen und Risiken，in：Bundesministerium für Arbeit und Soziales（BMAS）/Max-Planck-Institut für ausländisches u. internationales Sozialrecht（MPISoc）/Akademie der Diözese Rottenburg Stuttgart（Hrsg.），Soziale Grundrechte in der Europäischen Union，Baden-Baden，2001，S. 227 ff..

② 魏玛宪法中关于社会权的规定，尤其是第 151 条以下关于“经济生活”的条款在实际中并无影响的事实也加深了对这种要求的强调。

③ Konrad Hesse，Bedeutung der Grundrechte，in：Ernst Benda/Werner Maihofer/Hans-Jochen Vogel（Hrsg.），Handbuch des Verfassungsrechts，2. Aufl.，Berlin，1994，§ 5 Rdnr. 31 f..

④ Jürgen Schwarze，Europäische Verfassungsperspektiven nach Nizza，NJW 2002，SS. 993，996.

⑤ 在反歧视规定上则有所不同，因为成员国与此相冲突的法律必须被废除。大多数情况下是由将一般性规定具体化的次位法来引发这种义务。欧洲法院 2010 年 1 月 19 日判决，Rs. C-555/07 (Kücükdeveci)，提到了对私人之间法律关系的影响。

⑥ Becker，in：ders. /v. Maydell/Nußberger，Schutz und Implementierung（注 98），2006，SS. 139，178.

⑦ Art. 125 ff. EGV = Art. 145 ff. AEUV. 具有决定意义的是合作性就业战略及其指导方针的确定，KOM (2005) 141 endg.，发展与就业一体化指导方针 2005-2008，以及欧洲议会 2005 年 7 月 12 日关于成员国就业政策措施方针的决定，2005/600/EG (Dokument Nr. 10614/08)。

⑧ OMK 始自欧盟委员会 1993 年以当时的主席 Jaques Delors 的名义发表的《发展、竞争力与就业白皮书》[KOM (93) 700 endg.]，其后它被“严谨化”。参见欧共体委员会：欧洲议会春季会议报告，发展与就业合作，里斯本战略的新开端 [KOM (2005) 24 endg.]。与里斯本战略的紧密联系见新的社会福利议程 [KOM (2008) 412 endg. KOM (2008) 418 endg.]，其中包括对改善 OMK 的建议，还可见目前关于“欧盟青年战略—投资与授权，一个新的开放式合作方式，以适应青年人的新的挑战与机会”的报告 [KOM (2009) 200 endg.]。

欧盟继续执行其 20 世纪 80 年代制定的一致性战略。①

这一战略具有显著的进程性特征。② 确定共同目标、制定目标达成检验指标以及评估国家措施时都要考虑到下一步的措施、目标和指标工具。整体进程框架并非为制定有约束力的规定而设，成员国虽受就业政策方针的约束，但只需对此予以重视而没有直接执行的义务。③ 在 OMK 的基础上只会有建议提出。这种状况令许多观察者产生错觉，认为欧盟在社会政策领域不具备有影响力的实施工具，连政治学研究也得出结论说，有法律约束力的措施在实践中比没有约束力的措施要有效得多。④

回想一下前面的论述，再考察整体状况，就会对这种评价产生疑问。在 OMK 范围内，“一致性”所包含的共同改革战略含义不容忽视。一致性涉及老年保障和劳动市场政策，除此之外还涉及欧盟组织的其他目标，反复出现在各种文件、通知、建议、战略报告、意见和议事日程中，令人无法忽略。当然这未必就一定能提高其影响力，但的确是一种有效的传播手段，连欧洲委员会也常从中寻找宣传口号。社会政策的发展方向因此而多角度地清晰化，这样持续若干年后，共同社会政策的若干特征就会越来越鲜明，其中包括了经济与社会政策的一体化、歧视禁止、平等的社会福利待遇和对特殊人群的救助。⑤

七、共同社会政策对成员国的反作用

目前的舆论已经越来越倾向于接受欧盟的社会政策行动。可是实际上有

---

① 欧洲委员会 1992 年 6 月 24 日建议（92/441/EWG）和 1992 年 7 月 27 日建议（92/442/EWG），关于社会保障领域充分利用的共同准则和关于社会保护目标政策衔接的建议。Bernd Schulte, Die Europäische Union als sozialpolitischer Akteur, in: Sabine Kropp/Ricardo Gomèz (Hrsg.), Sozialraum Europa - Sozialpolitik in der erweiterten Europäischen Union, Münster, 2006, S. 15, 55 ff..

② Stefan Bernhard, Sozialpolitik im Europäischen Mehrebenensystem, Die Bekämpfung von Armut und sozialer Ausgrenzung im Rahmen der offenen Methode der Koordinierung, Berlin, 2005, 87 ff., 144 f.; Anna-Bettina Kaiser, Wissensmanagement im Mehrebenensystem, in: Gunnar Schuppert/Andreas Voβkuhle (Hrsg.), Governance von und durch Wissen, Baden-Baden, 2008, S. 217, 223 ff..

③ Art. 128 Abs. 2 S. 1 EGV = Art. 148 Abs. 2 S. 1 AEUV；只可以通过建议提醒成员国遵守欧盟方针 Art. 128 Abs. 4 S. 2 EGV = Art. 148 Abs. 4 S. 2 AEUV。

④ Gerda Falkner/Oliver Treib/Miriam Hartlapp/Simone Leiber, Complying with Europe, EU Harmonisation and Soft Law in the Member States, Cambridge u. a. 2005, S. 342 ff., S. 348 ff..

⑤ 关于社会福利国家的新理解，参见 Eberhard Eichenhofer, OMK und Sozialpolitik der Mitgliedstaaten, in: Gesellschaft für Versicherungswissenschaft und -gestaltung e. V. (GVG) (Hrsg.), EU-Gesundheitspolitik im nicht-harmonisierten Bereich, Bonn 2010, S. 59, 69 ff.，其中提炼出了以下特征：风险与紧急状况的界定，行政与公民之间的合作，社会参与权利，其中包括了加强个人福利。

如此乐观吗？很多可能的负面因素也不容忽视：首先，社会政策总是受经济决策的制约。其次，如同整个一体化进程，欧洲社会政策也是高度实用主义的，在欧洲层面至今缺少一个独立的标准体系，对于调整集体与个人之间关系的规则的具体化，也缺乏宪法理论上的指导。不过考察社会福利国家发展史，宪法理论的制度塑造力也并无绝对的说服力。最重要的，也就是一开始提到的问题：社会福利国家最终会不会被欧盟社会福利政策削弱？

第一，实际上欧盟并不具备单向的影响力。在国家和欧盟层面上，社会福利改革很显然需通过多方协商才能实施，但是难以确定哪种力量会在其中起决定性作用。有时欧洲的表决程序会加快这一进程，有时会造成障碍，可是从未单独起过作用，例如上面提到的老年保障制度改革。然而整体倾向还是清楚的：各国保障水平仍然差别很大，尽管欧洲委员会一直试图给社会保障的"适度性"作个规定。2007 年，医疗保险一般责任规定在德国首次实施，虽然将 OMK 所强调的开放健康福利保障作为目标，欧盟在政治决策的过程中却没起到什么影响。

第二，即便是欧盟组织用以推动社会政策共同目标的表决程序，成员国在执行时仍有法律上的回旋余地。这与那些试图在国际法中写入有约束力规定的做法[①]非常不一样。这种试图实际上很难实现，成员国所能接受的只是其中的目标，在实现社会团结的制度安排上，各国遵循自身的经验和发展道路。

实际上，欧洲社会政策的整体发展方向在欧洲货币联盟所奠定的基础上已然确立。[②] 在这个基础上考察欧洲社会政策的发展过程，便可得出由于欧盟成立而得到强化的基本趋势和其中包含的一些原则：在社会福利待遇的财政可支持性要求的背后，是强调个人保障责任；是社会救助主要针对特殊贫困

---

① 主要是国际劳工组织的公约，尤其是 1955 年第 102 号社会保障公约。Peter A. Köhler, Sozialpolitische und sozialrechtliche Aktivitäten in den Vereinten Nationen, Baden-Baden, 1987; Angelika Nußberger, Sozialstandards im Völkerrecht, Eine Studie zu Entwicklung und Bedeutung der Normsetzung der Vereinten Nationen, der Internationalen Arbeitsorganisation und des Europarats zu Fragen des Sozialschutzes, Berlin, 2005. 关于欧洲议会社会法方面的重要活动以及在此框架之内达成的公约和关于欧洲人权与基本自由权保护公约（EMRK），参见 Angelika Schmidt, Europäische Menschenrechtskonvention und Sozialrecht, Baden-Baden 2003; Eva Maria Hohnerlein, Der Internationale Schutz sozialer Grundrechte in Europa, ZESAR 2003, 17 ff. 关于国际性和地区性国际公法见 Becker/v. Maydell/Nu? berger, Die Implementierung internationaler Sozialstandards（注 98）, 2006。

② 欧洲货币联盟对于社会福利政策的意义，参见 Franz Ruland, Der Euro und die deutsche und Europäische Sozialpolitik, NZS 1998, 209 ff.; Bert Rürup (Die Auswirkungen des Euro auf soziale Sicherungssysteme), Thomas Rhein (Europäische Währungsunion: Konsequenzen für die Beschäftigungs- und Lohnpolitik), in: Hilmar Schneider (Hrsg.), Europas Zukunft als Sozialstaat, Baden-Baden, 2000, S. 87 ff., S. 97 ff.。

群体；是优先发展预先防护性的缴费型社会保障措施。欧盟在此基础上制定的社会政策基本规定与其成员国的政策是一致的。不仅在德国是如此，在斯堪的纳维亚福利国家中也一样。斯堪的纳维亚国家的社会福利制度改革已经进行了较长一段时间，其方向与欧盟社会政策基本一致。欧盟政策在这一改革过程中也许起到了指导作用，但是改革决定仍然是由各国独立作出的。

八、社会福利欧洲形成中的相互影响

不应为上述得出的结论感到惊讶。谁要是还认为，从布鲁塞尔吹来的市场化冷风驱动着新自由主义的磨坊，社会福利国家的成就就要在其中被碾得粉碎，那他必须要修正他的这幅图景。欧洲社会福利国家的特点体现为一种互相影响的持续进步过程。这个过程是一个互相学习以战胜由于人口发展和全球化所面临挑战的过程，在这个过程中，欧洲一体化所起的作用是通过团结协作形成一个统一阵营，来共同应对全球化的后果。

成员国的社会法丰富了欧盟经济法。虽然目前程度有限，协调问题层出不穷，但通过对各国社会福利制度的比较而转化成共同目标的努力有目共睹。从这个意义上说，欧盟社会法是以各国的成就为基础发展起来的。它挑选并转化可行的措施，制定新的工作重点，但并不规定具体标准。成员国的行动空间实际上有所收缩，却也获得了参与欧盟协商的权力，各国议会的决策权并未因此受损。Gerhald A. Ritter 将社会福利国家称为“必要的不完善”。他的观点是，“自由与社会安全、个人的自我责任与国家保障之间的张力”大概“到底是不可消除的”①，因此需要通过变化来进行调整。虽然这种寻找正确路径的努力在欧盟这个政治层面上得到补充，然而国家的决策责任并未因此而减少。

---

① Der Sozialstaat. Entstehung und Entwicklung im internationalen Vergleich, 2. Aufl., München, 1991, S. 220.

德国劳工共决制度

［德］Rüdiger Krause* 著
吴文芳** 译

一、概　论

（一）概念与基本定义

共决在一般的意义上意味着雇员通过其代表能够制度性地参与雇主的决定。

共决是对劳动关系基本现象的回应，这包括，雇员通过劳动合同将自己置于雇主的指挥权以及组织权之下，劳动合同因此使得雇员处于一种依附状态，通过雇员的共决虽然不能完全去除，但可以缓和这种依附状态。共决并不会破坏企业组织中的垂直等级结构，也不会使得其向水平的市场关系发展。毋宁这样说，共决的目的只是通过雇员代表的参与使得雇主在作出涉及雇员利益的决定时能够考虑雇员的利益。

企业共决和公司共决两者在概念上是有区别的。企业共决的实行是通过作为雇员利益代表的组织——企业委员会，它涉及企业层面，它与企业在劳动组织层面的决定运作有关。公司共决则涉及股份公司中雇员的代表在公司组织（特别是监事会）的共同商议权。

（二）与劳资团体自治的边界

德国集体劳动法传统上以雇员利益的集体代表双轨制为特征。这完全区别于盎格鲁—美利坚式的单轨制模式。历史上工会与集体合同作为集体劳动法的第一支柱，而劳工共决则作为第二支柱。劳资团体自治是从外部于企业相对代表雇员的利益。劳资团体自治具有的功能是在劳动力市场上提高雇员的地位，并且明确雇员与其提供劳动力的雇主之间的合同条件。共决制度涉及的是雇员利益从内部的代表，它的功能是从内部去改善工人在企业或者公司中的地位。劳资团体自治建立在《基本法》第 9 条第 3 款规定的团结自由

* Rüdiger Krause，德国哥廷根大学教授。

** 吴文芳，法学博士，天津师范大学法学院教授。

权的基础之上，并且赋予雇员组建工会的自由。根据这个原因，按照德国法集体合同原则上只对工会会员有效（《集体合同法》第 3 条第 1 款，第 4 条第 1 款）。与此相对的是，共决原则上是国家创立的一种制度，所有的独立于工会的雇员都包括在内。

（三）宪法上权利的确定

共决在德国宪法上仅仅与立法权力在联邦与州之间的分配时被明确提及。按照《基本法》第 74 条第 12 款，联邦对企业委员会的创立享有立法权，从而排除了各州的立法权，于是出于经济与社会的缘由在联邦范围内存在统一的《企业委员会法》。

《基本法》并没有立法者详细的共决规则的规范。尽管如此，还是根据宪法的一些指令可以推导出来。按照社会国原则，该原则规定在《基本法》第 20 条第 1 款以及第 28 条，并且作为具有直接第三人效力的法律，委托立法者为了达致社会利益平衡以及创造公平的社会秩序的任务。①对另一方面而言，宪法传统上只是对抗国家和保障公民特定的自由。这在德国宪法中今天同时作为一项保护任务而被阐释。国家负有义务，针对私法上的优势的滥用采取预防措施。②共决的规则一方面作为社会国原则的塑造，另一方面则是为了实现国家义务，保障雇员的基本权（一般人格权根据第 1 条第 1 款与第 2 条第 1 款结合，以及职业自由根据第 12 条第 1 款）。然而必须指出，雇主也能基于基本权对国家提出要求（根据第 14 条第 1 款规定的财产权自由）。因此，共决制度的每一规则都处于两种相对立的基本权利的紧张领域。

二、历史发展

德国的共决深深扎根于工业关系的组成部分。如果对历史进行短暂回顾，将能更好地理解德国的共决制度。

（一）企业共决

企业共决始于 19 世纪。雇员委员会第一次在 1891 年《劳工保护法》中被规定下来。在这之后，只有一家企业在工业化发展的道路上引入了完全基于自愿的不同的雇员代表形式。然而，它首先只被作为一种可以选择的规则。

---

① Vgl. BVerfG 12.3.1996, BVerfGE 94, 241, 263; BVerfG 27.4.1999, BVerfGE 100, 271, 284.

② Vgl. BVerfG 7.2.1990, BVerfGE 81, 242, 254 ff.; BVerfG 19.10.1993, BVerfGE 89, 214, 232 ff..

数年之后，在矿业中首次确立了强制性的规则，此后，在一战（1916 年）所有具有 50 名以上的雇员的、与战争密切相关企业都必须建立雇员委员会。

真正有历史意义的突破是在一战之后的魏玛共和国时期。1919 年魏玛宪法第 165 条第 2 款规定了企业委员会的基本制度，1920 年制定的《企业委员会法》开始首次实行。二战之后，德国延续这一传统：1952 年通过了《企业委员会法》，1972 年出台内容翔实、涉及范围广泛的法典。当时确立的基本结构今天仍然实行，2001 年的改革仅仅只作了些许的延伸。

（二）公司共决

公司共决是较新的制度，实际上是在二战后才开始形成的。它以战后短时间内在矿业领域（煤矿、铁矿、钢铁工业）中的特殊政治关系为基础，1951 年在这一特殊领域内开始实行《矿业共决法》。此外，重要的是强有力的工会在 20 世纪 70 年代德国《股份公司法》制定时发挥了重要的角色，确立了公司监事会中必须要有雇员代表（与盎格鲁—美利坚式的股份公司一元制结构相反）的法律规范。1976 年作为政府更迭的结果，《共决法》出台，所有雇员超过 2 000 人以上的大公司都应当建立共决制度。

三、企业共决

（一）效力范围与基本原则

企业共决由《企业委员会法》规范，当前有效的是 1972 年的《企业委员会法》，其内容很大程度上取代了 1952 年的同名法律。2001 年进行了新的改革，但该法律只是在边缘领域进行了拓展。对于没有被《企业委员会法》覆盖的处于领导岗位的雇员，实行的是 1988 年出台的特别法《发言人委员会法》，但是该法在实践中意义甚微。

1. 生效领域

根据《企业委员会法》，顾名思义，“企业”是最重要的连接点。在法律中并没有对“企业”进行界定，一般而言，人们将企业理解为组织上的统一体，在其内部企业主独自或者在其他的工作人员的辅助下运用物质或者非物质的方式共同追求劳动技术上的目标。简而言之，就是企业是一个具体实施企业主指导方针的统一性的组织。《企业委员会法》的保护目标，是为了使得雇员对雇主的决定具有组织性的影响。“企业”的分界线取决于一个统一的管理权的存在。在特别的情况下（企业分支机构、小企业）法律有特别的规定（《企业委员会法》第 4 条），意图在与雇主相关的组织统一性和与雇员相关的人事统一性之间取得平衡。

企业委员会能够在符合下述条件的所有企业中成立：至少有5个具有选举权的雇员，其中3个有资格当选为企业委员会成员。在企业实践中，大多数的企业委员会都是在有50～100人的企业中组建的。因为在小企业中雇主和全体职员的接触十分紧密，雇员没有必要去建立企业委员会。目前在德国大概40%（原文为10%，译者疑笔误，按照上下文改为40%）能够建立企业委员会的企业建立了企业委员会，在绝对数字上为大概1 100万名雇员有10万家企业委员会。[①]

2. 基本原则

数个不同的基本原则塑造了德国的《企业委员会法》。排在首位的是雇主与企业委员会之间必须充分信任、合作的原则。合作的目标是实现企业和雇员的利益。合作的原则不是放弃在雇员（企业委员会）与雇主之间天然的利益冲突。双方明确地代表自己的利益，这是不应该有障碍的。双方应当在争议的事项上严肃、认真地协商以达成一致。这里涉及的是争议的解决方式，双方都尽力争取最终取得一个雇员和企业都可以接受的结果。如果企业试图挑拨企业委员会和雇员的关系，或者反过来，企业委员会煽动雇员对雇主的情绪，这种充分信任、合作原则就被破坏。

这种充分信任、合作的原则通过法律的规定被具体化。首先，在雇主与企业委员会之间的劳资斗争手段是被禁止的。这里体现的是德国《企业委员会法》上的基本经济和平的概念。企业自身不应成为劳资斗争手段的发生地，而只应为企业事务的执行地。在此范围内与劳资团体自治形成了根本的区别：在劳资团体自治的范围内，为了迫使雇主方贯彻相应的劳动条件，雇员有权发动罢工。更进一步的是，雇主和企业委员会必须要放弃一切损害企业生产或企业和平的行为。(§ 74 Abs. 2 S. 2 BetrVG)

此外，企业内部禁止政党政治活动。因为政党政治的问题可能导致激烈的斗争或争论，雇主和企业委员会不能够在企业领域引发这种争论来影响雇员或者影响企业的正常运转。(§ 74 Abs. 2 S. 3 BetrVG)

这里还涉及的问题是，雇主和企业委员会应当平等对待企业全体雇员。法律规定，所有企业中的人员都必须按照法律平等对待，特别是禁止雇主出于种族、民族、家庭出身或其他的血统、国籍、宗教或者世界观、残障、年龄、政治参与或者工会成员原因，或者出于性别或性别身份等的歧视或者不公平对待雇员。(§ 75 Abs. 1 BetrVG) 除此之外，雇主和企业委员会还应当保护和促进雇员独立人格的发展。(§ 75 Abs. 2 BetrVG)

---

① Quelle：Hans-Böckler-Stiftung.

（二）企业委员会的组织

1. 企业委员会共决的层面

按照法律规定，企业委员会的选举在具有 5 个以上有选举权雇员的企业中进行，这 5 个人中必须有 3 个人享有被选举权。（§ § 1，7，8 BetrVG）不过雇员并没有建立企业委员会的法律义务。也就是说，雇员可以自由决定，是不是有兴趣通过企业委员会来代表其相对于雇主的利益。但是法律禁止雇主对雇员是否建立企业委员会的决定程序施加任何不良的影响，特别是阻碍对企业委员会的选举（vgl. § 20 Abs. 1 und 2 BetrVG）。对企业委员会的选举并不仅仅由雇员中的多数就可以决定结果，有时少数人（3 个雇员）就可以启动企业委员会的选举。（§ 16 Abs. 2 BetrVG）基于这个规则，例如软件企业 SAP 在数年前就建立了一个企业委员会，尽管大多数企业员工宣称反对企业大会。

一个企业包含数家企业的，且各组成企业都设有企业委员会的，必须建立一个总的企业委员会，由各个企业委员会的有代表权的成员组成（§ 47 BetrVG）。另外在康采恩内部可以任意选择建立康采恩企业委员会。（§ 54 BetrVG）在以上两种情况中都涉及企业共决应该在哪个层面作出最终有效力的决定。但总企业委员会与康采恩企业委员会并不是比各个企业的委员会更高级别的委员会。

企业委员会纯粹是雇员的代表机构。雇主必须固定一段时期与企业委员会举行会议。企业委员会成员的数量是根据企业的大小，因此，有 5～20 个有选举权的雇员选举企业委员会的一个成员，2 001～2 500 个雇员选举 19 个，7 001～9 000 个雇员选举 35 个。（§ 9 BetrVG）同时被选举出来的人员性别比例也要与企业员工的性别比例相匹配。（§ 15 Abs. 2 BetrVG）

2. 选举

企业委员会的定期选举于每 4 年的 3 月 1 日至 5 月 31 日举行。选举由现任企业委员会负责的选举委员会组织（或者由总企业委员会组织），或者更确切地说，应最少 3 个有选举权的雇员或者一个法院指定的在企业中的代表性工会请求召开。选举实行民主原则，即匿名、直接、普遍、平等、自愿。除此之外，也适用比例原则，即应当与全体雇员中的不同结构相一致。选举本身是受《选举法》约束的。自从 2001 年改革以来，只有具有 50 名以上有选举权雇员的企业是受《选举法》约束的，50 名以下雇员的企业只需要适用简易程序即可。

至少 3 名以上的雇员、雇主或者代表性工会可以在选举结束后两周之内到劳动法院就选举违反《选举法》提出异议。如果异议成功，则应当举行新的选举。(§ 13 Abs. 2 Nr. 4 BetrVG) 选举费用由雇主承担。除此之外，禁止任何人阻碍或影响选举。(§ 20 Abs. 1 und 2 BetrVG)

3. 雇员代表的岗位与保障：企业委员会的费用

企业委员会成员的工作是无报酬的。(§ 37 Abs. 1 BetrVG) 某个特定的企业规模以上的企业委员会成员可以免除劳动义务。(§ 38 BetrVG) 除此之外，他们对培训有不同的请求权。(§ 37 Abs. 6 und 7 BetrVG)

雇主承担企业委员会的所有费用，必须提供给企业委员会必需的设备(办公场所、计算机、人事等)。(§ 40 BetrVG) 这部分成本雇主是可以免税的。(§ 41 BetrVG)

企业委员会成员不允许受到不公平的对待，也不能打扰和阻碍他们的工作。(§ 78 BetrVG) 除此之外，他们享有广泛的解雇保护。(§ 15 KSchG 与 t § 103 BetrVG) 企业委员会的成员仅仅在十分重大的理由的情况下可以被解雇 (例如犯罪行为)，除此之外，该解雇需要企业委员会的同意。拒绝企业委员会的同意可以到法院起诉。对企业委员会的有力解雇保护的目的是要使得企业委员会的成员忠实地代表雇员利益，而不需要担心自身的岗位难保。除此之外，如果法律禁止雇主解雇企业委员会的成员，则企业委员会的持续性是有保障的。

(三) 共决的形式与法律范围

1. 一般规定

企业委员会的参与权在体系上分为两大部分：第一部分是实质意义上的共决权，其中涉及的具体事务不允许雇主在没有企业委员会同意的情况下实施。另一部分是共同商议权。这种事项允许雇主单方面决定，但必须在形式上与企业委员会商议。

企业委员会的处理事项按照重要程度由前到后排序，依次为有利于雇员的有效的法律、法规、事故预防措施规定、集体合同以及企业合同。(§ 80 Abs. 1 Nr. 1 BetrVG) 因此，企业委员会也有助于雇员保护规定的真正实施。尽管按照联邦劳动法院的司法判例，企业委员会并不享有代理单个雇员对雇主起诉的权利。①

企业委员会为履行职责享有针对雇主的一项请求权，即要求雇主及时、全面告知的权利。(§ 80 Abs. 2 S. 1 BetrVG) 该规定的背后的深意是，雇主与雇员相比具有信息上的绝对优势，企业委员会的任务是切实地注意到，通过告知来平衡这种优势地位并且通过这种方式达到“信息对称”。

① BAG 24. 2. 1987, NZA 1987, 674.

《企业委员会法》将企业委员会参与雇主经营事项的领域分为三部分：社会事项；人事事项；经济事项。

《企业委员会法》的基本概念要求，企业决策自治权的核心领域不应当被干涉，企业委员会应当被赋予权利在这样的一些事务中参与共决，这些事务涉及的问题是，他们对于劳动组织性的相关程度。据此，企业委员会在社会事项中的共决需求最强，在人事领域次之，而在经济领域原则上是最弱的。

如果一个相关事项在企业委员会共决权范围内，则雇主与企业委员会可以签订企业合同。该合同必须是要式（书面）的合约，特殊之处在于，它不仅仅是合同双方签订的协议，同时对企业中工作的雇员的劳动关系有规范性效力。（§ 77 Abs. 4 S. 1 BetrVG）这一点上企业合同与集体合同具有相似性，按照德国法集体合同约束的劳动合同当事人在劳动条件事项上也同样受规范性效力约束。（§ § 3 Abs. 1，4 Abs. 1 TVG）雇主与企业委员会可以按照相似的方式约定劳动条件，例如固定每天劳动的起始与结束时间，或者为全体员工规定特别的工资支付规则。只要法律没有规定的，按照联邦劳动法院的司法判例，就可以作有利于雇员的约定。①

即使双方没有书面的约定，企业委员会的共决权在确定的事项上也能够实行。这里指的是所谓的规则约定或企业约定。这样的没有书面形式的约定没有规范性效力，雇主依赖于进一步的法律规定为雇员创造约定的劳动条件。

企业合同不仅仅在企业委员会的共决权领域生效。按照联邦劳动法院生效的司法判决，雇主和企业委员会可以在企业合同中随意约定与劳动关系有关的所有条款。② 如果雇主与企业委员会按照法律的指导维护了合作关系，很明显，劳动生活中有关的许多问题都能够得到快速、务实的解决，最重要的是在企业内就能得到规范。如果集体合同上明确不允许签订企业合同（§ 77 Abs. 3 BetrVG），通过这种规范可以防止长期以来对雇员有效的集体合同自治被掏空。

如果一个相关事项在企业委员会的共决权范围之内，但是双方不能够取得一致，就必须要有相应的纠纷解决机制。在这里劳资斗争是不允许的，法律因此有其他的方法来规范。如果达不成一致，则由所谓的协调处来决定(Einigungsstelle)。这是一个企业内部的调解机构，由双方相同人数的人员以及一个中立的主席组成，雇主或企业委员会都可以要求调解。如果达不成已知结果，可以到劳动法院起诉。（§76 BetrVG）调节处的决定适用多数决，

① BAG (Großer Senat) 16.9.1986，NZA 1987，168；BAG (Großer Senat)，7.11.1989，NZA 1990，816.

② BAG 7.11.1989 (Großer Senat)，NZA 1990，816；BAG 12.12.2006，NZA 2007，453.

因此在必要的情况下中立的主席的选票具有决定性作用。

2. 社会事项

按照《企业委员会法》第87条共决权运用得最广泛的领域是共决事项，这方面的规定是共决的核心事项。这里法律列举的所有事项，企业委员会和雇主都有共同决定的权利。没有企业委员会的同意，雇主不能作出相应的规范。在必要的情况下由上述的调节处来决定。社会事项包括：(1) 企业事务以及员工行为方面的问题；(2) 每天工作时间的开始和结束，包括中间休息以及将工作时间分配到每个星期的每一天； (3) 企业劳动时间暂时的延长或者缩短；(4) 在实施和应用技术设备、确定和监督雇员的行为和给付时；(5) 企业工资形成问题，特别是开列支付工资的原则和实施或应用新的工资方法及其变更。

3. 人事事项

在人员事项的框架内最重要的是所谓的个别人事措施。如果企业通常雇佣20名以上的雇员并且已经对人事措施有相应的计划，则必须将个别人事措施的四个重要步骤（招用、分组、重组和调动）及时地告知企业委员会。(§ 99 Abs. 1 BetrVG) 这种措施只有在企业委员会同意后才能实行。不过这里存在着一个特例，即企业委员会只有在某些特定的前提条件之下才能拒绝同意，这种情况被称为“否定性的合一原则”，除此之外拒绝必须在1周之内以书面形式明示。(§ 99 Abs. 3 BetrVG) 企业委员会拒绝同意的理由是绝对地在法律中列明的（§ 99 Abs. 2 BetrVG）即计划的人事措施违反法律、集体合同或者企业合同，或者这种措施缺乏出于企业或者出于雇员个人的正当化原因，将会对有关的雇员构成歧视。如果企业委员会拒绝同意，雇主可以到法院起诉（§ 99 Abs. 4 BetrVG）之后雇主有权利执行该项措施。

在解雇事项上企业委员会的参与权是很弱的，一般来说，其仅仅有权听取解雇事项。(§ 102 Abs. 1 S. 1 BetrVG) 雇主只有义务告知企业委员会，他将解雇哪个雇员以及相应的理由（§ 102 Abs. 1 S. 2 BetrVG)。听证的目的在于，企业委员会应当被置身于这种情况中，即对一个故意解雇发表意见或者劝阻雇主收回其解雇决定。雇主也可以不听取企业委员会的意见。企业委员会的同意解雇的意见并不是必需的，但是如果雇主完全忽略企业委员会或者他隐瞒了重要的信息，则解雇是无效的（§ 102 Abs. 1 S. 3 BetrVG)，雇员可以到劳动法院就此进行起诉，劳动关系的解除无效。 (§§ 4，7 KSchG 解雇保护法）只有解雇企业委员会成员时，企业委员会的同意是必需的。(§ 103 BetrVG)

4. 经济事项

在经济事项的领域内，所有通常雇用了100名以上雇员的企业都应当建立一个经济委员会，以通报企业将来的经济计划。（§ 106 BetrVG）经济委员会的成员从企业委员会或者总企业委员会中选择。（§ 107 Abs. 2 BetrVG）

在企业变更时企业委员会的参与权非常复杂。企业变更是指以下情况：(1) 整个企业或者是基本业务部门减产或停工；(2) 企业合并或者分立；(3) 企业组织形式、企业目的或者企业设施的根本性改变。

如果企业通常雇佣了20名以上的雇员，企业必须及时、全面地向企业委员会告知计划中的企业变更以及向企业委员会作出咨询。（§ 111 S. 1 BetrVG）企业当事人必须尝试保持所谓的利益均衡，即特别的规定在哪种方式上执行所谓的企业变更（§ 112 Abs. 1 S. 1 BetrVG）。这种利益衡量并不是强迫的，而是自愿的。企业主决定是不是或者怎样进行企业变更，例如关闭工厂，是不需要经过共决的。法律的目的是尝试为这种变更提供经济上的激励。如果企业没有与企业委员会进行充分的交流、取得相互理解，企业变更中利益受损的雇员者对这种损失的平衡享有请求权。（§ 113 Abs. 3 BetrVG）

另外，企业变更时双方当事人原则上要拟订一个社会计划，在该计划中拟定为平衡企业变更对相关雇员（例如解雇）的措施。如果企业与企业委员会不能就此达成一致，则由调解处来决定。另外，社会计划的拟订中利益衡量是强制性的（§ 112 BetrVG）。早期社会计划经常只规定失去劳动岗位的补偿，近年来，越来越多的社会计划开始设计尽可能使雇员重新就业的条款。

（四）与工会关系

企业委员会规范的一个基本问题就是与工会的关系问题。德国工会一开始是不愿意企业委员会与其在代表工人利益上展开竞争的。这种想法在1920年《企业委员会法》出台之后发生了变化。仅几十年来，工会接受了企业内部的共决体系，并且努力在企业委员会内部渗透它的影响：企业委员会成员的很大一部分就是工会成员。

一方面，企业委员会是独立于工会之外的企业内部的独立自主的组织。另一方面，法律也赋予了跨企业的工会组织在企业委员会中一系列的权利。

《企业委员会法》第2条确定了一个基本的原则，即雇主和企业委员会应当与在企业中的工会代表之间充满信任地工作。另外，工会也可以启动企业委员会的选举（§ 16 Abs. 2 BetrVG）并且监督雇主和企业委员会是否履行法律规定的义务。（§ 23 BetrVG）企业委员会法赋予了工会履行该项职责的特别入场权。（§ 2 Abs. 2 BetrVG）

另外，《企业委员会法》第2条第3款也明确规定，该法赋予工会的职权不允许被限制或被侵害，这些特别与劳资自治的共同领域以及相关的罢工权相关联。

(五) 欧盟企业委员会

由于篇幅限制，这里只能简单地附带提及。在欧盟的多个成员国中都拥有工厂大型企业，拥有至少 1 000 名雇员，可以建立欧盟企业委员会（或者雇员代表的相似形式)。这里适用的是欧盟 1994 年的指令（RL 94/45/EG),1996 年通过欧盟企业委员会法转化为德国国内法。通过欧盟法的该规范，应当在企业内部建立利益相对的国际性的企业管理与国际性的雇员代表的机构。尽管该规范规定了雇员的信息以及建议权，但与德国《企业委员会法》上的共决水平相比，仍然存在明显的差距。

四、公司共决

(一) 公司共决的特征

德国雇员参与法律系统中的特别规定是公司的共决，尽管许多其他欧洲国家都规定了在股份公司的公司组织中雇员代表的共决，但没有任何国家如德国这样在雇员共决方面有如此重要、清楚的规定。

公司层面的共决与企业层面的相比，程度更高。它应当有利于“资本”与“劳动”的平等，限制经济强权以及在企业政策上考虑到雇员的利益。公司共决补充了企业共决，通过这种方式拓展了雇员对企业基本决策影响的程度。

雇员的共决建立在这样的情境下，即雇员的劳动力为企业创造收益，因此，共决并不是以雇主的资本股份为基础。所谓资本股份在德国虽然也是必需的，但相比较而言，到目前为止表现得弱势得多。最后共决也并不建立在此基础上，即德国养老保险传统上是社会保险的方式，与美国式的并非通过养老保险基金的方式完全不同。

在法律政策学上近些年来关于共决讨论的问题越来越重要，即共决对于企业经济与国民经济的有利与不利的影响。公司共决在德国被视为一个有利于稳定性的因素，但与此同时有一些著者将这种平等视为对法律上公司管理权的侵犯，因为共决妨碍了有效率的公司管制，具体地说即处分权理论（Theorie der Verfügungsrechte）与参与权理论（Die Partizipationstheorie）的竞争。按照处分权理论，共决减少了股东在企业内部的决定权。重要的企业决策的制定将由于损害了雇员的相对利益而被阻碍。按照参与理论，共决则具有经济上的优势。在工业社会中合作以及充满信任的共事的“劳动”重要性在攀升。雇员利益与雇主利益的紧密联系减少了摩擦，使得雇员工作积极性增强而劳动生产率增加。共决改善了管理层与企业层的信息流。此外，共决提升了雇员的就业保障，使得雇员愿意更进一步地改进技能，这也是企业创新的一个前提条件。从司法的视角来看，这种方式也减少了纠纷。当下情况很清楚，美国式的股份公司在当下的金融和经济危机中并不比德国公司所受到的冲击要小，尽管它们并没有共决这种形式。这代表着，不管在哪种情况下也并不意味着共决使得公司效率降低。

（二）法定模式

德国法上公司共决实行的主要方式是，大的股份公司的监事会中不仅有股东代表，而且雇员的代表也具有席位和表决权。出于法律传统的原因，公司共决分别规定在不同的法律中，这些规则有时候异常复杂，以至于对专家而言也纷繁复杂。下面我们仅仅作一个简单的介绍。

公司共决在德国做得最好的产业是 1951 年《矿业共决法》颁布之后的矿山工业（煤、铁、钢工业）。在该工业分支中出于特殊的情势建立了平等的共决体制，直到今天仍然生效，尽管该工业在今天已经不像早期这么重要。

今天最重要的企业共决还是由 1976 年的《共决法》规定的。它包括了所有的雇员超过 2 000 人的股份公司（以及康采恩）。目前大概有 750 家德国企业建立了平等的公司共决[①]，监事会的代表由相同数目的股东代表和雇员代表组成。通过特别的法律规定股东在监事会中具有微弱的优势。除此之外也存在一个例外，即在雇员方面必须有一个领导岗位的职员。另外，在董事会层面必须有一个所谓的职工董事（Arbeitsdirektor）。《共决法》在一开始实行时争议非常大，批评者认为这侵害了宪法上保护的财产自由以及劳资自治。联邦宪法法院在 1979 年认定该法并不违宪才平息了这场争议。[②]

共决的第三种形式为 2004 年的《三分之一参与法》涉及的中等规模（雇员 501—2 000 人）的股份公司。该法并没有新的规定，只是将 1952 年《企业委员会法》第 76 条又重写了一遍。这种企业中雇员占到监事会 1/3 的比例。

（三）监事会与雇员代表的地位

公司共决的具体影响本质上有赖于德国公司法规定的监事会权限范围，公司共决的权利只能在股份有限公司的内部框架中去理解。

最重要的与监事会相关的是人事政策的职权范围。监事会对公司经理层的任命以及解聘具有决定权。（§ 31《共决法》以及 § 84《股份有限公司法》）另外极为重要的是战略性决定的共同商议权，主要体现在对法律行为的批准程序上，关闭企业也属于该范围。（§ 111 Abs. 4 S. 2 AktG）董事会只有取得监事会的同意才能采取该项方案，因此，雇员代表在此时可以施加有

① Quelle：Hans-Böckler-Stiftung.

② BVerfG 1. 3. 1979，BVerfGE 50，290 ff..

效的影响。自 20 世纪 90 年代以来通过一系列的《股份有限公司法》的改革，监事会的地位越来越重要。2009 年年初最新的一次《股份有限公司法》的修改涉及董事会处分权的形成。在此问题上监事会作为一个统一的组织必须要注意，即董事会成员的处分权原则上并未超过以往的范围。（§§ 87，107 Aktiengesetz）

雇员代表在监事会中具有和股东相同的权利与义务，特别是谨慎义务与保密义务。（§§ 93，116 Aktiengesetz）雇员代表应当或者在多大程度上注意雇员的利益在法律中尚没有明确。

（四）欧洲法上的发展

近年来在法律上有这种可能性，即在特定的条件下建立一个欧洲股份有限公司（欧洲法的规定在 2001 年，德国于 2004 年转化为内国法）。超国家法的共决法的特殊部分包括了一个非常复杂的程序，按照这个程序企业领导可以与雇员代表签订一个共决的协议。这种与德国法上完全不同的共决方式产生的深层原因在于欧盟其他成员国中完全不同的共决文化。这是第一次欧洲企业委员会尝试建立一种在欧洲法框架内的雇员参与模式。近年来数家德国大公司（如安联、巴斯夫、费森尤斯）已经开始采取这种形式。这种方式下监事会将缩小，但平等性仍然保留。在德国一直在争论，为了增强德国大公司的竞争力，德国法是否也放松公司共决制度，但立法者到目前为止还没有出于刺激经济的目的采纳这个建议。

目前仍在争论的尚不明了的问题还有，照外国法建立的公司，实际业务的主要开展地为德国，在德国也具有相对多数量的雇员，公司应该采用哪个国家的共决体制。按照欧洲法院的最新司法判例，欧盟法上的定居自由的早期理解已经发生了改变，现在允许这种结构的存在。因为按照国际私法，公司共决应当适用注册地原则，公司可以通过这种方式规避德国法。现在争论的非常激烈的问题是，是否德国应当制定特别法保护共决规则不被公司规避。

五、结　语

德国企业与公司层面的雇员共决制度历经几十年发展，已经成为社会结构当中必不可少的组成部分。新的法律规定延续了历史沉积（路径依赖），极其复杂，即使对该领域的专家而言理解也属不易。对劳动生活更为重要的是共决制度有生命力的实践。在德国该制度的运行总体而言成就非凡，对促进社会稳定以及经济的繁荣可谓功不可没。

录用的自由及其制约

——派遣法修改的慎重论*

[日] 小島典明** 著
田思路*** 肖 密**** 译

一、序 言

2009年8月30日举行的第45回众议院议员总选举，民主党获得308个议席，取得了压倒性胜利。同年9月16日，取代自由民主党与公民党的自公联合政权，诞生了由民主党、社会民主党以及国民新党组成的三党联合政权。

该三党之间围绕外交和防卫政策其思考方式仍然存在基本的差异，同时，关于雇佣政策也存在很大差异。于是将9月9日“联合政权成立的政策合意”，以及三党总选举前的8月14日合意的“共通政策”的事项，一字一句、未加修改地照搬使用。“政策合意”中的第6项“雇用对策的强化——劳动者派遣法的根本修正”中，关于副标题“劳动者派遣法的根本修正”，作了如下阐述：“禁止‘日雇派遣’、‘污点派遣’，原则上禁止登录型派遣，以实现安定的雇用。制造业的派遣原则上禁止。违法派遣的情形下，实行‘视为直接雇用的制度’以及佣金率的信息公开等，把‘派遣法’改为‘派遣劳动者保护法’。”

上述对《劳动者派遣法》的修改项目存在许多分歧，引人注目的登录型派遣和制造业派遣原则上禁止的规定，也是与将违法派遣作为对象而新创立的“视为直接雇用的制度”相链接的，因此有必要加以注意。无论从对用工单位的影响来看，还是从至今为止雇佣政策、劳动法制的转换来看，没有比这种视为直接雇用的制度带来的冲击更大的了。

关于劳动契约的订立，即使没有明示的或默示的合意，只要属于违法派遣，就强制用工单位订立，其结果，是对至今为止的判例所明确的尊重招聘

---

* 本稿原载（日）《阪大法学》，2009年11月第59卷3、4号。作者授权译者翻译并在本刊发表。

** 小島典明，日本大阪大学法学部高等司法研究科教授。

*** 田思路，南京信息工程大学公共管理学院教授，博士生导师。

**** 肖 密，南京信息工程大学公共管理学院硕士研究生。

自由的大的损害，这是不能否定的。

围绕默示的劳动契约的成立，将以前的判例法理以及《劳动者派遣法》所确定的雇用契约的要约义务和雇入劝告的规定，与至今为止的行政解释相对照的话，也可以看出三党考虑到了“视为直接雇用的制度”对实务的影响也非常大。

以下从判例法理和行政解释等方面进行具体的论述。

二、录用的自由与默示的劳动契约

使用者有录用的自由，与谁订立劳动契约[①]或者不订立劳动契约都是可以的。劳动契约也是契约，所以必须最大限度地尊重这种契约的自由（契约订立的自由，选择对方的自由）。日本的法令也将国家不介入契约的自由作为原则。[②]

契约是根据要约的意思表示与承诺的意思表示的一致而成立，劳动契约也不例外。《劳动契约法》第 6 条规定“劳动契约是根据劳动者被使用者使用下劳动，使用者对此支付报酬的劳动者与使用者的合意而成立”，明确表示了合意原则。比如与之相关联的最高裁判所对三菱树脂事件的大法庭判决指出：“宪法在保障思想、信仰自由以及法律下的平等的同时，第 22、27 条等对财产权的行使、营业以及其他广泛的经济活动的自由作为基本的人权也予以保障。所以，企业主有作为经济活动一环订立契约的自由，为了自己的营业雇用劳动者，雇用什么样的人，以什么样的条件雇用，法律上没有特别的限制，原则上可以自由地决定，企业主对带有特定思想、信仰的人的雇用的拒绝，也不是当然地违法。”[③]

由此，即使劳动者与使用者的合意（意思表示的一致）的明示不存在，为了使默示的劳动契约成立，有必要确认当事人之间意思表示的一致（合意）的特别事项的存在。如果确实不存在特别事项，也有必要至少适用或准适用“否认法人资格”的法理（形骸化的法理），以使用者的录用自由相当于契约订立的自由为前提理念，只能作出如此的解释。

同理，派遣劳动者与用工单位之间的关系也应该这样等同对待。比如最

---

① 以下，有时也使用“雇用契约”。本文对两者不作区分。

② 比如，日本的法令中，像《煤气事业法》第 16 条 1 款规定“一般煤气事业主，无正当理由，不得拒绝对其供给区域和供给地点的一般需要的煤气的供应”（其他还有《电气事业法》第 18 条 1 款、《热供给事业法》第 13 条 1 款、《工业用水道事业法》第 16 条 1 款等）。这种对契约订立的强制，说到底是限于提供“公共服务”的事业主。

③ 1973 年 12 月 12 日，《民事判例集》，第 7 卷 11 号，1536 页。

近的判例[①]作了如下阐述："劳动者派遣的法律关系，是基于用人单位与派遣劳动者建立的雇用契约而维持的雇佣关系的同时，在派遣劳动者的同意和承诺下，在用工单位的指挥命令下提供劳务，派遣劳动者与用工单位没有雇佣关系（派遣法第2条1项）。""由此，在用人单位与派遣劳动者之间存在雇用契约的基础上，派遣劳动者与用工单位之间被认为订立雇用契约的意思表示一致的特别事项存在的情况下，除了用人单位与用工单位之间'否认法人资格'的法理被适用或准适用的情形以外，派遣劳动者与用工单位之间，即使是默示的劳动契约，也没有成立的余地。"

具体来说，"为了使派遣劳动者与用工单位之间默示的雇用契约成立，不仅仅是两者之间存在事实上的使用、从属关系，还要对应各种事项，如派遣劳动者有在用工单位的指挥、命令下为用工单位提供劳务的意思，与此相关用工单位作为其等价向派遣劳动者支付报酬的意思被推理认定，在社会通常理念上被足以认为两者间订立雇用契约的意思表示一致的特别的事项的存在等，都是必要的"。

另外，"即使用人单位与派遣劳动者之间同意派遣就业而订立雇用契约，如果用人单位不具备作为企业的实体，只是用工单位的组织的一部分，或者是用工单位工资支付的代行机构，则用人单位的实体可以被看成与用工单位是一体的，在适用否认法人资格的法理或准适用时，用工单位与派遣劳动者之间的雇用契约的成立能够被认可"。

判决作了如上阐述。[②] 关于默示的劳动契约的成立，显示了大部分人能够接受的思考方式。

的确，关于什么样的人是适用《劳动基准法》的劳动者，决定性的标识是有无指挥、监督下的劳动等"使用、从属性"[③]。

另外，作为《劳动组合法》第7条的使用者，关于在什么样的情形下负有不当劳动行为责任的问题，大多也适用上述类似的判断基准。比如朝日广播事件[④]的最高裁判所的下述判决就非常典型：

"关于《劳动组合法》第7条所称'使用者'的意义之检讨，一般来说使用者是劳动契约上的雇主，但鉴于该条的目的是对侵害团结权的一定的行为作为不当劳动行为加以排除和修正，以恢复正常的劳动关系，所以即便是雇

---

① 伊予银行事件，高松高等裁判所2006年5月18日判决，载《劳动判例》，第921号，33页。

② 当然该判决的结果认为，本案情况下因为雇用契约订立的意思表示的一致所被认可的特别事项不存在，所以否认法人资格的法理的适用或准适用不被承认。

③ ［日］劳动基准法研究会第一部会报告（劳动契约关系，1985年12月19日），载［日］劳动省劳动基准局编：《劳动基准法的问题点与对策的方向》，54页以下，日本劳动协会，1986。

④ 最高裁判所第三小法庭1995年2月28日判决，载《劳动判例》，第668号，11页。

主以外的事业主，从雇主那里接受劳动者的派遣来从事自己的业务，关于该劳动者的基本的劳动条件等，与雇主有部分的可以视为同等程度的现实的具体的支配和决定地位时，上述事业主相当于本条规定的‘使用者’”。

但是，如上述判决仍然不够明晰那样，关于这种基本的劳动条件，具有现实的、具体的支配和决定权者并非是雇主。总之，是否是使用者或者劳动者的问题，和雇佣关系的存在与否的问题是不同维度的问题，有必要加以注意。

比如，与此相关的默示劳动契约是否成立的判例作了如下阐述[①]：“劳动契约……是劳动者与使用者之间存在一定程度的强弱差别，及产生了所谓的使用、从属关系，所以特定的当事人之间存在事实上的使用、从属关系，推测他们之间的劳动契约的成立，不能不说是大致的表象。但是，作为企业从事业务而获得劳动力的手段，并非限定于与每个劳动者订立直接的劳动契约，实际上存在着广泛的外包等种种方法，在这样的情况下，每个劳动者的劳动力即使很少编入业务组织中，但也分担着业务活动，其限度在于即使劳动者与使用者之间存在强弱差距，也应该产生某些事实上的使用、从属关系。所以，即使当事人之间的意思的一致完全没有问题，但仅以形成了使用、从属关系这一点，还不能直接确定劳动契约的成立。”[②]

对此，默示的劳动契约的成立被容易认可的见解是，这种劳动关系法令的适用（使用、从属关系的有无）的问题，与劳动契约自体成立的问题的无意识的混合。[③]

---

① 沙卡电视事件，福冈高等裁判所1983年6月7日判决，载《判例时报》，第1084号，126页。

② ［日］菅野和夫：《劳动法》(8版，93页，东京，弘文堂，2008)也根据该案判决强调指出：“公司以外的劳动者即使在用工单位的工作场所接受该用工单位的指挥命令而从事劳务（意思是即使存在使用从属关系），仅以此不能认为是默示的劳动关系的成立。”另外，该判决在前引部分之后进一步指出：“但是，即使是劳动契约，因为是根据原本的默示的意思的一致而成立，所以像工场内派遣劳动者，在外观上与用工单位正式员工几乎没有差异地提供劳务，由此，与用工单位之间存在事实上的使用从属关系，并且用人单位本来没有作为企业的独自性，可以看成是同样欠缺作为企业的独立性的用工单位与劳务责任的代行机构，只不过是这种形式上的存在。而且，用工单位在决定派遣劳动者的工资数额以及其他劳动条件的事实应该被认为存在时，派遣劳动者与用工单位之间默示的劳动契约的订立有被认可的余地。”（但本案的结果是“没有看到默示的劳动契约被订立的根据”）。这样的思考方式不用说是继承了先前所说的伊予银行事件的判决。

③ 判例中有关于这种混合可能会产生危险的一般性论述。比如多少有些特殊性的安田病院事件（大阪高等裁判所1998年2月18日判决，载《劳动判例》，第744号，63页），判决就显示了这种一般性论述：“使用者与劳动者之间为了存在个别的劳动关系，即使有必要两者的意思表示一致，以劳动契约的本质是使用者对劳动者的指挥命令和监督解读，只是契约形式没有被明示，对该劳务供给形态的具体的把握，即两者间事实上的使用从属关系的存在与否要从该使用从属关系出发，根据是否能够客观地推定其两者之间默示的意思一致来加以决定。”

另外，上述三菱树脂事件的大法庭判决也指出，“在相当于雇用劳动者时，雇用什么样的人，以什么样的条件来雇用，如果没有法律等特别的限制，原则上可以自由决定”。关于使用者的录用的自由也是一样，如果存在“法律等特别的限制”，根据该法令受到制约，这是不能否定的。

像这样对录用的自由加以制约的法令在实践中是否存在？另外，如果这种法令存在，需要具备什么样的条件，对使用者进行什么样的制约？下面对此进行深入探讨。

三、劳动关系法令对“录用的自由”的制约及限界

如上所述，日本法令对契约的自由（契约订立的自由和选择对方的自由）采取国家不予介入的原则，劳动关系法令也忠实地遵守这一原则。

比如《男女雇用机会均等法》第 5 条规定：“企业主关于劳动者的募集和录用，不涉及性别而必须提供均等的机会。”该条从文字上理解是规定了企业主在募集、录用时有义务提供均等的机会。在这样的规定下强制对特定的劳动者录用一般来说是不可能的。

《障害者雇用促进法》第 43 条规定，一般企业主有义务雇用该法确定的法定雇用人数以上的残疾人。该义务要求企业制订和提出残疾人雇用计划，并根据厚生劳动大臣的指示进行计划的变更、实施劝告（第 46 条）以及企业名称的公布（第 47 条）。此外，规定了企业主有交纳残疾人雇用纳付金的义务（第 53 条）。要以这些法令为根据进行录用，而不是法令以外。

《高龄者雇用安定法》第 9 条确定开始实施继续雇用制度，作为高龄者雇用的确保措施。这也与该法第 10 条规定的厚生劳动大臣的指导、建议、劝告规定为一体，停留在对企业主课以公法上的义务。该法对特定的劳动者，不给予关于录用方面的私法上的权力，这是不言而喻的。①

另外，《劳动基准法》第 3 条规定禁止以国籍、信仰以及社会身份为由的差别对待，以及《劳动组合法》第 7 条第 1 款规定禁止以从事正当的工会活动为由的不利益对待等也是一样，这些规定最终形成雇入后使用者的行为是

① 另外，大阪地方裁判所在西日本电信电话事件大阪地方裁判所 1996 年 3 月 25 日判决（载《劳动经济速报》，第 2037 号，12 页）中认为，《高龄者雇用安定法》第 9 条“不能解读为是对企业主给予继续雇用请求权的带有同样效果的规定（直接的私法的效力被承认的规定），排斥企业主‘作为私法上的义务对劳动者负有继续雇用义务或保障雇用义务’”的主张。同时参照［日］小岛典明：《劳动法的公法上的义务》，载《阪大法学》，第 58 卷 3、4 号，591 页以下、608～614 页。

禁止的对象，不适用录用（雇入）的思考方式也为判例所确认。[①]

像这样的日本劳动关系法令，始终对使用者的“录用的自由”持尊重的姿态，除了主要的劳动立法和判例以及行政解释可以一目了然外，这种法令的姿态在《职业安定法》和《劳动者派遣法》为代表的劳动市场法的世界，也是一以贯之的。

只是对这种劳动关系法令的误解，与默示的劳动契约成立相关的、多少有些极端的理解相互作用，产生了好像否定使用者“录用的自由”的解释。另外，这样的误解与“雇用契约的要约义务”以及“雇入劝告”所确定的《劳动者派遣法》所固有的规定同样，被认为是要求用工单位对派遣劳动者的直接雇用的有组织的运动。以下对这种状况加以分析。

(一)《职业安定法》以及该法施行规则——劳动者供给业的禁止

《职业安定法》第 44 条规定：“任何人，除了次条规定的情形除外，不得从事劳动者供给业，以及不得使用劳动者供给业者提供的劳动者在自己指挥命令下劳动”。《劳动组合法》上的工会以及《公务员法》上的职员团体，除了经厚生劳动大臣的许可从事免费的劳动者供给业以外，劳动者供给业被全面禁止。

另外，《职业安定法》第 64 条第 9 款规定“违反第 44 条规定者”，“处以一年以下的惩役或者一百万日元以下的罚金”。劳动者供给业中，供给的用工单位与供给的用人单位一样，是刑事处罚的对象，这是该法的特征。[②]

但是，《职业安定法》第 4 条第 6 款又规定，“本法的‘劳动者供给’是指基于供给契约，劳动者接受他人的指挥命令从事劳动的行为，不包含《劳动者派遣法》第 2 条第 1 款规定的相当于劳动者派遣的行为”。可见，相当于该条后半段要件的劳动者派遣，明确不包含在“劳动者供给”中。

总之，“自己雇用的劳动者，在该雇佣关系下，并且接受他人的指挥命令，为该他人从事劳动”，除了“约定对该他人来说，该劳动者不被该他人雇用”，则不相当于“劳动者供给”。如果把《职业安定法》第 4 条第 6 款与定义“劳动者派遣”的《劳动者派遣法》第 2 条第 1 款的规定放在一起来看，

---

① 比如关于《劳动基准法》第 3 条，上述三菱树脂事件大法庭判决认为，“没有规定对雇入的制约”。另外，关于《劳动组合法》第 7 条第 1 款，近年的判例（JR 北海道日本货物铁道事件，最高裁判所第一小法庭 2003 年 12 月 22 日判决，载《民事判例集》，第 57 卷 11 号，2335 页）也同样认为，“拒绝雇入，除了对此前的雇佣契约关系下不利益对待以外，没有能够作为肯定不当劳动行为成立的特别的事情，不相当于《劳动组合法》第 7 条第 1 款所称的不利益对待”。

② 另外，《劳动者派遣法》存在禁止用工单位接受非法派遣的规定（比如第 4 条第 3 款接受派遣业被禁止的适用除外业务的派遣，第 40 条第 2 款第 1 项接受违反派遣期限的派遣，都是被禁止的），但没有设立处罚的对象的规定。

也是同样的。

由此，所谓的伪装承包也是一样，如果与承包合同的雇佣关系明确，即使是违法派遣，也不成为“劳动者供给”；即使从事了这种业务，也不构成对禁止“劳动者供给业”的《职业安定法》第44条的违反。

的确，正如通告所说“即使是供给的用人单位与劳动者之间存在雇用契约关系，对于约定让供给的用工单位雇用劳动者，不等同于劳动者派遣，而是劳动者供给（《劳动者派遣法》第2条第1款)”[①]。

不过，通告中的另一点也有必要注意，即“对于‘约定了用工单位对劳动者的雇用’的推测，契约书客观认可用人单位、用工单位之间就用工单位雇用劳动者的意思达成一致时，可作出此判断，除此之外的情况依以下标准来判断”[②]。

1. 劳动者派遣依据法律规定的框架来进行时，原则上不推断为约定了用工单位对劳动者的雇用。

2. 用人单位是不具备作为企业的人力、物力的实体（独立性）的个人或组织，用人单位自身与该用人单位的劳动者一起编入用工单位的组织，成为其一部分，或用人单位虽是有作为企业的人力、物力的实体，但是该劳动者派遣的实态是该用人单位只是用工单位招聘劳动者、支付工资的“代行机构”的情况或类似此种情况时，例外地可推测约定了用工单位对劳动者的雇用。

上述后面一种情况，可认为指的是适用或准适用否认法人资格的法理（形骸化的法理）的情形。也就是说，仅限于这种情形，行政上认为构成对劳动者供给事业禁止规定（《职业安定法》第44条）的违反。

“基于供给契约让劳动者接受他人指挥命令从事劳动的情形中，供给用人单位与劳动者之间不存在雇用契约关系的，全部等同于劳动者供给”。这虽说本应理所当然，但是符合劳动者供给的例子仅限于像这种供给用人单位与劳动者之间的雇佣关系不存在，或者相当于这种关系不存在（供给用人单位不是作为组织的实体或仅作为供给用工单位招聘劳动者或支付工资的代行机构）的情形。

也就是说，单纯的“基于供给契约让劳动者接受他人指挥命令从事劳动”的关系（即“使用、从属关系”）被认可，并非就等同于劳动者供给，即使将此作为事业，也不构成对《职业安定法》第44条的违反。

---

① ［日］厚生劳动省职业安定局《劳动者派遣事业相关业务处理要领》，2009年5月18日最终修订，10页。

② ［日］厚生劳动省职业安定局《劳动者派遣事业相关业务处理要领》，2009年5月18日最终修订，11页。

另外，上述理由即使与确定了劳动者供给业和承包业相区分的《职业安定法施行规则》第 4 条相关，也予以同样的对待。因为该条第 1 款规定的适用对象是将“提供劳动者并使其接受他人指挥命令从事劳动的人”除外，所以可以说这也是明确的。

《劳动者派遣法》第 2 条第 3 款只是把“劳动者派遣事业”定义为“从事劳动者派遣的职业”。与之相关联，厚生劳动省的通知指出，“劳动者派遣事业，是从事劳动者派遣的职业，派遣劳动者从事的对应的业务不是相当于或者不相当于劳动者派遣的问题，关于适用除外业务（劳动者派遣法禁止的业务），作为职业来进行劳动者派遣的，也相当于劳动者派遣事业”。这是应该注意的。[①]

判例认为，“《职业安定法施行规则》第 4 条第 1 款所定的合法的派遣型承包业务”，以及“适合劳动者派遣法的劳动者派遣”的要件如果不够充足，即使是业务委托契约的形式，“作为脱离法律的劳动者供给契约，违反了《职业安定法》第 44 条以及禁止中间榨取的《劳动基准法》第 6 条，具有严重的违法性，作为对公序的违反，根据《民法》第 90 条应为无效”[②]。上述极端的论调在行政上并未被采用，这种法令解释是明显的没有道理的误解。

像该案例这样，受托者（承包公司）与劳动者之间存在雇佣关系时，并不满足《劳动基准法》第 6 条规定的“介入他人就业而获得利益的法律要件”[③]，因此，在这种情况下，对该条法律的违反并不成立。

上述的大阪高等裁判所采用非常强行的手法，承认默示的劳动契约的成立，这一点难免受到批判。作为该判决的前提，以上述的误解为基础，断定受托者与劳动者之间的劳动契约也是“作为对公序的违反，根据《民法》第 90 条而无效”，那么这种存在就很难简单地否定。（不过，最高裁判所也认为，受托者与劳动者之间存在雇佣关系的情况下，默示的劳动契约的成立不被认可的判断是成立的。）

承包（派遣）公司与劳动者之间被认为存在明确的雇佣关系时，用工单位不存在违反《职业安定法》第 44 条的可能性，也不存在该法施行规则第 4

---

① ［日］厚生劳动省职业安定局《劳动者派遣业相关业务处理要领》，2009 年 5 月 18 日最后修订，16 页。由此，行政当局也认为，违法派遣与判断其是否相当于劳动者派遣业没有影响。限于对法律条文的简洁阅读，该以外的解释是不可能存在的。

② 松下等离子显示器事件，大阪高等裁判所 2008 年 4 月 25 日判决，载《判例时报》，第 2010 号，14 页。

③ 关于这一点，解释例规作了如下阐述：“劳动力供给的用人单位与劳动者派遣相同，供给的用人单位不是介入他人的劳动关系。”〔［日］厚生劳动省劳动基准局编：《劳动基准法解释总览》，修订 13 版，54 页，劳动调查会，2009。〕

条的适用问题。此时，明确作为使用者的基准所在（雇佣关系的存在），并据此将“劳动者派遣”作为“劳动者供给”的例外而解禁，这是历史的事实，从法令的条文出发直接明确地否定这种事实，这样的误解有必要尽快加以改正。

（二）《劳动者派遣法》中固有的制约规定

与《职业安定法》不同，《劳动者派遣法》中有直接制约使用者“录用的自由”的固有规定。例如除了规定“雇用契约的要约义务”的第40条第4款和第40条第5款以外，还有以这些规定为背景的确定了与雇用契约的要约相关的指导、建议、劝告的第49条第2款第1项，以及确定了“雇入劝告”的同条第2项的规定。

这些义务、劝告规定均是针对用工单位而言，不过即使“雇用契约的要约义务”课以用工单位，其性质也应该是公法上的义务，要约义务发生的条件仅限在很小的范围。而“雇入劝告”的适用范围更窄，实际操作中被雇入劝告的案例极少。

不过，关于“雇用契约的要约义务”和“雇入劝告”，现行法规定的内容要么过于复杂，要么过于简单，其意思极易被误解或曲解，无法充分理解。

因此，下文为纠正这些误解，鉴于这些义务、劝告规定是行政上以确保恰当的劳动者派遣得以履行为目的的规定（并且，对于雇用契约的“要约劝告”与“雇入劝告”，对未遵照执行的用工单位公布其企业名，是行政上可采取的履行确保措施的界限。参照《劳动者派遣法》第49条第2款第3项），将以行政上对这些规定是如何解释、运用的为中心，将其意思阐释清楚。

1. 雇用契约的要约义务

成为劳动者派遣对象的业务，大致分为两类：以事务用机器操作等26项业务为首的“无派遣受入期限限制的业务”和一般事务等“有派遣受入期限限制的业务”[通过1999年及2003年的法律修订后可以派遣的业务（即自由化业务），其派遣受入期限原则上是1年，最长为3年，参照《劳动者派遣法》第40条第2款]。

《劳动者派遣法》规定对这些业务均课以“雇用契约的要约义务”，不过此法确定的“要约义务”的主旨和要件等在双方之间有明确的不同。厚生劳动省职业安定局《劳动者派遣业关系业务处理要领》第253～256页对此作了以下说明（以下引用中的下划线为笔者所加）。

（1）与有派遣受入期限限制的业务相关的雇用契约的要约义务

1）概要。

用工单位……<u>接到派遣停止通知</u>，仍接受该劳动者派遣提供的劳务……

超过派遣受入期限限制后仍想继续使用接到派遣停止通知的派遣劳动者时，在超过派遣受入期限限制之前，针对该派遣劳动者表达希望被该用工单位雇用的意思，必须发出雇用契约的要约（《劳动者派遣法》第40条第4款）。

2）主旨。

在超过派遣受入期限限制前，对1）的行为作义务规定，是为了防止违反派遣受入期限限制实施劳动者派遣的行为发生，使劳动者派遣向用工单位的直接雇用转移。

3）派遣劳动者希望的把握方法。（略）

4）雇用契约要约的时期及方法。（略）

5）对雇用契约的要约义务未实行时的处理。

厚生劳动大臣对于一边接受派遣停止通知，一边抵触派遣受入期限的限制，在派遣受入期限到期之前未发出雇用契约的要约，超过派遣受入期限限制以后仍继续使用派遣劳动者的用工单位，依《劳动者派遣法》第48条第1款的规定对其指导或建议（雇用契约要约的指导、建议）之后，仍违反该规定，针对该用工单位，依据《劳动者派遣法》第4条第4款的规定可劝告其发出雇用契约要约（《劳动者派遣法》第49条第2款第1项）。

另外，厚生劳动大臣实施劝告后，受到劝告的用工单位若未遵照执行，可以将此予以公布（《劳动者派遣法》第49条第2款第3项）。（略）

（下略）

6）未发出派遣停止通知时的处理。

派遣受入期限到期前一个月直至该期限到期之日，用人单位若未发出派遣停止通知，用工单位不成为雇用契约的要约义务的对象。

并且，用人单位不发派遣停止通知，派遣受入期限到期以后仍实施劳动者派遣时，等同于用人单位违反《劳动者派遣法》第35条第2款第1项，用工单位违反《劳动者派遣法》第40条第2款第1项，必须立即停止对劳动者的派遣。

（2）与无派遣受入期限限制的业务相关的雇用契约的要约义务

1）概要。

用工单位以及该用工单位的事业所等其他派遣就业场所就同一业务（仅限无派遣受入期限限制的业务），接受用人单位连续超过3年由同一派遣劳动者提供的劳动者派遣劳务的情形，为使劳动者一直从事该同一业务，3年之后用工单位想雇入该劳动者时，须对该派遣劳动者发出雇用契约的要约（《劳动者派遣法》第40条第5款）。

2）主旨。

为保障派遣劳动者的雇用安定，亦是基于派遣劳动者的愿望为确保更多被用工单位直接雇用的机会。

3）雇用契约的要约的方法等。（略）

4）对雇用契约的要约义务未实行时的处理。

对接受派遣劳动者超过 3 年、未履行雇用契约的要约义务的用工单位，厚生劳动大臣依《劳动者派遣法》第 48 条第 1 款的规定对其指导、建议（雇用契约的要约的指导、建议）后，若该用工单位仍违反该规定，厚生劳动大臣可依《劳动者派遣法》第 40 条第 5 款的规定劝告其发出雇用契约的要约（《劳动者派遣法》第 49 条第 2 款第 1 项）。

另外，厚生劳动大臣劝告后，受到劝告的用工单位仍未遵照执行时，可以将此予以公布（《劳动者派遣法》第 49 条第 2 款第 3 项）。

（下略）。

（3）其他注意事项

常用型的派遣劳动者也与登录型的派遣劳动者一样，是用工单位雇用契约的要约义务的对象。

因此，对于有派遣受入期限限制的业务（26 项业务以外的“自由化业务”），用人单位的“派遣停止通知”就成为用工单位“雇用契约的要约义务”产生的大前提［若没有“派遣停止通知”，则不成为“雇用契约要约义务”的对象，这在上述内容中有明确表示。参照上述（1）6)］。另外，对于无派遣受入期限限制的业务（26 项业务等），必须是“接受用人单位连续超过 3 年由同一派遣劳动者提供的劳动者派遣劳务的情形”，且“为使劳动者一直从事该同一业务，3 年之后想雇入该劳动者时”，用工单位才负有“雇用契约的要约义务”。

只要派遣期限超过 3 年，用工单位便产生“雇用契约的要约义务”。从报纸等将此当作真相来报道可以看出有这种理解倾向（劳动局接到的申诉以及与此相关的诉讼均是基于此种理解），不过这很明显是一种误解。

不过，《劳动者派遣法》第 40 条第 4 款规定的“根据第 35 条第 2 款第 3 项规定的通知”即意味着“派遣停止通知”，若不通读该法的内容无法立即明白。可以说正是由于《劳动者派遣法》规定的内容复杂、难懂，才导致了这些误解的产生。

2. 雇入劝告

《劳动者派遣法》第 49 条第 2 款第 2 项的规定（1999 年修改此法时由国会修正追加）也可解读为：只有用工单位违反《劳动者派遣法》第 40 条第 2 款第 1 项规定的“派遣受入期限限制”，接受派遣劳动者，且该派遣劳动者希望被用工单位雇用，“雇入劝告”才成为可能。

不过，行政在此不赞成这种解释，表明其采取极其限定的解释的立场，下面的通告说明了这个问题，不过须读到最后部分才能了解。由于《劳动者派遣法》规定的内容过于简单（在上述的国会修改时，也没有任何争议），其内容只能按照字面意思来解释，但实际可实施“雇入劝告”的情况有其界限。明确了行政上的解释、运用的态度，便可对其进行解读。

1）概要。

针对超过派遣受入期限限制接受劳动者派遣的劳务提供的用工单位，厚生劳动大臣依据《劳动者派遣法》第 48 条第 1 款的规定对其指导、建议之后，该用工单位仍接受该超过派遣受入期限限制的劳动者派遣的劳务提供时，可以劝告该用工单位采取必要措施纠正该派遣就业（《劳动者派遣法》第 49 条第 2 款第 1 项）。

另外，用工单位超过派遣受入期限限制接受劳动者派遣的劳务提供，且与该劳动者派遣的业务提供相关的派遣劳动者希望被该用工单位雇用时，针对该用工单位，厚生劳动大臣依据《劳动者派遣法》第 48 条第 1 款的规定对其指导、建议，该用工单位未遵照执行时，可劝告该用工单位雇入该派遣劳动者（《劳动者派遣法》第 49 条第 2 款第 3 项）。

厚生劳动大臣实施劝告后，受到劝告的用工单位未遵照执行时，可将此予以公布（《劳动者派遣法》第 49 条第 2 款第 3 项）。

2）雇入的指导或建议、劝告、公布的内容

根据《劳动者派遣法》的规定，指导、建议、劝告用工单位雇入派遣劳动者时，除非该派遣劳动者提出希望，进行像无固定限期雇用那样的指导以及建议、劝告。

3）权限的委任。（略）

4）雇入的指导或建议、劝告、公布的手续。（略）

5）成为雇入劝告的对象的用工单位与派遣劳动者的法律关系。

实施雇入劝告的方式是，用人单位与用工单位之间，用工单位的事业所及其他派遣就业场所就同一业务超过派遣受入期限缔结劳动者派遣契约难以假设的情况下，既无劳动者派遣契约的依据，亦无用人单位与派遣劳动者之间的雇用契约的依据，而事实上在用工单位保持继续就业的状态，可将其考虑为满足劝告实施要件的情况。

因此，用工单位在无劳动者派遣契约授权的情况下，以继续指挥、命令派遣劳动者的状态为前提，可作以下法律解释：

i 派遣劳动者与用人单位解除雇用契约或雇用契约到期等与用人单位的雇

佣关系已终止的情形，可以推定其与用工单位的雇佣关系成立，在诉讼中派遣劳动者可以依据劝告内容请求确认雇佣关系或要求损害赔偿。

ii 即使与用人单位的雇佣关系未终止，劝告实施后使派遣劳动者与用人单位的雇佣关系终止了，亦可实施 i 中同样的请求。

（注）用人单位在法律上被课以不能向用工单位的“同一业务”实施超过派遣受入期限的劳动者派遣的义务（《劳动者派遣法》第 35 条第 2 款），若违反此项义务，不仅要受到吊销执照等行政处分，还会受到直接处罚。由此可见，超过派遣受入期限的劳动者派遣“契约”的签订难以假设。

关于“雇入劝告”，其内容是劝告用工单位“无固定限期雇用”［参照上述 2)］[①]，但是实际实施劝告时，是限定在“既无劳动者派遣契约的依据，亦无用人单位与派遣劳动者之间的雇用契约的依据，而事实上在用工单位保持继续就业的状态，且满足劝告的实施要件的情形”，并以“用工单位在无劳动者派遣契约的授权下，继续指挥、命令派遣劳动者”为前提［上述 3)］。若是如此的话，便可令人十分信服。

也就是说，可以认为这种状态是承认“默示的劳动契约”成立的典型例子，“在诉讼中，派遣劳动者有可能依据劝告的内容请求确认雇佣关系和要求损害赔偿”，深入诉讼内容对此例外进行法律解释，也没有什么不可思议。反过来也可以说，若非用人单位与用工单位之间的劳动者派遣契约失去效力，用人单位与派遣劳动者之间的雇佣关系已不存在的情形，或者以此为标准的情形，“默示的劳动契约”不成立。

只不过，即使受到“雇入劝告”后立即假设订立了雇用契约，也不能表示双方建立了契约关系。行政上可采取的措施，与上述的“雇用契约的要约劝告”同样，公布未遵照执行劝告的用工单位的企业名称是行政上的限界。[②]

并且，《劳动者派遣法》第 48 条第 1 款规定，针对用工单位，“为确保劳动者派遣事业的合理运营以及合理的派遣就业，可实施必要的指导和建议”；第 49 条第 2 款第 1 项规定，对违反《劳动者派遣法》规定的派遣受入期限限制的用工单位，“可以劝告其为纠正派遣就业采取必要的措施，或者为防止该

---

① 关于“雇用契约的要约劝告”，通告中尚未设这样的限制。

② 不过，“雇用契约的要约义务”说到底是公法上的义务，无法承认派遣劳动者私法上的权利（松下等离子显示器事件，大阪地方裁判所 2007 年 4 月 26 日判决，载《劳动判例》，第 941 号，5 页。参照［日］菅野和夫：《劳动法》，8 版，204 页，东京，弘文堂，2008）。由此可见，即使实施“要约劝告”，诉讼上也没有承认“遵照劝告的内容确认雇佣关系”的余地，但是对于“雇入劝告”，若发生通告上说明的情况，则有承认的余地，两者在这点上有所不同。关于“雇用契约的要约义务”和“雇入劝告”，可对比参照［日］小岛典明：《用工单位对派遣劳动者的直接雇用——理应修正的误解》，载《阪大法学》，第 59 卷 1 号，1 页以下。

派遣就业发生采取必要措施”[对比参照上述1)]。近年作为“谋求派遣劳动者的雇用安定”的一环，行政指导用工单位的案例也在增加。

不过，这种指导并未包含对派遣劳动者的“直接雇用”，这从最近的通告①中“对于今后的纠正指导，与为谋求对象劳动者的雇用安定而采取的措施的指导不同，推荐用工单位或订货单位直接雇用对象劳动者”的陈述，将对派遣劳动者的直接雇用与为谋求雇用安定的措施作了明显的“区分”也可看出。

有可能侵害使用者“录用的自由”的“直接雇用”，即使在行政上也只能“推荐”，将其说成是“指导”完全是强词夺理。

四、被丧失的录用的自由——《劳动者派遣法》的改正与直接雇用的规定

2009年的通常国会，由民主党、社民党和国民新党三党共同提出了《劳动者派遣法》改正案，关于“派遣劳动者的雇用”作了如下规定：

第40条6款

1. 接受劳动者派遣的劳务提供者在如下行为的情况下，关系到该派遣的派遣劳动者，可以将该劳动者派遣的劳务提供的接受者视为自己雇主的想法向其告知。

(1) 违反第4条第3款的规定的派遣劳动者，从事该条第1款各项中的任何业务。

(2) 知情，并从违反第4条第2款第1项的规定把非日常雇用的劳动者作为劳动者派遣的对象的一般派遣公司处，接受关系到该非日常雇用劳动者的劳动者派遣的劳务提供。

(3) 知情，并从不接受第5条第1款的许可而从事一般劳动者派遣的业者，以及通过伪装其他不正行为，根据对该款的许可以及第10条第2款的规定，接受许可的有效期限的更新者处，接受劳动者派遣的劳务的提供。

(4) 知情，并从不提出第16条第1款规定的申请书的特定劳动者派遣业的从事者处，接受劳动者派遣的劳务提供。

(5) 与根据第35条第2款第2项的规定而接受通知无关，接受违反第40条第2款第1项规定的劳动者派遣的劳务的提供。

(6) 基于上述各项所示行为，厚生劳动省的命令所确定的作为对派遣劳

① 2008年11月28日厚生劳动省以职业安定局长的名义发出的通告《关于就目前严峻的雇用失业形势下的劳动者派遣契约的解除等的指导对劳动者雇用安定的确保》，参照职发第1128002号。

动者的利益显著侵害的行为。

2. 根据前项规定而发生通告的情况下，通告派遣劳动者及与该通告有关的劳动者派遣的业主之间的雇用契约，在该劳动者派遣的劳务的提供的接受者到达时，从该劳动者派遣的业主处向该劳动者派遣的义务的提供的接受者处转接。在此情况下，该通告存在该款第 5 项揭示的行为的理由时，该派遣劳动者即使该雇用契约的期限没有确定也可以变更。

3. 劳动者派遣的劳务提供的接受者，从与该劳动者派遣有关的劳动者处，将第 1 款各项揭示的行为作为理由，接受视自己为雇主的意思的通告时，必须立即通知该派遣劳动者受领该通告。在这种情况下，该劳动者派遣的劳务提供的接受者，认为自己的行为与该款该项的规定不相当时，也必须将这种意思一并通知。

4. 劳动者派遣的业务提供的接受者，在根据第 1 款的规定接受通告时，必须立即将该意思向该劳动者派遣的业主通知。

本文开头所述"联合政权成立的政策合意"，其第 6 项与"违法派遣时'视为直接雇用制度'的创设"相关的规定，相当于"视为直接雇用的规定"。派遣法修改案本身，如果伴随国会的解散而成为废案，没有形成由内阁提出法案的形式的话，在不远的将来，包含同样规定的修改法案与这次同样以议员立法的形式被提出的可能性很大。[①]

用工单位如果收到"视为直接雇用的通告"，当事人之间关于订立雇用契约的合意即将完全不存在，雇用契约也自动地从用人单位向用工单位转移（第 40 条第 6 款第 2 项）。劳动契约法也未必能预见的世界，如今变成了现实。

所谓的仅限于违法派遣才作为适用对象，其范围十分广泛，从无许可、无申请的业者，到明明知情还接受派遣（第 40 条第 6 款第 1 项第 3、4 号），相当于以下的任何情况的用工单位的行为，都成为"视为直接雇用的通告"的对象。

1. 派遣劳动者除了海港运输、建筑以及警备的业务之外，从事修改后的法律原则禁止的派遣业务，即包含制造业的适用除外业务（该项第 1 号）。

2. 根据修改后的法律的登录型派遣（一般派遣业主非常用雇用的劳动者

---

① 当然，假如以议员立法的形式提出时，劳动政策审议会要经过劳资间的"合意"，才能进行立法和法律改正，这会成为对已经形成的习惯加以破坏的深刻问题。参照［日］小岛：《三党的派遣法改正案的重大缺陷》，载《月刊人才事务》，2009 年 9 月，10 页以下。另外，2009 年 1 月 17 日厚生劳动大臣长妻昭对劳动政策审议会请求"关于今后的劳动者派遣制度的存在方式"调查审议的质问，对通过议员立法改正派遣法进行了正面回避，但在向国会提出法案的阶段，劳动政策审议会的建议，即劳资间的"合意"为优先的形式，与三党提案之间寻求调整的可能性仍然残存。

的派遣)，明知其原则上是被禁止的业务，还接受登录型劳动者的派遣。

3. 与从派遣公司接受“派遣停止的通知”无关，接受了违反期限限制(原则 1 年，最长 3 年)的派遣(该项第 5 号。另外在这种情况下，派遣劳动者未经与用工单位合意，变更无固定期限的雇用契约也是可能的)。

4. 以上述为标准的行为，给派遣劳动者的利益带来显著危害(该项第 6 号，厚生劳动省的该方面命令也存在，除了伪装承包外，包含从事前面试开始的对派遣劳动者的特定行为，这大体上是确实的)。[①]

另外，除上述后两项的行为对用人单位课以刑罚，同时基于根据法律修改后创设的用工单位集体交涉承诺义务(第 47 条第 2 款第 3 项)，严密的“视为直接雇用的通告”的对象不存在(如违反了派遣受入期限的限制，以及没有“派遣停止的通知”的情形等)时，用工单位与派遣劳动者加入的工会进行交涉也是迫不得已。如果那样，对于用工单位来说是等待接受不能预知的未来。

的确，对违法派遣的规制如果像这样从本质上进行强化的话，违法派遣有可能被根绝。可是从前不使用派遣，世界上就没有他的身影；如今根据修改了的法律，用工单位直面思考该问题的话，这种可能性是遥不可及的。

关于劳动契约，其成立并不一定需要劳资双方的合意，这对于使用者来说意味着失去了“录用的自由”。像这样修改契约法的大的原则是否真的有必要？从这种观点出发，《劳动者派遣法》的修改希望能够深思熟虑地慎重讨论。[②]

---

① 比如三党的改正法案会带来多大的影响，参照《关于修改劳动者派遣法的联合的思考》第四部分(3)“视为直接雇用的规定的创设”，日本劳动工会总联合会第 25 次中央执行委员会确认，2007 年 9 月 13 日。

② 除了上述以外，对总选举前的执政党提案(内阁提出法案)与当时的在野党的提案(三党提出的法案)的批判的分析与检讨，参见［日］小岛典明：《劳动市场改革——对规制强化论的反论》，载［日］伊藤隆敏、八代尚宏编：《日本经济的活性化——市场的作用、政府的作用》，第三章，91 页以下，东京，日本经济新闻出版社，2009。

台湾 2009 年“就业保险法”修正之分析

——美国与加拿大法观点

谢棋楠*

一、序　言

各种法律之立法过程皆自法律提案起，法律提案可反映出国会议员之政策主张、政党之政策理想、相关选区或利益团体之利益，而后者是国会议员与政党之政绩之表现。[①] 而且于立法过程中，立法机关与行政机关必须密切互动。[②] 在中国台湾地区行政机关对于立法机关有法律案之提案权，因为依“宪法”第 58 条与第 87 条的规定，“行政院”与“考试院”有提法律案之权。又依照“大法官会议”释字第 3 号解释，“监察院”关于其所掌之监察事项，有提案权。又依“大法官会议”释字第 175 号解释，“司法院”就司法机关组织及司法权行使事项，得向“立法院”提法律案。中国台湾地区之此一制度与美国之制度不同，在美国只有国会议员方能提法律案，美国总统之立法提案需由国会议员提出，亦即需由其参众两院议员提出。[③] 中国台湾地区之此一立法制度，部分因为国民党提名之马英九“总统”2008 年竞选“总统”时其与该党所提劳动政策之进行落实，而部分由于劳工团体督促台湾各政党之“立法委员”加强劳工就业安全权益相关立法，2009 年“就业保险法”修法，使该修法为自该法 2002 年立法以来之最大幅度的制度调整，其因而扩大加保对象、增加给付项目及延长给付期间等。2009 年三读通过两次部分条文修正，经马英九“总统”于 2009 年 4 月 22 日第一次修正公布以及于 2009 年 5 月 13 日第二次修正公布。其修正之重点为：

(一) 扩大加保对象范围

1. 第 5 条第 1 项修订加保年龄上限由 60 岁提高至 65 岁。

---

* 谢棋楠，台湾文化大学劳工关系系教授。

① 参见朱志宏：《立法论》，147 页，台北，三民书局，1995。

② 参见上书，205 页。

③ 参见上书，147 页。

2. 第 5 条第 1 项第 2 款增列“本国人”之外籍配偶、大陆及港澳地区配偶依法在台工作者，纳入就业保险适用对象。

(二) 增加育婴留职停薪津贴之给付项目

新订第 10 条第 1 项第 4 款、新订第 19—2 条增列发给育婴留职停薪津贴。劳工参加就业保险年资累计满 1 年，育有 3 岁以下子女，依“性别工作平等法”的规定，办理育婴留职停薪者，不论父或母都可申请津贴。给付标准则按被保险人平均月投保薪资 60%计算，每一子女父母各得请领最长 6 个月，合计最长可领 12 个月。

(三) 延长失业给付期间

修正第 16 条第 1 项延长中高龄及身心障碍失业劳工失业给付期间至 9 个月，现行失业给付发放标准为劳工平均月投保薪资的 60%，最长可领 6 个月，考虑中高龄及身心障碍失业劳工，其平均失业周期较长，再就业比一般劳工困难，故为加强保障其失业期间之基本生活，延长该等失业给付请领期间最长可领 9 个月。

另修正第 16 条第 2 项“中央”主管机关于经济不景气致大量失业或其他紧急情事时，于审酌失业率及其他情形后，得延长前项之给付期间最长至 9 个月，必要时得再延长之，但最长不得超过 12 个月。而新订第 3 项规定：“前项延长失业给付期间之认定标准、请领对象、请领条件、实施期间、延长时间及其他相关事项之办法，由‘中央’主管机关拟订，报请‘行政院’核定之。”

(四) 依扶养眷属人数加给给付或津贴

新订第 19—1 条规定失业劳工依扶养眷属人数加给给付或津贴，最高可为平均月投保薪资的 80%。其考虑失业劳工面临工作收入来源中断，将连带影响其家庭生计，增列有扶养无工作收入的配偶、未成年子女或身心障碍子女，每一人可加发平均月投保薪资的 10%，最多加计 20%，故给付或津贴标准最高可领到平均月投保薪资的 80%。

(五) 具体授权规范得办理促进就业措施

修订第 12 条第 3 项增列得办理雇用安定、创业协助等促进就业措施，协助企业与劳工一起渡过经营困难期，发挥稳定就业的功能。

(六) 明确规范“中央”主管机关编列预算拨付办理经费

而 2009 年第二次部分条文修正，仅是将原第 35 条条文规定：“办理本保险所需之经费，由保险人以当年度保险费收入预算总额百分之三点五为上限编列。”增加“由‘中央’主管机关编列预算拨付之”之文字，连带于第 44 条：“本法之施行日期，由‘行政院’定之增加。”第 2 项：“本法‘中华民国’98 年 4 月 21 日修正之第 35 条条文，自‘中华民国’99 年 1 月 1 日施行。”

于此全球金融风暴冲击经济环境而使中国台湾地区劳工失业率严重高涨之际，2009 年修法对所有 550 万名加入就业保险的受雇劳工来说，其就业安全可受嘉惠。本文系以美国与加拿大相关立法之观点分析 2009 年立法修正之相关制度内容，唯因篇幅限制，仅以扩大加保对象范围、增加育婴留职停薪津贴之给付项目与延长失业给付期间之修正为对照分析。因而，本文段落分为“一、序言”、“二、扩大加保对象之分析”、“三、增加育婴留职停薪津贴之给付项目之分析”、“四、延长失业给付期间之分析”，与“五、结论”。

二、扩大加保对象之分析

此次扩大加保对象之立法，依美国法之相关立法，系涉及美国法之《就业上年龄歧视法》(The Age Discrimination in Employment Act，ADEA)① 与《移民归化法》(The Immigration and Naturalization Act)② 之制度。

事实上，以失业保险或就业保险立法而言，“就业保险法”并非中国台湾地区之最早之失业给付立法。而 60 岁以上劳工可以加保就业保险之立法，也不是第一次之立法例。台湾早于 1968 年修正其“劳工保险条例”时，即已将失业给付纳入于其当时劳工保险之 7 个给付项目之中。③ 亦即，在“就业保险法”立法公布前，台湾之“劳工保险条例”即为当时之失业保险或就业保险立法。当时之“劳工保险条例”第 85 条并规定：“失业保险之保险费率，按被保险人当月之月给投保工资百分之二至百分之三计算，其实施地区、时间及办法，由‘行政院’以命令定之。”此一条文于 1979 年修正为第 74 条规定：“失业保险之保险费率、实施地区、时间及办法，由‘行政院’以命令定之。”唯“劳工保险条例”之此一失业给付项目于如此立法制定后，却直至 1999 年前从未实施。虽然其失业给付项目未实施，1968 年“劳工保险条例”第 8 条第 2 项规定：“前项所称劳工，包括有工会会员资格之职员；在职劳工其年届 60 岁而身体健康并愿继续工作，经雇主留用者，得仍参加劳工保险。”其如美国法并无年龄上限规范之立法，唯该一立法保障 60 岁以上之劳工得加

① The Age Discrimination in Employment Act of 1967 (Pub. L. 90-202) (ADEA), as amended. Age Discrimination Act of 1975, 42 U. S. C. Sections 6101—6107.

② The Immigration and Nationality Act (1952), *Public Law*, No. 82—414. 8 U. S. C. §1158.

③ “劳工保险条例”于 1958 年年初立法时，其第 2 条所规定之给付项目仅为生育、伤害、疾病、残废、老年及死亡 6 种给付项目，于 1968 年修正时加入失业给付一项，成为其当时之第七项给付。

保之规定却于1973年“劳工保险条例”第8条之修正时予以删除，且在该条第1项明列60岁为劳工保险加保之上限。

于1997年时，因台湾发生许多关厂歇业争议，导致大量劳工失业，关切劳工权益之团体“台湾劳工阵线”，乃透过当时“立法院”之在野党的“劳工立委”，提出“失业保险法”草案，以在“立法院”形成政治压力。[①] 因而，在1998年年底，“行政院”乃依据1979年修正以来之“劳工保险条例”之第74条通过“劳工保险失业给付实施办法”，于1999年1月1日起实施“劳工保险条例”之失业给付，此一办法并于2001年经“行政院”予以修正。此一“劳工保险条例”之失业给付，系对于遭受解雇之失业劳工提供所得支持协助，亦即系劳工失业期间之所得支持制度。“劳工保险条例”失业给付确具有保护失业劳工于其失业期间之部分经济能力之功能。当时之“劳工保险失业给付实施办法”，并无提供失业劳工积极的就业促进协助措施之要求。其给付与多数国家之失业保险体制相似，以非自愿性失业劳工为符于请领失业给付之资格要件，凡自愿性失业劳工都被排除在合格申领资格之外。

因“劳工保险条例”亦属多重社会层面的综合保险之制度，而此“劳工保险条例”失业给付，是在“劳工保险条例”内之7个保险给付项目之一，其并非单独之失业保险立法。而依“劳工保险失业给付实施办法”而办理之失业给付，第一年却只有九千余人获准申领失业给付，其人数与数百万名劳工加保劳工保险之比例，显然极不成比例，其成效因而被劳工团体认为不彰，而引发劳工团体的批评，因为许多缴交劳动保险费的失业劳工，却无法符于领取失业给付之资格，被认为有违对该保险之被保险人之公平对待，劳工团体甚至认为应该将自愿性失业之劳工，亦纳入“劳工保险条例”之失业给付保护之范围内。由于“劳动保险失业给付实施办法”之实施未能符合期待，因而劳工团体要求制定“就业保险法”。进而于2002年年底，“就业保险法”立法通过，而于2003年正式实施。

(一) 加保年龄上限由60岁提高至65岁之分析

1. 美国没有加保年龄上限之立法

美国失业保险制度之失业保险给付立法早在1932年即已建立。[②] 美国现行失业保险制度为1935年的《社会安全法》(The Social Security Act) 所建立[③]，国会透过该法授权各州政府建立失业保险制度。而失业保险之实际运

① 参见沈幸如等：《台湾劳工的主张——2000年劳动政策白皮书》，台北，劳动者杂志社，2000。

② Roger A. Rossi，“Unemployment Insurance in the United States”，1 *Comp. Lab. L.* 173 (1976).

③ The Social Security Act，P. L. 74—271，approved August 14，1935 (HR 7260).

作，由各州政府进行，联邦政府只是制定一些措施以鼓励各州政府建立失业保险制度，联邦劳动部并依《联邦失业保险税法》审核各州州法[①]，尽量使各州之失业保险制度保持一致性。[②] 在美国各州之失业保险制度，仍是失业保险性质之立法，尚非如中国台湾地区与加拿大为积极整合失业保险、职业训练以及就业服务等就业安全制度之就业保险立法制度。

美国虽有高龄劳工可能同时申领失业给付与退休年金之问题，但没有规定失业保险加保人之最高年龄之限制问题。立法不给予高龄劳工加保失业保险之制度恐会涉及美国宪法第14条平等保护条款（equal protection clause）之违宪争议。对于某一年龄设限区分不同，而不同对待之制定法，其需符合于相当合理之目的或事由，方符于宪法第14条修正条款之平等保护条款。在美国，年龄之范畴，是以40岁以上与40岁以下为分类之规定，而决定40岁以上之中高龄者为一被保护群体（protected group）。失业保险立法不给予40岁以上之中高龄者加保，难说有相当合理之目的，易产生宪法争议。

（1）美国已取消强制退休制度而无加保年龄上限

美国《就业上年龄歧视法》在1978年国会修正后，将年龄上限由65岁调高至70岁，而在1986年之修正中，更将此一保护年龄上限予以取消，因而受雇人的年龄保护，并没有设定上限。[③] 进而，取消大部分之强制性退休（mandatory retirement）之规定。[④] 除极少数人外，绝大多数美国劳工是受到不得强制退休规定之规定的保护。因而，其各州之高龄劳工自得加入失业保险。

（2）美国仅有同时申领失业给付与退休年金之问题

在美国多数州，申领人若在任何失业期间有受领某种现金所得，例如，领取替代工资、劳工职灾补偿、资遣费、《社会安全法》之老年给付或企业退休制度之退休年金等，主管机关得取消其失业给付。多数州规定应于获取该所得之所得期间，不予支付申领人之失业给付。而有些州，是依其有关所得之所得额，来减发其失业给付金额，或是予以比例减少失业给付金额。[⑤]

在美国，高龄劳工同一期间既领取失业给付又领取退休金的问题，当会引发争议。若劳工之退休行为系出于自愿，则当然引起该劳工是否为自愿性

① 26 USC § 3304. 该条为内地税法典失业保险章之规定。

② Division of Legislation, Office of Workforce Security, U. S. Department of Labor (2008), *Unemployment Compensation: Federal-State Partnership*, Washington D. C.: U. S. Department of Labor.

③ 29 U. S. C. § 630 (f) (2000). 从1978年至1986年，《就业上年龄歧视法》所保障的对象为40岁以上、70岁以下的劳工，《就业上年龄歧视法》于1986年修正时取消70岁的保护上限。

④ 29 U. S. C. § 630 (f) (2000).

⑤ 例如，加州失业保险法，California UI Code § 1253. 8.

离职问题，若为自愿退休，何有请领失业给付之权。而且失业给付申领人，若其系非自愿退休，其却已领取退休金，其又申领失业给付，当然引起争议，其会与领取失业给付者需有能力工作以及可以马上上工之要件有所违背，而其既系非自愿性退休，其已因退休之高龄劳工是否能符合于有能力工作以及可以马上上工之领取失业给付之要件，以及该高龄劳工在非自愿性退休以前之工作年资，可否被认定为符于在基期内有一定工作资历期间之请领给付之资格要件，亦有可疑。

2. 中国台湾地区劳动年龄往后递延之立法

“就业保险法”加保年龄上限由 60 岁提高至 65 岁，系该法对满 60 岁到 65 岁之劳工之扩大适用。其第 5 条第 1 项之修订，立法者系考虑劳动年龄需往后递延之趋势，而立法保障高龄劳工加保之权益，因而将加保年龄上限由 60 岁提高至 65 岁。

基于考虑劳动年龄往需后递延之趋势，马英九“总统”于 2008 年竞选“总统”时提出“马英九全方位‘劳动政策白皮书’——尊严劳动——自主、公平、发展的劳动政策”，其“劳动政策白皮书”中“三、政策主张”中之第三点为“延长劳工退休年龄，保障退休生活基本所得”，而主张修订“劳动基准法”，将劳工强制退休年龄延长至 65 岁。因而，马英九“总统”于 2008 年当选“总统”后，即修正“劳动基准法”，而将劳工强制退休年龄延长至 65 岁。基于此，就业保险之加保年龄上限亦应由 60 岁提高至 65 岁，否则，会发生 60 岁以上、65 岁未满之尚未退休劳工无法加保就业保险，而不得受“就业保险法”保障之情况。因而，“就业保险法”因应强制退休年龄后延之制度，而修正立法以扩大加保对象。

3. 中国台湾地区与美国对高龄者纳入失业保险给付之比较分析

由上述可知，美国基本上已无强制退休制度，因而满 60 岁或 65 岁之高龄者并非属于劳动经济统计上之非劳动力，其在劳动市场上，皆不得受到制度性之歧视。因而在美国，对 60 岁至 65 岁之劳工，提供失业保险之保护为极正当之制度。中国台湾地区 2009 年就业保险之加保年龄上限由 60 岁提高至 65 岁之修正，虽尚未达到不对高龄者存在制度性歧视，因其仍有 65 岁之上限，但其将劳动年龄往后递延之修正，已符合于高龄劳动者保护之潮流趋势。

（二）对外籍与中国大陆配偶赋予就业保险权益之分析

世界各国为保障其本国人民之工作权，对于外国人在本国就业均以立法限制。美国对其公民之外国籍配偶也不例外。

1. 美国公民之外籍配偶之工作权与加保失业保险

美国公民之外籍配偶之工作权与其移民签证或非移民签证有关。

a. 获移民签证而取得永久居留权者。

外国人申请签证由公民与移民署依《美国移民归化法》审核（US Citizenship and Immigration Services，USCIS）。美国公民之外籍配偶之移民签证，由其美国公民之丈夫或妻子支助（sponsor）其配偶的移民签证申请，而使该外籍配偶得以进入美国。若外籍配偶依照此一规定程序，其是在美国以外的地区进行签证申请，而后抵达美国，并获得永久居留身份者。美国公民之丈夫或妻子需先提交一份申请书（petition）而与其外籍配偶之表Ⅰ—130移民申请书相对应，表Ⅰ—130移民申请书由其外籍配偶向美国之驻各国使馆申请。而后公民与移民署、美国国家签证中心和美国驻各国使馆完成所有必要的行政处理程序，则美国公民的外籍配偶将获得移民签证。依《美国移民与归化法》第201条（b）（2）（A）（i，此美国公民的外籍配偶可收到直接亲属签证（Immediate Relative 1，IR1）。[①]或若其结婚尚未满两年，可能收到效期两年之有条件移民居留签证（Conditional Residency 1，CR1）。其为外国人被给予移民签证时设定有条件之移民居留身份，其设定之有条件为期两年。依《移民与归化法》第216条（c）或第216A条（c），外籍配偶和他（她）的美国妻子（丈夫）必须在紧接于获得签证之将满两年之90天前共同提出Ⅰ—751表而申请除去（remove）所被设的有条件移民居留身份，而正式取得合法永久居留身份。经申请除去有条件移民居留身份，其被设定之外国人之有条件移民居留身份会自动终止，但如果未申请除去这种有条件移民居留身份，当事人可能被取消移民身份而被遣返。

美国公民的外籍配偶因移民签证申请获准而取得的身份是永久居留权身份，其是永久居留权持有者，也就是俗称之绿卡持有者（green card holder），有永久居留权者与美国公民一样，不必取得工作许可，可在美国工作。绿卡持有人以绿卡作为证明，能够合法在美国工作，因而绿卡，亦是其外籍配偶之工作许可证。

因而，其美国公民之外籍配偶因申请移民签证而取得永久居留权身份者，其当然得加保其各州之失业保险。但对外国人而有永久居留权者，其失业给付之申领资格，有些州有限制规定。

b. 以非移民K—3签证入美国者。

然而，外籍配偶要以移民签证申请取得直接亲属签证或有条件居留签证，其作业流程非常长：最初提交表Ⅰ—130移民申请书，到移民签证面试，往往就要一年多时间，更不要说到最后取得移民签证所需之时间。因而，美国

---

① Immigration and Naturalization Act § 201 (b) (2) (A) (i), Pub. L. 104—208, 110 Stat. 3009 (1996). 8 U.S.C. § 1151.

2000 年特别制定《合法移民家庭公平法》(The Legal Immigration Family Equity Act)[①],修正《移民与归化法》第 101 条(a)(15)(K)(ii),而建立了一个非移民类别的签证,允许美国公民之外籍配偶得申请为了赴美团聚之 K—3 非移民签证。K—3 非移民签证,仅只提供给美国公民的配偶,已申请前述移民签证而等待移民入美国者。要申请 K—3 非移民签证,其美国公民的配偶必已提 I—130 移民申请书给公民与移民署,而等待 I—130 申请之批准。美国公民有有效的婚姻关系、已提交 I—130 移民申请书、等待 I—130 申请书获移民申请之批准以及随后希望有合法永久居权身份,为申请此 K—3 非移民签证之基础条件。其程序为提交美国领事馆 K—3 申请书,而提交受理之领事馆必须是在该国结婚之领事馆。如果结婚是在美国,该提交受理之领事馆,必须是一个对目前居住外国的外籍配偶具有管辖权之领事馆。

K—3 非移民签证,可降低在等待移民身份之夫妻分隔的时间。而其 I—130 移民申请案,则还在审理中。虽尚未取得永久居留权身份,然外籍配偶一旦持有美国 K—3 签证,即有资格由雇主为其申请工作许可证(work permit)。当事人可以成功地获得 K—3 签证而进入美国,但要工作则需雇主为其申请工作许可证。工作许可证是外国人在美国合法工作所需之证明。然而,其并非劳工自己申请取得之文件。工作许可证被定义为一个由公民与移民署发给雇主之工作授权文件(Employment Authorization Card,EAC)。外籍受雇人并不参与工作许可证的申请程序,由雇主为工作许可证之申请,以使其外籍受雇人被允许合法在美国工作。

K—3 签证程序和工作许可证申请不会自动联结,但在申请 K—3 签证过程中,工作许可证可以与 K—3 签证同时申请。例如,美国公民的外籍配偶可能要合法在美国工作,其在申请 K—3 签证时,其雇主同时申请其工作许可证。已持 K—3 签证者在等待转为绿卡持有人身份时,没有工作许可证不能工作。如果持 K—3 签证者没有工作许可证而非法工作,被发现时,可能会被驱逐出境、罚款或两者兼而有之。

因而,持非移民 K—3 签证入境美国之美国公民之外籍配偶,需逐案由美国雇主向公民与移民署申请工作许可证,获准后其才能短期在该申请雇主受雇用;且与美国之失业保险给付的一般资格条件,即在失业保险规定之基期内需已获有一定的工资收入与工作年资期间之工作要件显然不符,因而,其并无美国失业保险制度之强制适用。

2. 中国台湾地区的"就业服务法"与"两岸人民关系条例"之外来配偶

---

① The Legal Immigration Family Equity Act, *Public Law* 106—553 (2000), 8 U. S. C. § 1255a.

在台工作规定

中国台湾地区“就业服务法”及相关法令对外国人在“本国”就业都有限制规定。大致上台湾人民的非“本国”籍配偶，可分成三类型：（1）中国大陆配偶；（2）中国港澳地区配偶[①]；（3）外国籍配偶。其中以中国大陆及外籍配偶为主，尤其以中国大陆配偶为最多。

（1）中国大陆配偶在台工作规定

2009年7月1日新修正之“两岸人民关系条例”第17条规定，大陆人民为台湾人民之配偶，得依法令申请进入台湾地区团聚，经许可入境后，得申请在台湾地区依亲居留。同条第3项规定：“经依第1项规定许可在台湾依亲居留满4年，且每年在台湾合法居留期间逾[②]3日者，得申请长期居留。”同条第5项规定：“经依前2项规定许可在台湾长期居留者，居留期间无限制；长期居留符合下列规定者，得申请在台湾定居：一、在台湾合法居留连续2年且每年居住逾183日。二、品行端正，无犯罪记录。三、提出丧失原籍证明。四、符合‘国家’利益。”

而依第17—1条的规定，经依17条第1项的规定，许可在台湾“依亲居留或长期居留者，居留期间得在台湾”工作。因而，于台湾人民之大陆配偶依“两岸人民关系条例”就业后，当然即得依“就业保险法”第5条第1项第2款加保就业保险，获得于失业时得请领失业给付之保护。

（2）外籍配偶之在台工作规定

依台湾“入出国及移民法”第22条第1项规定：“外国人持有效签证或适用以免签证方式‘入国’之有效护照或旅行证件，经‘入出国及移民署’查验许可入‘国’后，取得停留、居留许可。”配偶为台湾“国民”之外国人，持停留期限在60日以上，且未经签证核发机关加注限制不准延期或其他限制之有效签证“入国”，得向“入出国及移民署”申请居留，经许可者，发给外侨居留证。配偶为台湾“国民”之外国人，在台湾合法连续居留5年，每年居住超过183日，依该法第25条得向“入出国及移民署”申请永久居留。

而外国籍配偶之在台工作，系依“就业服务法”第48条之但书规定，若雇主聘雇外国人工作，而其所聘之外国人是与台湾之“国民”结婚，且获准居留者，不需申请许可，即可在台工作。因而，外籍配偶“停留”台湾期间

---

① 因为在台湾地区，港澳地区配偶较少，本文省略对该部分之探讨。

② 该外籍配偶虽不违反“就业服务法”第43条有关外国人未经雇主申请许可，不得在台湾境内工作之规定，但其违反台湾“入出国及移民法”相关规定，仍应由“入出国及移民机关”依权责处理。参见汪淑芬：《劳委会：放宽外籍配偶工作规定》，载《大纪元时报》，2008-07-01。

不能雇其工作，但其获准居留者，不论其系短期居留或永久居留，皆不需向“劳委会”申请工作许可，而可以在台工作。

而“劳工委员会”又于97年（2008年）6月3日发布补充规定，放宽外籍配偶在台工作之适用原则，其外籍配偶已申请获准居留，后又因故居留期限届满，未申请居留延期，以致逾期居留，其外籍配偶之身份并未改变，且基于信赖保护原则及人道立场，外籍配偶于离婚或台湾籍配偶死亡后，其外侨居留证并没有失效，依法外侨居留证须经主管机关撤销、废止或因期限届满才失其效力。因而，外籍配偶，i婚姻关系存续中，居留期限届满，未向“入出国及移民机关”申请居留延期，而于逾期居留期间从事工作；ii因离婚或台湾籍配偶死亡致婚姻关系消灭，原居留许可未经废止、撤销或因期限届满而失其效力，仍有“就业服务法”第48条第1项但书规定之适用，无须申请许可，仍可继续在台湾境内工作。亦即外籍配偶于居留期限届满，未申请居留延期，原外侨居留证虽已失效，但该外籍配偶逾期居留期间在台湾境内工作，仍不违反“就业服务法”之规定，仍可继续工作。

此外籍配偶于其居留或永久居留台湾期间，而受雇就业时，可依“就业保险法”第5条第1项第2款加保就业保险，而获得于其失业时得请领失业给付之保护。

(3) 促进外籍配偶及中国大陆配偶就业补助

除“就业保险法”之适用外，“劳委会”并颁布“促进外籍配偶及大陆配偶就业补助要点”，对于失业之外籍配偶或中国大陆配偶，经公立就业服务机构咨询并推介参训，或经政府机关主办或委办之职业训练单位甄选录训，其所参训性质为各类全日制职业训练，训练期间得发给职业训练生活津贴。基于职业训练可促进个人发展及提升就业技能，以及对个人权益之保障，虽因离婚或台湾籍配偶死亡致婚姻关系消灭，其原居留许可仍合法、有效者，外籍配偶及中国大陆配偶参加“劳工委员会职业训练局”主办、委办或补助之职业训练，可免负担训练费用并依该补助要点之规定申领职业生活津贴。

3. 中国台湾地区与美国之外来配偶就业权益比较分析

不论是中国大陆配偶在台依亲居留与长期居留或外籍配偶之在台居留或永久居留，外籍配偶及中国大陆配偶都得在台工作，不受限制，且不需由雇主申请工作许可证，并不以是否“移民”台湾为依据而有区分。然而，美国之外籍配偶移民取得永久居留权，需先经冗长审查程序，而取得非移民之K—3签证者，虽可工作，唯需由雇主申请工作许可证，其有如台湾之雇主申请聘雇外籍劳工之申请工作许可证，并未以其美国公民之家庭可能之经济需要为考虑，而以移民限制为主要考虑。

且台湾“劳委会”并颁布“促进外籍配偶及大陆地区配偶就业补助要点”之制度，将中国大陆配偶与外籍配偶视为“国民”，提供资源对其提供职业训练，而于职业训练期间并发给生活津贴，其为美国之美国公民必须自行提供经济上支助外籍配偶，提出财力证明方可能使其外籍配偶申请取得永久居留权，实不可同日而语。台湾之制度使得外来配偶可尽速融入台湾之劳动市场，进而尽速同化。

三、增加育婴留职停薪津贴之给付项目之分析

加拿大于 1991 年设育婴津贴制度。而其失业保险制度系于 1996 年方另外订立《就业保险法》改称为就业保险制度[①]，其原有《失业保险法》未被就业保险法修改之部分，仍然适用。

（一）加拿大就业保险制度中之育婴津贴制度

1. 立法缘起

现行加拿大育婴津贴制度系规定于其《就业保险法》，加拿大之就业（失业）保险制度，与美国失业保险制度相仿，起因于 20 世纪 30 年代“经济大恐慌”而于 1940 年制定。其与前述美国之失业保险制度不同，属于联邦法，并由联邦自行实施。由于怀孕、生产的母亲可享有最多 15 周的可领取产假津贴，因而，自然母亲之 15 周产假津贴加上与最大可能之 35 周育婴津贴若合并，最大上限给付给自然母亲可能达至 50 周合并之津贴。计算起来，此一制度给予自然母亲劳工，最长可以有将近一年有津贴保障之休假。

在 20 世纪 50 年代末，因其国廉价劳动力短缺，而有对许多非以往传统劳动力之需求[②]，因而，引入妇女劳动力于其产业中，其妇女参与劳动而为劳动市场中主要之劳动力，进而于 1971 年时，使其产假津贴列于失业保险制度中而由联邦发放。因而，产假津贴原是附于失业保险之所得保障制度，以产假津贴给付给请产假之女性劳工。[③] 然于 1990 年发生 Schachter v. R. 一案[④]，该案原告以其为生父，却因该法对照顾婴儿之生父并无规定，而不能领育婴津贴，有违联邦的《加拿大权利与自由宪章》（the Canadian Charter of Rights and Freedoms）第 15 条之两性平权之规定，而挑战当时之产假津贴给付。其

---

① The Employment Insurance Act，S. C. 1996，c. 23，as amended.

② 20 世纪之四五十年代的发展扩及加拿大主要产业之季节性劳工。然而可以看出其国经济成长上对非传统标准劳动（non-standard work）需求情形。

③ Lene Madsen，“Citizen，Worker，Mother：Canadian Women's Claims to Parental Leave and Childcare”，19 *Canadian Journal of Family Law* 11. 41，2002.

④ Schachter v. R.（1990），66 D. L. R.（4th）635，108 N. R. 123（F. C. A）.

最高法院判其胜诉，并命令其政府应修正该法。因而1991年修正将产假津贴限定于生母始可以领取，而另设育婴津贴制度，亲生父母与养父母皆可分享或独享，而领取育婴津贴。自此不单单是生产的母亲可享有产假与育婴津贴，并整合原有之收养津贴，而成为自然父母与收养父母，都可以享有同样的育婴津贴福利。[①] 其育婴假及津贴之发放制度具有其联邦与各省经由立法而对加拿大联邦与各省之经济与社会相关层面进行管制之意义。对加拿大而言，不论其国什么种族文化下之家庭，妇女仍是其国家庭主要的照顾提供者（caregiver）[②]，甚至高所得且专业身份之劳工，如女性律师职系之劳工，亦有诸多生儿育女相关家庭问题，限制其职业发展。[③] 而国家不利政策，可能更加深男女阶层不平等，使男人工作而女人负担生产与家庭照顾之性别分工。[④] 因而，育婴假与其津贴制度有为尊重与拥护男女平权之目的。[⑤] 当然，也涉及妇女劳工平等权利地位（equality）的调整。

2. 其就业保险之制度性质反映多重社会层面目的

育婴津贴之请领资格，与失业给付请领资格不同，因而可以看出其现行就业保险制度已与原本失业保险制度之性质不同。依其《失业保险法》第20条第1项及《就业保险法》第23条第1项规定，请领育婴津贴之申领人，并不需符于其具能力工作而无法觅得工作之劳工之资格。

其《就业保险法》不仅规范劳工失业时之失业给付，而历来许多修正并不针对失业问题，而是要对应一些临时性、地区性、个别产业性之问题，或是对应一些特定人口或族群之问题，因而将有关制度，附加入原本之失业保险制度之中。[⑥]不以劳工失业时，而可请求给付之制度者，其增加之数种不同给付中，除列有产假津贴与育婴津贴发放外[⑦]，病假津贴、丧假津贴、退休津贴、家庭照顾津贴（compassionate care benefits）、工作分享津贴（work share benefit）[⑧] 及其他一些社会性给付制度，都被附加入原本失业保险制度，

---

① Wendy Hubley，“One-Year Maternity and Parental Leave：What it Means for Parents and Employers”，retrieved from：http：//www.sla.org/chapter/ctor/courier/v38/v38n2a12.htm，2004-06-12.

② Madsen，“Citizen，Worker，Mother：Canadian Women's Claims to Parental Leave and Childcare”，19 *Canadian Journal of Family Law* 11.49，2002.

③ Fiona M. Kay，“Crossroads to Innovation and Diversity：the Careers of Women Lawyers in Quebec”，47 *Mcgill Law Journal* 711，2002. 在魁北克32%的女律师有产假与育儿有关请假之困难。

④ Fida Abou-Nassif，“Canadian Women and the Welfare State in an Age of Globalization”，unpublished Master Thesis，Department of Sociology，University of Ottawa，Ontario，Canada，19，2002.

⑤⑥ Claire L'Heureux-Dube，“The Search for Equality：A Human Rights Issue”，25 *Queen's Law Journal* 401—416，2002.

⑦ 育婴津贴与产假津贴规定于《就业保险法》第23（1）条，丧假津贴则列于第23.1（2）条。

⑧ Sec. 43 to Sec. 49，the Employment Insurance Act 1996. S.C. 1996，c. 23.

其失业保险给付甚至可以用于补贴渔工津贴之支用。因而，其就业保险制度之目的，已非仅为单一失业层面之目的，而为具有多重社会层面目的之制度(multi-purpose)，可以说已是一种广泛性的所得支持制度。

由于此响应多重社会层面目的之制度，似有与失业保险制度之本质相左，而就其制度曾产生宪法争议。于 Confédération des syndicats nationaux v. Canada 一案[①]，魁北克工会组织全国贸易工会联盟（Confédération des syndicats nationaux）和全国铝业员工会（Syndicat national des employés de l'aluminum），控告前自由党克理田（Jean Chrétien）和马丁（Paul Martin）总理所执政之政府，偏离使用原本应用于失业劳工的就业保险费，而巨额剩余款项被其挪用去平衡国家预算和支持其他社会给付之支出，该两工会认其政府行为违宪。其最高法院却在一致同意的情况下判决驳回工会之上诉。最高法院称：“就业保险费资金用于相关的社会给付之支出，在联邦政府被授权的范围之内。”

本案工会与政府争议的焦点在于，工会坚持政府应严格限定就业保险资金只能使用于向失业者发放失业给付，而相关的社会服务事项，属于各省主权，应该置于各省的监督之下。工会认为就业保险制度的缘起是为帮助失业者维持生活，自由党却于1996年通过规定而修正失业给付之申领条件，使劳工符于申领资格之难度增加，许多劳工因不符合于申领资格要件而无法在其失业时领取失业给付，又或者失业劳工虽然满足了严苛的条件，可以领取失业给付，但其得领取失业给付的期间却不断缩短。而因加拿大自由党政府紧缩失业给付之给付要件，反促使加拿大联邦就业保险账户开始膨胀，年年积累大笔余额。令其审计总长弗雷泽（Sheila Fraser）亦曾批评其联邦政府1999年以来运用和管理就业保险资金的方式有问题。其制度造成了一方面，许多真正有需要的失业者并不能获得失业给付；另一方面，就业保险资金余额大增，而加拿大政府将其收归国库。其被工会认为实际上是变相地向劳工强征税款，就业保险制度进而被批评是加拿大联邦政府的一棵摇钱树。在2008年，哈伯（Stephen Harper）总理领导之保守党政府承诺好好管理就业保险之资金余额，以保证其就业保险资金使用于失业劳工。但其政府并未提出被工会认为系已被其联邦政府挪为他用的540亿就业保险资金，应该如何处理。[②]

---

① Confédération des syndicats nationaux v. Canada 2008 Can. Sup. Ct. LEXIS 85; [2008] S. C. J. No. 69.

② Joshua Clipperton, Feds 'Stealing' from EI Fund, Layton Says, the Canadian Press, May 29, 2008.

而最高法院称："没有法律上的理由（可说）自由党政府的行为使就业保险体系变成了加拿大联邦政府的摇钱树。政府剩余的就业保险资金，应被看作是政府收入的一部分。"其又称："很明显，就业保险账户，正如退休金之资金一样，其信托基金并未被挪用，其为加国政府基金账户的一项组成成分，就业保险保费属政府政收入。"因而，最高法院不同意把这些钱返还给缴纳保费的雇主与劳工。且该判决肯定联邦政府在就业保险体制之保护伞下对劳工进行职业训练、就业安置和其他业务的宪法上权利。最高法院称："政府规范使用失业保险并不意味着只是简单地履行向失业劳工支付失业给付的责任。(Regulating unemployment insurance does not mean simply taking passive responsibility for paying benefits to Canadian workers during periods when they are not working.)"①

但在本案，最高法院也指出：在 2002 年、2003 年和 2005 年，联邦政府未经国会批准，私自直接订立就业保险费之费率。此提高就业保险费之费率为违法，在此 3 年的期间内，政府实际上是迫使劳工违法地缴纳就业保险费。最高法院法官勒贝尔（Louis LeBel）代表法院称："一种税项只有在国会通过或由国会明确授权的代表的同意下才能开征。这是加拿大民主体制下之古老的却是基本的原则。"但最高法院对于如何纠正这种状况，只是以其判决赋予其联邦政府 1 年的时间予以处理。

3. 申请津贴之资格要件

符于申请津贴之资格要件为：

(1) 需有小孩需照顾②

《失业保险法》第 20 条与《就业保险法》第 23 条规定育婴津贴（parental benefits）制度之目的是欲使津贴申领人（claimant），可以在家照顾一个或多个新生婴儿或收养之小孩，需有小孩需照顾为其申领人资格要件。

依《失业保险法》第 20 条第 1 项及《就业保险法》第 23 条第 1 项，获取育婴津贴之要件为申领人之自然小孩或依申领人系依其所居住省之法律而收养且已置于其管领之小孩者。

(2) 需有所得暂时停止及因请假停止工作

依《失业保险法》第 6、37 条及《就业保险法》第 7、14 条，请领津贴资格至少 a. 需有所得暂时停止（interruption of earnings）及 b. 停止一定期

---

① Joshua Clipperton (2008), Feds 'Stealing' From EI Fund, Layton Says, the Canadian Press, May 29, 2008, at 45.

② Unemployment Insurance Act Subsection 20 (1); Employment Insurance Act 1996 S. C. 1996, c. 23 Subsection 23 (1).

间之《就业保险法》下之工作（insurable employment）。

（3）参加就业保险缴交保费

保费依保费费率乘以投保薪资，《就业保险法》规定之保费费率如前述曾由就业暨移民委员会直接决定，但被认为违宪。所有的企业劳工必须参加保险，自营作业者自愿参加；劳工依本人工资的1.8%缴交保费，雇主依工资总额的3.6%缴交保费，自愿参加而加保者按本人收入的5.4%缴交保费；政府财政负担进行就业保险工作所需的行政费用。各个劳工与雇主各别支付。

（4）需符于法定最低保险工作年资（the minimum amount of insurable employment）

符于法定最低保险工作年资、和劳动市场有主要联结（a major attachment）为请求育婴津贴之要件。其年资期间要件为在请求给付日前52周之期间，有工作达600小时。其600小时之计算方法，含全时工作、部分工时工作、加班时间、变形工时而工作之时间，劳工被聘雇而存有劳雇关系之长短并非认定标准因素。52周内转换雇主而有多雇主时，每一雇主的雇用记录以“时”计算之工作时间长短。

4. 给付标准

（1）给付最高金额

加拿大之育婴假期中之津贴发放，依就业保险制度之给付，为给予投保薪资之55%为其津贴金额，但其最高金额不得超过1周413元加币。① 该法规定育婴假期间领取该给付时，并给予劳工得在一定上限长度时间限制下部分工时工作，可以获得周50元加币或周育婴津贴之25%两者较高者之一之工资，而不会被扣减其育婴津贴，以保护其育婴假期间之所得。

（2）最长给付周数为35周

依《失业保险法》第11条第4款（a）项及《就业保险法》第12条第4款（a）项，最长之育婴津贴之给付周数为35周。而依《失业保险法》第11条第7项及《就业保险法》第12条第7项其可能延长5周，若收养之小孩被收养者管领时已经6个月大，且医师或办理交付小孩之机关证明该小孩有身体心理或情绪之状况而需额外之育婴期间。

5. 津贴课税

育婴津贴为需扣税之所得，该津贴所得系为税前所得，为需课税之收入，联邦及国税仍需予以课扣。

① Melanie Manning, “Parental Leave Benefits: 10 Things You Should Know about the New Pregnancy and Parental Benefits”, *Work & Family Finance*, 2004 retrieved from: http://www.todaysparent.com/lifeasparent/motherhood/article.jsp?content=1625.

(二) 中国台湾地区增加育婴留职停薪津贴之给付制度

中国台湾地区增加育婴留职停薪津贴之给付项目的制度，系因参考他国之制度而来，而规范于“就业保险法”，其立法缘起与制度性质皆相似。育婴留职停薪津贴于2009年“就业保险法”部分条文修正，修正条文第10条、第11条、第19—2条而订定之。然而，申请育婴津贴给付之资格要件之细节则有所不同。

1. 立法缘起

台湾2002年制定“两性工作平等法”，现名称改为“性别工作平等法”，其第16条规定：“育婴留职停薪津贴之发放，另以法律定之。”因而，台湾增加育婴留职停薪津贴，系缘起于“性别工作平等法”原已有规定需立法。其间学者研议参考外国制度，提供立法先例，而有加拿大将之纳于《就业保险法》之立法先例。唯直至2009年才将育婴留职停薪津贴之发放制度制定于“就业保险法”中。①

2. 就业保险制度性质响应多重社会层面目的

依“就业保险法”第10条规定原已有失业给付、提早就业奖助津贴、职业训练生活津贴之4项给付，其已属多重社会层面目的而制定，加上育婴留职停薪津贴之第5项给付，更反映其制度之此一性质。其请领育婴津贴之请领资格，与失业给付之请领资格不同，可以看出其制度已与失业保险制度性质不同，依“就业保险法”规定，请领育婴津贴之申领人，并不需符于其具能力工作而无法觅得工作之申领资格。然对于纳入育婴津贴给付而响应多重社会层面目的，亦有工会有不同声音，然并未有“违宪”之争议案产生。

3. 申请津贴之资格要件

符于申请津贴之资格要件为：

(1) 被保险人于就业保险投保年资合计满1年以上

因而，在台湾符合于申领育婴津贴给付之劳工，为需投保就业保险合计满1年以上，其1年之规定并不是以连续加保为限，而是以加保年资已合计有1年者，方合于申请育婴津贴给付之资格。而加拿大法是以有加入其就业保险即可。

(2) 子女满3岁前

子女满3岁前之要件，是“性别工作平等法”之请休育婴假之要件，请

① 于中国台湾地区政府研议制度期间，适笔者研究加拿大之育婴假与津贴发放制度，因而为文建议中国台湾地区采加拿大之附于《就业保险法》之制度，详请参见谢棋楠：《加拿大之育婴假与津贴发放制度》，载《政大劳动学报》，第20期，125～180页。

休者最长可休两年育婴假，其已限制劳工请休育婴假之期限。

(3) 依“性别工作平等法”请准留职停薪

劳工需先符于“性别工作平等法”第 16 条之请休育婴留职停薪要件，亦即受雇者任职满一年后，于每一子女满 3 岁前，得申请育婴留职停薪，期间至该子女满 3 岁止，但不得逾 2 年。其受雇于某一雇主一年以上之工作年资，比较之于加拿大之有工作达 600 小时之工作年资，而且为不同雇主之工作年资，可以累计之制度不同。

4. 给付标准

(1) 给付最高金额

其给付是以劳工之平均月投保薪资之 60％计算，而其育婴留职停薪津贴给付标准之平均月投保薪资，系以被保险人育婴留职停薪之当月起前 6 个月之平均。

(2) 最长给付月数为 6 个月

育婴留职停薪津贴给付系按月发给，每一子女最长发给 6 个月，父母同为被保险人时，得分别请领，然其两人请领期间不得重叠。

(三) 中国台湾地区与加拿大之育婴津贴给付制度之比较分析

1. 两者之制度都属多重社会层面目的下之育婴津贴给付制度

加拿大多重社会层面目的下之就业保险制度不是没有争议，也产生 Confédération des syndicats nationaux v. Canada 一案之诉讼。失业保险制度之原来本质上应为一种选择性（selective）的制度，其制度之性质在本质上系针对特定群体而建立，加拿大却以其制度来支持家庭与妇女之政策，刚开始于 1971 年亦仅有产假津贴，仅为针对女性劳工提供怀孕、生产之津贴，并不构成为综合性（universal）之社会保险福利制度，如今加拿大之制度却往综合性制度而发展。其立法技术上，育婴津贴制度并列入于此一已既存且已综合性化之所得支持制度中，较可以不凸显该制度受益者与非受益者间之差异，而易于推动立法建立。但一综合性（universal）之社会保险福利制度，经费由全体参加者负担，却有适用于不请育婴津贴者之福利制度参加人身上，没有请育婴假之权利者也要缴就业保险之保费，许多劳工没有符于请育婴假资格或因经济问题而放弃请育婴假者，但却又得负担就业保险之保费，其实这也会是一种穷人劳工补贴有能力请育婴假者（富人）的制度。对于此不当并非没有不同之声音，但加拿大在 2000 年修正立法将育婴津贴请领期间延长到 35 周，却也获得各党之支持。

因中国台湾地区人民确信儒家文化为本，重视家庭，易于接受在多重社会层面目的下纳入育婴津贴给付于就业保险制度之内。因而，2009 年推动育婴津贴立法，是基于以人口政策与家庭政策之目的，而非以劳资权益分配之劳动条件改善之目的予以推动。中国台湾地区劳动力之再生产危机已明显浮现，由于人口减少，育龄妇女总生育率再度创下新低，甚至比发达国家都低。[①] 育婴津贴制度既有为劳动力之再生产与嘉惠家庭之目的，因而“立法委员”不分党派予以支持。其实，其与制定于“性别工作平等法”之育婴假制度，皆有宣示男女平权之意义。

2. 育婴津贴是否为扣税所得之差异

因育婴津贴制度系所得支持制度，加拿大视该一金额为所得，但中国台湾地区之育婴津贴并非需扣税之所得。

3. 限制与不限制 3 岁以下婴儿之差异

加拿大以较宽的“需有小孩需照顾”之事实要件为据，不限 3 岁以下，乃因其需配合其各省之劳动法或雇佣法之育婴假之请假要件或有不同。

4. 加国最长给付周数为 35 周较长

加国之最长给付周数为 35 周，而中国台湾地区为 6 个月，已达有 24 周，两者制度接近，但加国给付期间较长。

四、延长失业给付期间之分析

中国台湾地区 2009 年之延长失业给付期间之制度和美国之延长失业给付期间之制度有许多差异。美国延长失业给付之目的是充分保障在高度失业地区之失业劳工，而中国台湾地区 2009 年之延长失业给付期间之制度，有一部分制度具有社会救助之性质。

（一）美国《失业保险法》下之延长失业给付

美国各州除了提供正规失业给付（regular unemployment benefit）之外，也依法于失业率高涨情况下由州与联邦一起提供延长失业给付，以充分保障在高度失业地区之失业劳工，使未能在规定期间内再就业的劳工，获有长一点的失业给付。而其延长失业给付制度，经多年来之发展，自 1970 年起已产生一个常设制度化之延长失业给付制度（permanent extended unemployment benefit），另外，因应一时全国性衰退（in periods of national recession），美国国会或州议会也会制定实施一时特别立法性之延长失业给付制度。因而，一时特别立法性之延长失业给付制度，又可分为联邦之制度或州立法建立之一时特别立法性制度。其中，州之一次特别立法性的延长失业给付，被称为

① 参见卢智芳：《Working Mother 你可以更快乐》，载《CHEERS 杂志》，2004（5）。转引自 http：//www.cheers.com.tw/newsletter/2004/040505.htm。

额外性失业给付（additional compensation）。2008年，美国布什政府执政末期，国会两次制定一时特别立法之延长失业给付措施，由布什政府执行。其都是使联邦为一时延长失业给付的发放。劳工除领正规失业给付，与可能另领常设制度型之延长失业给付外，可另外可依其特别延长给付，而多领延长失业给付。

然而，不论是常设制度型之延长给付或是一时特别立法型之延长失业给付，其给付之所有相关措施，仍系依据《社会安全法》、《失业保险税法》与各州之失业保险法中规范正规失业给付之主要内容而办理。

1. 常设性延长失业给付制度

1970年联邦—州延长失业给付立法建立常设性延长失业给付制度。[①] 常设性延长失业给付制度，是以州法来规范延长失业给付，各州不同。

（1）启动因素

其制度规定有延长失业给付之启动因素（triggers for EB）。以启动因素决定延长失业给付是否发出。其启动因素又分：

a. 强制性的（mandatory）应办理者之情况

若一州之失业却潜在可加保之劳工，与现有投保失业保险劳工之比例而计算之失业率（insured unemployment rate，IUR）在前13周达到5%，而且前两年之每一年之相对应之13周，皆为120%之时，该州可给付13周之延长失业给付。

b. 州选择性地（optional）得办理之情况

州选择性地（optional）得办理之情况，是依1992年失业给付修正案修正1970年《联邦—州延长失业给付法》原制度所修改增加。[②] 若其情况是在前13周，若失业却潜在可加保之劳工与现有投保失业保险劳工之比而计之失业率，为至少6%，而不论前几年之经验。

总失业率（total unemployment rate，TUR）为至少8%，且前两年之任一年之相对应之3个月皆为10%之时，则该州可给付13周或20周之延长失业给付。

（2）延长失业给付之成本分担

其延长失业给付之一半之成本，由联邦失业保险税收入支出之。

（3）联邦法特别之给付资格要件之规定

基本上，延长失业给付之资格要件，是依州法之规定而认定，但联邦法

---

① The Federal-State Extended Unemployment Compensation Act of 1970，84 Stat. 708—712，26 U. S. C. § 3304 note.

② The Unemployment Compensation Amendments of 1992，*Public Law* 102-318.

有规定一些特别资格要件（special qualifying requirements）：

a. 有 20 周之工作年资

劳工需在基期内有 20 周之工作年资或有领同等之工资（1 $\frac{1}{2}$乘以最高收入季工资或[①]乘以周失业给付之金额）。

b. 有工作找寻并接受适当工作[②]

未为有系统性及可续性（a systematic and sustained）之工作找寻（work search）、工作申请（apply for）或接受适当工作（suitable work）[③]，无权申领延长失业给付，直到其在至少 4 周内，已被雇佣并且已赚取周延长失业给付之 4 倍之金额。

(4) 涤除不符申领资格问题

任何自愿性离职、构涉不当行为或拒绝适当工作之不符申领资格问题，皆必须以接续之就业，而予以涤清（must be purged）。

(5) 跨州际之申请者

跨州际之申请，仅限于给 2 周，除非所有应负责之州，是在延长失业给付之期间。

(6)《贸易调整法》下之协助重叠者

若在该州之延长失业给付启动因素发生前，有申领《贸易调整法》下之协助（trade adjustment assistance，TAA）者，需扣除所领《贸易调整法》下之协助之周数之金额。

(7) 给付金额可因联邦经费受影响

在一些州，延长失业给付之金额会因在某段期间联邦依收回命令（a sequester order）减少联邦应负担之成本时，而减少其延长失业给付之金额。

2. 一时特别立法：以 2008 年之特别延长失业给付立法为例

除 1970 年《联邦—州延长失业给付法》所建立之常设性延长失业给付制度，美国联邦政府亦常有一时特别立法以实施延长失业给付。2008 年两次特别立法加上奥巴马 2009 年之特别立法所为延长给付的施行长度，并非历来最长。在 1974 年失业高涨之时，联邦政府以 4 个特别立法订定紧急措施而适用

---

① 依 The Omnibus Reconciliation Act of 1981 而制定此一联邦要件，The Omnibus Reconciliation Act of 1981，OBRA 81，P. L. 97—35。

② The Omnibus Reconciliation Act of 1980，OBRA 80，P. L. 96—499，针对申领延长失业给付而规定之要件。Denying EB benefits to claimants who refused certain classes of work，and provided a federal definition of "suitable work". The Omnibus Reconciliation Act of 1981 (OBRA 81，P. L. 97—35).

③ 此处适当工作之定义是任何在该个人之能力所及之工作（any work within such individual's capabilities）。

到全部的州，以延长失业给付期限，该次联邦补充给付的规定，从1975年到1979年年底，有些申领人可领取失业给付总和为65周的额数。

一时特别立法以实施延长失业给付，若立法时未确定地将预算也立于法中，则有可能无法施行。[①] 1991年8月17日，老布什总统签署1991年《紧急失业给付法》[②]，虽然立法通过，要在1992年至1993年实施延长失业给付，唯其行政部门仍需提出一份独立之紧急预算，交国会审查通过，但因行政部门未予提出，而使该特别立法之延长失业给付措施，并未实施。

（1）一时特别立法性之延长给付管理

a. 财务提拨

联邦政府一时特别立法性之延长给付制度之财务，除从其失业保险基金中拨款外，亦可由联邦政府之一般岁入中提拨（general federal revenues）或对雇主征收特别税（levying a special tax on employers）以支应之。州政府必需给联邦一份分别之财务情况之报告。

b. 联邦与州需有行政协议

美国之失业保险制度是以联邦与州之自愿性协议而管理的。不论一般性失业保险或是特别性之延长给付制度，都有自愿性协议。例如，老布什时代亦曾实施一时特别立法性之延长给付制度，当时适用的州皆与联邦签署协议。[③] 2008年特别立法，佛罗里达州在2008年11月即已与布什政府签署协议。[④] 新泽西州亦于2008年与布什政府签署协议。[⑤] 2008年该两个特别延长给付之实施起始周，都是规定以联邦与州签署协议之次周开始。

c. 跨州协助

有州际协议签署之各州，得保护相互往来居住或工作州民之权利。依协约规定，一个劳工在某州工作，依该州法律应领之失业给付，其他州可代为办理申请，将申请书径交“负责”之州。

（2）2008年《补充拨款法》所规定之措施

由2008年《补充拨款法》第4001条（d）之规定可知，2008年延长失业

---

① Rita L. DiSimone, “Unemployment Insurance: Recent Legislation”, 55 (1) *Social Security Bulletin* 3, 1992.

② 1991 Emergency Unemployment Compensation Act, *Public Law* 102—107.

③ Rita L. DiSimone, “Unemployment Insurance: Emergency Benefits Extended”, 35 (3) *Social Security Bulletin* 1, 1992.

④ “No time to be stingy Jobless get help from Washington; what about Florida”, *News-Journal* (Daytona Beach, Florida), November 30, 2008.

⑤ Ogletree, Deakins, Nash, Smoak & Stewart, “Agreement Reached between New Jersey and United States Department of Labor to Provide Extended Unemployment Compensation Benefits”, *Lexis-Nexis Martindale-Hubbell (R) Legal Articles*, August 21, 2008.

给付制度，在失业保险制度体系中之属性，系属于一时特别立法性之延长给付制度。因其并无修正 1970 年《联邦—州延长失业给付法》之常设性延长失业给付立法规定之目的。

2008 年《补充拨款法》第 4001 条（e）规定州可以选择本次之一时特别立法性之延长给付，先于该州之常设性延长失业给付发放。

2008 年《补充拨款法》第 4007 条（a）规定最后实施日期为 2009 年 3 月 31 日。依 2008 年《补充拨款法》估计可符于申领延长失业给付资格者为 3 699 413人。

A. 符于延长失业给付之资格要件（qualifying requirements）

除了符于各州州法之另外规定，2008 年《补充拨款法》制定之延长给付之要件是：

a. 基期内有 20 周之全时工作年资或领同等之工资

如常设制度性延长失业给付之规定之第 202 条（a）（5）所规定，其有 20 周之全时工作之年资（full-time insured employment）或领同等之工资（insured wages)。失业劳工需符合《联邦—州延长失业给付法》第 202（d）（2）（A）条之 20 周之全时就业或领等同之工资之要件需符合。① 劳工领取给付权益，系依其在各州基期中解雇之工作与工资所得合并计算为准。其亦规定全时工作或领等同之加保工资，是依同法第 202 条（a）（5）之规定解释而认定。②

b. 已无权再请求正规给付或常设制度性之延长失业给付③

申领人已申领耗用完在 2007 年 5 月 1 日终止或其后终止之失业给付发给年（a benefit year）之所有正规给付。依 2008 年《补充拨款法》第 4001 条（c)，所谓的已申领耗用完之认定，需（a）该劳工已领取所有的该失业给付发给年之正规失业给付，或（b）因适用之给付发给年效期已过，其正规失业给付之申领权业已终止。

若申领耗用完之人，另建立一有效之新的失业给付发给年时，其即不属于申领耗用完之人，其因而不属于得请领此一时特别立法性之延长给付。

因而，每一季转换时，州政府需查证某一个人之资格是否符于一有效之新的失业给付发给年之要件。若劳工不符合，其只能再申领另一发给年之正规失业给付。

但依 2008 年《补充拨款法》第 4001 条（e）之规定，本次之一时特别立

①② 其需依 Section 202（d）(2)（A）of the Federal-State Extended Unemployment Compensation Act of 1970，26 U.S.C. 3304 note之规定而认定。

③ 然而，该法授权州长可以选择在给付永久制度性之延长失业给付之前，先给付此次之一时特别性之延长给付。

法性之延长给付，准予州先于常设制度性之延长给付，而给付本次之一时特别立法性之延长给付。若某州先给付本次之一时特别立法性之延长给付，该申领劳工之常设制度性之延长给付并不减少，其仅为递延而已，仍可予以给付。因而，虽说要件是需常设制度性之延长失业给付已耗用，但因州可先发给此一时特别立法性之延长给付后，再发常设制度性之延长给付，劳工为两者皆可申领取得延长给付。

c. 非适用加拿大《就业保险法》而领取其失业给付之劳工

d. 被许可合法地得在美国工作（be legally authorized to work in the United States）

本次延长给付之申领人需被许可合法地得在美国工作，而于认定工作许可需依《社会安全法》第1137条（d）以及联邦劳工部之失业保险函示12—87号（UIPL 12—87）函之规定程序而为认定。①

B. 不适用不拒绝适当工作以及需寻找工作之资格要件

前述常设制度性之延长给付之第202条（a）（3）所规定适当工作（suitable work）以及寻找工作之要件（work search requirements），并不适用于本次之一时特别立法性之延长给付制度。且其第202条（a）（4）所规定以接续之就业而涤清原不符申领资格问题之规定，亦不适用于本次之一时特别立法性之延长给付制度。

C. 州之一次特别立法性的延长失业给付并不抵触

依该法第4001条（b）（2）规定，本次联邦之一时特别立法性之延长给付制度对于州所自行建立之一次特别立法性的延长失业给付（additional compensation），并不认定为属于正规失业给付与延长失业给付，领了州之一次特别立法性的延长失业给付，仍可申领本次延长给付。

D. 给付期限

2008年《补充拨款法》给13周之延长给付。

E. 给付金额

一般言，延长失业给付之金额与正规失业给付金额相同，其周给付额等同于正规给付之周给付额。2008年《延长失业给付立法》所给予之周给付金额（weekly benefit amount），需等于正规失业给付每周给予之总失业给付之金额，含眷属津贴。2008年《补充拨款法》第4002条（a）规定州需为每一申领延长给付的人建立一账户（emergency unemployment compensation account）。同条（b）（1）规定账户之金额须为等于该个人在给付发给年之正规

① 42 U. S. C. § 1230b—7（d）.

给付总额之 50%或 13%乘以该个人之平均周给付额之较小的数额。

F. 2008 年延长给付所生经费负担

2008 年《补充拨款法》第 4003 条(a)规定，本次之延长给付所生经费皆由联邦负担给付之全额。2008 年《补充拨款法》第 4004 条(a)规定延长失业给付基金与失业保险信托基金可以运用以支付之。第 4003 条(b)规定由劳动部拨款。同条并规定劳工部需经常提给财政部确认(certify)应拨付于州之金额而移转延长失业给付基金的钱于该州在失业保险信托基金之账户。第 4003 条(c)规定协助州之行政管理成本由失业信托基金之账户。[①] 第 4003 条(d)规定由财政部之一般基金拨款到失业信托基金之延长失业给付基金账户[②]，财政部长认为给付所需之金额。

G. 外国人适用需其属合法许可工作者(unauthorized aliens ineligible)

2008 年《补充拨款法》第 4001 条(f)要求州对外国人予以规范合法许可工作。而其所谓之合法许可工作，其认定需依《联邦失业税法》(the Federal Unemployment Tax Act)[③] 及《社会安全法》第 1137 条(d)之规定而予以解释。[④]

(3)《失业给付延长法》所规定之措施[⑤]

该法 2008 年 10 月 3 日众院通过，而于 11 月 20 日参院始通过。《失业给付延长法》第 2 条修改 2008 年《补充拨款法》第 4002 条(b)(1)之规定，而加码 7 周，使得 2008 年特别立法之延长给付可以延长给付之最长周数由 13 周改为可延长到 20 周。[⑥]

(二)中国台湾地区“就业保险法”之延长失业给付立法

2008 年马英九“总统”“2008 年竞选”“总统”时所提前述全方位“劳动政策白皮书”之“三、政策主张”中之第 6 点宣示，提高失业给付水平，延长失业给付期间。因而，于 2009 年修正立法通过修正第 16 条第 1 项第 2 项与第 3 项以延长失业给付期间，并新订第 19—1 条规定以依扶养眷属人数加给给付或津贴。

1. 45～65 岁中高龄和身障失业者延长失业给付期间至 9 个月

---

① 依社会安全法而设置之基金。The Social Security Act，42 U. S. C. 1101 (a).

② The Social Security Act，42 U. S. C. 501 et seq..

③ The Federal Unemployment Tax Act，26 U. S. C. 3301 et seq..

④ The Social Security Act，42 U. S. C. 1320b - 7 (d).

⑤ Unemployment Compensation Extension Act of 2008，Public Law 110 - 449.

⑥ States News Service (2008) Statement by Congresswoman Mazie K. Hirono in U. S. House of Representatives on Unemployment Compensation Extension Act Becoming Law，States News Service November 21，2008.

劳工离职退保当时系年满 45 岁之中高龄或身心障碍劳工，于“就业保险法”修法施行时未领满 6 个月失业给付，修法施行后得领取失业给付至 9 个月。其包含目前正在请领失业给付及修法施行后办理求职登记者。唯于“就业保险法”修法施行前已领满 6 个月失业给付之非自愿性失业之中高龄失业劳工，于施行后不再申请 3 个月失业给付，因为其已领满 6 个月失业给付，就业保险年资需重行起算。

“就业保险法”第 16 条第 2 项规定：“依前项规定领满六个月失业给付者，自领满之日起二年内再次请领失业给付，其失业给付以发给三个月为限。”此为适用于一般申请资格者，对于修法施行前离职退保当时年满 45 岁或身心障碍劳工，已领取 6 个月失业给付，于 2 年内再次非自愿离职，就业保险年资满 1 年以上者，其于修法施行后未领满 3 个月失业给付的人，为可依比例请领至 4.5 个月失业给付。但 2 年内再次非自愿离职，修法施行前已领满 3 个月失业给付者，因就业保险年资已重行起算，修法后不得再请领失业给付至 4.5 个月。

2. 大量失业或其他紧急情事之延长失业给付制度

2009 年修法后“就业保险法”第 16 条第 2 项规定台湾延长失业保险之立法，是授予“中央”主管机关认定失业率高涨发生时，“中央”主管机关基于经济不景气致大量失业或其他紧急情事，于审酌失业率及其他情形后，得延长失业给付期间，由 6 个月延长至最长至 9 个月，必要时得再延长之，但最长不得超过 12 个月。第 16 条第 3 项并且规定延长失业给付期间之认定标准、请领对象、请领条件、实施期间、延长时间及其他相关事项之办法，由“中央”主管机关拟订，报请“行政院”核定之。

因而，在台湾经济不景气致大量失业或其他紧急情事时，“劳委会”可推动延长失业给付至 9 个月或 12 个月，但其相关实施办法未定。

(三) 中国台湾地区与美国延长失业给付制度之比较分析

1. 延长给付期间为两者延长失业给付制度内涵

中国台湾地区修正就业保险制度建立延长失业给付制度方向与美国之延长失业给付制度相同，皆系以延长给付期间。但其事由美国仅规范经济不景气致大量失业之事由，并不涉及满 45 岁之中高龄或身心障碍劳工之有差别之失业给付制度之事由。

2. 美国之一时性特别立法之制度在中国台湾地区难于实现

中国台湾地区 2009 年修法，虽制定符合台湾实际的常设性延长失业给付之制度，但如美国制度中之一时特别立法性之延长失业给付制度，则并未曾存在。台湾“立法院”之立法效率常为人所诟病，内部争议不断，要响应一时失业率高涨之不利经济情势而主动订立一时特别立法性之延长失业给付制度，供一时实施，几无可能。2009 年修法后“就业保险法”第 16 条第 2 项规定台湾延长失业保险之立法，是授予“中央”主管机关延长失业给付期间，由行政机关制定子法，因应一时失业率高涨之不利经济情势较为可行。

3. 台湾修正特别以劳工本身需要特别协助为条件延长给付制度

中国台湾地区此次修正“就业保险法”第 16 条第 1 项，延长中高龄及身心障碍失业劳工失业给付期间至 9 个月，其系考虑中高龄及身心障碍失业劳工，其平均失业周期较长，再就业比一般劳工困难，故为加强保障其失业期间之基本生活，延长该等人员之失业给付请领期间最长可领 9 个月。而美国并无此一延长失业给付制度。

五、结　论

中国台湾地区的“就业保险法”虽有其特性，然而从上述比较分析可知：

(一) 中国台湾地区“就业保险法”属积极型就业安全制度一环

以立法内涵而言，中国台湾地区“就业保险法”之制度与加拿大之就业保险法相似而与美国之失业保险法差异较大。由“就业保险法”所使用的法律名称与立法过程可知，该法适用之原则虽是继承其前身“劳工保险失业给付实施办法”的体制，但却加强推动积极型就业安全政策，其是与加拿大、英国、韩国等国一样将“失业保险”制度转型成为“就业保险”制度。[①] 中国台湾地区政府以之响应已经日趋弹性化之台湾的劳动市场，而回避失业保险制度不能积极促劳工之就业能力而依赖领取失业给付劳工日多而导致财政问题。

而“就业保险法”对于申领失业给付之失业劳工，要有积极寻职行为、就业服务机关对失业劳工寻职过程可予以监管而联结于失业给付核发的认定管理。其制度将失业率、就业保险之保险财务与失业劳工寻职成效等各种要素环环相扣。在整体申领失业给付作业流程中的各阶段，就业保险之失业给付更加配合积极促进就业和对失业劳工提供职训之规范与机制，要求申领失业给付之失业劳工负各项义务，以达成使失业劳工重返劳动市场再就业之最重要目标。例如，台湾规定失业劳工需先至公立就业服务机构办理求职登记，公立就业服务机构受理后，应办理推介就业或使其参加职业训练，并且自求

① Klaus Schomann, “Moving towards Employment Insurance-Unemployment Insurance and Employment Protection in the OECD”, *ILO world Report*, 2000; Jochen Clasen & Daniel Clegg, “Beyond Activation: Reforming European Unemployment Protection Systems in Post-Industrial Labor Markets”, 8 (4) *European Societies* 529, 2000.

职登记之日起14日内推介就业或安排职业训练，且失业给付申领人应于公立就业服务机构推介就业之日起7日内，将就业与否的回复卡检送公立就业服务机构。

由加拿大发生 Confédération des syndicats nationaux v. Canada 一案之诉讼可知，响应多重社会层面目的之就业保险制度，并不一定是最为完善的制度，其相关争议亦会产生。然由其最高法院之此一判决所持之见解可知，其就业保险制度配合积极促进就业与对失业劳工提供职训之多项规范与机制，以达成使失业劳工重返劳动市场再就业之目标，获得其最高法院法官之一致支持，反对就业保险制度仅系发放失业给付而已。

当然其最高法院认为就业保险资金管理和失业给付发放资格办法之改善，显得迫切。因而，加拿大在就业保险失业给付发放资格上应放宽，制定较宽的失业给付发放条件，延长发放失业给付期间等，而让其就业保险资金真正发挥实质效果。台湾应确切获得其国之此一教训，避免重蹈覆辙。

（二）2009年扩大加保对象范围修正符于相关立法发展潮流

对资方而言，资方当然反对扩大适用对象之范围，以中国台湾地区为例，因其对每一加保之劳工每月需依其投保薪资负担其就业保险保费之70%，而美国大部分的州之失业保险税完全由雇主负担。由比较于美国相关立法可知，不论是扩大高龄劳工之加保，以及对台湾人之外籍配偶、中国大陆及港澳地区配偶依法在台工作者，纳入就业保险适用对象，皆系符于相关立法发展潮流之修正立法。

（三）增加育婴留职停薪津贴之给付项目符于多重社会层面目的

“就业保险法”本就不限于提供一项现金给付之失业给付而已，其2009年修正后，加上“就业保险法”第10条规定，已有失业给付、提早就业奖助津贴、职业训练生活津贴、育婴留职停薪津贴之5项给付。纳入育婴留职停薪津贴之给付项目，响应多重社会层面之目的。

世界经济竞争与人口结构之本质，已发生重大改变，要确保人民高生活质量，将需倚赖于能弹性调整适应与能终身学习之人民，而其基础需要能投资于生养与教育年幼小孩，始能持续长期之繁荣与福祉。育婴假与津贴发放制度，可视为宏观之人口政策之一环，不单单系为介入劳资之间，而保护劳工个人之劳动条件之相关权益之劳动立法。更系以法律介入，而不使妇女劳工认为生儿育女是一种惩罚。不如此响应此社会层面之问题，则将会衍生人口老化或外籍移民取代台湾人民，而为其劳动力主要来源之弊。2009年增加育婴留职停薪津贴之给付项目之修正，符于以其制度来支持家庭与妇女之政策目的，导向有利台湾劳动力再生产，以解决台湾社会新生劳动力再生产危机之意义。国家强制建立之育婴假与津贴制度，使父亲育儿亦变得可能。因为，担任父母职之男性或女性劳工，可使用育婴假与其津贴，先暂时忽略其工作的压力，使幼儿在自己家庭教养成长，其所建立之社会机制，自然会取代高价之家庭外照顾（out-of-home care）之社会机制。[①]

(四)"劳委会"可建构如美国常设性与一时立法性延长失业给付制度

"劳委会"主委王如玄曾称："4 年内完成延长失业给付制度建构。"[②] 其应系指称失业率高涨发生时，延长失业给付制度之建构，而非指对中高龄与身心障劳工之延长失业给付之制度。台湾延长失业给付之制度授权行政裁量权相当大，其"就业保险法"第 16 条第 2 项规定授予"中央"主管机关认定，得延长失业给付期间至最长 12 个月。其与美国 1970 年以来之延长失业给付制度，立法规范给付之要件与基金运用都有明确规范，立法机关给予行政机关行政裁量之授权相对较小，颇有差异。然而，台湾之劳工行政主管机关可以其授权，而建构制度以因应一时经济情势而实施一时性之延长失业给付制度或常设性之延长失业给付制度。台湾之劳工行政主管机关亦可借鉴美国之制度而借此一规定，而建构如美国 1970 年以来之常设性与一时特别立法性之延长失业给付制度。

(五)台湾以劳工本身需要特别协助为条件之延长给付制度有违平等原则

其制度之对中高龄与身心障劳工之延长失业给付，是按区分劳工本身资格条件是否需要特别协助的不同条件，而以较优惠之失业给付而订定对其不同条件情况下之特别对待失业给付，其显然较符于社会救助与特别对弱势者给予肯定行动（affirmative action）之法理，而非以社会保险之意义下每个要保人雇主与被保险人之权利和利益平等，以及保险资源有效运用之法理而为修正。其与保险仅是分散风险而非救济贫弱之法理严重脱节，其有扭曲保险资金资源不当运用之不利缺点。需知其他要保人雇主与被保险人劳工并无法理上之缴交此一延长失业给付所生之成本经费，所衍生之保险费义务，承担此一责任者应为政府社会部门或以劳动部门另有其他制度补助之，其应由社会部门以预算支应此一延长失业给付的给付标准和期限规定下之延长与加给所生之经费，方属合理。事实上，对弱势保护之制，应列于其他专法，而予以协助与补助之方式立法为宜。

---

① See Sheila B. Kamerman, "Parental Leave Policies: an Essential Ingredient in Early Childhood Education and Care Policies", 14 *Social Policy Report* 5, 2000.

② 冯昭：《王如玄：四年内完成延长失业给付制度建构》，载《大纪元时报》，2009-03-17。

图书在版编目（CIP）数据

社会法评论（第五卷）/林嘉主编．—北京：中国人民大学出版社，2011.8
ISBN 978-7-300-14043-8

Ⅰ.①社…　Ⅱ.①林…　Ⅲ.①社会法学—文集　Ⅳ.①D90-052

中国版本图书馆 CIP 数据核字（2011）第 133479 号

中国人民大学劳动法和社会保障法研究所主办
顾问　曾宪义　关　怀　贾俊玲

社会法评论（第五卷）
主　编　林　嘉
Shehuifa Pinglun

出版发行	中国人民大学出版社		
社　址	北京中关村大街 31 号	**邮政编码**	100080
电　话	010－62511242（总编室）		010－62511398（质管部）
	010－82501766（邮购部）		010－62514148（门市部）
	010－62515195（发行公司）		010－62515275（盗版举报）
网　址	http://www.crup.com.cn		
	http://www.ttrnet.com（人大教研网）		
经　销	新华书店		
印　刷	北京昌联印刷有限公司		
规　格	170 mm×240 mm　16 开本	**版　次**	2011 年 8 月第 1 版
印　张	21.75	**印　次**	2011 年 8 月第 1 次印刷
字　数	381 000	**定　价**	58.00 元

人大版
图②检